高等职业教育 土建施工类专业教材

GAODENG ZHIYE JIAOYU TUJIAN SHIGONGLEI ZHUANYE JIAOCAI

U0623286

BUILDING

建设工程法规

JIANSHE GONGCHENG FAGUI

（第2版）

主　编　董　伟　邵元纯

副主编　石　硕　孔令时　舒　卓

参　编　李小兵　韩　芳　刘　霄　项海玲

主　审　钟汉华　朱保才

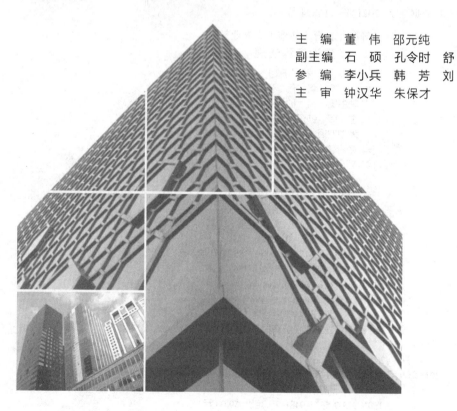

重庆大学出版社

内容提要

本书根据我国现行建设行业发布或修订的最新政策、法规,并结合目前高职高专院校土建类专业的人才培养方案和建筑法规课程教学基本要求编写,内容突出行业特色,体现了"工学结合""以就业为导向",注重学生后期发展,并与一、二级建造师资格考试相衔接,以使教材更具有针对性和实用性。

本书主要内容包括建设工程法律基础、施工许可法律制度、建设工程发承包法律制度、建设工程合同和劳动合同法律制度、建设工程安全生产法律制度、建设工程质量法律制度、解决建设工程纠纷法律制度、建设工程相关法律制度等内容。

本书采用全新体例编写,附有大量工程案例,此外,还根据一、二级建造师资格考试试题特点,在每章内容后附有选择题供读者练习,使读者可以掌握我国建设工程中需要的最新法律、法规知识和操作实务,具备运用所学建设法律、法规基本知识解决工程建设中相关法律问题的基本能力。

本书既可作为高等职业院校建筑工程类相关专业的教材和指导书,也可作为土建施工类及工程管理类各专业职业资格考试的培训教材,还可作为备考从业和执业资格考试人员的参考用书。

图书在版编目(CIP)数据

建设工程法规/董伟,邵元纯主编. -- 2版. --重庆:重庆大学出版社,2021.7(2023.8)
高等职业教育土建施工类专业教材
ISBN 978-7-5624-9481-2

Ⅰ.①建… Ⅱ.①董… ②邵… Ⅲ.①建筑法—中国—高等职业教育—教材 Ⅳ.①D922.297

中国版本图书馆 CIP 数据核字(2021)第 116324 号

高等职业教育土建施工类专业教材
建设工程法规
(第 2 版)

主 编 董 伟 邵元纯
副主编 石 硕 孔令时 舒 卓
主 审 钟汉华 朱保才
策划编辑:范春青 林青山
责任编辑:范春青 曾 廷 版式设计:范春青
责任校对:刘志刚 责任印制:赵 晟

*
重庆大学出版社出版发行
出版人:陈晓阳
社址:重庆市沙坪坝区大学城西路 21 号
邮编:401331
电话:(023) 88617190 88617185(中小学)
传真:(023) 88617186 88617166
网址:http://www.cqup.com.cn
邮箱:fxk@ cqup.com.cn(营销中心)
全国新华书店经销
重庆正光印务股份有限公司印刷

*
开本:787mm×1092mm 1/16 印张:23 字数:590千
2015 年 9 月第 1 版 2021 年 7 月第 2 版 2023 年 8 月第 5 次印刷
印数:8 501—11 500
ISBN 978-7-5624-9481-2 定价:59.00 元

本书二维码链接
法规名称清单

前言（第2版）

　　本书根据高等职业教育土建类各专业人才培养目标，结合我国目前高职高专建筑工程技术专业岗位的能力要求、相关课程设置与教学特点，结合社会对技术人才的要求，本着提高学生素质和技能的原则而编写。其内容的深度和难度按照高等职业教育的特点，重点讲授理论知识在工程实践中的应用，培养高等职业学校学生的职业能力；以较多的工程案例，突出"工学结合"的职业特色，以就业为导向，注重学生后期发展，并与一、二级建造师资格考试相衔接。

　　本书继续沿用上一版知识框架。内容可按照50学时安排，推荐学时分配：项目1为6学时，项目2为4学时，项目3为6学时，项目4为8学时，项目5为8学时，项目6为6学时，项目7为8学时，项目8为4学时。

　　本书突出反映了实际工程的应用性以及建造师等执业资格考试的适用性和实用性。本次修订努力体现当前职业教育的教学特点，遵照"素质为本、能力为主、需要为准、够用为度"的原则，更新了新颁布的法律法规和行业标准的名称和条文、编号等，更新了教材中存在的疏漏之处。为支持"立体化"教学，本书在引用的法规旁增加了二维码链接，读者可以通过扫描书中二维码查看相关法规全文，实现线上线下同步学习，以突出教材的针对性和实用性，便于学生对知识的全面掌握。

　　本书由湖北水利水电职业技术学院董伟和邵元纯担任主编；湖北水利水电职业技术学院石硕、孔令时、舒卓担任副主编；五峰吉鑫水利水电工程有限责任公司李小兵、湖北瑞达欣建筑工程有限公司韩芳、中建科技（武汉）有限公司刘霄、湖北水总水利水电建设股份有限公司项海玲参与编写；湖北水利水电职业技术学院钟汉华、中建五局华东建设有限公司朱保才担任主审；董伟负责统稿。本书编写分工为：石硕编写项目1，董伟编写项目2、项目3、项目4，孔令时编写项目5，李小兵和韩芳共同编写项目6，邵元纯和舒卓编写项目7，刘霄和项海玲共同编写项目8。

　　在本书编写过程中，参考和引用了大量文献资料，得到了兄弟院校和施工企业单位的大力支持，在此一并表示衷心感谢。由于编者水平有限，书中难免存在不足和疏漏之处，敬请各位读者批评指正。

编　者
2021年5月

目　录

项目 1
建设工程法律基础

● **基本要求**：通过对本项目的学习，了解建筑与建设、建筑活动与建设活动等基本概念的区分，我国建设工程法律体系的基本框架；掌握建设工程法规的具体表现形式、作用、适用范围和调整对象，建设工程法规所确立的基本制度，以及建设工程法律关系的特征和构成要素；了解与工程建设相关的民事法律制度规定；了解建设工程的法律责任。

1.1 建设工程法律体系

法律体系也称法的体系，通常指由一个国家现行的各个部门法构成的有机联系的统一整体。部门法又称法律部门，是根据一定标准、原则所制定的同类法律规范的总称。

1.1.1 法律体系的基本框架

中国特色社会主义法律体系，是以宪法为统帅，以法律为主干，以行政法规、地方性法规为重要组成部分，由宪法相关法、民法商法、行政法、经济法、社会法、刑法、诉讼与非诉讼程序法等多个法律部门组成的有机统一整体。

1)宪法及宪法相关法

宪法及宪法相关法是我国法律体系的主导法律部门。宪法是整个法律体系的基础，主要表现形式是《中华人民共和国宪法》（以下简称《宪法》）。

宪法相关法是与宪法相配套、直接保障宪法实施和国家政权运作等方面的法律规范。主要包括国家机构的产生、组织、职权和基本工作原则方面的法律，民族区域自治制度、特别行政区制度、基层群众自治制度方面的法律,维护国家主权、领土完整、国家安全、国家标志象征方面的法律,保障公民基本政治权利方面的法律。如《中华人民共和国立法法》(以下简称《立法法》)、《全国人民代表大会组织法》、《中华人民共和国国务院组织法》、《中华人民共和国地方各级人民代表大会和地方各级人民政府组织法》、《中华人民共和国民族区域自治法》、《中华人民共和国国籍法》、《中华人民共和国国旗法》、《中华人民共和国选举法》、《中华人民共和国国家赔偿法》等。

2)民商法

民法是调整平等民事主体的自然人、法人及其他非法人组织之间人身关系和财产关系的法律规范的总称。民事主体在民事活动中的法律地位一律平等。民事主体从事民事活动,应当遵循平等、自愿、公平、诚信、守法和公序良俗等基本原则。主要包括物权、债权、知识产权、婚姻、家庭、收养、继承等方面的法律规范。民法既包括形式上的民法(即民法典),也包括单行的民事法律和其他法律、法规中的民事法律规范。民法的范围要比民法典大。《中华人民共和国民法典》(以下简称《民法典》)是新中国第一部以法典命名的法律,是调整民事法律关系的所有法律的综合大典,是一部完整全面的民法法律。

商法是调整平等主体之间的商事关系或商事行为的法律规范。商法遵循民法的基本原则,同时秉承保障商事交易自由、等价有偿、便捷安全等原则。商法部门包括《中华人民共和国招标投标法》(以下简称《招标投标法》)、《中华人民共和国公司法》、《中华人民共和国证券法》、《中华人民共和国保险法》、《中华人民共和国票据法》、《中华人民共和国海商法》等。

我国采用的是民商合一的立法模式,商法被认为是民法的特别法和组成部分。

3)行政法

行政法是关于行政权的授予、行政权的行使以及对行政权的监督的法律规范。行政法调整的是行政机关与行政管理相对人之间因行政管理活动发生的关系,遵循职权法定、程序法定、公正公开、有效监督等原则。行政法既保障行政机关依法行使职权,又注重保障公民、法人和其他组织的权利。这一法律部门包括《中华人民共和国行政处罚法》(以下简称《行政处罚法》)、《中华人民共和国行政复议法》(以下简称《行政复议法》)、《中华人民共和国行政许可法》、《中华人民共和国建筑法》(以下简称《建筑法》)、《中华人民共和国城市房地产管理法》、《中华人民共和国城乡规划法》(以下简称《城乡规划法》)、《中华人民共和国环境保护法》(以下简称《环境保护法》)、《中华人民共和国环境影响评价法》以下简称《环境影响评价法》)、《中华人民共和国消防法》(以下简称《消防法》)、《中华人民共和国治安管理处罚法》等。

这里需要指出,《建筑法》既具有行政法属性也具有经济法属性。它一方面体现出国家对建筑业的一种干预管理,是国家在经济管理中发生的经济关系的法律;另一方面其立法的宗旨是加强对建筑活动的监督管理,维护建筑市场秩序,保证建筑工程的质量和安全,促进建筑业健康发展。因此,从立法的目的看,《建筑法》应当属于行政法这一法律部门。

4)经济法

经济法是国家从社会整体利益出发,对经济活动实行干预、管理或者调控所产生的社会经济关系的法律规范。经济法为国家对市场经济进行适度干预和宏观调控提供法律手段和制度框架,防止市场经济的自发性和盲目性所导致的弊端。这一法律部门包括《中华人民共和国统计法》、《中华人民共和国土地管理法》(以下简称《土地管理法》)、《中华人民共和国标准化法》(以下简称《标准化法》)、《中华人民共和国税收征收管理法》、《中华人民共和国预算法》、《中华人民共和国政府采购法》、《中华人民共和国反垄断法》。

5)社会法

社会法是调整劳动关系、社会保障、社会福利和特殊群体权益保障等方面的法律规范。这一法律部门遵循公平和谐和国家适度干预原则,通过国家和社会积极履行责任,对劳动者、失业者、丧失劳动能力的人以及其他需要扶助的特殊人群的权益提供必要的保障,维护社会公平,促进社会和谐。这一法律部门包括《中华人民共和国安全生产法》(以下简称《安全生产法》)、《中华人民共和国劳动法》(以下简称《劳动法》)、《中华人民共和国劳动合同法》(以下简称《劳动合同法》)、《中华人民共和国社会保险法》、《中华人民共和国职业病防治法》、《中华人民共和国未成年人保护法》、《中华人民共和国妇女权益保障法》等。

6)刑法

刑法是规定犯罪与刑罚的法律规范。它通过规范国家的刑罚权,惩罚犯罪,保护人民,维护社会秩序和公共安全,保障国家安全。在该法律部门中,占主导地位的规范性文件是《中华人民共和国刑法》(以下简称《刑法》),一些单行法律、法规的有关条款也可能规定刑法规范。

7)诉讼与非诉讼程序法

诉讼与非诉讼程序法是规范解决社会纠纷的诉讼活动与非诉讼活动的法律规范。诉讼法律制度是规范国家司法活动解决社会纠纷的法律规范,包括《中华人民共和国民事诉讼法》(以下简称《民事诉讼法》)、《中华人民共和国行政诉讼法》(以下简称《行政诉讼法》)、《中华人民共和国刑事诉讼法》、《中华人民共和国海事诉讼特别程序法》等;非诉讼程序法律制度是规范仲裁机构或者人民调解组织解决社会纠纷的法律规范,包括《中华人民共和国仲裁法》(以下简称《仲裁法》)、《中华人民共和国人民调解法》(以下简称《人民调解法》)、《中华人民共和国劳动争议调解仲裁法》(以下简称《劳动争议调解仲裁法》)等。

1.1.2 法的形式和效力层次

1)法的形式

法的形式又称法律渊源,指那些来源不同因而具有不同效力和作用的法的外在表现形式。我国法律渊源是以宪法为核心的制定法形式。根据《宪法》和《立法法》的规定,我国法的形式主要表现为宪法,法律,行政法规,地方性法规、自治条例和单行条例,部门规章,地方政府规章司法解释,国际条约等。

(1)宪法

宪法是由全国人民代表大会依照特别程序制定的具有最高效力的根本法。宪法确立了国家的根本制度和根本任务。在我国法律体系中,宪法具有最高的法律地位和法律效力,是我国最高的法律形式。一切法律、行政法规、地方性法规、自治条例和单行条例、规章都不得同宪法相抵触。

宪法也是建设法规的最高形式,是国家进行建设管理、监督的权力基础。

（2）法律

法律是由享有立法权的立法机关（全国人民代表大会和全国人民代表大会常务委员会）行使国家立法权,依照法定程序制定、修改并颁布,并由国家强制力保证实施的基本法律和普通法律总称。法律可划分为基本法律和普通法律。基本法律是由全国人民代表大会制定的调整国家和社会生活中带有普遍性的社会关系的规范性法律文件的统称,如刑法、民法、诉讼法以及有关国家机构的组织法等法律。普通法律是由全国人民代表大会常务委员会制定的调整国家和社会生活中某种具体社会关系或其中某一方面内容的规范性文件的统称。全国人民代表大会和全国人民代表大会常务委员会通过的法律由国家主席签署主席令予以公布。法律效力高于行政法规、地方性法规、规章。

依照 2015 年 3 月经修改后公布的《立法法》第八条规定,下列事项只能制定法律:

①国家主权的事项;

②各级人民代表大会、人民政府、人民法院和人民检察院的产生、组织和职权;

③民族区域自治制度、特别行政区制度、基层群众自治制度;

④犯罪和刑罚;

⑤对公民政治权利的剥夺、限制人身自由的强制措施和处罚;

⑥税种的设立、税率的确定和税收征收管理等税收基本制度;

⑦对非国有财产的征收征用;

⑧民事基本制度;

⑨基本经济制度以及财政、海关、金融和外贸的基本制度;

⑩诉讼和仲裁制度;

⑪必须由全国人民代表大会及其常务委员会制定法律的其他事项。

建设法律既包括专门的建设领域的法律,也包括与建设活动相关的其他法律。前者有《建筑法》《招标投标法》《城乡规划法》等,后者有《民法典》《安全生产法》等。

法律解释,是指有关国家机关、组织或个人,对法律、法规或法律条文的内容、含义以及所使用的概念、术语等所作的说明、理解。法律解释权属于全国人民代表大会常务委员会。如果法律的规定需要进一步明确具体含义的,或者法律制定后出现新情况,需要明确适用法律依据的,由全国人民代表大会常务委员会解释。由全国人民代表大会常务委员会作出的法律解释同法律具有同等效力。

（3）行政法规

行政法规是指由国务院根据宪法和法律,按照法定程序制定的有关行使行政权力,履行行政职责制定的规范性文件的总称。它是将法律规定的相关制度具体化,是对法律的细化和补充。行政法规由总理签署国务院令公布。行政法规的效力高于地方性法规、规章。

应当由全国人民代表大会及其常务委员会制定法律的事项,国务院根据全国人民代表大会及其常务委员会的授权决定先制定的行政法规,经过实践检验,制定法律的条件成熟时,国务院应当及时提请全国人民代表大会及其常务委员会制定法律。

《立法法》

依照《立法法》的规定,国务院根据宪法和法律,制定行政法规。行政法规可以就下列事项作出规定:为执行法律的规定需要制定行政法规的事项;宪法规定的国务院行政管理职权的事项。应当由全国人民代表大会及其常务委员会制定法律的事项,国务院根据全国人民代表大会及其常务委员会的授权决定先制定的行政法规,经过实践检验,制定法律的条件成熟时,国务院应当及时提请全国人民代表大会及其常务委员会制定法律。

现行的建设行政法规主要有《建设工程质量管理条例》《建设工程安全生产管理条例》《建设工程勘察设计管理条例》《城市房地产开发经营管理条例》《招标投标法实施条例》等。

(4)地方性法规、自治条例和单行条例

地方性法规是指由省、自治区、直辖市和设区的市、自治州的人民代表大会及其常务委员会根据本行政区域的具体情况和实际需要,在不同宪法、法律、行政法规相抵触的前提下制定的规范性文件。在国家制定的法律或者行政法规生效后,地方性法规同法律或者行政法规相抵触的规定无效,制定机关应当及时予以修改或者废止。地方性法规的效力高于本级和下级地方政府规章。

目前,各地方都制定了大量的规范建设活动的地方性法规、自治条例和单行条例,如《北京市建筑市场管理条例》《江苏省招标投标条例》《深圳市建设工程质量管理条例》等。

(5)部门规章

部门规章是指由国务院各部、委员会、中国人民银行、审计署和具有行政管理职能的直属机构,根据法律和国务院的行政法规、决定、命令,在本部门的权限范围内制定的规章。部门规章的效力低于法律、行政法规。部门规章由部门首长签署命令予以公布。

部门规章的名称可以使"规定""办法"和"实施细则"等。目前,大量的建设法规是以部门规章的方式发布,如住房和城乡建设部发布的《房屋建筑和市政基础设施工程质量监督管理规定》《房屋建筑和市政基础设施工程竣工验收备案管理办法》《市政公用设施抗灾设防管理规定》,国家发展和改革委员会发布的《招标公告发布暂行办法》《工程建设项目招标范围和规模标准规定》等。

涉及两个以上国务院部门职权范围的事项,应当提请国务院制定行政法规或者由国务院有关部门联合制定规章。目前,国务院有关部门已联合制定了一些规章,如2013年5月,国家发展改革委、工业和信息化部、监察部、住房和城乡建设部、交通运输部、铁道部、水利部、商务部联合发布了《电子招标投标办法》及相关附件。

(6)地方政府规章

地方政府规章是指由省、自治区、直辖市和设区的市、自治州的人民政府,根据法律、行政法规和本省、自治区、直辖市的地方性法规,制定的规章。地方政府规章由省长、自治区主席、市长或者自治州州长签署命令予以公布。地方政府规章的效力低于法律、行政法规以及上级或同级地方性法规。

目前,省、自治区、直辖市和设区的市、自治州的人民政府都制定了大量地方规章,如《重庆市建设工程造价管理规定》《安徽省建设工程造价管理办法》《宁波市建设工程造价管理办法》等。

(7)司法解释

司法解释,是指国家最高司法机关在适用法律过程中对具体应用法律问题所作的解释,包括审判解释和检察解释两种。审判解释,是指最高人民法院对审判工作中具体应用法律问题所作的解释。在民事领域,最高人民法院制定的司法解释文件很多,如《最高人民法院关于审理建设工程施工合同纠纷案件适用法律问题的解释(一)》。审判解释对各级人民法院的审判具有约束力,是办案的依据。检察解释,是指最高人民检察院对检察工作中具体应用法律问题所作的解释。这种解释对各级人民检察院具有普遍约束力。

(8)国际条约

国际条约是指我国与外国缔结、参加、签订、加入、承认的双边、多边的条约、协定和其他具有条约性质的文件。国际条约的名称,除条约外,还有公约、协议、协定、议定书、宪章、盟约、换文和联合宣言等。除我国在缔结时宣布持保留意见不受其约束的以外,其他条约的内容都与国内法具有一样的约束力,所以也是我国法的形式。例如,我国加入 WTO 后,WTO 中与工程建设有关的协定也对我国的建设活动产生约束力。

2)法的效力层次

法的效力层级,是指法律体系中的各种法的形式,由于制定的主体、程序、时间、适用范围等的不同,具有不同的效力,形成法的效力等级体系。

(1)宪法至上

宪法是具有最高法律效力的根本大法,具有最高的法律效力。宪法作为根本法和母法,还是其他立法活动的最高法律依据。任何法律、法规都必须遵循宪法而产生,无论是维护社会稳定、保障社会秩序,还是规范经济秩序,都不能违背宪法的基本准则。

(2)上位法优于下位法

在我国法律体系中,法律的效力是仅次于宪法而高于其他法的形式。行政法规的法律地位和法律效力仅次于宪法和法律,高于地方性法规和部门规章。地方性法规的效力,高于本级和下级地方政府规章。省、自治区、直辖市的人民政府制定的规章的效力高于本行政区域内的设区的市、自治州的人民政府制定的规章。

自治条例和单行条例依法对法律、行政法规、地方性法规作变通规定的,在本自治地方适用自治条例和单行条例的规定。经济特区法规根据授权对法律、行政法规、地方性法规作变通规定的,在本经济特区适用经济特区法规的规定。

部门规章之间、部门规章与地方政府规章之间具有同等效力,在各自的权限范围内施行。

(3)特别法优于一般法

特别法优于一般法,是指公法权力主体在实施公权力行为中,当一般规定与特别规定不一致时,优先适用特别规定。《立法法》第九十二条规定,同一机关制定的法律、行政法规、地方性法规、自治条例和单行条例、规章,特别规定与一般规定不一致的,适用特别规定。

特别规定优于一般规定,也就是"特别法优于一般法"。特别规定是根据某种特殊情况和需要规定的调整某种特殊问题的法律规范。一般规定是为调整某类社会关系而制定的法律规范。如《民法典》调整所有的民事合同关系,《民法典》的规定就是一般规定。除《民法典》对合同有规定外,《海商法》《铁路法》《航空法》等法律分别对海上运输合同、铁路运输合同、航空运输合同作了规定。相对于《民法典》的规定来说,这些规定都是特别规定。确立特别规定优于一般规定的规则,是因为特别规定是在考虑具体社会关系的特殊需要的前提下制定的,更符合它所调整的社会关系的特点,所以具有优先适用的效力。

(4)新法优于旧法

新法、旧法对同一事项有不同规定时,新法的效力优于旧法。《立法法》第九十二条也规定:"同一机关制定的法律、行政法规、地方性法规、自治条例和单行条例、规章,特别规定与一般规定不一致的,适用特别规定。新的规定与旧的规定不一致的,适用新的规定。"

新的规定优于旧的规定,也就是"新法优于旧法"。一切法律都是根据当时的社会关系的情况制定的,随着社会关系的发展变化,法律规范也存在过时的问题,需要不断地修改和更新。法的修改和更新有多种形式,有的是制定了新的同一个法律,有的是在相关法律中重新作了规定,有的明确宣布哪些法律规范被废止,有的没有明确。这样,在新法与旧法之间,新的规定与旧的规定之间,就会产生冲突。因此,在两个规范性文件的规定都有效的情况下,《立法法》明确了新的规定优于旧的规定的适用规则。

(5)需要由有关机关裁决适用的特殊情况

《立法法》第九十四条规定:"法律之间对同一事项的新的一般规定与旧的特别规定不一致,不能确定如何适用时,由全国人民代表大会常务委员会裁决。行政法规之间对同一事项的新的一般规定与旧的特别规定不一致,不能确定如何适用时,由国务院裁决。"

根据《立法法》第九十五条的规定:"地方性法规、规章之间不一致时,由有关机关依照下列规定的权限作出裁决:

(一)同一机关制定的新的一般规定与旧的特别规定不一致时,由制定机关裁决;

(二)地方性法规与部门规章之间对同一事项的规定不一致,不能确定如何适用时,由国务院提出意见,国务院认为应当适用地方性法规的,应当决定在该地方适用地方性法规的规定;认为应当适用部门规章的,应当提请全国人民代表大会常务委员会裁决;

(三)部门规章之间、部门规章与地方政府规章之间对同一事项的规定不一致时,由国务院裁决。

根据授权制定的法规与法律规定不一致,不能确定如何适用时,由全国人民代表大会常务委员会裁决。"

(6)备案和审查

行政法规、地方性法规、自治条例和单行条例、规章应当在公布后的 30 日内,依照《立法法》的规定报有关机关备案。

国务院、中央军事委员会、最高人民法院、最高人民检察院和各省、自治区、直辖市的人民代表大会常务委员会认为行政法规、地方性法规、自治条例和单行条例同宪法或者法律相抵触的,可以向全国人民代表大会常务委员会书面提出进行审查的要求,由常务委员会工作机构分送有关的专门委员会进行审查、提出意见。其他国家机关和社会团体、企业事业组织以及公民认为行政法规、地方性法规、自治条例和单行条例同宪法或者法律相抵触的,可以向全国人民代表大会常务委员会书面提出进行审查的建议,由常务委员会工作机构进行研究,必要时,送有关的专门委员会进行审查、提出意见。

全国人民代表大会专门委员会、常务委员会工作机构在审查、研究中认为行政法规、地方性法规、自治条例和单行条例同宪法或者法律相抵触的,可以向制定机关提出书面审查意见、研究意见;也可以由法律委员会与有关的专门委员会、常务委员会工作机构召开联合审查会议,要求制定机关到会说明情况,再向制定机关提出书面审查意见。制定机关应当在两个月内研究提出是否修改的意见,并向全国人民代表大会法律委员会和有关的专门委员会或者常务委员会工作机构反馈。

全国人民代表大会法律委员会、有关的专门委员会、常务委员会工作机构根据前款规定,向制定机关提出审查意见、研究意见,制定机关按照所提意见对行政法规、地方性法规、自治条例和单行条例进行修改或者废止的,审查终止。

全国人民代表大会法律委员会、有关的专门委员会、常务委员会工作机构经审查、研究认为行政法规、地方性法规、自治条例和单行条例同宪法或者法律相抵触而制定机关不予修改的,应当向委员长会议提出予以撤销的议案、建议,由委员长会议决定提请常务委员会会议审议决定。

1.1.3　建设工程法律关系

1) 建设工程法律关系的概念与特征

(1) 建设工程法律关系的概念

法律关系是指由法律规范所确定和调整的人与人或人与社会之间的权利义务关系。

建设法律关系是法律关系的一种,是由建设法规所确认和调整的,在建设行业管理和建设活动过程中所产生的具有相关权利、义务内容的社会关系,如建设工程承包合同关系。

(2) 建设工程法律关系的特征

①建设工程法律关系不是单一的,而带有明显的综合性。建设工程法律规范是由建设行政法律、建设工程民事法律和建设技术法规构成的。这三种法律规范在调整建设活动中是相互作用、综合运用的。

②建设工程法律关系是涉及面广,内容复杂的权利义务关系。

③建设法律关系是以受国家计划制约的建设管理、建设协作过程中形成的权利和义务为内容的。

④建设行政法律关系决定、制约、影响着计划因素的协作关系。建设业的法律调整是以行政管理法律规范为主的。建设民事法律规范调整建设业活动是由建设行政法律关系决定的,并受其制约。如建设单位与设计单位签订的勘察设计合同,在执行过程中,因国家法律认可的国家建设计划变更或解除,则建设单位的合同也要变更或解除。

(3) 建设工程法规的调整对象

建设工程法规的调整对象是建设活动中基于建设工程法规所产生的,以工程建设权利和工程建设义务为内容的社会关系。主要包括建设工程行政法律关系、建设工程民事法律关系和建设工程劳动法律关系。

● 建设工程行政法律关系

建设工程行政法律关系是指建设行政主体与参与建设活动的各类主体之间,基于建设法律规范所形成的行政监管关系。建设行政主体主要包括两类:一是国务院及其建设行政主管机关、县级以上人民政府及其建设行政主管机关,以及国家和地方行使对建设活动管理职权的其他行政机关;二是被法律法规授权的组织或受行政机关委托的组织,如建设工程质量监督机构、建设工程安全监督机构等。参与建设活动的各类主体包括建设单位、勘察设计单位、施工单位、监理单位等。

建设工程行政管理具体涉及建设程序、建设工程招投标、建设工程质量监督管理、建设工程安全生产监督管理、建设工程合同管理等方面。此外,国家还通过财政、金融、审计、会计、统计、物价、税收等手段监督、管理、规范建设工程活动。

- 建设工程民事法律关系

建设工程民事法律关系是指在建设活动中平等主体之间所产生的民事权利和民事义务关系。主要表现为各类建设工程合同关系,如勘察合同、设计合同、委托监理合同、施工合同、设备设施采购合同等。这些合同关系的主体除建设单位外,还分别包括勘察设计单位、监理单位、施工承包方、设备设施供应商等。同时,施工中涉及的建设活动主体除建设单位和总承包方外,一般还会有分包单位以及劳务分包公司等。

在建设工程中,大多数建设活动主体都是法人。施工单位、勘察设计单位、监理单位通常是具有法人资格的组织。建设单位一般也应当具有法人资格。但有时候,建设单位也可能是没有法人资格的其他组织。因此,法人是建设工程活动中最主要的主体。

- 建设工程劳动法律关系

建设工程劳动法律关系是指在建设活动中劳动者与用人单位之间所产生的劳动权利和劳动义务关系。建设法规在调整建设活动中产生的社会关系时,会形成建设劳动关系。如在建设活动中,施工单位应加强安全教育培训并做好工人的劳动保护工作,施工作业人员应当享有安全生产的权利和履行安全生产的义务,建设单位也应提供相应的劳动保障;建设单位、施工单位、监理单位、勘察设计单位都应与自己的员工建立劳动关系等。

以上三种社会关系既彼此相互联系,又各具自身属性。它们都是因从事建设活动所形成的社会关系,都必须以建设工程法规加以规范和调整。同时,它们各自的形成条件、处理关系的原则或调整手段、适用的范围、适用规范的法律后果等又不完全相同。

2) 建设法律关系的构成要素

建设法律关系由建设法律关系主体、建设法律关系客体和建设法律关系内容三个要素构成。

(1) 建设法律关系主体

建设法律关系主体是指参加建筑业活动,受建设法律规范调整,在法律上享受权利或者承担义务的当事人。其主要有自然人、法人和其他组织,它包括政府相关部门、业主方、承包方、相关中介组织及金融机构等。

- 国家机关

①国家权力机关。国家权力机关是指全国人民代表大会及其常务委员会和地方各级人民代表大会及其常务委员会。国家权力机关参加建设法律关系的职能是审查批准国家建设计划和国家预决算,制定和颁布建设法律,监督检查国家各级建设法律的执行。

②国家行政机关。国家行政机关是依照国家宪法和法律设立的,依法行使国家行政职权,组织管理国家行政事务的机关。它包括国务院及其所属各部、各委、地方各级人民政府及其职能部门。

- 建设单位

建设单位是指进行工程投资建设的国家机关、企业或事业单位。在我国建筑市场上,建设单位一般被称为业主或甲方。由于建设项目的多样化,作为业主方的社会组织也是种类繁多,有工业企业、商业企业、文化教育部门、医疗卫生单位、国家各机关等。

建设单位作为建设活动的权利主体,是从设计任务书批准开始的。任何一个社会组织,当它的建设项目设计任务书没有批准之前建设项目尚未被正式确认,它是不能以权力主体资格参加工程建设的。当建设项目有独立的总体设计并单独列入建设计划,并获得国家批准时,这个社会组织方能成为建设单位,以已经取得的法人资格及自己的名义对外进行经济活动和法律行为。建设单位作为工程的需要方,是建设投资的支配者,也是工程建设的组织者和监督者。

- 承包单位

承包单位是有一定生产能力、机械设备、流动资金,具有承包工程建设任务的营业资格和具备相应资质条件,在建筑市场中能够按照业主方的要求,提供不同形态的建筑产品,并最终得到相应工程价款的建筑企业。在我国建筑市场上,承包单位一般被称为建筑企业或乙方,在国际工程承包中习惯被称为承包商。按照生产的主要形式,承包单位主要有勘察设计企业、建筑安装施工企业、建筑装饰施工企业、混凝土构配件、非标准预制件等生产企业,商品混凝土供应站,建筑机械租赁单位以及专门提供建筑劳务的企业等。按照主要提供的建筑产品,还可以分为不同的专业,如土建、水电、铁路、冶金、市政工程等专业公司。

- 中介组织

中介组织是指具有相应的专业服务资质,在建筑市场中受发包方、承包方或政法管理机关的委托,对工程建设进行估算测量、咨询代理、建设监理等高智能服务,并取得服务费用的咨询服务机构和其他建设专业服务中介组织。在市场经济运行中,中介组织作为政府、市场、企业之间联系的纽带,具有政府行政管理不可替代的作用。建筑市场中介组织可分为多种类型。如建筑业协会及其下属的设备安装、机械施工、装饰施工、产品厂商等专业分会、建筑监理协会、为工程建设服务的专业会计师事务所、律师事务所、资产与资信评估机构与公证机构、合同纠纷的仲裁调解机构、招标代理机构、工程技术咨询机构、监理公司、质量检查、监督、认证机构,以及其他产品检测、鉴定机构。

- 金融机构

中国建设银行是我国专门办理工程建设贷款和拨款、管理国家固定资产投资的专业银行。其主要业务范围是:管理国家工程建设支出预决算;制定工程建设财政管理制度;审批各地区、各部门的工程建设财务计划和清算;经办工业、交通、运输、农垦、畜牧、水产、商业、旅游等企业的工程建设贷款和行政事业单位和国家制定的基本建设项目的拨款;办理工程建设单位、地质勘查单位、建筑安装企业、工程建设物质供销企业的收支结算;经办有关固定资产的各项存款、发放技术改造贷款;管理和监督企业的挖潜、革新、改造资金的使用等。

- 公民个人

公民个人作为建筑市场的主题参与建设活动的领域已经相当广泛,如公民作为注册建筑师、注册建造师、注册造价师、注册监理师、注册房地产估价师、注册房地产经纪人等参与建筑活动、房地产经营活动;公民个人提供具有个人自主知识产权的软件设计、预决算软件等与建设参与单位确立法律关系;建设企业职工同企业单位签订劳动合同时,即成为建设法律关系主体。

（2）建设法律关系客体

建设法律关系客体是指参加建设法律关系的主体享有的权利和承担的义务所共同指向的对象。在通常情况下，建设主体都是为了某一客体，彼此才设立一定的权利、义务，从而产生建设法律关系，这里双方各自享受的权利、承担义务所指向的对象，便是建设法律关系的客体。

建设法律关系客体分为物、行为和智力成果。

①物（包括财）。法律意义上的"物"是指可为人们控制并具有经济价值的生产资料和非资料。在建设法律关系中表现为物的客体，一般是建筑材料、机械设备、建筑物或构筑物等有形实体。某个建设项目本身也可以成为工程建设法律关系的客体。"财"一般是指资金和有价证券。在建设法律关系中表现为财的客体主要是指建设资金，如基本建设贷款合同的标的，即一定数量的货币。

②行为。法律意义上的行为是指人有意识的活动。在建设法律关系中，行为多表现为完成一定的工作，如勘测设计、施工安装、检查验收等活动。如勘测设计合同的标的（客体）即完成一定的勘测设计任务。建筑工程承包合同的标的，即按期完成一定工程质量要求的施工行为。

③智力成果。在法律意义上的智力成果是人类通过脑力活动的成果或智力方面的创作，也成为非物质财富。在建设法律关系中，如设计单位提供的具有创造性的设计成果，该设计单位依法可享有专享权，使用单位未经许可不能无偿使用。如个人开发的预决算软件，开发者对之享有版权（著作权）。

（3）建设法律关系的内容

建设法律关系的内容即建设活动的参与者具体享有的权利和应当承担的义务。建设法律关系的内容是建设主体的具体要求，决定着建设法律关系的性质，它是连接主体的纽带。如在一个工程合同所确立的法律关系中，发包方的权利是获得符合法律规定和合同约定的完工的工程，其义务是按照约定的时间和数量支付承包方工程款，承包方的权利是按照约定的时间和数量得到工程款，其义务是按照法律的规定和合同的约定完成工程的施工任务。

①建设权利。建设权利是指建设法律关系主体在法定范围内，根据国家管理要求和自己业务活动的需要，有权进行各种工程建设活动。权利主体可要求其他主体作出一定的行为和抑制一定的行为，以实现自己的工程建设权利，因其他主体的行为而使工程建设权利不能实现时，有权要求国家机关加以保护并予以制裁。

②建设义务。建设义务是指工程法律关系主体必须按法律规定或约定应负的责任。工程建设义务和工程建设权利是相互对应的，相应的主体应自觉履行建设义务，义务主体如果不履行或不适当履行，就要承担相应的法律责任。

3) 建设法律关系的产生、变更和终止

（1）建设法律关系的产生、变更和终止的概念

建设法律关系的产生是指建设法律关系的主体之间形成了一定的权利和义务关系。如某建设单位与承包商签订了建设工程承包合同，主体双方就确立了相应的权利和义务。此时，受建设法律规范调整的建设法律关系产生。

建设法律关系的变更是指建设法律关系的三个要素发生变化。

建设法律关系的终止是指建设法律关系主体之间的权利义务不复存在,彼此丧失了约束力。建设法律关系终止的原因可以是自然终止、协议终止和违约终止三种。

● 自然终止

建设法律关系自然终止是指某类建设法律关系所规范的权利义务顺利得到履行,取得了各自的利益,实现了各自的目的,从而使该法律关系消失。如一个建设工程合同履行完毕,发包方和承包方之间的建设法律关系就自然消灭。

● 协议终止

建设法律关系协议终止是指建设法律关系主体之间协商解除某类建设法律关系规范的权利和义务,致使该法律关系归于消灭。如建设工程合同双方协商一致取消已订立的合同,双方的建设法律关系就因协议而取消。

● 违约终止

建设法律关系违约终止是指建设法律关系主体一方违约,致使另一方的权利不能实现,导致法定解约事由的产生,另一方行使解约权而使双方权利义务归于消灭。如建设工程合同的承包方可以因发包方不按合同支付工程款的违约行为而解除合同,该建设法律关系就因一方的违约而消灭。

(2)建设法律关系产生、变更和终止的原因

建设法律关系并不是由建设法律规范本身产生的,建设法律规范并不直接产生法律关系。建设法律关系只有在一定的情况下才能产生,而这种法律关系的变更和消灭也是由一定的情况决定的。这种引起建设法律关系产生、变更和终止的情况,即是人们通常称之为的法律事实。法律事实即是建设法律关系产生、变更和终止的原因。

建设法律事实按是否包含当事人的意志分为事件和行为两类。

● 事件

事件指不以当事人意志为转移而产生的自然现象,如地震导致工程延期。按事件的属性可以分以下两类情况:

①自然现象引起的。如地震、台风、水灾、火灾等。

②社会现象引起的。如战争、暴乱、政府禁令、恐怖活动等。

● 行为

行为是指人们的有意识的活动,包括积极的和消极的行为。行为一般分以下5种:

①合法行为。合法行为是指实施了建设法规所要求或允许做的行为,或者没有实施建设法规所禁止的行为,如依合同支付工程价款,依法定程序进行招标投标等。

②违法行为。违法行为是指受法律禁止的侵犯其他主体的建设权利和建设义务的行为,如不履行建设工程合同的行为。违法行为要受到法律的矫正和制裁。

③行政行为。行政行为是指国家授权机关依法行使对建设业的管理权而发生法律后果的行为。如国家加快保障性住房的建设,地方政府筹集保障性住房建设资金。

④立法行为。立法行为是指国家机关在法定权限内通过规定的程序,制定、修改、废止建设法律规范性文件行为的活动。如国家制定或颁布建设法律、法规、条例、标准定额等行为。

⑤司法行为。司法行为是指国家司法机关的法定职能活动,如人民法院对建设工程纠

纷案件作出判决或裁定的行为。

应用案例1-1

某建筑公司与某学校签订了教学楼施工合同,明确施工单位要保质保量保工期完成教学楼施工任务。工程竣工后,承包方向学校提交了竣工报告。学校为了不影响学生上课,还没组织验收就直接投入了使用。使用过程中,校方发现教学楼存在质量问题,要求施工单位修理。施工单位认为工程未经验收,学校提前使用出现质量问题,施工单位不应再承担责任。

【问题】

本案中的建设工程法律关系三要素是什么?

【案例分析】

本案中的建设法律关系主体是某建筑公司和某学校。客体是施工的教学楼。

内容是主体双方各自应当享受的权利和应当承担的义务,具体而言某学校按照合同的约定,承担按时、足额支付工程款的义务,在按合同约定支付工程款后,该学校就有权要求建筑公司按时交付质量合格的教学楼。

建筑公司的权利是获取学校的工程款,在享受该项权利后,就应当承担义务,即按时交付质量合格的教学楼给学校,并承担保修义务。

1.2 基本民事法律制度

在建设工程活动中,主要的民事法律制度包括法人制度、代理制度、物权制度、债权制度、知识产权制度、担保制度、保险制度、监理制度和民事诉讼时效制度等。

1.2.1 建设工程法人制度

1)法人应具备的条件

2020年5月28日,十三届全国人民代表大会表决通过的《民法典》(2021年1月1日起施行)第五十七条和第五十九条规定,法人是具有民事权利能力和民事行为能力,依法独立享有民事权利和承担民事义务的组织。法人的民事权利能力和民事行为能力,从法人成立时产生,到法人终止时消灭。

《民法典》

法人是与自然人相对应的概念,是法律赋予社会组织具有法律人格的一项制度。这一制度为确立社会组织的权利、义务,便于社会组织独立承担责任提供了基础。

《民法典》规定了法人应当具备的条件:

(1)依法成立

法人不能自然产生,它的产生必须经过法定的程序。法人的设立目的和方式必须符合法律的规定,设立法人,法律、行政法规规定须经有关机关批准的,依照其规定。

(2)应当有自己的名称、组织机构、住所、财产或者经费

法人的名称是法人相互区别的标志和法人进行活动时使用的代号。法人的组织机构是指对内管理法人事务、对外代表法人进行民事活动的机构。法人的场所则是法人进行业务

活动的所在地,也是确定法律管辖的依据。法人以其主要办事机构所在地为住所。依法需要办理法人登记的,应当将主要办事机构所在地登记为住所。有必要的财产或者经费是法人进行民事活动的物质基础。它要求法人的财产或者经费必须与法人的经营范围或者设立目的相适应,否则将不能被批准设立或者核准登记。

(3)能够独立承担民事责任

法人必须能够以自己的财产或者经费承担在民事活动中的债务,在民事活动中给其他主体造成损失时能够承担赔偿责任。法人以其全部财产独立承担民事责任。

(4)有法定代表人

依照法律或者法人章程的规定,代表法人从事民事活动的负责人,为法人的法定代表人。法定代表人以法人名义从事的民事活动,其法律后果由法人承受。法人章程或者法人权力机构对法定代表人代表权的限制,不得对抗善意相对人。法定代表人因执行职务造成他人损害的,由法人承担民事责任。法人承担民事责任后,依照法律或者法人章程的规定,可以向有过错的法定代表人追偿。

2)法人的分类

《民法典》将法人分为营利法人、非营利法人和特别法人三大类。

(1)营利法人

以取得利润并分配给股东等出资人为目的成立的法人,为营利法人。营利法人包括有限责任公司、股份有限公司和其他企业法人等。营利法人经依法登记成立。依法设立的营利法人,由登记机关发给营利法人营业执照。营业执照签发日期为营利法人的成立日期。

(2)非营利法人

为公益目的或者其他非营利目的成立,不向出资人、设立人或者会员分配所取得利润的法人,为非营利法人。非营利法人包括事业单位、社会团体、基金会、社会服务机构等。具备法人条件,为适应经济社会发展需要,提供公益服务设立的事业单位,经依法登记成立,取得事业单位法人资格;依法不需要办理法人登记的,从成立之日起,具有事业单位法人资格。

(3)特别法人

机关法人、农村集体经济组织法人、城镇农村的合作经济组织法人、基层群众性自治组织法人,为特别法人。有独立经费的机关和承担行政职能的法定机构从成立之日起,具有机关法人资格,可以从事为履行职能所需要的民事活动。

3)法人在建设工程中的地位和作用

(1)法人在建设工程中的地位

在建设工程中,大多数建设活动主体都是法人。施工单位、勘察设计单位、监理单位通常是具有法人资格的组织。建设单位一般也应当具有法人资格。但有时建设单位也可能是没有法人资格的其他组织。

法人在建设工程中的地位,表现在其具有民事权利能力和民事行为能力。依法独立享有民事权利和承担民事义务,方能承担民事责任。在法人制度产生前,只有自然人才具有民事权利能力和民事行为能力。随着社会生产活动的扩大和专业化水平的提高,许多社会活动必须由自然人合作完成。因此,法人是出于需要,由法律将其拟制为自然人以确定团体利益的归属,即所谓"拟制人"。法人是社会组织在法律上的人格化,是法律意义上的"人",而不是实实在在的生命体。建设工程规模浩大,需要众多的自然人合作完成。法人制度的产生,使这种合作成为常态。这是建设工程发展到当今规模和专业程度的基础。

(2)法人在建设工程中的作用

①法人是建设工程中的基本主体。在计划经济时期,从事建设活动的各企事业单位实际上是行政机关的附属,是不独立的。但在市场经济中,每个法人都是独立的,可以独立开展建设活动。

法人制度有利于企业或者事业单位根据市场经济的客观要求,打破地区、部门和所有制的界限,发展各种形式的横向经济联合,在平等、自愿、互利的基础上建立起新的经济实体。实行法人制度,一方面可以保证企业在民事活动中以独立的"人格"享有平等的法律地位,不再受来自行政主管部门的不适当干涉;另一方面使作为法人的企业也不得以自己的某种优势去干涉其他法人的经济活动,或者进行不等价的交换。这样,可以使企业发挥各自优势,进行正当竞争,按照社会化大生产的要求,加快市场经济的发展。

②确立了建设领域国有企业的所有权和经营权的分离。建设领域曾经是以国有企业为主体的。确认企业的法人地位,明确法人的独立财产责任并建立起相应的法人破产制度,这就真正在法律上使企业由国家行政部门的"附属物"变成了自主经营、自负盈亏的商品生产者和经营者,从而进一步促进企业加强经济核算和科学管理,增强企业在市场竞争中的活力与动力,为我国市场经济的发展和工程建设的顺利实施创造更好的条件。

4)企业法人与项目经理部的法律关系

从项目管理的理论上说,各类企业都可以设立项目经理部,但施工企业设立的项目经理部具有典型意义。

(1)项目经理部的概念和设立

项目经理部是施工企业为了完成某项建设工程施工任务而设立的组织。项目经理部是由一个项目经理与技术、生产、材料、成本等管理人员组成的项目管理班子,是一次性的具有弹性的现场生产组织机构。对于大中型施工项目,施工企业应当在施工现场设立项目经理部;小型施工项目,可以由施工企业根据实际情况选择适当的管理方式。施工企业应当明确项目经理部的职责、任务和组织形式。

项目经理部不具备法人资格,而是施工企业根据建设工程施工项目而组建的非常设的下属机构。项目经理根据企业法人的授权,组织和领导本项目经理部的全面工作。

(2)项目经理是企业法人授权在建设工程施工项目上的管理者

企业法人的法定代表人,其职务行为可以代表企业法人。由于施工企业同时会有数个、数十个甚至更多的建设工程施工项目在组织实施,导致企业法定代表人不可能成为所有施工项目的直接负责人。因此,在每个施工项目上必须有一个经企业法人授权的项目经理。施工企业的项目经理,是受企业法人的委派,对建设工程施工项目全面负责的项目管理者,是一种施工企业内部的岗位职务。

建设工程项目上的生产经营活动,必须在企业制度的制约下运行;其质量、安全、技术等活动,须接受企业相关职能部门的指导和监督。推行项目经理责任制,绝不意味着可以搞"以包代管"。过分强调建设工程项目承包的自主权,过度下放管理权限,将会削弱施工企业的整体管理能力,给施工企业带来诸多经营风险。

(3)项目经理部行为的法律后果由企业法人承担

由于项目经理部不具备独立的法人资格,无法独立承担民事责任。所以,项目经理部行为的法律后果将由企业法人承担。例如,项目经理部没有按照合同约定完成施工任务,则应由施工企业承担违约责任;项目经理签字的材料款,如果不按时支付,材料供应商应当以施工企业为被告提起诉讼。

 应用案例1-2

判断下列组织或个人,是否具备法人资格,并说明理由。

(1)某乡镇企业的销售科。

(2)在兰州东部批发市场从事服装经营的某个体工商户。

(3)经过上级有关部门批准,而未经工商行政管理部门核准登记已营业的某贸易公司。

(4)甲和乙合伙开办的牛肉面餐馆(经工商行政管理部门核准登记)。

(5)某财经学院为召开校庆20周年大会,经学校授权的校庆筹备委员会。

(6)兰州某厂的车间。

(7)甲、乙、丙三人各投资10万元在工商行政管理部门已取得营业执照的有限责任公司。

(8)股票在深圳证券交易所上市交易的某化工股份有限责任公司。

【案例分析】

(1)不具备法人资格。因为不能独立地对外承担民事责任。

(2)不具备法人资格。因为法人必须是组织,而该个体户不是组织,是个体。

(3)不具备法人资格。因为没有依法成立。

(4)不具备法人资格。因为该合伙组织没有健全的组织机构。

(5)不具备法人资格。因为该委员会是一个临时组织,不能独立地对外承担民事责任。

(6)不具备法人资格。因为该车间不能独立的对外承担民事责任。

(7)具备法人资格。因为符合法人的条件。

(8)具备法人资格。因为符合法人的条件。

1.2.2　建设工程代理制度

在建设工程活动中,通过委托代理实施民事法律行为的情形较为常见。因此,了解和熟悉有关代理的基本法律知识是十分必要的。

1)代理的概念和主要种类

(1)代理的概念

代理是一种民事法律关系,是指代理人在代理权限内,以被代理人的名义实施民事法律行为,而行为后果由该被代理人承担的法律制度。代理涉及三方当事人,即被代理人、代理人和代理关系所涉及的第三人。

《民法典》第一百六十一条至第一百六十四条规定:

民事主体可以通过代理人实施民事法律行为。依照法律规定、当事人约定或者民事法律行为的性质,应当由本人亲自实施的民事法律行为,不得代理。

代理人在代理权限内,以被代理人名义实施的民事法律行为,对被代理人发生效力。

代理包括委托代理和法定代理。委托代理人按照被代理人的委托行使代理权。法定代理人依照法律的规定行使代理权。

代理人不履行或者不完全履行职责,造成被代理人损害的,应当承担民事责任。代理人和相对人恶意串通,损害被代理人合法权益的,代理人和相对人应当承担连带责任。

(2)代理的主要种类

代理包括委托代理、法定代理和指定代理。

• 委托代理

委托代理是根据被代理人的委托而产生的代理,如公民、法人委托律师代理诉讼等。在建设工程活动中,通过委托代理实施民事法律行为的情形较为常见,如工程招标代理、材料设备采购代理以及诉讼代理等。

民事法律行为的委托代理,可以用书面形式,也可以用口头形式。《民法典》第一百六十五条规定:"委托代理授权采用书面形式的,授权委托书应当载明代理人的姓名或者名称、代理事项、权限和期限,并由被代理人签名或者盖章。"

• 法定代理

法定代理是指根据法律的规定而发生的代理。例如,《民法典》第二十三条:"无民事行为能力人、限制民事行为能力人的监护人是其法定代理人。"法定代理人依照法律的规定行使代理权。

• 指定代理

指定代理是根据人民法院或有关单位的指定而发生的代理,常发生在诉讼中。例如,2015 年 2 月施行的《最高人民法院关于适用〈中华人民共和国民事诉讼法〉的解释》第八十三条规定:"在诉讼中,无民事行为能力人、限制民事行为能力人的监护人是他的法定代理人。事先没有确定监护人的,可以由有监护资格的人协商确定,协商不成的,由人民法院在他们之间指定诉讼中的法定代理人。"指定代理人按照人民法院或者指定单位的指定行使代理权。

2)建设工程代理行为的设立和终止

建设工程活动中涉及的代理行为比较多,如工程招标代理、材料设备采购代理以及诉讼代理等。

(1)建设工程代理行为的设立

建设工程活动不同于一般的经济活动,其代理行为不仅要依法实施,有些还要受到法律的限制。

• 不得委托代理的建设工程活动

《民法典》第一百六十一条规定:"依照法律规定、当事人约定或者民事法律行为的性质,应当由本人亲自实施的民事法律行为,不得代理。"

建设工程的承包活动不得委托代理。《建筑法》第二十八条规定:"禁止承包单位将其承包的全部建筑工程转包给他人,禁止承包单位将其承包的全部建筑工程肢解以后以分包的名义分别转包给他人。"第二十九条规定:"施工总承包的,建筑工程主体结构的施工必须由总承包单位自行完成。"

• 须取得法定资格方可从事的建设工程代理行为

一般的代理行为可以由自然人、法人担任代理人，对其资格并无法定的严格要求。即使是诉讼代理人，也不要求必须由具有律师资格的人担任。2017年6月经修正后颁布的《民事诉讼法》第五十八条规定："下列人员可以被委托为诉讼代理人：

①律师、基层法律服务工作者；

②当事人的近亲属或者工作人员；

③当事人所在社区、单位以及有关社会团体推荐的公民。"

但是，某些建设工程代理行为必须由具有法定资格的组织方可实施。2017年12月修正颁布的《招标投标法》第十三条规定，招标代理机构是依法设立、从事招标代理业务并提供相关服务的社会中介组织。招标代理机构应当具备下列条件：

①有从事招标代理业务的营业场所和相应资金；

②有能够编制招标文件和组织评标的相应专业力量。

《招标投标法》第十四条规定："招标代理机构与行政机关和其他国家机关不得存在隶属关系或者其他利益关系。"

• 民事法律行为的委托代理

建设工程代理行为多为民事法律行为的委托代理。民事法律行为的委托代理，可以用书面形式，也可以用口头形式。但是，法律规定用书面形式的，应当用书面形式。

书面委托代理的授权委托书应当载明代理人的姓名或者名称、代理事项、权限和期间，并由委托人签名或者盖章。

（2）建设工程代理行为的终止

《民法典》第一百七十三条规定，有下列情形之一的，委托代理终止：

①代理期限届满或者代理事务完成；

②被代理人取消委托或者代理人辞去委托；

③代理人丧失民事行为能力；

④代理人或者被代理人死亡；

⑤作为代理人或者被代理人的法人、非法人组织终止。

建设工程代理行为的终止，主要是前三种情况：

• 代理期间届满或代理事项完成

被代理人通常是授予代理人某一特定期间内的代理权，或者是某一项也可能是某几项特定事务的代理权，那么在这一期间届满或者被指定的代理事项全部完成，代理关系即告终止，代理行为也随之终止。

• 被代理人取消委托或者代理人辞去委托

委托代理是被代理人基于对代理人的信任而授权其进行代理事务的。如果被代理人由于某种原因失去了对代理人的信任，法律就不应当强制被代理人仍须以其为代理人。反之，如果代理人由于某种原因不愿意再行代理，法律也不能强制要求代理人继续从事代理。因此，法律规定被代理人有权根据自己的意愿单方取消委托，也允许代理人单方辞去委托，均不必以对方同意为前提，并以通知到对方时，代理权即行消灭。

但是,单方取消或辞去委托可能会承担相应的民事责任。《民法典》第九百三十三条规定:"委托人或者受托人可以随时解除委托合同。因解除合同造成对方损失的,除不可归责于该当事人的事由外,无偿委托合同的解除方应当赔偿因解除时间不当造成的直接损失,有偿委托合同的解除方应当赔偿对方的直接损失和合同履行后可以获得的利益。"

• 作为被代理人或者代理人的法人、非法人组织终止

在建设工程活动中,不管是被代理人还是代理人,任何一方的法人终止,代理关系均随之终止。因为,对方的主体资格已消灭,代理行为将无法继续,其法律后果亦将无从承担。

此外,《民法典》第一百七十五条规定,有下列情形之一的,法定代理终止:

①被代理人取得或者恢复完全民事行为能力;

②代理人丧失民事行为能力;

③代理人或者被代理人死亡;

④法律规定的其他情形。

3)代理人和被代理人的权利、义务及法律责任

建设工程代理法律关系与其他代理关系一样,存在着两个法律关系:一是代理人与被代理人之间的委托关系;二是被代理人与第三人的合同关系。

(1)一般情况下代理人在代理权限内以被代理人的名义实施代理行为

《民法典》第一百六十二条规定:"代理人在代理权限内,以被代理人名义实施的民事法律行为,对被代理人发生效力。"

这是代理人与被代理人基本权利和义务的规定。代理人必须取得代理权,并依据代理权限,以被代理人的名义实施民事法律行为。被代理人要对代理人的代理行为承担民事责任。

(2)转托他人代理应当事先取得被代理人的同意

《民法典》第一百六十九条规定:"代理人需要转委托第三人代理的,应当取得被代理人的同意或者追认。转委托代理经被代理人同意或者追认的,被代理人可以就代理事务直接指示转委托的第三人,代理人仅就第三人的选任以及对第三人的指示承担责任。转委托代理未经被代理人同意或者追认的,代理人应当对转委托的第三人的行为承担责任,但是在紧急情况下代理人为了维护被代理人的利益需要转委托第三人代理的除外。"

(3)无权代理与表见代理

《民法典》第一百七十一条规定:"行为人没有代理权、超越代理权或者代理权终止后,仍然实施代理行为,未经被代理人追认的,对被代理人不发生效力。相对人可以催告被代理人自收到通知之日起三十日内予以追认。被代理人未作表示的,视为拒绝追认。行为人实施的行为被追认前,善意相对人有撤销的权利。撤销应当以通知的方式作出。"

• 无权代理

无权代理是指行为人不具有代理权,但以他人的名义与相对人进行法律行为。无权代理一般存在三种表现形式:

①自始未经授权。如果行为人自始至终没有被授予代理权,就以他人的名义进行民事行为,属于无权代理。

②超越代理权。代理权限是有范围的,超越了代理权限,依然属于无权代理。

③代理权已终止。行为人虽曾得到被代理人的授权,但该代理权已经终止的,行为人如果仍以被代理人的名义进行民事行为,则属无权代理。

被代理人对无权代理人实施的行为如果予以追认,则无权代理可转化为有权代理,产生与有权代理相同的法律效力,并不会发生代理人的赔偿责任。如果被代理人不予追认的,对被代理人不发生效力,则无权代理人需承担因无权代理行为给被代理人和善意相对人造成的损失。

● 表见代理

表见代理是指行为人虽无权代理,但由于行为人的某些行为,造成了足以使善意第三人相信其有代理权的表象,而与善意第三人进行的、由本人承担法律后果的代理行为。《民法典》第一百七十二条规定:"行为人没有代理权、超越代理权或者代理权终止后,仍然实施代理行为,相对人有理由相信行为人有代理权的,代理行为有效。"

表见代理除需符合代理的一般条件外,还需具备以下特别构成要件:

①须存在足以使相对人相信行为人具有代理权的事实或理由。这是构成表见代理的客观要件。它要求行为人与本人之间应存在某些事实上或法律上的联系,如行为人持有由本人发出的委任状、已加盖公章的空白合同书或者有显示本人向行为人授予代理权的通知函告等证明类文件。

②须本人存在过失。其过失表现为本人表达了足以使第三人相信有授权意思的表示,或者实施了足以使第三人相信有授权意义的行为,发生了外表授权的事实。

③须相对人为善意。这是构成表见代理的主观要件。如果相对人明知行为人无代理权而仍与之实施民事行为,则相对人为主观恶意,不构成表见代理。

● 知道他人以本人名义实施民事行为不作否认表示的视为同意

本人知道他人以本人名义实施民事行为而不作否认表示的,视为同意。这是一种被称为默示方式的特殊授权。就是说,即使本人没有授予他人代理权,但事后并未作否认的意思表示,应视为授予了代理权。由此,他人以其名义实施法律行为的后果应由本人承担。

(4)不当或违法行为应承担的法律责任

①委托书授权不明应承担的法律责任。委托书授权不明的,被代理人应当向第三人承担民事责任,代理人负连带责任。

②损害被代理人利益应承担的法律责任。代理人不履行职责而给被代理人造成损害的,应当承担民事责任。代理人和第三人串通,损害被代理人的利益的,由代理人和第三人负连带责任。

③第三人故意行为应承担的法律责任。第三人知道行为人没有代理权、超越代理权或者代理权已终止还与行为人实施民事行为给他人造成损害的,由第三人和行为人负连带责任。

④违法代理行为应承担的法律责任。代理人知道被委托代理的事项违法仍然进行代理活动的,或者被代理人知道代理人的代理行为违法不表示反对的,被代理人和代理人负连带责任。

应用案例 1-3

某食品公司经理委托采购员牛某到山东采购枣子1 500千克。牛某到山东后却采购枣子5 000千克。第一批2 500千克枣子到货后,公司经理十分生气,在严厉批评了牛某之后,告诉财务付款,并警告牛某下不为例。几天后,第二批2 500千克枣子到货,公司经理坚决拒收,而且第一批多收的1 000千克也要牛某自己处理。

【问题】

公司经理的做法有法律依据吗?

【案例分析】

无。尽管采购员牛某采购小枣5 000千克的行为构成无权代理,但公司经理告诉财务付款的行为表明其已对这一无权代理行为予以追认,代理行为有效,某食品公司必须对这一代理行为的后果承担责任。

1.2.3 建设工程物权制度

物权是一项基本民事权利,也是大多数经济活动的基础和目的。在建设工程活动中涉及的许多权利都是源于物权。建设单位对建设工程项目的权利来自物权中最基本的权利——所有权,施工单位的施工活动是为了形成物权的物——建设工程。

1)物权的概念

物权是指合法权利人依法对特定的物享有直接支配和排他的权利。物权是一项重要民事权利,物权制度属于民事基本制度。因物的归属和利用而产生的民事关系适用《民法典》。

《民法典》第二百零七条规定:"国家、集体、私人的物权和其他权利人的物权受法律平等保护,任何组织或者个人不得侵犯。"《民法典》所称的物,包括不动产和动产。不动产是指土地以及房屋、林木等地上定着物;动产是指不动产以外的物。

2)物权的种类

物权包括所有权、用益物权和担保物权。

(1)所有权

所有权是指所有权人对自己的不动产或者动产,依法所享有的占有、使用、收益和处分的权利。所有权是一种财产权,又称财产所有权,是物权中最重要也最完全的一种权利。当然,所有权在法律上也受到一定限制。最主要的限制是,为了公共利益的需要,依照法律规定的权限和程序可以征收集体所有的土地和单位、个人的房屋及其他不动产。

财产所有权的权能,是指所有人对其所有的财产依法享有的权利,包括占有权、使用权、收益权、处分权。

(2)用益物权

用益物权是他物权,是指用益物权人对他人所有的不动产或者动产依法享有占有、使用和收益的权利,如土地承包经营权、建设用地使用权、宅基地使用权、居住权和地役权等。

国家所有或者国家所有由集体使用以及法律规定属于集体所有的自然资源,单位、个人依法可以占有、使用和收益,此时单位或者个人就成为用益物权人。因不动产或者动产被征收、征用,致使用益物权消灭或者影响用益物权行使的,用益物权人有权获得相应补偿。

（3）担保物权

担保物权也是他物权,包括抵押权、质权和留置权,是指担保物权人在债务人不履行到期债务或者发生当事人约定的实现担保物权的情形,依法享有就担保财产优先受偿的权利,但是法律另有规定的除外。

债权人在借贷、买卖等民事活动中,为保障实现其债权,需要担保的,可以依照《民法典》和其他法律的规定设立担保物权。

3) 与建设工程有关的物权

建设工程与土地关系密切。下面将与土地有关的物权作些了解。

（1）土地所有权

土地所有权是国家或农民集体依法对归其所有的土地所享有的具有支配性和绝对性的权利。我国实行土地的社会主义公有制,即全民所有制和劳动群众集体所有制。

国家实行土地用途管制制度。国家编制土地利用总体规划,规定土地用途,将土地分为农用地、建设用地和未利用地。严格限制农用地转为建设用地,控制建设用地总量,对耕地实行特殊保护。

（2）建设用地使用权

建设用地使用权是用益物权中的一项重要权利。设立建设用地使用权,可以采取出让或者划拨等方式。

取得建设用地使用权后,根据《民法典》第三百四十四条规定:"建设用地使用权人依法对国家所有的土地享有占有、使用和收益的权利,有权利用该土地建造建筑物、构筑物及其附属设施。"同时,《民法典》第三百五十三条规定:"建设用地使用权人有权将建设用地使用权转让、互换、出资、赠与或者抵押,但法律另有规定的除外。"

（3）地役权

地役权是指按照合同约定利用他人的不动产,以提高自己不动产效益的权利。地役权是一种独立的物权,属于用益物权。其中,他人的不动产为供役地,自己的不动产为需役地。例如,甲、乙两块承包地相邻,甲为了节省时间,使自己通行方便,想借用乙的承包地通行。于是,甲、乙约定,甲向乙支付使用费,乙允许甲通行,为此双方达成书面协议,在乙的承包地上设立了通行地役权。此时,乙地称为供役地,甲地称为需役地。

《民法典》第三百七十九条规定:"土地上已经设立土地承包经营权、建设用地使用权、宅基地使用权等用益物权的,未经用益物权人同意,土地所有权人不得设立地役权。"

4) 物权的设立、变更、转让、消灭和保护

（1）不动产物权的设立、变更、转让和消灭

不动产物权的设立、变更、转让和消灭,经依法登记,发生效力;未经登记,不发生效力,但法律另有规定的除外。依法属于国家所有的自然资源,所有权可以不登记。不动产登记,由不动产所在地的登记机构办理。

当事人之间订立有关设立、变更、转让和消灭不动产物权的合同,除法律另有规定或者合同另有约定外,自合同成立时生效;未办理物权登记的,不影响合同效力。

（2）动产物权的设立和转让

动产物权的设立和转让,自交付时发生效力,但法律另有规定的除外。船舶、航空器和

机动车等物权的设立、变更、转让和消灭,未经登记,不得对抗善意第三人。

（3）物权的保护

物权的保护是指通过法律规定的方法和程序保障物权人在法律许可的范围内对其财产行使占有、使用、收益、处分的权利。物权受到侵害的,权利人可以通过和解、调解、仲裁、诉讼等途径解决。

《民法典》第二百三十四条至第二百三十九条规定,因物权的归属、内容发生争议的,利害关系人可以请求确认权利。无权占有不动产或者动产的,权利人可以请求返还原物。妨害物权或者可能妨害物权的,权利人可以请求排除妨害或者消除危险。造成不动产或者动产毁损的,权利人可以依法请求修理、重作、更换或者恢复原状。侵害物权,造成权利人损害的,权利人可以依法请求损害赔偿,也可以依法请求承担其他民事责任。对于物权保护方式,可以单独适用,也可以根据权利被侵害的情形合并适用。

侵害物权,除承担民事责任外,违反行政管理规定的,依法承担行政责任;构成犯罪的,依法追究刑事责任。

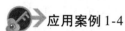 **应用案例1-4**

甲向乙购买了一套住房,甲向乙交付了全部购房款并委托乙办理产权过户手续,甲拿到了房屋产权证。半个月后,甲发现自己手中持有的房产权证与房管登记部门的登记簿上的权属记载不一致,该登记簿上记载该套房屋为丙所有,为此引起纠纷。

【问题】

该套房屋的权属归属于谁？为什么？

【案例分析】

《民法典》第二百一十七条规定:"不动产权属证书是权利人享有该不动产物权的证明。不动产权属证书记载的事项,应当与不动产登记簿一致;记载不一致的,除有证据证明不动产登记簿确有错误外,以不动产登记簿为准。"由此房屋所有权按照公示原则归属于丙,除非甲有证据不动产登记簿确有错误。

1.2.4 建设工程债权制度

在建设工程活动中,经常会遇到一些债权债务的问题。因此,学习有关债权的基本法律知识,有助于在实践中防范债务风险。

1）债的概念

债是按照合同的约定或者依照法律的规定,在当事人之间产生的特定的权利和义务关系。享有权利的人是债权人,负有义务的人是债务人。债权人有权要求债务人按照合同的约定或者依照法律的规定履行义务。

债权与物权不同,物权是绝对权,而债权是相对权。

2）债的发生根据

能引起债的发生的法律事实,即债的发生根据,主要有合同、侵权行为、不当得利、无因管理等。其中,合同是引起债权债务关系发生的最主要根据。

（1）合同之债

当事人之间因产生了合同法律关系，也就是产生了权利义务关系，便设立了债的关系。任何合同关系的设立，都会在当事人之间发生债权债务的关系。合同引起债的关系，是债发生的最主要、最普遍的依据。合同产生的债被称为合同之债。

建设工程债的产生，最主要的也是合同。施工合同的订立，会在施工单位与建设单位之间产生债；材料设备买卖合同的订立，会在施工单位与材料设备供应商之间产生债的关系。

（2）侵权之债

侵权是指公民或法人没有法律依据而侵害他人的财产权利或人身权利的行为。侵权行为一经发生，即在侵权行为人和被侵权人之间形成债的关系。侵权行为产生的债被称为侵权之债。

在建设工程活动中，也常会产生侵权之债。如施工现场的施工噪声或者废水的排放等，有可能产生侵权之债。

（3）无因管理之债

无因管理是指管理人员和服务人员没有法律上的特定义务，也没有受到他人委托，自觉为他人管理事务或提供服务。无因管理在管理人员或服务人员与受益人之间形成了债的关系。无因管理产生的债被称为无因管理之债。

（4）不当得利之债

不当得利是指没有法律上或者合同上的依据，有损于他人利益而自身取得利益的行为。由于不当得利造成他人利益的损害，因此在得利者与受害者之间形成债的关系。得利者应当将所得的不当利益返还给受损失的人。不当得利产生的债被称为不当得利之债。

3）建设工程债的常见种类

（1）施工合同债

施工合同债是发生在建设单位和施工单位之间的债。施工合同的义务主要是完成施工任务和支付工程款。完成施工任务时，建设单位是债权人，施工单位是债务人；支付工程款时则相反。

（2）买卖合同债

在建设工程活动中，会产生大量的买卖合同，主要是材料设备买卖合同。材料设备的买方有可能是建设单位，也可能是施工单位。他们会与材料设备供应商产生债。

（3）侵权之债

在侵权之债中，最常见的是施工单位的施工活动产生的侵权。如施工噪声或者废水废弃物排放等扰民，可能对工地附近的居民构成侵权。此时，居民是债权人，施工单位或者建设单位是债务人。

1.2.5　建设工程知识产权制度

当今，我们所处的时代也被称为知识时代，其突出的表现就是知识在经济活动和日常生活中有着重要的作用。在建设工程活动中也是如此，知识产权引领着工程建设领域的技术进步，知识产权法律制度保护着相关权利人的利益。

1）知识产权的法律特征

知识产权又称为智慧财产权,是指民事主体对创造性智力成果和工商业标记等依法享有的专有权利。知识产权是权利人对其创造的智力成果依法享有的权利。《民法典》第一百二十三条规定,民事主体依法享有知识产权。知识产权是权利人依法就下列客体享有的专有的权利:

①作品;

②发明、实用新型、外观设计;

③商标;

④地理标志;

⑤商业秘密;

⑥集成电路布图设计;

⑦植物新品种;

⑧法律规定的其他客体。

我国有关知识产权保护的法律,主要有《著作权法》《专利法》《商标法》等。知识产权作为一种无形财产权,对其进行法律保护不同于有形财产,从而也就具有了不同于有形财产的法律特征。

（1）财产权和人身权的双重属性

在《民法典》对民事权利的分类中,其他的民事权利都只有财产权或人身权的单一属性,只有知识产权具有财产权和人身权的双重属性。

（2）专有性

知识产权同其他财产所有权一样,具有绝对的排他性。权利人对智力成果享有专有权,其他人若要利用这一成果必须经过权利人同意,否则构成侵权。

（3）地域性

知识产权在空间上的效力并不是无限的,而要受到地域的限制,其效力只及于确认和保护知识产权的一国法律所能及的地域内。对于有形财产则不存在这一问题,无论财产转移到哪个国家,都不会发生财产所有人自动丧失所有权的情形。

（4）期限性

知识产权仅在法律规定的期限内受到法律的保护,一旦超过法定期限,这一权利就自行消灭。该智力成果就成为整个社会的共同财富,为全人类共同所有。有形财产权没有时间限制,只要财产存在,权利就必然存在。

2）建设工程知识产权的常见种类

在建设工程中常见的知识产权主要是专利权、商标权、著作权以及发明权和其他科技成果。计算机软件也是工程建设中经常使用的,计算机软件属于著作权保护的客体。

（1）专利权

●专利权的概念

专利权是指权利人在法律规定的期限内,对其发明创造所享有的制造、使用和销售的专有权。国家授予权利人对其发明创造享有专有权,能保护权利人的利益,使其公开其发明创造的技术内容,有利于发明创造的应用。在建设工程活动中,不断有新技术产生,有许多新技术是取得了专利权的。

●专利法保护的对象

专利法保护的对象就是专利权的客体,各国规定各不相同。我国2020年10月修订的《专利法》保护的是发明创造专利权,并规定发明创造是指发明、实用新型和外观设计。

《专利法》

发明是指产品、方法或者其改进所提出的新的技术方案。这是专利权保护的最主要对象,应当具备:

①必须是一种能够解决特定技术问题作出的创造性构思;

②必须是具体的技术方案;

③必须是利用自然规律的结果。

实用新型是指对产品的形状、构造或者其结合所提出的适于实用的新的技术方案。它与发明相似,都是一种新的技术方案,但发明专利的创造性水平要高于实用新型。因此,实用新型被称为"小发明"。我国实用新型保护的客体必须具有一定的形状或者结构,或者两者的结合。如果是方法,不能获得实用新型专利。即使是产品,如果没有固定的形状或者是材料本身,也不能成为实用新型的客体。

外观设计,是指对产品的整体局部或者形状、图案或者其结合,以及色彩与形状、图案的结合所作出的富有美感并适于工业应用的新设计。外观设计必须具备:

①是形状、图案、色彩或者其结合的设计;

②是对产品的外表所作的设计;

③具有美感;

④是适合于工业上应用的新设计。

●授予专利权的条件

①授予发明和实用新型专利权的条件。授予专利权的发明和实用新型,应当具备新颖性、创造性和实用性。

新颖性是指该发明或者实用新型不属于现有技术,也没有任何单位或者个人就同样的发明或者实用新型在申请日以前向国务院专利行政主管部门提出过申请,并记载在申请日以后公布的专利申请文件或者公告的专利文件中。但是,申请专利的发明创造在申请日前6个月内,有下列情形之一的,不丧失新颖性:在中国政府主办或者承认的国际展览会上首次展出的;在规定的学术会议或者技术会议上首次发表的;他人未经申请人同意而泄露其内容的。

创造性是指与现有技术相比,该发明或该实用新型具有突出的实质性特点和显著的进步。所谓现有技术,是指申请日以前在国内外为公众所知的技术。

实用性是指该发明或者实用新型能够制造或者使用,并且能够产生积极效果。取得专利权的发明或者实用新型必须是能够应用于生产领域的,而不能是纯理论的。需要注意的是,实用性并不要求发明或者实用新型已经产生积极效果,而只要求将来有产生积极效果的可能性。

②授予外观设计专利权的条件。授予专利权的外观设计,应当同申请日以前在国内外

出版物上公开发表过或者国内公开使用过的外观设计不相同和不相近似,并不得与他人在先取得的合法权利相冲突。除了新颖性外,外观设计还应当具备富有美感和适于工业应用两个条件。

● 专利权人的权利和期限

①专利权人的权利。发明和实用新型专利权被授予后,除《专利法》另有规定的以外,任何单位或者个人未经专利权人许可,都不得实施其专利,即不得为生产经营目的制造、使用、许诺销售、销售、进口其专利产品,或者使用其专利方法以及使用、许诺销售、销售、进口依照该专利方法直接获得的产品。外观设计专利权被授予后,任何单位或者个人未经专利权人许可,都不得实施其专利,即不得为生产经营目的制造、销售、进口其外观设计专利产品。

②专利权的期限。发明专利权的期限为20年,实用新型专利权和外观设计专利权的期限为10年,均自申请日起计算。

(2)商标权

● 商标与商标专用权的概念

商标是指企业、事业单位和个体工商业者,为了使其生产经营的商品或者提供的服务项目有别于他人的商品或者服务项目,用具有显著特征的文字、图形、字母、数字、三维标志和颜色组合,以及上述要素的组合来表示的标志。商标可以分为商品商标和服务商标两大类。

商标专用权是指企业、事业单位和个体工商业者对其注册的商标依法享有的专用权。由于商标有表示质量和信誉的作用,他人使用商标所有人的商标,有可能对商标所有人的信誉造成损害,必须严格禁止。

2019年4月经修订后颁布的《商标法》第四条规定,自然人、法人或者其他组织在生产经营活动中,对其商品或者服务需要取得商标专用权的,应当向商标局申请商标注册。不以使用为目的的恶意商标注册申请,应当予以驳回。

《商标法》

● 商标专用权的内容以及保护对象

商标专用权是指商标所有人对注册商标所享有的具体权利。同其他知识产权不同,商标专用权的内容只包括财产权,商标设计者的人身权受著作权法保护。

商标专用权包括使用权和禁止权两个方面。使用权是商标注册人对其注册商标充分支配和完全使用的权利,权利人也有权将商标使用权转让给他人或通过合同许可他人使用其注册商标。禁止权是商标注册人禁止他人未经其许可而使用注册商标的权利。

商标专用权的保护对象是经过国家商标管理机关核准注册的商标,未经核准注册的商标不受商标法保护。商标注册人有权标明"注册商标"或者注册标记。任何能够将自然人、法人或者其他组织的商品与他人的商品区别开的标志,包括文字、图形、字母、数字、三维标志、颜色组合和声音等,以及上述要素的组合,均可以作为商标申请注册。

● 注册商标的续展、转让和使用许可

注册商标的有效期为10年,自核准注册之日起计算。但是,商标与其他知识产权的客体不同,往往使用时间越长越有价值。商标的知名度较高往往也是长期使用的结果。因此,注册商标可以无数次提出续展申请,其理论上的有效期是无限的。注册商标有效期满,需要继续使用的,应当在期满前12个月内申请续展注册;在此期间未能提出申请的,可以给予6个月的宽展期。宽展期满仍未提出申请的,注销其注册商标。每次续展注册的有效期为10年。

注册商标的转让是指商标专用人将其所有的注册商标依法转移给他人所有并由其专用的法律行为。转让注册商标的,转让人和受让人应当共同向商标局提出申请。受让人应当保证使用该注册商标的商品或服务的质量。商标专用权人可以将商标连同企业或者商誉同时转让,也可以将商标单独转让。转让注册商标的,商标注册人对其在同一种商品上注册的近似的商标,或者在类似商品上注册的相同或者近似的商标,应当一并转让。对容易导致混淆或者有其他不良影响的转让,商标局不予核准,书面通知申请人并说明理由。

注册商标的使用许可是指商标注册人通过签订商标使用许可合同,许可他人使用其注册商标的法律行为。许可人应当监督被许可人使用其注册商标的商品或服务的质量。被许可人应保证使用注册商标的商品或服务的质量。经许可使用他人注册商标的,必须在使用该注册商标的商品上标明被许可人的名称和商品产地。

(3)著作权

● 著作权的概念

著作权,是指作者及其他著作权人依法对文学、艺术和科学作品所享有的专有权。在我国,著作权等同于版权。

《著作权法》

著作权保护的客体是作品,在建设工程活动中,会产生许多具有著作权的作品,如文字作品、建筑作品、图形作品等。对于施工单位而言,施工单位编制的投标文件等文字作品、项目经理完成的工作报告等,都会享有著作权,建设单位编制的招标文件等文字作品也享有著作权。建筑作品,是指以建筑物或者构筑物形式表现的有审美意义的作品。图形作品,是指为施工、生产绘制的工程设计图、产品设计图,以及反映地理现象、说明事物原理或者结构的地图、示意图等作品。

● 著作权的主体

著作权的主体是指从事文学、艺术、科学等领域的创作出作品的作者及其他享有著作权的公民、法人或者其他组织。在特定情况下,国家也可以成为著作权的主体。

在建设工程活动中,有许多作品属于单位作品。由法人或者其他组织主持,代表法人或者其他组织意志创作,并由法人或者其他组织承担责任的作品,法人或者其他组织视为作者。如招标文件、投标文件,往往就是单位作品。单位作品的著作权完全归单位所有。

在建设工程活动中,有些作品属于职务作品。公民为完成法人或者其他组织工作任务所创作的作品是职务作品。职务作品与单位作品在形式上的区别在于,单位作品的作者是单位,而职务作品的作者是公民个人。一般情况下,职务作品的著作权由作者享有,但法人或者其他组织有权在其业务范围内优先使用。作品完成两年内,未经单位同意,作者不得许可第三人以与单位使用的相同方式使用该作品。《著作权法》第十六条第二款规定:"有下列情形之一的职务作品,作者享有署名权,著作权的其他权利由法人或者其他组织享有,法人或者其他组织可以给予作者奖励:

(一)主要是利用法人或者其他组织的物质技术条件创作,并由法人或者其他组织承担责任的工程设计图、产品设计图、地图、计算机软件等职务作品;

(二)法律、行政法规规定或者合同约定著作权由法人或者其他组织享有的职务作品。"

在建设工程活动中,有些作品属于委托作品。一般情况下,勘察设计文件都是勘察设计单位接受建设单位委托创作的委托作品。受委托创作的作品,著作权的归属由委托人和受托人通过合同约定。合同未作明确约定或者没有订立合同的,著作权属于受托人。

　　·著作权的保护期

　　著作权的保护期由于权利内容以及主体的不同而有所不同。

　　《著作权法》第二十条规定:"作者的署名权、修改权、保护作品完整权的保护期不受限制。"

　　《著作权法》第二十一条规定,公民的作品,其发表权、使用权和获得报酬权的保护期,为作者终生及其死后 50 年。如果是合作作品,截止于最后死亡的作者死亡后第 50 年的 12 月31 日。法人或者其他组织的作品、著作权(署名权除外)由法人或者其他组织享有的职务作品,其发表权、使用权和获得报酬权的保护期为 50 年,截止于作品首次发表后第 50 年的 12 月31 日,但作品自创作完成后 50 年内未发表的,不再受著作权法保护。

　　(4)计算机软件的法律保护

　　·计算机软件的概念

　　国务院《计算机软件保护条例》规定,计算机软件,是指计算机程序及其有关文档。

《计算机软件
保护条例》

　　计算机程序,是指为了得到某种结果而可以由计算机等具有信息处理能力的装置执行的代码化指令序列,或可以被自动转换成代码化指令序列的符号化指令序列或者符号化语句序列。同一计算机程序的源程序和目标程序为同一作品。文档,是指用来描述程序的内容、组成、设计、功能规格、开发情况、测试结果及使用方法的文字资料和图表等,如程序设计说明书、流程图、用户手册等。

　　·软件著作权的归属

　　软件著作权属于软件开发者,《计算机软件保护条例》另有规定的除外。如无相反证明,在软件上署名的自然人、法人或其他组织为开发者。

　　由两个以上的自然人、法人或其他组织合作开发的软件,其著作权的归属由合作开发者签订书面合同约定。接受他人委托开发的软件,其著作权的归属由委托人与受托人签订书面合同约定;无书面合同或者合同未作明确约定的,其著作权由受托人享有。由国家机关下达任务开发的软件,著作权的归属与行使由项目任务书或者合同规定;项目任务书或者合同中未作明确规定的,软件著作权由接受任务的法人或者其他组织享有。

　　《计算机软件保护条例》第十三条规定,自然人在法人或者其他组织中任职期间所开发的软件有下列情形之一的,该软件著作权由该法人或者其他组织享有,该法人或者其他组织可以对开发软件的自然人进行奖励:

　　①针对本职工作中明确指定的开发目标所开发的软件;

　　②开发的软件是从事本职工作活动所预见的结果或者自然的结果;

　　③主要使用了法人或者其他组织的资金、专用设备、未公开的专门信息等物质技术条件所开发并由法人或者其他组织承担责任的软件。

　　·软件著作权的限制

　　《计算机软件保护条例》第十六条规定,软件的合法复制品所有人享有下列权利:

　　①根据使用的需要把该软件装入计算机等具有信息处理能力的装置内;

　　②为了防止复制品损坏而制作备份复制品。这些备份复制品不得通过任何方式提供给

他人使用,并在所有人丧失该合法复制品的所有权时,负责将备份复制品销毁;

③为了把该软件用于实际的计算机应用环境或者改进其功能、性能而进行必要的修改;但是,除合同另有约定外,未经该软件著作权人许可,不得向任何第三方提供修改后的软件。

软件著作权制度也存在合理使用,为此《计算机软件保护条例》第十七条规定:"为了学习和研究软件内含的设计思想和原理,通过安装、显示、传输或者存储软件等方式使用软件的,可以不经软件著作权人许可,不向其支付报酬。"

- 计算机软件著作权的保护期限

《计算机软件保护条例》第十四条规定:"软件著作权自软件开发完成之日起产生。自然人的软件著作权,保护期为自然人终生及其死亡后 50 年,截止于自然人死亡后第 50 年的 12 月 31 日;软件是合作开发的,截止于最后死亡的自然人死亡后第 50 年的 12 月 31 日。法人或者其他组织的软件著作权,保护期为 50 年,截止于软件首次发表后第 50 年的 12 月 31 日,但软件自开发完成之日起 50 年内未发表的,本条例不再保护。"

3) 建设工程知识产权的保护

建设工程知识产权权利人的权益受到损害的情况包括违约和侵权两种情况,当事人可以寻求的保护途径包括民法保护、行政法保护和刑法保护。

建设工程知识产权发生纠纷后,由当事人协商解决;不愿协商或者协商不成的,权利人或者利害关系人可以依照《民事诉讼法》向人民法院起诉,也可以请求知识产权行政主管部门处理。

(1) 建设工程专利权的保护

《专利法》第六十四条规定:"发明或者实用新型专利权的保护范围以其权利要求的内容为准,说明书及附图可以用于解释权利要求的内容。外观设计专利权的保护范围以表示在图片或者照片中的该产品的外观设计为准,简要说明可以用于解释图片或者照片所表示的该产品的外观设计。"

《专利法》第七十二条也规定:"专利权人或者利害关系人有证据证明他人正在实施或者即将实施侵犯专利权、妨碍其实现权力的行为,如不及时制止将会使其合法权益受到难以弥补的损害的,可以在起诉前依法向人民法院申请采取财产保全、责令作出一定行为或者禁止作出一定行为的措施。"

(2) 建设工程商标权的保护

《商标法》第五十六条和第五十七条规定,注册商标的专用权,以核准注册的商标和核定使用的商品为限。有下列行为之一的,均属侵犯注册商标专用权:

①未经商标注册人的许可,在同一种商品上使用与其注册商标相同的商标的;

②未经商标注册人的许可,在同一种商品上使用与其注册商标近似的商标,或者在类似商品上使用与其注册商标相同或者近似的商标,容易导致混淆的;

③销售侵犯注册商标专用权的商品的;

④伪造、擅自制造他人注册商标标识或者销售伪造、擅自制造的注册商标标识的;

⑤未经商标注册人同意,更换其注册商标并将该更换商标的商品又投入市场的;

⑥故意为侵犯他人商标专用权行为提供便利条件,帮助他人实施侵犯商标专用权行为的;

⑦给他人的注册商标专用权造成其他损害的。

同时，《商标法》第六十二条规定，县级以上工商行政管理部门根据已经取得的违法嫌疑证据或者举报，对涉嫌侵犯他人注册商标专用权的行为进行查处时，可以行使下列职权：

①询问有关当事人，调查与侵犯他人注册商标专用权有关的情况；

②查阅、复制当事人与侵权活动有关的合同、发票、账簿以及其他有关资料；

③对当事人涉嫌从事侵犯他人注册商标专用权活动的场所实施现场检查；

④检查与侵权活动有关的物品；对有证据证明是侵犯他人注册商标专用权的物品，可以查封或者扣押。

（3）建设工程著作权的保护

对于著作权的保护，主要是民法保护。如果侵权行为同时损害公共利益的，可以由著作权行政管理部门责令停止侵权行为，没收违法所得，没收、销毁侵权复制品，并可处以罚款；情节严重的，著作权行政管理部门还可以没收主要用于制作侵权复制品的材料、工具、设备等；构成犯罪的，依法追究刑事责任。

4）建设工程知识产权侵权的法律责任

（1）建设工程知识产权侵权的民事责任

《民法典》第一百七十九条规定，承担民事责任的方式主要有：

①停止侵害；

②排除妨碍；

③消除危险；

④返还财产；

⑤恢复原状；

⑥修理、重作、更换；

⑦继续履行；

⑧赔偿损失；

⑨支付违约金；

⑩消除影响、恢复名誉；

⑪赔礼道歉。

法律规定惩罚性赔偿的，依照其规定。本条规定的承担民事责任的方式，可以单独适用，也可以合并适用。

停止侵害，是指建设工程知识产权被侵权时，权利人有权要求侵权人停止侵害。排除妨碍，是指建设工程知识产权权利人行使其权利受到不法阻碍或妨害时，有权请求加害人排除或请求人民法院强制排除，以保障权利正常行使的措施。消除危险，是指行为人的行为对建设工程知识产权造成潜在威胁的，权利人可以要求其采取有效措施消除危险。返还财产，是指侵权人因为侵权行为而占有了建设工程知识产权所有人的财产，权利人有权要求返还。恢复原状，是指建设工程知识产权权利人有权要求侵权人恢复权利被侵害前的原有状态。修理、重作、更换，是指造成建设工程知识产权毁损的，权利人可以要求修理、重作、更换。继续履行，是指建设工程知识产权权利人有权要求侵权人在自己能够履行的条件下，继续履行未履行的义务。赔偿损失，是指侵权行为给建设工程知识产权权利人造成财产上的损失时，应当以其财产赔偿对方所蒙受的财产损失。支付违约金,是指根据当事人约定或法律规定,因不履行、不适当履行、迟延履行义务,给建设工程知识产权权利人造成损失,应当支付一定数额的货币或代表一定价值的财物。消除影响、恢复名誉和赔礼道歉,主要是适用于人身权受到侵害时的责任,在建设工程知识产权中也会有人身权的内容,如著作权,可以适用这两种民事责任。

在建设工程知识产权侵权的民事责任中,最主要的还是赔偿损失。赔偿损失的数额有4种确定方法:

①侵权的赔偿数额按照权利人因被侵权所受到的实际损失确定;

②实际损失难以确定的,可以按照侵权人因侵权所获得的利益确定;

③权利人的损失或者侵权人获得的利益难以确定的,参照该知识产权许可使用费的倍数合理确定;

④权利人的损失、侵权人获得的利益和专利许可使用费均难以确定的,人民法院可以根据专利权的类型、侵权行为的性质和情节等因素,确定给予一定数额的赔偿。如侵犯的是建设工程专利权,应当为1万元以上100万元以下的赔偿;侵犯的是建设工程著作权和商标权,应当是50万元以下的赔偿。赔偿数额还应当包括权利人为制止侵权行为所支付的合理开支。

(2)建设工程知识产权侵权的行政责任

• 侵犯建设工程专利权的行政责任

在侵犯建设工程专利权的行为中,需要承担行政责任的主要是假冒专利,除依法承担民事责任外,应当由专利主管部门责令改正并予公告,没收违法所得,可以并处违法所得4倍以下的罚款;没有违法所得的,可以处20万元以下的罚款。

对于未经专利权人许可,实施其专利这一侵权行为,引起纠纷的,专利权人或者利害关系人可以请求专利主管部门处理;专利主管部门处理时,认定侵权行为成立的,可以责令侵权人立即停止侵权行为。

• 侵犯建设工程商标权的行政责任

《商标法》第四十九条规定:"商标注册人在使用注册商标的过程中,自行改变注册商标、注册人名义、地址或者其他注册事项的,由地方工商行政管理部门责令限期改正;期满不改正的,由商标局撤销其注册商标。注册商标成为其核定使用的商品的通用名称或者没有正当理由连续三年不使用的,任何单位或者个人可以向商标局申请撤销该注册商标。商标局应当自收到申请之日起九个月内做出决定。有特殊情况需要延长的,经国务院工商行政管理部门批准,可以延长三个月。"

《商标法》第五十二条:"将未注册商标冒充注册商标使用的,或者使用未注册商标违反本法第十条规定的,由地方工商行政管理部门予以制止,限期改正,并可以予以通报,违法经营额五万元以上的,可以处违法经营额百分之二十以下的罚款,没有违法经营额或者违法经营额不足五万元的,可以处一万元以下的罚款。"

• 侵犯建设工程著作权的行政责任

《著作权法》第四十八条规定:"有下列侵权行为的,应当根据情况,承担停止侵害、消除影响、赔礼道歉、赔偿损失等民事责任;同时损害公共利益的,可以由著作权行政管理部门责令停止侵权行为,没收违法所得,没收、销毁侵权复制品,并可处以罚款;情节严重的,著作权行政管理部门还可以没收主要用于制作侵权复制品的材料、工具、设备等;构成犯罪的,依法追究刑事责任:

（一）未经著作权人许可,复制、发行、表演、放映、广播、汇编、通过信息网络向公众传播其作品的,本法另有规定的除外;

（二）出版他人享有专有出版权的图书的;

（三）未经表演者许可,复制、发行录有其表演的录音录像制品,或者通过信息网络向公众传播其表演的,本法另有规定的除外;

（四）未经录音录像制作者许可,复制、发行、通过信息网络向公众传播其制作的录音录像制品的,本法另有规定的除外;

（五）未经许可,播放或者复制广播、电视的,本法另有规定的除外;

（六）未经著作权人或者与著作权有关的权利人许可,故意避开或者破坏权利人为其作品、录音录像制品等采取的保护著作权或者与著作权有关的权利的技术措施的,法律、行政法规另有规定的除外;

（七）未经著作权人或者与著作权有关的权利人许可,故意删除或者改变作品、录音录像制品等的权利管理电子信息的,法律、行政法规另有规定的除外;

（八）制作、出售假冒他人署名的作品的。"

（3）建设工程知识产权侵权的刑事责任

建设工程知识产权侵权行为中,可能构成犯罪的是,违反知识产权保护法规,未经知识产权所有人许可,非法利用其知识产权,侵犯国家对知识产权的管理秩序和知识产权所有人的合法权益,违法所得数额较大或者情节严重的行为。

• 侵犯商标权的刑事责任

《刑法》第二百一十三条规定:"未经注册商标所有人许可,在同一种商品、服务上使用与其注册商标相同的商标,情节严重的,处三年以下有期徒刑,并处或者单处罚金;情节特别严重的,处三年以上十年以下有期徒刑,并处罚金。"

《刑法》第二百一十四条规定:"销售明知是假冒注册商标的商品,违法所得数额较大或者有其他严重情节的,处三年以下有期徒刑,并处或者单处罚金;违法所得数额巨大或者有其他特别严重情节的,处三年以上十年以下有期徒刑,并处罚金。"

《刑法》第二百一十五条规定:"伪造、擅自制造他人注册商标标识或者销售伪造、擅自制造的注册商标标识,情节严重的,处三年以下有期徒刑,并处或者单处罚金;情节特别严重的,处三年以上十年以下有期徒刑,并处罚金。"

• 侵犯专利权的刑事责任

《刑法》第二百一十六条规定:"假冒他人专利,情节严重的,处三年以下有期徒刑或者拘役,并处或者单处罚金。"

• 侵犯著作权的刑事责任

《刑法》第二百一十七条规定:"以营利为目的,有下列侵犯著作权或者与著作权有关的权利的情形之一,违法所得数额较大或者有其他严重情节的,处三年以下有期徒刑,并处或者单处罚金;违法所得数额巨大或者有其他特别严

《刑法》

重情节的,处三年以上十年以下有期徒刑,并处罚金:

(一)未经著作权人许可,复制发行、通过信息网络向公众传播其文字作品、音乐、美术、视听作品、计算机软件及法律、行政法规规定的其他作品的;

(二)出版他人享有专有出版权的图书的;

(三)未经录音录像制作者许可,复制发行、通过信息网络向公众传播其制作的录音录像的;

(四)未经表演者许可,复制发行录有其表演的录音录像制品,或者通过信息网络向公众传播其表演的;

(五)制作、出售假冒他人署名的美术作品的;

(六)未经著作权人或者与著作权有关的权利人许可,故意避开或者破坏权利人为其作品、录音录像制品等采取的保护著作权或者与著作权有关的权利的技术措施的。"

《刑法》第二百一十八条规定:"以营利为目的,销售明知是本法第二百一十七条规定的侵权复制品,违法所得数额巨大或者有其他严重情节的,处五年以下有期徒刑,并处或者单处罚金。"

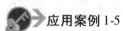 应用案例 1-5

某建设单位委托某设计院进行一个建设工程项目的设计工作,合同中没有约定工程设计图的归属。设计院委派张某等完成了这一设计任务。该项目完成后,建设单位没有经过设计院同意,将该设计图纸用于另一类似项目。但由于地质条件的差别,工程出现质量问题,给建设单位造成了一定的损失。

【问题】

(1)建设单位未经设计院同意,能否将该设计图纸用于另一类似项目,为什么?

(2)建设单位应当向设计院还是向张某等设计人员主张赔偿,这一赔偿请求能否获得支持,为什么?

【案例分析】

(1)建设单位未经设计院同意,不得将该设计图纸用于另一类似项目。该设计图纸对于设计院和建设单位而言,属于委托作品,建设单位是委托人,设计院是受托人。如果双方合同未作明确约定的,著作权属于受托人,即设计院。因此,如果建设单位要再次使用该设计图纸,应当经过设计院同意。

(2)建设单位应当向设计院主张赔偿。因为,虽然这一设计任务是张某等设计人员完成的,但这一职务作品属于"主要是利用法人或者其他组织的物质技术条件创作,并由法人或者其他组织承担责任的工程设计图"。张某等设计人员只享有署名权,著作权的其他权利由法人或者其他组织享有。因此,建设单位应当向设计院主张赔偿。但这一赔偿请求不能获得支持。因为,建设单位将图纸使用于另一工程没有经过设计院的同意,设计院不但不用承担责任,反而有权向建设单位要求赔偿。

1.2.6　建设工程担保制度

1）担保的一般规定

担保是指当事人根据法律规定或者双方约定,为促使债务人履行债务实现债权人权利的法律制度。

《民法典》第三百八十七条规定:"债权人在借贷、买卖等民事活动中,为保障实现其债权,需要担保的,可以依照本法和其他法律的规定设立担保物权。第三人为债务人向债权人提供担保的,可以要求债务人提供反担保。反担保适用本法和其他法律的规定。"

《民法典》第三百八十八条规定:"设立担保物权,应当依照本法和其他法律的规定订立担保合同。担保合同包括抵押合同、质押合同和其他具有担保功能的合同。担保合同是主债权债务合同的从合同。主债权债务合同无效的,担保合同无效,但是法律另有规定的除外。担保合同被确认无效后,债务人、担保人、债权人有过错的,应当根据其过错各自承担相应的民事责任。"

《民法典》第三百八十九条规定:"担保物权的担保范围包括主债权及其利息、违约金、损害赔偿金、保管担保财产和实现担保物权的费用。当事人另有约定的,按照其约定。"

担保方式一般为保证、抵押、质押、留置和定金。

2）建设工程保证担保的方式和责任

在建设工程活动中,保证是最为常用的一种担保方式。

（1）保证的基本法体规定

• 保证合同

《民法典》第六百八十一条、第六百八十二条、第六百八十四条和第六百八十五条规定:"保证合同是为保障债权的实现,保证人和债权人约定,当债务人不履行到期债务或者发生当事人约定的情形时,保证人履行债务或者承担责任的合同。

保证合同是主债权债务合同的从合同。主债权债务合同无效的,保证合同无效,但是法律另有规定的除外。保证合同被确认无效后,债务人、保证人、债权人有过错的,应当根据其过错各自承担相应的民事责任。

保证合同的内容一般包括被保证的主债权的种类、数额,债务人履行债务的期限,保证的方式、范围和期间等条款。

保证合同可以是单独订立的书面合同,也可以是主债权债务合同中的保证条款。第三人单方以书面形式向债权人作出保证,债权人接收且未提出异议的,保证合同成立。"

• 保证方式

《民法典》第六百八十六条规定:"保证的方式包括一般保证和连带责任保证。当事人在保证合同中对保证方式没有约定或者约定不明确的,按照一般保证承担保证责任。"

对于一般保证,《民法典》第六百八十七条规定:"当事人在保证合同中约定,债务人不能履行债务时,由保证人承担保证责任的,为一般保证。一般保证的保证人在主合同纠纷未经审判或者仲裁,并就债务人财产依法强制执行仍不能履行债务前,有权拒绝向债权人承担保证责任,但是有下列情形之一的除外:

（一）债务人下落不明，且无财产可供执行；

（二）人民法院已经受理债务人破产案件；

（三）债权人有证据证明债务人的财产不足以履行全部债务或者丧失履行债务能力；

（四）保证人书面表示放弃本款规定的权利。"

对于连带责任保证，《民法典》第六百八十八条规定："当事人在保证合同中约定保证人和债务人对债务承担连带责任的，为连带责任保证。连带责任保证的债务人不履行到期债务或者发生当事人约定的情形时，债权人可以请求债务人履行债务，也可以请求保证人在其保证范围内承担保证责任。"

• 保证人资格

《民法典》第六百八十三条规定："机关法人不得为保证人，但是经国务院批准为使用外国政府或者国际经济组织贷款进行转贷的除外。以公益为目的的非营利法人、非法人组织不得为保证人。"

• 保证责任

保证合同生效后，保证人就应当在合同约定的保证范围和保证期间承担保证责任。

《民法典》第六百九十一条至第七百零二条规定："保证的范围包括主债权及其利息、违约金、损害赔偿金和实现债权的费用。当事人另有约定的，按照其约定。

保证期间是确定保证人承担保证责任的期间，不发生中止、中断和延长。债权人与保证人可以约定保证期间，但是约定的保证期间早于主债务履行期限或者与主债务履行期限同时届满的，视为没有约定；没有约定或者约定不明确的，保证期间为主债务履行期限届满之日起六个月。债权人与债务人对主债务履行期限没有约定或者约定不明确的，保证期间自债权人请求债务人履行债务的宽限期届满之日起计算。

一般保证的债权人未在保证期间对债务人提起诉讼或者申请仲裁的，保证人不再承担保证责任。连带责任保证的债权人未在保证期间请求保证人承担保证责任的，保证人不再承担保证责任。

一般保证的债权人在保证期间届满前对债务人提起诉讼或者申请仲裁的，从保证人拒绝承担保证责任的权利消灭之日起，开始计算保证债务的诉讼时效。连带责任保证的债权人在保证期间届满前请求保证人承担保证责任的，从债权人请求保证人承担保证责任之日起，开始计算保证债务的诉讼时效。

债权人和债务人未经保证人书面同意，协商变更主债权债务合同内容，减轻债务的，保证人仍对变更后的债务承担保证责任；加重债务的，保证人对加重的部分不承担保证责任。债权人和债务人变更主债权债务合同的履行期限，未经保证人书面同意的，保证期间不受影响。

债权人转让全部或者部分债权，未通知保证人的，该转让对保证人不发生效力。保证人与债权人约定禁止债权转让，债权人未经保证人书面同意转让债权的，保证人对受让人不再承担保证责任。

债权人未经保证人书面同意，允许债务人转移全部或者部分债务，保证人对未经其同意转移的债务不再承担保证责任，但是债权人和保证人另有约定的除外。第三人加入债务的，保证人的保证责任不受影响。

一般保证的保证人在主债务履行期限届满后,向债权人提供债务人可供执行财产的真实情况,债权人放弃或者怠于行使权利致使该财产不能被执行的,保证人在其提供可供执行财产的价值范围内不再承担保证责任。

同一债务有两个以上保证人的,保证人应当按照保证合同约定的保证份额,承担保证责任;没有约定保证份额的,债权人可以请求任何一个保证人在其保证范围内承担保证责任。

保证人承担保证责任后,除当事人另有约定外,有权在其承担保证责任的范围内向债务人追偿,享有债权人对债务人的权利,但是不得损害债权人的利益。

保证人可以主张债务人对债权人的抗辩。债务人放弃抗辩的,保证人仍有权向债权人主张抗辩。

债务人对债权人享有抵销权或者撤销权的,保证人可以在相应范围内拒绝承担保证责任。"

（2）建设工程施工常用的担保种类

• 施工投标保证金

投标保证金是指在招标投标活动中,投标人随投标文件一同递交给招标人的一定形式、一定金额的投标责任担保。其主要保证投标人在递交投标文件后不得撤销投标文件,中标后不得无正当理由不与招标人订立合同,在签订合同时不得向招标人提出附加条件,或者不按照招标文件要求提交履约保证金,否则,招标人有权不予返还其递交的投标保证金。

投标保证金除现金外,可以是银行出具的银行保函、保兑支票、银行汇票或现金支票。

• 施工合同履约保证金

《招标投标法》第四十六条规定:"招标文件要求中标人提交履约保证金的,中标人应当提供。"

施工合同履约担保,是工程发包人为防止承包人在合同执行过程中违反合同规定或违约,并弥补给发包人造成的经济损失。其形式有履约担保金(又称履约保证金)、履约银行保函和履约担保书三种。履约保证金可用保兑支票、银行汇票或现金支票,履约保证金不得超过中标合同金额的 10%;履约银行保函是中标人从银行开具的保函,额度是合同价格的 10% 以内;履约担保书是由保险公司、信托公司、证券公司、实体公司或社会上担保公司出具担保书,担保额度是合同价格的 30%。

• 工程款支付担保

《工程建设项目施工招标投标办法》第六十二条规定:"招标人要求中标人提供履约保证金或其他形式履约担保的,招标人应当同时向中标人提供工程款支付担保。"

工程款支付担保,是指为保证发包人履行工程合同约定的工程款支付义务,由担保人为发包人在签订工程建设合同的同时向承包人提供发包人支付保函,保证发包人支付工程款的担保。工程款支付担保可以采用银行保函、专业担保公司的保证。发包人工程款支付担保的担保金额应当与承包人履约担保的担保金额相等。

• 预付款担保

预付款担保是指承包人与发包人签订合同后,承包人正确、合理使用发包人支付的预付款的担保。建设工程合同签订以后,发包人给承包人一定比例的预付款,一般为合同金额的 10%,但需由承包人的开户银行向发包人出具预付款担保。

预付款担保的主要形式为银行保函。其主要作用是保证承包人能够按合同规定进行施工,偿还发包人已支付的全部预付金额。如果承包人中途毁约,中止工程,使发包人不能在规定期限内从应付工程款中扣除全部预付款,则发包人作为保函的受益人有权凭预付款担保向银行索赔该保函的担保金额作为补偿。

3)抵押、质押、留置、定金的规定

(1)抵押

● 抵押的法律概念

《民法典》第三百九十四条规定,抵押是指为担保债务的履行,债务人或者第三人不转移财产的占有,将该财产抵押给债权人的,债务人不履行到期债务或者发生当事人约定的实现抵押权的情形,债权人有权就该财产优先受偿。其中,债务人或者第三人为抵押人,债权人为抵押权人,提供担保的财产为抵押财产。

● 抵押物

由于抵押物是不转移其占有的,因此能够成为抵押物的财产必须具备一定的条件。这类财产轻易不会灭失,其所有权的转移应当经过一定的程序。

根据《民法典》第三百九十五条的规定:"债务人或者第三人有权处分的下列财产可以抵押:

(一)建筑物和其他土地附着物;

(二)建设用地使用权;

(三)海域使用权;

(四)生产设备、原材料、半成品、产品;

(五)正在建造的建筑物、船舶、航空器;

(六)交通运输工具;

(七)法律、行政法规未禁止抵押的其他财产。抵押人可以将前款所列财产一并抵押。"

针对建设用地使用权,《民法典》第三百九十七条和第三百九十八条规定:"以建筑物抵押的,该建筑物占用范围内的建设用地使用权一并抵押。以建设用地使用权抵押的,该土地上的建筑物一并抵押。抵押人未依据前款规定一并抵押的,未抵押的财产视为一并抵押。

乡镇、村企业的建设用地使用权不得单独抵押。以乡镇、村企业的厂房等建筑物抵押的,其占用范围内的建设用地使用权一并抵押。"

根据《民法典》第三百九十九条的规定,下列财产不得抵押:

①土地所有权;

②宅基地、自留地、自留山等集体所有土地的使用权,但是法律规定可以抵押的除外;

③学校、幼儿园、医疗机构等为公益目的成立的非营利法人的教育设施、医疗卫生设施和其他公益设施;

④所有权、使用权不明或者有争议的财产;

⑤依法被查封、扣押、监管的财产;

⑥法律、行政法规规定不得抵押的其他财产。

同时,《民法典》第四百零二条规定:"以本法第三百九十五条第一款第一项至第三项规定的财产或者第五项规定的正在建造的建筑物(不动产,即建筑物和其他土地附着物、建设

用地使用权、海域使用权、正在建造的建筑物)抵押的,应当办理抵押登记。抵押权自登记时设立。"

《民法典》第四百零三条规定:"以动产(即生产设备、原材料、半成品、产品;正在建造的船舶、航空器;交通运输工具)抵押的,抵押权自抵押合同生效时设立;未经登记,不得对抗善意第三人。"

《民法典》第四百零四条规定:"以动产抵押的,不得对抗正常经营活动中已经支付合理价款并取得抵押财产的买受人。"

• 抵押的效力

抵押人有义务妥善保管抵押物并保证其价值。《民法典》第四百零六条规定:"抵押期间,抵押人可以转让抵押财产。当事人另有约定的,按照其约定。抵押财产转让的,抵押权不受影响。抵押人转让抵押财产的,应当及时通知抵押权人。抵押权人能够证明抵押财产转让可能损害抵押权的,可以请求抵押人将转让所得的价款向抵押权人提前清偿债务或者提存。转让的价款超过债权数额的部分归抵押人所有,不足部分由债务人清偿。"

《民法典》第四百零七条规定:"抵押权不得与债权分离而单独转让或者作为其他债权的担保。债权转让的,担保该债权的抵押权一并转让,但是法律另有规定或者当事人另有约定的除外。"

《民法典》第四百零八条规定:"抵押人的行为足以使抵押财产价值减少的,抵押权人有权请求抵押人停止其行为;抵押财产价值减少的,抵押权人有权请求恢复抵押财产的价值,或者提供与减少的价值相应的担保。抵押人不恢复抵押财产的价值,也不提供担保的,抵押权人有权请求债务人提前清偿债务。"

• 抵押权的实现

《民法典》第四百一十条、第四百一十三条至第四百一十五条规定,债务人不履行到期债务或者发生当事人约定的实现抵押权的情形,抵押权人可以与抵押人协议以抵押财产折价或者以拍卖、变卖该抵押财产所得的价款优先受偿。协议损害其他债权人利益的,其他债权人可以请求人民法院撤销该协议。抵押权人与抵押人未就抵押权实现方式达成协议的,抵押权人可以请求人民法院拍卖、变卖抵押财产。抵押财产折价或者变卖的,应当参照市场价格。

抵押财产折价或者拍卖、变卖后,其价款超过债权数额的部分归抵押人所有,不足部分由债务人清偿。

同一财产向两个以上债权人抵押的,拍卖、变卖抵押财产所得的价款依照下列规定清偿:

①抵押权已经登记的,按照登记的时间先后确定清偿顺序;

②抵押权已经登记的先于未登记的受偿;

③抵押权未登记的,按照债权比例清偿。其他可以登记的担保物权,清偿顺序参照适用前款规定。

同一财产既设立抵押权又设立质权的,拍卖、变卖该财产所得的价款按照登记、交付的时间先后确定清偿顺序。

(2)质押

《民法典》第四百二十五条规定,质押是指为担保债务的履行,债务人或者第三人将其动产出质给债权人占有的,债务人不履行到期债务或者发生当事人约定的实现质权的情形,债权人有权就该动产优先受偿。债务人或者第三人为出质人,债权人为质权人,交付的动产为质押财产。

质押分为动产质押和权利质押。动产质押与权利质押的根本区别在于,前者以有形动产为标的物,而后者以债权、股权和知识产权中的财产权利为标的物。

能够用作质押的动产没有限制,但《民法典》第四百二十六条规定:"法律、行政法规禁止转让的动产不得出质。"

权利质押一般是将权利凭证交付质押人的担保,《民法典》第四百四十条规定,债务人或者第三人有权处分的下列权利可以出质:

①汇票、本票、支票;

②债券、存款单;

③仓单、提单;

④可以转让的基金份额、股权;

⑤可以转让的注册商标专用权、专利权、著作权等知识产权中的财产权;

⑥现有的以及将有的应收账款;

⑦法律、行政法规规定可以出质的其他财产权利。

（3）留置

对于留置,《民法典》第四百四十七条规定,债务人不履行到期债务,债权人可以留置已经合法占有的债务人的动产,并有权就该动产优先受偿。债权人为留置权人,占有的动产为留置财产。

由于留置是一种比较强烈的担保方式,必须依法行使。《民法典》第四百四十九条规定:"法律规定或者当事人约定不得留置的动产,不得留置。"

《民法典》第四百五十一条还规定:"留置权人负有妥善保管留置财产的义务;因保管不善致使留置财产毁损、灭失的,应当承担赔偿责任。"

（4）定金

《民法典》第五百八十六条至第五百八十八条规定:

当事人可以约定一方向对方给付定金作为债权的担保。定金合同自实际交付定金时成立。定金的数额由当事人约定;但是,不得超过主合同标的额的百分之二十,超过部分不产生定金的效力。实际交付的定金数额多于或者少于约定数额的,视为变更约定的定金数额。

债务人履行债务的,定金应当抵作价款或者收回。给付定金的一方不履行债务或者履行债务不符合约定,致使不能实现合同目的的,无权请求返还定金;收受定金的一方不履行债务或者履行债务不符合约定,致使不能实现合同目的的,应当双倍返还定金。

当事人既约定违约金,又约定定金的,一方违约时,对方可以选择适用违约金或者定金条款。定金不足以弥补一方违约造成的损失的,对方可以请求赔偿超过定金数额的损失。

 应用案例1-6

某乡镇企业为购置设备,向银行贷款30万元,企业以自有工具车一辆作抵押(评估价10万元),另由乡财政所作保证。贷款到期后,企业仅归还15万元,其余贷款及利息无法偿付,为此,银行向法院提起诉讼,要求乡财政所承担连带清偿责任。

【问题】

(1)乡财政所是否应承担连带责任? 为什么?

(2)法院对此案应作如何处理?

(3)如果保证人不是乡财政所,而是 B 公司,但保证方式没有约定,该案应当如何处理?

【案例分析】

(1)乡财政所不应承担连带责任;因为按《民法典》第六百八十三条规定:"机关法人不得为保证人,但是经国务院批准为使用外国政府或者国际经济组织贷款进行转贷的除外。以公益为目的的非营利法人、非法人组织不得为保证人。"

(2)法院先对企业抵押的工具车拍卖或变卖,以偿付银行贷款;不足清偿的部分,企业应通过其他方式继续清偿。

(3)若保证人是 B 公司,B 公司应承担连带保证责任。

1.2.7 建设工程保险制度

1)保险的基本概述

(1)保险的法律概述

《保险法》第二条规定:"本法所称保险,是指投保人根据合同约定,向保险人支付保险费,保险人对于合同约定的可能发生的事故因其发生所造成的财产损失承担赔偿保险金责任,或者当被保险人死亡、伤残、疾病或者达到合同约定的年龄、期限等条件时承担给付保险金责任的商业保险行为。"

《保险法》

保险是一种受法律保护的分散危险、消化损失的法律制度。因此,危险的存在是保险产生的前提。但保险制度上的危险具有损失发生的不确定性,包括发生与否的不确定性、发生时间的不确定性和发生后果的不确定性。

(2)保险合同

《保险法》第十条规定:"保险合同是投保人与保险人约定保险权利义务关系的协议。投保人是指与保险人订立保险合同,并按照合同约定负有支付保险费义务的人。保险人是指与投保人订立保险合同,并按照合同约定承担赔偿或者给付保险金责任的保险公司。"

保险合同在履行中还会涉及被保险人和受益人。《保险法》第十二条规定:"被保险人是指其财产或者人身受保险合同保障,享有保险金请求权的人。投保人可以为被保险人。"《保险法》第十八条规定:"受益人是指人身保险合同中由被保险人或者投保人指定的享有保险金请求权的人。投保人、被保险人可以为受益人。"

保险合同一般是以保险单的形式订立的。保险合同分为人身保险合同、财产保险合同。

①人身保险合同。人身保险合同是以人的寿命和身体为保险标的的保险合同。投保人应向保险人如实申报被保险人的年龄、身体状况。投保人于合同成立后,可以向保险人一次支付全部保险费,也可以按照合同规定分期支付保险费。人身保险的受益人由被保险人或者投保人指定。保险人对人身保险的保险费,不得用诉讼方式要求投保人支付。

②财产保险合同。财产保险合同是以财产及其有关利益为保险标的的保险合同。在财产保险合同中,保险合同的转让应当通知保险人,经保险人同意继续承保后,依法转让合同。

在合同的有效期内,保险标的的危险程度显著增加的,被保险人应当按照合同约定及时通知保险人,保险人可以按照合同约定增加保险费或者解除合同。建筑工程一切险和安装工程一切险即为财产保险合同。

2)建设工程保险

建设工程活动涉及的法律关系较为复杂,风险较为多样。因此,建设工程活动涉及的险种也较多,主要包括建筑工程一切险(及第三者责任险)、安装工程一切险(及第三者责任险)、机器损坏险、机动车辆险、建筑职工意外伤害险、勘察设计责任保险、工程监理责任保险等。

(1)建筑工程一切险(及第三者责任险)

建筑工程一切险是承保各类民用、工业和公用事业建筑工程项目,包括道路、桥梁、水坝、港口等,在建造过程中因自然灾害或意外事故而引起的一切损失的险种。因在建工程抗灾能力差,危险程度高,一旦发生损失,不仅会对工程本身造成巨大的物质财富损失,甚至可能殃及邻近人员与财物。因此,随着各种新建、扩建、改建的建设工程项目日渐增多,许多保险公司已经开设这一险种。

建筑工程一切险往往还加保第三者责任险。第三者责任险是指在保险有效期内因在施工工地上发生意外事故造成在施工工地及邻近地区的第三者人身伤亡或财产损失,依法应由被保险人承担的经济赔偿责任。

• 投保人与被保险人

《建设工程施工合同(示范文本)》(GF-2017-0201)中规定,除专用合同条款另有约定外,发包人应投保建筑工程一切险或安装工程一切险;发包人委托承包人投保的,因投保产生的保险费和其他相关费用由发包人承担。

建筑工程一切险的被保险人范围较宽,所有在工程进行期间,对该项工程承担一定风险的有关各方(即具有可保利益的各方),均可作为被保险人。如果被保险人不止一家,则各家接受赔偿的权利以不超过其对保险标的的可保利益为限。被保险人具体包括:

①业主或工程所有人;

②承包商或者分包商;

③技术顾问,包括业主聘用的建筑师、工程师及其他专业顾问。

• 保险责任范围

保险人对下列原因造成的损失和费用,负责赔偿:

①自然事件,指地震、海啸、雷电、飓风、台风、龙卷风、风暴、暴雨、洪水、水灾、冻灾、冰雹、地崩、山崩、雪崩、火山爆发、地面下陷下沉及其他人力不可抗拒的破坏力强大的自然现象;

②意外事故,指不可预料的以及被保险人无法控制并造成物质损失或人身伤亡的突发性事件,包括火灾和爆炸。

• 除外责任

保险人对下列各项原因造成的损失不负责赔偿:

①设计错误引起的损失和费用;

②自然磨损、内在或潜在缺陷、物质本身变化、自燃、自热、氧化、锈蚀、渗漏、鼠咬、虫蛀、

大气(气候或气温)变化、正常水位变化或其他渐变原因造成的保险财产自身的损失和费用；

③因原材料缺陷或工艺不善引起的保险财产本身的损失以及为换置、修理或矫正这些缺点错误所支付的费用；

④非外力引起的机械或电气装置的本身损失，或施工用机具、设备、机械装置失灵造成的本身损失；

⑤维修保养或正常检修的费用；

⑥档案、文件、账簿、票据、现金、各种有价证券、图表资料及包装物料的损失；

⑦盘点时发现的短缺；

⑧领有公共运输行驶执照的，或已由其他保险予以保障的车辆、船舶和飞机的损失；

⑨除非另有约定，在保险工程开始以前已经存在或形成的位于工地范围内或其周围的属于被保险人的财产的损失；

⑩除非另有约定，在保险单保险期限终止以前，保险财产中已由工程所有人签发完工验收证书或验收合格或实际占有或使用或接收的部分。

· 第三者责任险

建筑工程一切险如果加保第三者责任险，保险人对下列原因造成的损失和费用，负责赔偿：

①在保险期限内，因发生与所保工程直接相关的意外事故引起工地内及邻近区域的第三者人身伤亡、疾病或财产损失；

②被保险人因上述原因支付的诉讼费用以及事先经保险人书面同意而支付的其他费用。

· 赔偿金额

保险人对每次事故引起的赔偿金额以法院或政府有关部门根据现行法律裁定的应由被保险人偿付的金额为准，但在任何情况下，均不得超过保险单明细表中对应列明的每次事故赔偿限额。在保险期限内，保险人经济赔偿的最高赔偿责任不得超过本保险单明细表中列明的累计赔偿限额。

· 保险期限

建筑工程一切险的保险责任自保险工程在工地动工或用于保险工程的材料、设备运抵工地之时起始，至工程所有人对部分或全部工程签发完工验收证书或验收合格，或工程所有人实际占用或使用或接收该部分或全部工程之时终止，以先发生者为准。但在任何情况下，保险期限的起始或终止不得超出保险单明细表中列明的保险生效日或终止日。

(2)安装工程一切险(及第三者责任险)

安装工程一切险是承保安装机器、设备、储油罐、钢结构工程、起重机、吊车以及包含机械工程因素的各种安装工程的险种。由于科学技术日益进步，现代工业的机器设备已进入电子计算机操控的时代，工艺精密、构造复杂，技术高度密集，价格十分昂贵。在安装、调试机器设备的过程中遇到自然灾害和意外事故的发生都会造成巨大的经济损失。安装工程一切险可以保障机器设备在安装、调试过程中，被保险人可能遭受的损失能够得到经济补偿。

安装工程一切险往往还加保第三者责任险。安装工程一切险的第三者责任险，负责被保险人在保险期限内，因发生意外事故，造成在工地及邻近地区的第三者人身伤亡、疾病或财产损失,依法应由被保险人赔偿的经济损失,以及因此而支付的诉讼费用和经保险人书面同意支付的其他费用。

安装工程一切险的保险责任自保险工程在工地动工或用于保险工程的材料、设备运抵工地之时起始,至工程所有人对部分或全部工程签发完工验收证书或验收合格,或工程所有人实际占有或使用接收该部分或全部工程之时终止,以先发生者为准。但在任何情况下,安装期保险期限的起始或终止不得超出保险单明细表中列明的保险生效日或终止日。

安装工程一切险的保险期内,一般应包括一个试车考核期。试车考核期的长短一般根据安装工程合同中的约定进行确定,但不得超出安装工程保险单明细表中列明的试车和考核期限。安装工程一切险对考核期的保险责任一般不超过3个月,若超过3个月,应另行加收保险费。安装工程一切险对于旧机器设备不负考核期的保险责任,也不承担其维修期的保险责任。

(3)工伤保险和建筑职工意外伤害险

《建筑法》第四十八条规定:"建筑施工企业应当依法为职工参加工伤保险缴纳工伤保险费。鼓励企业为从事危险作业的职工办理意外伤害保险,支付保险费。"

《建设工程安全生产管理条例》第三十八条规定:"施工单位应当为施工现场从事危险作业的人员办理意外伤害保险。意外伤害保险费由施工单位支付。实行施工总承包的,由总承包单位支付意外伤害保险费。意外伤害保险期限自建设工程开工之日起至竣工验收合格止。"

应用案例1-7

某建筑施工公司承包了某大厦建设工程,根据业主提供的设计和施工方案进行施工,在未作护栏维护工程的情况下,进行敞开式开挖并大量抽排地下水。后施工单位因发现施工现场附近地面下沉,就暂时停止了施工,但没有针对地面下沉的情况采取必要的措施。施工单位经和业主商量修改了原来施工方案后恢复施工,但仍然没有对地面沉降采取防护和恢复措施,就进行人工开挖孔桩。

此后,邻近施工现场的一个印刷厂发现厂房、地面开裂,多台进口的精密印刷机出现异常,并有进一步危及人身和财产安全的危险。经受损单位紧急呼吁后,当地政府召集有关单位、专家共同提出补救措施并实施后,地面沉降才得到控制。但是损失已经发生,业主自己委托了权威部门对印刷厂的损失进行了鉴定,鉴定结论是:施工单位在基础工程施工时,大量抽排地下水是造成印刷厂厂房和印刷机受损的直接原因。后来建设单位赔偿了印刷厂各种损失1 000多万元人民币。

随后,某建筑公司根据建筑工程一切险中第三者责任险的责任范围的规定:"在本保险期限内,因发生与本保险单所承保工程直接相关的意外事故引起工地内及邻近区域的第三者人身伤亡、疾病或财产损失,依法应由被保险人承担的经济赔偿责任,本公司按下列条款的规定负责赔偿。"向保险公司索赔1 000多万元。保险公司调查后认为:本案的损失显然不是由意外事故造成的,而是施工单位违反国家颁布的相关施工规范、规程,大量抽取地下水所致,是一种人为因素导致第三者损失的后果。根据建工险条款的总除外责任中规定:"被保险人及其代表的故意行为和重大过失引起的任何损失、费用和责任。"因而保险公司拒赔。某建筑公司不服,就向法院起诉。

【问题】

你认为保险公司拒赔是否有理? 为什么?

【案例分析】

本案例的损失根据建筑工程一切险中第三者责任险的责任范围的规定:"在本保险期限内,因发生与本保险单所承保工程直接相关的意外事故引起工地内及邻近区域的第三者人身伤亡、疾病或财产损失,依法应由被保险人承担的经济赔偿责任,本公司按下列条款的规定负责赔偿。"而本案的损失显然不是由意外事故造成的,而是施工单位违反国家颁布的相关施工规范、规程,大量抽取地下水所致,是一种人为因素导致第三者损失的后果。

在本案中,小组认为首先应弄清楚的是施工单位在抽排地下水以及后来进行人工开孔挖桩的时间段总共持续了多久,如持续了很长一段时间那么施工单位有足够的时间去查明引起地面下沉的原因并采取必要的措施。从案例描述中施工单位已经发现施工现场附近地面下沉才暂时停止了施工,但随后并没有采取任何防护和恢复措施就和业主商量修改了原方案恢复施工。这里涉及两个问题,第一个问题是向保险人履行告知义务,当修改了原方案后如因此引起风险增加,投保人有权通知保险人(除非保险条款有注明施工单位对于符合操作流程而对施工方案进行修改的行为可以不通知保险人)。第二个问题是施工单位在明知或应知由此而引起何等后果的情况下仍继续该行为属于故意行为。故保险公司依据建工险条款的总除外责任中规定:"被保险人及其代表的故意行为和重大过失引起的任何损失、费用和责任"拒赔,因此我们认为保险公司拒赔有理。

1.3 建设工程法律责任制度

广义的法律责任是指守法的义务,即任何组织和个人都有遵守法律、维护法律尊严的义务。狭义的法律责任也称违法责任,是指行为人由于违法行为、违约行为或者由于法律规定而应承受的某种不利的法律后果。建设法律责任是不履行建设法律、法规规定的义务所引起的后果。根据建设违法行为所违反的法律的不同,可以把建设工程法律责任分为民事责任、行政责任、刑事责任等。

法律责任体现了个人与个人、个人与社会和国家之间权利义务统一关系,是法律体系中不可缺少的重要组成部分。法律责任是保护法律关系主体的权利得到实现的可靠法律手段,是在法律体系范围内抵制和预防违法行为的重要法律形式,是解决权利义务纠纷和冲突的文明方式。

1.3.1 法律责任的基本种类和特征

按照违法行为的性质和危害程度,可以将法律责任分为:违宪法律责任、刑事法律责任、民事法律责任、行政法律责任和国家赔偿责任。

法律责任的特征为:

①法律责任是因违反法律上的义务(包括违约等)而形成的法律后果,以法律义务存在为前提;

②法律责任即承担不利的后果；

③法律责任的认定和追究,由国家专门机关依法定程序进行；

④法律责任的实现由国家强制力作保障。

1.3.2　建设工程中的民事责任的种类及承担方式

民事责任是指民事主体在民事活动中,因实施了民事违法行为,根据民法所应承担的对其不利的民事法律后果或者基于法律特别规定而应承担的民事法律后果。民事责任的功能主要是一种民事救济手段,使受害人被侵犯的权益得以恢复。

民事责任主要是财产责任,如《民法典》规定的损害赔偿、支付违约金等;但也不限于财产责任,还有恢复名誉、赔礼道歉等。

1)民事责任的种类

民事责任可以分为违约责任和侵权责任两类。

违约责任是指合同当事人违反法律规定或合同约定的义务而应承担的责任。侵权责任是指行为人因过错侵害他人财产、人身而依法应当承担的责任,以及虽没有过错,但在造成损害以后,依法应当承担的责任。

（1）违约责任

违约责任是指合同当事人违反合同约定,不履行合同义务或者履行合同义务不符合约定而应承担的民事责任。建设工程中常见违约责任有:工期延误、工程质量不合格、发包人延误支付预付款、拖欠工程进度款等。

（2）侵权责任

侵权责任是指行为人因实施侵权行为而应承担的民事责任。基于侵权行为构成要件的不同可划分为一般侵权责任与特殊侵权责任。

一般侵权责任,又称直接侵权责任,是指直接因行为人的故意或者过失侵害他人权利的不法行为和故意违背公共秩序、道德准则而加害于他人的不当行为造成他人损失而所应承担的民事责任。如故意侵占、毁损他人财物、诽谤他人名誉等诸如此类的行为。

特殊侵权责任,是指当事人基于与自己有关的行为、物件、事件或者其他特别原因致人损害,依照民法上的特别责任条款或者民事特别法的规定应对他人的人身、财产损失所应当承担的民事责任。《民法典》第七编"侵权责任"的第五章至第十章规定了特殊侵权责任。其中,与建设工程密切相关的有:

①环境污染和生态破坏责任。《民法典》第一千二百二十九条和第一千二百三十四条规定:"因污染环境、破坏生态造成他人损害的,侵权人应当承担侵权责任。违反国家规定造成生态环境损害,生态环境能够修复的,国家规定的机关或者法律规定的组织有权请求侵权人在合理期限内承担修复责任。侵权人在期限内未修复的,国家规定的机关或者法律规定的组织可以自行或者委托他人进行修复,所需费用由侵权人负担。"

②高度危险责任。《民法典》第一千二百三十六条、第一千二百四十条和第一千二百四十一条规定:"从事高度危险作业造成他人损害的,应当承担侵权责任。从事高空、高压、地下挖掘活动或者使用高速轨道运输工具造成他人损害的,经营者应当承担侵权责任;但是,能够证明损害是因受害人故意或者不可抗力造成的,不承担责任。被侵权人对损害的发生

有重大过失的,可以减轻经营者的责任。遗失、抛弃高度危险物造成他人损害的,由所有人承担侵权责任。所有人将高度危险物交由他人管理的,由管理人承担侵权责任;所有人有过错的,与管理人承担连带责任。"

③建筑物和物件损害责任。《民法典》第一千二百五十二条规定:"建筑物、构筑物或者其他设施倒塌、塌陷造成他人损害的,由建设单位与施工单位承担连带责任,但是建设单位与施工单位能够证明不存在质量缺陷的除外。建设单位、施工单位赔偿后,有其他责任人的,有权向其他责任人追偿。因所有人、管理人、使用人或者第三人的原因,建筑物、构筑物或者其他设施倒塌、塌陷造成他人损害的,由所有人、管理人、使用人或者第三人承担侵权责任。"

2)承担民事责任的方式

建设工程民事责任主要适用下列承担方式:

①返还财产。当建设工程施工合同无效、被撤销后,应当返还财产。执行返还财产的方式是折价返还,即承包人已经施工完成的工程,发包人按照"折价返还"的规则支付工程价款。主要是两种方式:一是参照无效合同中的约定价款;二是按当地市场价、定额量据实结算。

②修理。施工合同的承包人对施工中出现质量问题的建设工程或者竣工验收不合格的建设工程,应当负责返修。

③赔偿损失。赔偿损失是指合同当事人由于不履行合同义务或者履行合同义务不符合约定,给对方造成财产上的损失时,由违约方依法或依照合同约定应承担的损害赔偿责任。

④支付违约金。支付违约金是指按照当事人的约定或者法律规定,一方当事人违约的,应向另一方支付的金钱。

3)侵权责任与违约责任的区别

侵权责任与违约责任主要有以下区别:

(1)归责原则不同

侵权责任一般采取过错责任原则,在法律有特殊规定的情况下,采取无过错责任原则,若法律没有明确规定而当事双方又无过错,依公平观念,也可采取公平责任原则。违约责任一般采取无过错责任原则,在法律有明确规定的情况下,采取过错责任原则。

(2)构成要件不同

侵权责任,行为人主观上是否有过错,因其适用的归责原则不同而有所不同,但一定要有损害后果的存在,无损害无侵权。在违约责任中,损害后果不一定是承担责任的要件,如定金罚则。

(3)举证责任不同

在侵权责任中,一般侵权行为的受害人,有义务就加害人是否有过错负举证责任。而在违约责任中,违约方只有证明具有法定或约定的免责事由时才能免责。

(4)免责条件不同

在侵权责任中,免责条件只能是法定的。在违约责任中,除了法定的免责条件外,合同当事人还可以事先约定不承担民事责任的情况,但当事人不得预先约定免除故意或重大过失的责任。

（5）责任形式不同

侵权责任的形式包括停止侵害、返还财产、恢复原状、赔礼道歉、消除影响、恢复名誉、赔偿损失等。侵权责任既包括财产责任，也包括非财产责任。违约责任的形式主要有强制实际履行、支付违约金、赔偿损失等。违约责任主要是财产责任。

（6）损害赔偿的范围不同

在侵权责任中，损害赔偿的范围不限于财产损害，而且包括人身损害及其他损害。在违约责任中，损害赔偿的范围限于财产损害。

1.3.3　建设工程中的行政责任的种类及承担方式

行政责任是指行政法律关系主体因违反行政法律的规定而应承担的法律责任，包括行政处罚和行政处分。

1）行政处罚

行政处罚是指公民、法人或其他组织因违反行政管理法律、法规而应承担的行政责任。根据 2017 年 9 月修改的《行政处罚法》第八条的规定，行政处罚的种类：警告；罚款；没收违法所得、没收非法财物；责令停产停业；暂扣或者吊销许可证，暂扣或者吊销执照；行政拘留；法律、行政法规规定的其他行政处罚。

《行政处罚法》

在建设工程领域，法律、行政法规所设定的行政处罚主要有：警告、罚款、没收违法所得、责令限期改正、责令停业整顿、取消一定期限内参加依法必须进行招标的项目的投标资格、责令停止施工、降低资质等级、吊销资质证书（同时吊销营业执照）、责令停止执业、吊销执业资格证书或其他许可证等。

2）行政处分

行政处分是指国家行政机关工作人员在执行职务时因实施违法违纪行为但尚不构成犯罪的，依据法律、法规而给予的一种纪律惩戒。根据《行政机关公务员处分条例》第六条的规定，行政机关公务员处分的种类为：警告；记过；记大过；降级；撤职；开除。如《建设工程质量管理条例》第七十六条规定："国家机关工作人员在建设工程质量监督管理工作中玩忽职守、滥用职权、徇私舞弊，构成犯罪的，依法追究刑事责任；尚不构成犯罪的，依法给予行政处分。"

《行政机关公务员处分条例》

1.3.4　建设工程中的刑事责任的种类及承担方式

刑事责任是指因违反刑事法律的规定，由国家司法机关对犯罪分子依照刑事法律的规定应追究的法律责任。刑事责任的承担方式是刑罚。根据《刑法》第三十二条的规定，刑罚分为主刑和附加刑。

主刑是对犯罪分子进行惩罚的主要刑种。它只能独立适用，不能相互附加适用。对一个犯罪，只能判处一个主刑。主刑分为管制、拘役、有期徒刑、无期徒刑和死刑。

附加刑是补充主刑惩罚罪犯的刑种。它既能附加主刑适用，又可以独立适用。附加刑分为罚金、剥夺政治权利、没收财产。对于犯罪的外国人，可以独立适用或者附加适用驱逐出境。

在建设工程领域,刑事犯罪主要包括:

1)工程重大安全事故罪

根据《刑法》第一百三十七条规定:"建设单位、设计单位、施工单位、工程监理单位违反国家规定,降低工程质量标准,造成重大安全事故的,对直接责任人员,处五年以下有期徒刑或者拘役,并处罚金;后果特别严重的,处五年以上十年以下有期徒刑,并处罚金。"

2)重大责任事故罪

根据《刑法》第一百三十四条的规定:"在生产、作业中违反有关安全管理的规定,因而发生重大伤亡事故或者造成其他严重后果的,处三年以下有期徒刑或者拘役;情节特别恶劣的,处三年以上七年以下有期徒刑。

强令他人违章冒险作业,或者明知存在重大事故隐患而不排除,仍冒险组织作业,因而发生重大伤亡事故或者造成其他严重后果的,处五年以下有期徒刑或者拘役;情节特别恶劣的,处五年以上有期徒刑。"

3)重大劳动安全事故罪

根据《刑法》第一百三十五条的规定:"安全生产设施或者安全生产条件不符合国家规定,因而发生重大伤亡事故或者造成其他严重后果的,对直接负责的主管人员和其他直接责任人员,处三年以下有期徒刑或者拘役;情节特别恶劣的,处三年以上七年以下有期徒刑。"

法释〔2015〕22号

2015年12月颁布的《最高人民法院、最高人民检察院关于办理危害生产安全刑事案件适用法律若干问题的解释》(法释〔2015〕22号)第六条规定:"实施刑法第一百三十二条、第一百三十四条第一款、第一百三十五条、第一百三十五条之一、第一百三十六条、第一百三十九条规定的行为,因而发生安全事故,具有下列情形之一的,应当认定为"造成严重后果"或者"发生重大伤亡事故或者造成其他严重后果",对相关责任人员,处三年以下有期徒刑或者拘役:

(一)造成死亡一人以上,或者重伤三人以上的;

(二)造成直接经济损失一百万元以上的;

(三)其他造成严重后果或者重大安全事故的情形。

实施刑法第一百三十四条第二款规定的行为,因而发生安全事故,具有本条第一款规定情形的,应当认定为"发生重大伤亡事故或者造成其他严重后果",对相关责任人员,处五年以下有期徒刑或者拘役。

实施刑法第一百三十七条规定的行为,因而发生安全事故,具有本条第一款规定情形的,应当认定为"造成重大安全事故",对直接责任人员,处五年以下有期徒刑或者拘役,并处罚金。

实施刑法第一百三十八条规定的行为,因而发生安全事故,具有本条第一款第一项规定情形的,应当认定为"发生重大伤亡事故",对直接责任人员,处三年以下有期徒刑或者拘役。

4)串通投标罪

根据《刑法》第二百二十三条规定:"投标人相互串通投标报价,损害招标人或者其他投标人利益,情节严重的,处三年以下有期徒刑或者拘役,并处或者单处罚金。投标人与招标人串通投标,损害国家、集体、公民的合法利益的,依照前款的规定处罚。"

本章小结

建设工程法律体系是我国法律体系中的一个组成部分,是由与建设工程活动有关的法律、法规、规章等共同组成的有机联系的统一整体。建设工程法规的立法宗旨在于,加强对建设工程活动的监督管理,维护建筑市场秩序,保障建设工程的质量和安全,促进建筑业健康发展。我国建筑法中所称的建筑活动,是指各类房屋建筑及其附属设施的建造和与其配套的线路、管道、设备的安装的活动。

建筑法律关系,是由建筑法律法规所确认和调整的,在建筑工程管理和协作过程中所产生的权利和义务关系,包括建筑行政法律关系、建筑民事法律关系和建设工程劳动法律关系。建筑法律关系由主体、内容和客体三种要素构成。建筑法律关系的主体是建筑法律关系的参加者,是权利的享有者和义务的承担者。建筑法律关系的客体是主体通过法律关系所追求和所要达到的物质利益载体和经济目的。权利和义务是建筑法律关系的实体内容,是联系主体与主体之间、主体与客体之间的纽带。建筑法律关系产生、变更、终止,都是由法律事实引起的。

在建设工程活动中,主要的民事法律制度包括法人制度、代理制度、物权制度、债权制度、知识产权制度、担保制度、保险制度、监理制度和民事诉讼时效制度等。

建设法律责任是不履行建设法律、法规规定的义务所引起的后果。根据建设违法行为所违反的法律的不同,可以把建设工程法律责任分为民事责任、行政责任、刑事责任等。法律责任体现了个人与个人、个人与社会和国家之间权利义务统一关系,是法律体系中不可缺少的重要组成部分。法律责任是保护法律关系主体的权利得到实现的可靠法律手段,是在法律体系范围内抵制和预防违法行为的重要法律形式,是解决权利义务纠纷和冲突的文明方式。

习 题

1.我国的法律部门有哪些?
2.法的形式、对应的制定单位和公布形式有哪些?
3.法的效力层级是什么?
4.《立法法》规定的只能制定法律的事项有哪些?
5.哪些法需要备案,哪些法不需要备案?
6.建设民商事法律关系的特点有哪些?
7.构成法人的条件有哪些?
8.法人的法定代表人应该承担哪些责任?

项目 2
施工许可法律制度

● **基本要求**:通过对本项目的学习,了解行政许可的一般原理、建筑许可的基本含义;掌握建设工程施工许可制度,掌握施工许可证的申领要求和时间效力;熟悉施工企业资质等级制度,施工企业的从业法定条件和资质分类。

2.1 建设工程施工许可制度

建筑许可是指建设行政主管部门或者其他有关行政主管部门准许、变更和终止公民、法人和其他组织从事建筑活动的具体行政行为。建筑许可制度是各国普遍采用的对建筑活动进行管理的一项重要制度。实施建筑许可制度的作用一方面可有效地保证建筑工程的质量和安全;另一方面也可监督建设单位在建筑活动方面的积极行为,督促建设单位尽快建成项目,以便于提前发挥其经济、社会、环境效益;再次保证建设项目开工后能够顺利推进,避免由于不具备条件而盲目施工,给参与建筑活动的各方造成不必要的损失。实行从业资格制度,有利于确保提高从事建筑活动单位资质能力和个人素质,从而提高建筑工程质量,保证建筑工程安全生产。因此,《中华人民共和国建筑法》第二章明确规定的建筑许可制度,包括建筑施工许可制度、从业经营资质准入制度、从业资格准入制度。《建筑法》经 1997 年 11 月 1 日全国人民代表大会常务委员会通过,2019 年 4 月 23 日全国人民代表大会常务委员会第二次修改。

2.1.1 施工许可证和开工报告的适用范围

我国目前对建设工程开工条件的审批,存在着颁发"施工许可证"和批准"开工报告"两种形式。多数工程是办理施工许可证,部分工程则为批准开工报告。

1）施工许可证的适用范围

建筑工程施工许可制度是指建设主管部门或者其授权机构根据建设单位的申请,依法对建筑工程是否具备施工条件进行审查,符合条件者,准许该工程开始施工并颁发《建筑工程施工许可证》的行政行为。一般是通过授予书面证书形式赋予建设单位的权利能力。对建筑工程实行施工许可制度,是建筑活动实施监督管理所采用的国际惯例做法。在我国对有关建筑工程实行施工许可制度,有利于保证开工建设的工程符合法定条件,在开工后能够顺利进行,避免不具备条件的建筑工程盲目开工而给相关建筑活动的当事人造成损失,同时也便于当地建设主管部门对其管辖范围内的建筑工程依法监督和指导,保证依法开展建筑活动。

（1）需要办理施工许可证的建设工程

2021年3月30日住建部修改的《建筑工程施工许可管理办法》第二条规定:"在中华人民共和国境内从事各类房屋建筑及其附属设施的建造、装修装饰和与其配套的线路、管道、设备的安装,以及城镇市政基础设施工程的施工,建设单位在开工前应当依照本办法的规定,向工程所在地的县级以上地方人民政府住房城乡建设主管部门(以下简称'发证机关')申请领取施工许可证。"

《建筑工程施工许可管理办法》

（2）不需要办理施工许可证的建设工程

①限额以下的小型工程。按照《建筑法》的规定,国务院建设行政主管部门确定的限额以下的小型工程,可以不申请办理施工许可证。据此,《建筑工程施工许可管理办法》第二条规定:"工程投资额在30万元以下或者建筑面积在300平方米以下的建筑工程,可以不申请办理施工许可证。省、自治区、直辖市人民政府住房城乡建设主管部门可以根据当地的实际情况,对限额进行调整,并报国务院住房城乡建设主管部门备案。"

《建筑法》

②抢险救灾等工程。《建筑法》第八十三条规定:"抢险救灾及其他临时性房屋建筑和农民自建低层住宅的建筑活动,不适用本法。"

③不重复办理施工许可证的建设工程。为避免同一建设工程的开工由不同行政主管部门重复审批的现象,《建筑法》规定,按照国务院规定的权限和程序批准开工报告的建筑工程,不再领取施工许可证。这有两层含义:一是实行开工报告批准制度的建设工程,必须符合国务院的规定,其他任何部门的规定无效;二是开工报告与施工许可证不要重复办理。

④另行规定的建设工程。《建筑法》规定,军用房屋建筑工程建筑活动的具体管理办法,由国务院、中央军事委员会依据本法制定。据此,军用房屋建筑工程是否实行施工许可,由国务院、中央军事委员会另行规定。

2）实行开工报告制度的建设工程

开工报告制度是我国沿用已久的一种建设项目开工管理制度。1979年,原国家计划委员会、国家基本建设委员会在《关于做好基本建设前期工作的通知》中规定了这项制度。

1984 年原国家计委发布的《关于简化基本建设项目审批手续的通知》中将其简化。1988 年以后,又恢复了开工报告制度。开工报告审查的内容主要包括:资金到位情况;投资项目市场预测;设计图纸是否满足施工要求;现场条件是否具备"三通一平"等的要求。1995 年国务院《关于严格限制新开工项目,加强固定资产投资源头控制的通知》《关于严格控制高档房地产开发项目的通知》中,均提到了开工报告审批制度。近年来,公路建设项目等已由开工报告制度改为施工许可制度。

开工报告批准后,建设单位也应按照开工报告规定的期限尽快开工,不得随意改变和拖延时间。根据《建筑法》第十一条规定,按照国务院有关规定批准开工报告的建筑工程,因故不能按期开工或者因特殊情况发生而中途停止施工的,应当及时向批准该开工报告的机关报告情况。因故不能按期开工超过六个月的,开工报告自行失效,建设单位应当按照国务院有关规定重新向批准开工报告的机关办理开工报告的批准手续。

2.1.2　申请主体和法定批准条件

1)施工许可证的申请主体

《建筑法》第七条规定,建筑工程开工前,建设单位应当按照国家有关规定向工程所在地县级以上人民政府建设行政主管部门申请领取施工许可证。

这是因为,建设单位(又称业主或项目法人)是建设项目的投资者,如果建设项目是政府投资的,则建设单位为该建设项目的管理单位或使用单位。为建设项目开工和施工单位进场做好各项前期准备工作,是建设单位应尽的义务。因此,施工许可证的申请领取,应该是由建设单位负责,而不是施工单位或者其他单位,且应当在施工准备工作基本就绪之后,组织施工之前申请。

2)申请领取施工许可证的法定条件

施工许可证的申请条件,是指申请领取施工许可证应当达到的要求。施工许可证申请条件的确定是为了保证建筑工程开工后,组织施工能够顺利进行。根据《建筑法》第八条的规定,申请领取施工许可证,应当具备下列条件:

①已经办理该建筑工程用地批准手续;

②依法应当办理建设工程规划许可证的,已经取得建设工程规划许可证;

③需要拆迁的,其拆迁进度符合施工要求;

④已经确定建筑施工企业;

⑤有满足施工需要的资金安排、施工图纸及技术资料;

⑥有保证工程质量和安全的具体措施。

《建筑工程施工许可管理办法》第四条进一步规定,建设单位申请领取施工许可证,应当具备下列条件,并提交相应的证明文件:

①依法应当办理用地批准手续的,已经办理该建筑工程用地批准手续;

②依法应当办理建设工程规划许可证的,已经取得建设工程规划许可证;

③施工场地已经基本具备施工条件,需要征收房屋的,其进度符合施工要求;

④已经确定施工企业;

⑤有满足施工需要的资金安排、施工图纸及技术资料,建设单位应当提供建设资金已经落实承诺书,施工图设计文件已按规定审查合格;

⑥有保证工程质量和安全的具体措施。县级以上地方人民政府住房城乡建设主管部门不得违反法律法规规定,增设办理施工许可证的其他条件。

(1)已经办理建筑工程用地批准手续

2019年8月经修改后颁布的《土地管理法》第十条规定,国有土地和农民集体所有的土地,可以依法确定给单位或者个人使用。第五十六条规定,建设单位使用国有土地的,应当按照土地使用权出让等有偿使用合同的约定或者土地使用权划拨批准文件的规定使用土地。第三十八条规定,在城市规划区范围内,以出让方式取得土地使用权进行房地产开发的闲置土地,依照《中华人民共和国城市房地产管理法》(以下简称《城市房地产管理法》)的有关规定办理。

《土地管理法》

2019年8月经修改后颁布的《城市房地产管理法》第六十、六十一条规定,国家实行土地使用权和房屋所有权登记发证制度,以出让或者划拨方式取得土地使用权,应当向县级以上地方人民政府土地管理部门申请登记,经县级以上地方人民政府土地管理部门核实,由同级人民政府颁发土地使用权证书。

《城市房地产管理法》

建设单位取得由县级以上人民政府颁发的土地使用权证书表明已经办理了该建筑工程用地批准手续。办理用地批准手续是建设工程依法取得土地使用权的必经程序,也是建设工程取得施工许可的必要条件。如果没有依法取得土地使用权,就不能批准建设工程开工。

(2)依法应当办理建设工程规划许可证的,已经取得建设工程规划许可证

2019年4月修改的《城乡规划法》第二条指出,所称城乡规划,包括城镇体系规划、城市规划、镇规划、乡规划和村庄规划。所称规划区,是指城市、镇和村庄的建成区以及因城乡建设和发展需要,必须实行规划控制的区域。规划区的具体范围由有关人民政府在组织编制的城市总体规划、镇总体规划、乡规划和村庄规划中,根据城乡经济社会发展水平和统筹城乡发展的需要划定。

在城市、镇规划区内,规划许可证包括建设用地规划许可证和建设工程规划许可证。建设用地规划许可证是经城乡规划行政主管部门确认建设项目位置和范围符合城乡规划的法定凭证,是建设单位用地的法律凭证;建设工程规划许可证是有关建设工程符合城市规划要求的法律凭证,是建设单位建设工程的法律凭证,是建设活动中接受监督检查时的法定依据。

《城乡规划法》

①建设用地规划许可证。《城乡规划法》第三十七条规定:"在城市、镇规划区内以划拨方式提供国有土地使用权的建设项目,经有关部门批准、核准、备案后,建设单位应当向城市、县人民政府城乡规划主管部门提出建设用地规划许可申请,由城市、县人民政府城乡规划主管部门依据控制性详细规划核定建设用地的位置、面积、允许建设的范围,核发建设用地规划许可证。建设单位在取得建设用地规划许可证后,方可向县级以上地方人民政府土地主管部门申请用地,经县级以上人民政府审批后,由土地主管部门划拨土地。"

《城乡规划法》第三十八条进一步规定:"以出让方式取得国有土地使用权的建设项目,建设单位在取得建设项目的批准、核准、备案文件和签订国有土地使用权出让合同后,向城市、县人民政府城乡规划主管部门领取建设用地规划许可证。"

②建设工程规划许可证。《城乡规划法》第四十条规定："在城市、镇规划区内进行建筑物、构筑物、道路、管线和其他工程建设的，建设单位或者个人应当向城市、县人民政府城乡规划主管部门或者省、自治区、直辖市人民政府确定的镇人民政府申请办理建设工程规划许可证。"

这两个规划许可证，分别是申请用地和确认有关建设工程符合城市、镇规划要求的法律凭证。所以，只有取得规划许可证后，方可申请办理施工许可。

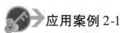 **应用案例 2-1**

【基本案情】

2019 年 4 月 22 日，某水泥厂与某建设公司订立《建设施工合同》及《合同总纲》，双方约定：由某建筑公司承建水泥厂第一条生产线主厂房及烧成车间配套工程的土建项目。开工日期为 2019 年 5 月 15 日。建筑材料由水泥厂提供，建设公司垫资 150 万元人民币，在合同订立 15 日内汇入水泥厂账户。建设公司付给水泥厂 10 万元保证金，进场后再付 10 万元押图费，待图纸归还水泥厂后再予退还等。

订立合同后，建筑公司于同年 5 月前后付给水泥厂 103 万元，水泥厂退还 13 万元，实际占用 90 万元。其中 10 万元为押图费，80 万元为垫资款，比约定的垫资款少付了 70 万元。同年 5 月建筑公司进场施工。从 5 月 24 日至 10 月 26 日建筑公司向水泥厂借款 173 539 元。后因建设公司未按约支付全部垫资款及工程质量存在问题，双方产生纠纷；建设公司于同年 7 月停止施工。已完成的工程为窑头基础混凝土、烟囱、窑尾、增温塔等。

水泥厂于同年 11 月向人民法院起诉。一审法院在审理中委托建设工程质量安全监督站对已建工程进行鉴定。结论为：窑头基础混凝土和烟囱不合格应于拆除。另查明，已建工程总造价为 2 759 391 元。窑头基础混凝土造价 84 022 元，烟囱造价 20 667 元，两项工程拆除费用为 52 779 元，水泥厂投入工程建设的钢筋、水泥等建筑材料折合人民币 70 738 元；合格工程定额利润为 5 404 元；砂石由建设公司提供。还查明：水泥厂与建设公司订立合同和工程施工时，尚未取得建设用地规划许可证和建设工程规划许可证。

【案例分析】

《建筑法》正式确立了建筑工程施工许可制度。《建筑法》第七条规定："建筑工程开工前，建设单位应按照国家有关规定向工程所在地县级以上人民政府建设行政主管部门申请领取施工许可证；但是，国务院建设行政主管部门确定的限额以下的小型工程除外。按照国务院的权限和程序批准开工报告的建筑工程，不再领取施工许可证。"因此，依法领取施工许可证是工程建设项目必须遵守的强制性规定，也是工程建设行为合法的必要条件。如果违反了这一法律强制性规定，施工合同将是无效的。此外，根据《建筑法》第八条的规定，取得施工许可证的前提是取得土地使用证、规划许可证。因此，工程建设项目施工必须"三证"齐全，即必须同时具备土地使用证、规划许可证、施工许可证。

本案中，由于发包人水泥厂没有依法取得建设用地规划许可证和建设工程规划许可证，属于违法建设，其签订的工程施工合同应属于无效合同。同时，尽管法律规定领取施工许可证是建设单位的责任，但施工单位不经审查而签订了合同，也要承担一定的过错责任。

（3）需要拆迁的，其拆迁进度符合施工要求

这里的拆迁一般是指房屋拆迁。房屋拆迁是指根据城乡规划和国家专项工程的迁建计划以及当地政府的用地文件，拆除和迁移建设用地范围内的房屋及其附属物，并由拆迁人对原房屋及其附属物的所有人或使用人进行补偿和安置的行为。对于建筑工程的新建、改建、扩建，拆迁是施工准备的一项重要任务，也是一项复杂的综合性工作，必须按照计划和施工进度进行，过早或过迟都会造成损失和浪费。对成片进行综合开发的，应根据建筑工程建设计划，在满足施工要求的前提下，分期分批进行拆迁。需要先期进行拆迁的，拆迁进度必须能满足建设工程开始施工和连续施工的要求。这也是申办施工许可的基本条件之一。

除了拆迁进度符合施工要求之外，施工场地应该具备的基本施工条件，通常要根据建设工程项目的具体情况决定。例如，已进行场区的施工测量，设置永久性经纬坐标桩、水准基桩和工程测量控制网；搞好"三通一平"（通水、通电、通路、平整土地）或"五通一平"（通水、通电、通路、通气、通信、平整土地）或"七通一平"（通水、通电、通路、通邮、通信、通暖气、通天然气或煤气、平整土地）；施工使用的生产基地和生活基地，包括附属企业、加工厂站、仓库堆场，以及办公、生活、福利用房等；强化安全管理和安全教育，在施工现场要设安全纪律牌、施工公告牌、安全标志牌等。实行监理的建设工程，一般要由监理单位查看后填写"施工场地已具备施工条件的证明"，并加盖单位公章确认。

（4）已经确定建筑施工企业

建设工程的施工必须由具备相应资质的建筑施工企业来承担。因此，在建设工程开工前，建设单位必须依法通过招标或直接发包的方式确定承包该建设工程的施工企业，并签订建设工程承包合同，明确双方的责任、权利和义务。否则，建设工程的施工将无法进行。

《建筑工程施工许可管理办法》第四条规定："按照规定应当招标的工程没有招标，应当公开招标的工程没有公开招标，或者肢解发包工程，以及将工程发包给不具备相应资质条件的企业的，所确定的施工企业无效。"

（5）有满足施工需要的资金安排、施工图纸及技术资料

①有满足施工需要的资金安排。建设资金的落实是建筑工程开工后能否顺利实施的关键。近年来，某些地方和建设单位无视国家固定资产投资的宏观调控和自身的经济实力，违反工程建设程序，在建设资金不落实或资金不足的情况下，盲目上新建设项目，强行要求建筑施工企业带资承包工程和垫款施工，转嫁投资缺口，造成拖欠工程款数额急剧增加。这不仅干扰了国家对固定资产投资的宏观调控和工程建设的正常进行，严重影响了投资效益的提高，也加重了建筑施工企业生产经营的困难。许多"烂尾楼"工程都是建设资金不到位的结果。

为此《建筑工程施工许可管理办法》第四条明确规定，有满足施工需要的资金安排，建设单位应当提供建设资金已经落实承诺书。

因此，在建筑工程开工前，建设资金必须足额落实。按照国家有关规定应当纳入投资计划的，必须列入年度计划。计划、财政、审计等部门应严格审查建设项目开工前和年度计划中的资金来源，据实出具资金证明。对建设资金不落实或资金不足的建筑工程，建设行政主管部门不予颁发施工许可证。

②有满足施工需要的施工图纸及技术资料。施工图纸是实行建设工程的最根本的技术

文件,也是在施工过程中保证建设工程质量的重要依据。这就要求设计单位要按工程的施工顺序和施工进度,安排好施工图纸的配套交付计划,保证满足施工的需要。特别是在开工前,必须有满足施工需要的施工图纸和技术资料。2017年10月修改的《建设工程勘察设计管理条例》第二十六条规定:"编制施工图设计文件,应当满足设备材料采购、非标准设备制作和施工的需要,并注明建设工程合理使用年限。"

《建设工程勘察设计管理条例》

技术资料是建筑工程施工的重要前提条件。掌握客观、准确、全面的技术资料,是实现建设工程质量和安全的重要保证。因此,在建设工程开工前,必须有能够满足施工需要的技术资料。技术资料一般包括地形、地质、水文、气象等自然条件资料和主要原材料、燃料来源,水电供应和运输条件等技术经济条件资料。技术资料可以通过勘察、调查等方式取得。

《房屋建筑和市政基础设施工程施工图设计文件审查管理办法》

我国已建立施工图设计文件的审查制度。施工图设计文件不仅要满足施工需要,还应当按照规定进行审查。《民用建筑节能条例》第十三条规定:"施工图设计文件审查机构应当按照民用建筑节能强制性标准对施工图设计文件进行审查;经审查不符合民用建筑节能强制性标准的,县级以上地方人民政府建设主管部门不得颁发施工许可证。"2019年4月修改的《建设工程质量管理条例》第五十六条规定,施工图设计文件未经审查批准或者审查不合格的,不得擅自施工。2018年12月住建部修改的《房屋建筑和市政基础设施工程施工图设计文件审查管理办法》第十八条规定:"按规定应当进行审查的施工图,未经审查合格的,住房城乡建设主管部门不得颁发施工许可证。"

(6)有保证工程质量和安全的具体措施

工程质量和安全是工程建设的永恒主题,建筑工程的质量状况往往直接关系到人身和财产安全,是至关重要的大问题,因此,在工程施工作业中必须把保证工程质量和安全放在首位。《建设工程质量管理条例》第十三条规定:"建设单位在开工前,应当按照国家有关规定办理工程质量监督手续,工程质量监督手续可以与施工许可证或者开工报告合并办理。"2003年11月颁布的《建设工程安全生产管理条例》第十条和第四十二条规定:建设单位在申请领取施工许可证时,应当提供建设工程有关安全施工措施的资料;建设行政主管部门在审核发放施工许可证时,应当对建设工程是否有安全施工措施进行审查,对没有安全施工措施的,不得颁发施工许可证。

2019年3月修改的《危险性较大的分部分项工程安全管理规定》第九条指出:"建设单位在申请办理施工许可手续时,应当提交危大工程清单及其安全管理措施等资料。"

原建设部《建筑工程安全防护、文明施工措施费用及使用管理规定》(建办〔2005〕89号)第八条规定:"建设单位申请领取建筑工程施工许可证时,应当将施工合同中约定的安全防护、文明施工措施费用支付计划作为保证工程安全的具体措施提交建设行政主管部门。未提交的,建设行政主管部门不予核发施工许可证。"

建办〔2005〕89号

《建筑工程施工许可管理办法》第四条中对"有保证工程质量和安全的具体措施"作了进一步规定,施工企业编制的施工组织设计中有根据建筑工程特点制定的相应质量、安全技术措施。建立工程质量安全责任制并落实到人。专业性较强的工程项目编制了专项质量、安全施工组织设计,并按照规定办理了工程质量、安全监督手续。

施工组织设计的编制是施工准备工作的中心环节,其编制的好坏直接影响建设工程质量和安全生产,影响组织施工能否顺利进行。因此,施工组织设计须在开工前编制完成。施工组织设计的重要内容就是要有保证建设工程质量和安全的具体措施。施工组织设计由施工企业负责编制,并按照其隶属关系及建设工程的性质、规模、技术简繁等进行审批。施工组织设计应当在建筑工程开工前编制完毕,根据工程特点也可分阶段编制。

(7)法律、行政法规规定的其他条件

由于施工活动本身很复杂,各类工程的施工方法、建设要求等也不同,申请领取施工许可证的条件很难在一部法律中采用列举的方式全部涵盖。国家对建设活动的管理也在不断完善,施工许可证的申领条件还会发生变化。所以,《建筑法》为今后法律、行政法规可能规定的施工许可证申领条件作了特别规定。需要说明的是,只有全国人大及其常委会制定的法律和国务院制定的行政

《消防法》

法规,才有权增加施工许可证新的申领条件,其他如部门规章、地方性法规、地方规章等都不得规定增加施工许可证的申领条件。

目前,已增加的施工许可证申领条件主要是安全生产许可证、消防设计和工伤保险。

2015年1月修改的《建筑施工企业安全生产许可证管理规定》第十三条规定:"县级以上人民政府建设主管部门应当加强对建筑施工企业安全生产许可证的监督管理。建设主管部门在审核发放施工许可证时,应当对已经确定的建筑施工企业是否有安全生产许可证进行审查,对没有取得安全生产许可证的,不得颁发施工许可证。"

2021年4月经修改后颁布的《中华人民共和国消防法》(以下简称《消防法》)第十二条规定:"特殊建设工程未经消防设计审查或者审查不合格的,建设单位、施工单位不得施工;其他建设工程,建设单位未提供满足施工需要的消防设计图纸及技术资料的,有关部门不得发放施工许可证或者批准开工报告。"

《建设工程消防设计审查验收管理暂行规定》

对特殊建设工程的定义,2020年4月发布的《建设工程消防设计审查验收管理暂行规定》第十四条进一步规定,具有下列情形之一的建设工程是特殊建设工程:

①总建筑面积大于二万平方米的体育场馆、会堂,公共展览馆、博物馆的展示厅;

②总建筑面积大于一万五千平方米的民用机场航站楼、客运车站候车室、客运码头候船厅;

③总建筑面积大于一万平方米的宾馆、饭店、商场、市场;

④总建筑面积大于二千五百平方米的影剧院,公共图书馆的阅览室,营业性室内健身、休闲场馆,医院的门诊楼,大学的教学楼、图书馆、食堂,劳动密集型企业的生产加工车间,寺庙、教堂;

⑤总建筑面积大于一千平方米的托儿所、幼儿园的儿童用房,儿童游乐厅等室内儿童活动场所,养老院、福利院,医院、疗养院的病房楼,中小学校的教学楼、图书馆、食堂,学校的集体宿舍,劳动密集型企业的员工集体宿舍;

⑥总建筑面积大于五百平方米的歌舞厅、录像厅、放映厅、卡拉OK厅、夜总会、游艺厅、桑拿浴室、网吧、酒吧,具有娱乐功能的餐馆、茶馆、咖啡厅;

⑦国家工程建设消防技术标准规定的一类高层住宅建筑;

⑧城市轨道交通、隧道工程,大型发电、变配电工程;

⑨生产、储存、装卸易燃易爆危险物品的工厂、仓库和专用车站、码头,易燃易爆气体和液体的充装站、供应站、调压站;

⑩国家机关办公楼、电力调度楼、电信楼、邮政楼、防灾指挥调度楼、广播电视楼、档案楼;

⑪设有本条第一项至第六项所列情形的建设工程;

⑫本条第十项、第十一项规定以外的单体建筑面积大于四万平方米或者建筑高度超过五十米的公共建筑。

2014 年 12 月 29 日由人社部、住建部、全国总工会、安监总局共同下发的《关于进一步做好建筑业工伤保险工作的意见》(人社部发〔2014〕103 号)中第一条规定:"完善符合建筑业特点的工伤保险参保政策,大力扩展建筑企业工伤保险参保覆盖面。建筑施工企业应依法参加工伤保险。针对建筑行业的特点,建筑施工企业对相对固定的职工,应按用人单位参加工伤保险;对不能按用人单位参保、建筑项目使用的建筑业职工特别是农民工,按项目参加工伤保险。房屋建筑和市政基础设施工程实行以建设项目为单位参加工伤保险的,可在各项社会保险中优先办理参加工伤保险手续。建设单位在办理施工许可手续时,应当提交建设项目工伤保险参保证明,作为保证工程安全施工的具体措施之一;安全施工措施未落实的项目,各地住房城乡建设主管部门不予核发施工许可证。"

人社部发〔2014〕103号

需要注意的是,上述 7 个方面的法定条件必须同时具备,缺一不可。建设行政主管部门应当自收到申请之日起 7 日内,对符合条件的申请颁发施工许可证。此外,《建筑工程施工许可管理办法》第三条规定:"本办法规定应当申请领取施工许可证的建筑工程未取得施工许可证的,一律不得开工。任何单位和个人不得将应当申请领取施工许可证的工程项目分解为若干限额以下的工程项目,规避申请领取施工许可证。"

2.1.3 延期开工、核验和重新办理批准的规定

1)申请延期开工的规定

施工许可证是建设行为主体开始进行建筑活动的有效法律凭证,为了维护施工许可证的严肃性,对施工许可证的有效期与延期进行限定。

《建筑法》第九条和《建筑工程施工许可管理办法》第八条对施工许可证的有效期与延期作下列规定:

①建设单位应当自领取施工许可证之日起三个月内开工。这个规定就是保证施工许可证的有效性,有利于发证机关进行监督。建设单位应当如期开工,期限为领取施工许可证之日起 3 个月内。所谓领取施工许可证日,应当是以建设主管部门的施工许可证签发领取之日。

②工程因故不能开工的,可以申请延期。申请时间是在施工许可证期满前由建设单位向发证机关提出,并说明理由。延期以两次为限,每次不超过 3 个月,也就是说延期最长为 6 个月,再加上领取之日起的 3 个月,建设单位有理由不开工的最长期限可达 9 个月。如果超

过9个月仍不开工,该许可证即失去效力。

《建筑法》对施工许可证的有效期和延期作出规定是非常必要,体现了行政机关对施工许可证的原则性与灵活性的统一。一方面,建设主管部门依法签发施工许可证,是国家对建筑活动进行宏观调控的一种手段,建设单位必须在施工许可证规定的有效期内开工,不得无故拖延;另一方面,由于不可抗力和某些合理的客观原因,可能影响建筑工程的如期开工,因此,根据客观情况的变化,允许延期是必要的。明确规定施工许可证的有效期限,可以督促建设单位及时开工,保证施工的顺利进行,有利于加强对建筑施工的监督管理,保护参与施工活动各方的合法权益,提高投资效益,维护施工许可证的严肃性。

2)核验施工许可证的规定

中止施工与恢复施工是施工活动中两项非常重要的行为,《建筑法》和《建筑工程施工许可管理办法》对此做出了明确的规定,这样有利于建设主管部门掌握建筑工程的基本情况,加强对建筑施工的监督管理,有利于保证建筑工程质量和搞好建筑安全生产。

《建筑法》第十条规定:"在建的建筑工程因故中止施工的,建设单位应当自中止施工之日起一个月内,向发证机关报告,并按照规定做好建筑工程的维护管理工作。建筑工程恢复施工时,应当向发证机关报告;中止施工满一年的工程恢复施工前,建设单位应当报发证机关核验施工许可证。"

《建筑工程施工许可管理办法》第九条规定:"在建的建筑工程因故中止施工的,建设单位应当自中止施工之日起一个月内向发证机关报告,报告内容包括中止施工的时间、原因、在施部位、维修管理措施等,并按照规定做好建筑工程的维护管理工作。建筑工程恢复施工时,应当向发证机关报告;中止施工满一年的工程恢复施工前,建设单位应当报发证机关核验施工许可证。"

(1)中止施工

中止施工是指建筑施工开工后,在施工过程中,因发生特殊情况而中途停止施工的一种行为。中止施工的时间一般都较长,恢复施工的日期难以在中止时确定。

中止施工的原因,由于情况复杂,法律未作具体明确的规定。在施工过程中,造成中止施工的特殊情况有地震、洪水等不可抗力;宏观调控压缩基建规模;停建、缓建在建工程等。中止施工后,建设单位应作好下列工作:一是按照规定的时限向发证机关报告中止施工的情况,包括中止施工的时间、原因、施工部位、维护管理措施等,此报告应在中止施工起一个月内完成;二是按照规定作好建筑工程的维护管理工作。建筑工程的维护管理工作主要有:对于中止施工,工程建设单位和施工单位应确立合理的停工部位;建设单位和施工单位应提出善后处理的具体方案。方案要明确双方的职责,确定各自的义务,提出明确的中止施工日期;建设单位要与施工单位共同作好中止施工工程的现场安全、防火、防盗、维护等各项工作,并保管好工程技术档案资料;做好与监理单位之间的善后息工事宜。

(2)恢复施工

恢复施工是指建筑工程中止施工后,造成中止施工的情况消除,而继续进行施工的一种行为。在恢复施工时,中止施工不满一年的,建设单位应当向该建筑工程的发证机关报告恢复施工的有关情况,中止施工满一年的,建筑工程恢复施工前,建设单位应当报发证机关核验施工许可证。建设主管部门对中止施工满一年的建筑工程进行审查,重新确定其是否仍具备组织施工的条件。符合条件的,应允许恢复施工,施工许可证继续有效;对不符合条件的,不许恢复施工,施工许可证收回,待具备条件后,建设单位重新申领施工许可证。

3)重新办理批准手续的规定

《建筑法》第九条规定,既不开工又不申请延期或者超过延期时限的,施工许可证自行废止。所谓自行废止,即自动失去法律效力。施工许可证失去法律效力后,建设单位如组织开工,还必须重新领取新的施工许可证。施工许可证自动废止的情况有两种,一是既不在3个月内开工,又不向发证机关申请延期;二是超过延期的次数和时限,即建设单位在申请的延期内仍没有开工。

对于实行开工报告制度的建设工程,《建筑法》第十一条规定,按照国务院有关规定批准开工报告的建筑工程,因故不能按期开工或者中止施工的,应当及时向批准机关报告情况。因故不能按期开工超过6个月的,应当重新办理开工报告的批准手续。按照国务院有关规定批准开工报告的建筑工程,一般都属于大中型建设项目。对于这类工程因故不能按期开工或者中止施工的,在审查和管理上更应该严格。

应用案例 2-2

某市高等专科学校由于在校学生的增加,决定建设一座学生宿舍楼,通过招标,该高等专科学校选择了 A 施工单位,签订了施工合同,并委托某监理单位实施施工阶段的监理任务,也签订了委托监理合同。

2019 年 4 月 15 日,监理单位按国家有关规定向本市建设行政主管部门申请领取施工许可证,建设行政主管部门于 2019 年 4 月 16 日收到申请书,认为符合条件,于 2019 年 5 月 10 日颁发了施工许可证。因施工图设计出现问题,一直未开工,于是办理了延期开工申请,直到 2019 年 9 月 10 日才开工。

【问题】

1.《中华人民共和国建筑法》规定,具备哪些条件才可申请领取施工许可证?

2.施工许可证的申请和颁发过程有何不妥之处?请说明理由。

3.2019 年 9 月 10 日开工是否需重新办理施工许可证?为什么?

【案例分析】

1.《中华人民共和国建筑法》规定,申请领取施工许可证应当具备的条件是:

(1)已经办理该建筑工程用地批准手续;

(2)依法应当办理建设工程规划许可证的,已经取得建设工程规划许可证;

(3)需要拆迁的,其拆迁进度符合施工要求;

(4)已经确定建筑施工企业;

(5)有满足施工需要的资金安排、施工图纸及技术资料;

(6)有保证工程质量和安全的具体措施。

2.施工许可证的申请和颁发过程中的不妥之处是:

(1)监理单位向建设行政主管部门申请领取施工许可证。理由:由建设单位申请。

(2)2019 年 5 月 10 日颁发施工许可证。理由:建设行政主管部门应当自收到申请之日起 7 日内,对符合条件的申请颁发施工许可证。

3.2019年9月10日开工不需重新办理施工许可证。理由:《中华人民共和国建筑法》规定,建设单位应当自领取施工许可证之日起三个月内开工,因故不能按期开工的,应当向发证机关申请延期;延期以两次为限,每次不超过三个月。本案例中的延迟开工未超过6个月。

2.2　施工企业从业资格制度

为了建立和维护建筑市场的正常秩序,确立进入建筑市场从事建筑活动的准入规则,《建筑法》第十二条规定,从事建筑活动的建筑施工企业、勘察单位、设计单位和工程监理单位,应当具备下列条件:

①有符合国家规定的注册资本;

②有与其从事的建筑活动相适应的具有法定执业资格的专业技术人员;

③有从事相关建筑活动所应有的技术装备;

④法律、行政法规的其他条件。

《建筑法》还规定:"本法关于施工许可、建筑施工企业资质审查和建筑工程发包、承包、禁止转包,以及建筑工程监理、建筑工程安全和质量管理的规定,适用于其他专业建筑工程的建筑活动,具体办法由国务院规定。"

《建设工程质量管理条例》第二十五条规定,施工单位应当依法取得相应等级的资质证书,并在其资质等级许可的范围内承揽工程。本条例所称建设工程,是指土木工程、建筑工程、线路管道和设备安装工程及装修工程。

2.2.1　企业资质的法定条件和等级

工程建设活动不同于一般的经济活动,其从业单位所具备条件的高低直接影响到建设工程质量和安全生产。因此,从事建设活动的单位必须符合相应的资质条件。

《建筑业企业资质管理规定》

1)施工企业资质的法定条件

为加强对建筑活动的监督管理,维护公共利益和建筑市场秩序,保证建设工程质量安全,根据《建筑法》《行政许可法》《建设工程质量管理条例》《建设工程安全生产管理条例》等法律、行政法规,2018年12月住建部修改的《建筑业企业资质管理规定》中第三条规定,建筑业企业应当按照其拥有的资产、主要人员、已完成的工程业绩和技术装备等条件申请建筑业企业资质,经审查合格,取得建筑业企业资质证书后,方可在资质许可的范围内从事建筑施工活动。

《施工总承包企业特级资质标准》

(1)有符合规定的注册资本

注册资本反映的是企业法人的财产权,体现企业法人承担责任的能力,也是判断企业经济实力的依据之一。所有从事工程建设施工活动的企业组织,都必须具备基本的责任承担能力,能够担负与其承包施工工程相适应的财产义务。这既是法律上权利与义务相一致、利益与风险相一致原则的体现,也是维护债权人利益的需要。因此,施工企业的注册资本必须能够适应从事施工活动的需要,不得低于最低限额。为此,《建筑法》要求从事建筑施工、勘察、设计和工程监理的企业的注册资本必须满足从事相应建筑活动的需要,不得低于规定的最低限额。注册资本的限额由国务院或国务院建设行政主管部门具体规定。

建市施涵〔2017〕32号

以房屋建筑工程施工总承包企业为例。2017年6月发布的《施工总承包企业特级资质标准》(征求意见稿)(建市施函〔2017〕32号)规定:特级资质企业净资产6亿元以上;2014年11月6日住建部发布的《建筑业企业资质标准》(建市〔2014〕159号,2015年1月1日起施行)规定:一级企业净资产1亿元以上;二级企业净资产4 000万元以上;三级企业净资产800万元以上。

（2）有符合规定的专业技术人员

由于建筑活动是一种专业性、技术性很强的活动,所以从事建筑活动的建筑施工企业、勘察单位、设计单位和工程监理单位必须有足够的专业技术人员。如设计单位不仅要有建筑师,还需要有结构、水、暖、电等方面的工程师。建筑活动是一种涉及公民生命和财产安全的一种特殊活动,因而从事建设施工活动的企业必须拥有足够的专业技术人员,其中一些专业技术人员还须有通过考试和注册取得的法定执业资格。建筑工程的规模和复杂程度各不相同,因此建筑活动所要求的专业技术人员的级别和数量也不同,建筑施工企业、勘察单位、设计单位和工程监理单位必须有与其从事的建筑活动相适应的专业技术人员。

《建筑业企业资质标准》

为进一步推进简政放权、放管结合、优化服务改革,住建部发布了《住房城乡建设部关于简化建筑业企业资质标准部分指标的通知》(建市〔2016〕226号),简化了《建筑业企业资质标准》(建市〔2014〕159号)中部分指标。该文件规定:

建市〔2016〕226号

①除各类别最低等级资质外,取消关于注册建造师、中级以上职称人员、持有岗位证书的现场管理人员、技术工人的指标考核。

②取消通信工程施工总承包三级资质标准中关于注册建造师的指标考核。

各级住房和城乡建设主管部门要进一步加强事中事后监管,加强对施工现场主要管理人员在岗履职的监督检查,重点加强对项目经理是否持注册建造师证书上岗、在岗执业履职等行为的监督检查。对有违法违规行为的企业,依法给予罚款、停业整顿、降低资质等级、吊销资质证书等行政处罚;对有违法违规行为的注册建造师,依法给予罚款、暂停执业、吊销注册执业资格证书等行政处罚;要将企业和个人不良行为记入信用档案并向社会公布,切实规范建筑市场秩序,保障工程质量安全。

同时,2018年11月5日发布的《住房城乡建设部办公厅关于取消建筑业企业最低等级资质标准现场管理人员指标考核的通知》(建办市〔2018〕53号)规定,为深入推进建筑业"放管服"改革,决定进一步简化《建筑业企业资质标准》(建市〔2014〕159号)部分指标,取消建筑业企业最低等级资质标准中关于持有岗位证书现场管理人员的指标考核。

建办市〔2018〕53号

以房屋建筑工程施工总承包企业为例。根据《施工总承包企业特级资质标准》(征求意见稿)、《建筑业企业资质标准》的规定,以及住建部建市〔2016〕226号文、建办市〔2018〕53号文的规定,企业专业技术人员应符合表2.1规定。

表2.1 建筑工程施工总承包企业专业技术人员

资质等级	企业主要人员要求
特级 (征求意见稿)	技术负责人应当具有15年以上从事本类别工程技术管理经历,且具有工程序列高级工程师或注册建造师执业资格;主持完成过2项符合施工总承包一级资质标准要求的代表工程。
一级	技术负责人具有10年以上从事工程施工技术管理工作经历,且具有结构专业高级职称。
一级	编者说明: 建市〔2016〕226号文取消了一级资质的"关于注册建造师、中级以上职称人员、持有岗位证书的现场管理人员、技术工人的指标考核"要求。
二级	技术负责人具有8年以上从事工程施工技术管理工作经历,且具有结构专业高级职称或建筑工程专业一级注册建造师执业资格。
二级	编者说明: 建市〔2016〕226号文取消了二级资质的"关于注册建造师、中级以上职称人员、持有岗位证书的现场管理人员、技术工人的指标考核"要求。
三级	(1)建筑工程、机电工程专业注册建造师合计不少于5人,其中建筑工程专业注册建造师不少于4人。 (2)技术负责人具有5年以上从事工程施工技术管理工作经历,且具有结构专业中级以上职称或建筑工程专业注册建造师执业资格;建筑工程相关专业中级以上职称人员不少于6人,且结构、给排水、电气等专业齐全。 (3)经考核或培训合格的中级工以上技术工人不少于30人。 (4)技术负责人(或注册建造师)主持完成过本类别资质二级以上标准要求的工程业绩不少于2项。
三级	编者说明: (1)根据建市〔2016〕226号文件规定:除各类别最低等级资质外,取消关于注册建造师、中级以上职称人员、持有岗位证书的现场管理人员、技术工人的指标考核。因建筑工程施工总承包类别的最低资质是"三级",则建筑工程施工总承包三级资质标准保留对建造师等人员的要求。 (2)根据建办市〔2018〕53号文件规定:取消建筑业企业最低等级资质标准中关于持有岗位证书现场管理人员的指标考核。

(3)有符合规定的技术装备

建筑活动具有专业性、技术性、经济性相结合的特点,没有相应的技术装备是无法参与建筑市场竞争的。特别是随着工程建设机械化程度的不断提高,大跨度、超高层、结构复杂的建设工程越来越多,施工单位就必须使用与其从事施工活动相适应的技术装备。如从事建筑施工活动,必须有相应的施工机械设备与质量检验测试手段;从事勘察设计活动的建筑施工企业、勘察单位、设计单位和工程监理单位必须有从事相关建筑活动所应有的技术装备。不具有相应技术装备的单位,不得从事建筑活动。

同时,为提高机械设备的使用率和降低施工成本,我国的机械租赁市场发展也很快,许多大中型机械设备都可以采用租赁或融资租赁的方式取得。因此,目前的企业资质标准对技术装备的要求并不多,主要是企业应具有与其承包工程范围相适应的施工机械和质量检测设备。

(4)有符合规定的已完成工程业绩

工程建设施工活动是一项重要的实践活动。有无承担过相应工程的经验及其业绩好坏,是衡量其实际能力和水平的一项重要标准。

以房屋建筑工程施工总承包企业为例。根据《住房城乡建设部关于简化建筑业企业资质标准部分指标的通知》(建市〔2016〕226号)、《施工总承包企业特级资质标准》、《建筑业企业资质标准》的规定,企业已完成工程业绩应符合表2.2规定。

表2.2 建筑工程施工总承包企业已完成工程业绩

资质等级	已完成工程业绩	备注
特级	《施工总承包企业特级资质标准》(建市〔2007〕72号)规定: (1)高度100米以上的建筑物; (2)28层以上的房屋建筑工程; (3)单体建筑面积5万平方米以上房屋建筑工程; (4)钢筋混凝土结构单跨30米以上的建筑工程或钢结构单跨36米以上房屋建筑工程; (5)单项建安合同额2亿元以上的房屋建筑工程。	近5年承担过5项工程总承包或施工总承包项目中的3项,工程质量合格。
	《施工总承包企业特级资质标准》(征求意见稿)(建市施函〔2017〕32号)规定: (1)高度120米以上的建筑物; (2)钢筋混凝土结构单跨30米以上(或钢结构单跨36米以上)的建筑工程2项; (3)以工程总承包方式承建的单项合同额5亿元以上的建筑工程; (4)高度60米以上的预制装配式建筑工程。	近5年承担过下列4类中的3类工程的施工总承包或主体工程承包,工程质量合格。
一级	(1)地上25层以上的民用建筑工程1项或地上18~24层的民用建筑工程2项; (2)高度100米以上的构筑物工程1项或高度80~100米(不含)的构筑物工程2项; (3)建筑面积12万平方米以上的建筑工程1项或建筑面积10万平方米以上的建筑工程2项; (4)钢筋混凝土结构单跨30米以上(或钢结构单跨36米以上)的建筑工程1项或钢筋混凝土结构单跨27~30米(不含)(或钢结构单跨30~36米(不含))的建筑工程2项。	近5年承担过4类中的2类工程的施工总承包或主体工程承包,工程质量合格。

续表

资质等级	已完成工程业绩	备注
二级	（1）地上 12 层以上的民用建筑工程 1 项或地上 8～11 层的民用建筑工程 2 项； （2）高度 50 米以上的构筑物工程 1 项或高度 35～50 米（不含）的构筑物工程 2 项； （3）建筑面积 6 万平方米以上的建筑工程 1 项或建筑面积 5 万平方米以上的建筑工程 2 项； （4）钢筋混凝土结构单跨 21 米以上（或钢结构单跨 24 米以上）的建筑工程 1 项或钢筋混凝土结构单跨 18～21 米（不含）[或钢结构单跨 21～24 米（不含）] 的建筑工程 2 项。	近 5 年承担过 4 类中的 2 类工程的施工总承包或主体工程承包，工程质量合格。
三级	无	

《住房城乡建设部关于简化建筑业企业资质标准部分指标的通知》（建市〔2016〕226号）指出：“对申请建筑工程、市政公用工程施工总承包特级、一级资质的企业，未进入全国建筑市场监管与诚信信息发布平台的企业业绩，不作为有效业绩认定。省级住房城乡建设主管部门要加强本地区工程项目数据库建设，完善数据补录办法，使真实有效的企业业绩及时进入全国建筑市场监管与诚信信息发布平台。”

（5）法律、行政法规的其他条件

建筑施工企业、勘察单位、设计单位和工程监理单位，除了应具备以上三项条件外，还必须具备从事经营活动所应具备的其他条件，如《民法典》第五十八条规定，法人应当有自己的名称、组织机构、住所、财产或者经费。《公司法》规定设立从事建筑活动的有限责任公司和股份有限公司，股东或发起人必须符合法定人数；股东或发起人共同制定公司章程；有公司名称，建立符合要求的组织机构；有固定的生产经营场所和必要的生产条件等。

2）施工企业的资质序列、类别和等级

《建筑业企业资质管理规定》第五条规定：“建筑业企业资质分为施工总承包、专业承包和劳务分包三个序列。施工总承包资质、专业承包资质按照工程性质和技术特点分别划分为若干资质类别，各资质类别按照规定的条件划分为若干资质等级。施工劳务资质不分类别与等级。”

《建筑业企业资质管理规定》第六条规定：“建筑业企业资质标准和取得相应资质的企业可以承担工程的具体范围，由国务院住房城乡建设主管部门会同国务院有关部门制定。”

为此，《建筑业企业资质标准》规定：

取得施工总承包资质的企业（以下简称“施工总承包企业”），可以对所承接的施工总承包工程内各专业工程全部自行施工，也可以将专业工程依法进行分包。对设有资质的专业工程进行分包时，应分包给具有相应专业承包资质的企业。施工总承包企业将劳务作业分包时，应分包给具有施工劳务资质的企业。

取得专业承包资质的企业(以下简称"专业承包企业"),可以承接具有施工总承包资质的企业依法分包的专业工程或建设单位依法发包的专业工程。取得专业承包资质的企业应对所承接的专业工程全部自行组织施工,劳务作业可以分包,但应分包给具有施工劳务资质的企业。

取得施工劳务资质的企业(以下简称"劳务分包企业"),可以承接具有施工总承包资质或专业承包资质的企业分包的劳务作业。

取得施工总承包资质的企业,可以从事资质证书许可范围内的相应工程总承包、工程项目管理等业务。

《建筑业企业资质标准》还规定:"建筑业企业资质分为施工总承包、专业承包和施工劳务三个序列。其中施工总承包序列设有 12 个类别,一般分为 4 个等级(特级、一级、二级、三级);专业承包序列设有 36 个类别,一般分为 3 个等级(一级、二级、三级);施工劳务序列不分类别和等级。本标准包括建筑业企业资质各个序列、类别和等级的资质标准。"

施工总承包序列设有 12 个类别,分别是:建筑工程、公路工程、铁路工程、港口与航道工程、水利水电工程、电力工程、矿山工程、冶金工程、石油化工工程、市政公用工程、通信工程、机电工程。

专业承包序列设有 36 个类别,分别是:地基基础工程、起重设备安装工程、预拌混凝土、电子与智能化工程、消防设施工程、防水防腐保温工程、桥梁工程资质、隧道工程、钢结构工程、模板脚手架、建筑装修装饰工程、建筑机电安装工程、建筑幕墙工程、古建筑工程、城市及道路照明工程、公路路面工程、公路路基工程、公路交通工程、铁路电务工程、铁路铺轨架梁工程、铁路电气化工程、机场场道工程、民航空管工程及机场弱电系统工程、机场目视助航工程、港口与海岸工程、航道工程、通航建筑物工程、港航设备安装及水上交管工程、水工金属结构制作与安装工程、水利水电机电安装工程、河湖整治工程、输变电工程、核工程、海洋石油工程、环保工程、特种工程。

在这 36 个类别中,有 20 个类别(地基基础工程、起重设备安装工程、桥梁工程资质、隧道工程、钢结构工程、建筑机电安装工程、古建筑工程、城市及道路照明工程、公路路面工程、公路路基工程、铁路电务工程、铁路电气化工程、港口与海岸工程、航道工程、通航建筑物工程、水工金属结构制作与安装工程、水利水电机电安装工程、河湖整治工程、输变电工程、环保工程)分为 3 个等级(一级、二级、三级),有 13 个类别(电子与智能化工程、消防设施工程、防水防腐保温工程、建筑装修装饰工程、建筑幕墙工程、公路交通工程、铁路铺轨架梁工程、机场场道工程、民航空管工程及机场弱电系统工程、机场目视助航工程、港航设备安装及水上交管工程、核工程、海洋石油工程)分为 2 个等级(一级、二级),有 3 个类别(预拌混凝土、模板脚手架、特种工程)不分等级。

3)施工企业的资质许可

我国对建筑业企业的资质管理,实行分级实施与有关部门相配合的管理模式。

(1)施工企业资质管理体制

《建筑业企业资质管理规定》第四条规定,国务院住房和城乡建设主管部门负责全国建筑业企业资质的统一监督管理。国务院交通运输、水利、工业信息化等有关部门配合国务院住房和城乡建设主管部门实施相关资质类别建筑业企业资质的管理工作。省、自治区、直辖市人民政府住房和城乡建设主管部门负责本行政区域内建筑业企业资质的统一监督管理。省、自治区、直辖市人民政府交通运输、水利、通信等有关部门配合同级住房和城乡建设主管部门实施本行政区域内相关资质类别建筑业企业资质的管理工作。

《建筑业企业资质管理规定》第二十七条规定,建筑业企业违法从事建筑活动的,违法行为发生地的县级以上地方人民政府住房和城乡建设主管部门或者其他有关部门应当依法查处,并将违法事实、处理结果或者处理建议及时告知该建筑业企业资质的许可机关。对取得国务院住房和城乡建设主管部门颁发的建筑业企业资质证书的企业需要处以停业整顿、降低资质等级、吊销资质证书行政处罚的,县级以上地方人民政府住房和城乡建设主管部门或者其他有关部门,应当通过省、自治区、直辖市人民政府住房和城乡建设主管部门或者国务院有关部门,将违法事实、处理建议及时报送国务院住房城乡建设主管部门。

(2)施工企业资质的许可权限

根据《建筑业企业资质管理规定》第九至十三条的规定,施工企业资质的许可权限如下。

国务院住房和城乡建设主管部门负责实施下列建筑业企业资质的许可:

①施工总承包资质序列特级资质、一级资质及铁路工程施工总承包二级资质;

②专业承包资质序列公路、水运、水利、铁路、民航方面的专业承包一级资质及铁路、民航方面的专业承包二级资质;涉及多个专业的专业承包一级资质。

申请以上所列资质的,应当向企业工商注册所在地省、自治区、直辖市人民政府住房和城乡建设主管部门提出申请。其中,国务院国有资产管理部门直接监管的建筑企业及其下属一层级的企业,可以由国务院国有资产管理部门直接监管的建筑企业向国务院住房和城乡建设主管部门提出申请。

省、自治区、直辖市人民政府住房和城乡建设主管部门应当自受理申请之日起20个工作日内初审完毕,并将初审意见和申请材料报国务院住房和城乡建设主管部门。

国务院住房和城乡建设主管部门应当自省、自治区、直辖市人民政府住房和城乡建设主管部门受理申请材料之日起60个工作日内完成审查,公示审查意见,公示时间为10个工作日。其中,涉及公路、水运、水利、通信、铁路、民航等方面资质的,由国务院住房和城乡建设主管部门会同国务院有关部门审查。

企业工商注册所在地省、自治区、直辖市人民政府住房和城乡建设主管部门负责实施下列建筑业企业资质的许可:

①施工总承包资质序列二级资质及铁路、通信工程施工总承包三级资质;

②专业承包资质序列一级资质(不含公路、水运、水利、铁路、民航方面的专业承包一级资质及涉及多个专业的专业承包一级资质);

③专业承包资质序列二级资质(不含铁路、民航方面的专业承包二级资质);铁路方面专业承包三级资质;特种工程专业承包资质。

上列规定的资质许可程序由省、自治区、直辖市人民政府住房和城乡建设主管部门依法确定,并向社会公布。

企业工商注册所在地设区的市人民政府住房和城乡建设主管部门负责实施下列建筑业企业的资质许可:

①施工总承包资质序列三级资质(不含铁路、通信工程施工总承包三级资质);

②专业承包资质序列三级资质(不含铁路方面专业承包资质)及预拌混凝土、模板脚手架专业承包资质;

③施工劳务资质;

④燃气燃烧器具安装、维修企业资质。

上列规定的资质许可程序由设区的市级人民政府住房和城乡建设主管部门依法确定,并向社会公布。

4)施工企业资质证书的申请、延续和变更

《建筑业企业资质管理规定》第八条、第十四条至第二十二条对施工企业资质证书的申请、延续和变更规定如下:

(1)施工企业资质证书的申请

建筑业企业可以申请一项或多项建筑业企业资质。企业首次申请或增项申请资质,应当申请最低等级资质。

企业申请建筑业企业资质,在资质许可机关的网站或审批平台提出申请事项,提交资金、专业技术人员、技术装备和已完成业绩等电子材料。

企业申请建筑业企业资质,应如实提交有关申请材料。资质许可机关收到申请材料后,应当按照《中华人民共和国行政许可法》的规定办理受理手续。

资质许可机关应当及时将资质许可决定向社会公开,并为公众查询提供便利。

2018年9月30日发布的《住房城乡建设部办公厅关于简化建设工程企业资质申报材料有关事项的通知》(建办市〔2018〕45号)规定,从2018年10月8日起,为深入推进建筑领域"放管服"改革,决定进一步简化建设工程企业申报材料。企业在申请工程勘察、工程设计、建筑业企业资质(含升级、延续、变更)时,不需提供企业资质证书、注册执业人员身份证明和注册证,由资质许

建办市
〔2018〕45号

可机关根据全国建筑市场监管公共服务平台的相关数据自行核查比对;企业在申请工程勘察、工程设计、建筑业企业资质(含新申请、升级、延续、变更)时,不需提供人员社保证明材料。由资质申报企业的法定代表人对人员社保真实性、有效性签字承诺,并承担相应法律责任。

(2)施工企业资质证书的延续

建筑业企业资质证书分为正本和副本,由国务院住房和城乡建设主管部门统一印制,正、副本具备同等法律效力。资质证书有效期为5年。

建筑业企业资质证书有效期届满,企业继续从事建筑施工活动的,应当于资质证书有效期届满3个月前,向原资质许可机关提出延续申请。

资质许可机关应当在建筑业企业资质证书有效期届满前做出是否准予延续的决定;逾期未做出决定的,视为准予延续。

(3)施工企业资质证书的变更

①办理施工企业资质证书变更手续的程序。企业在建筑业企业资质证书有效期内名称、地址、注册资本、法定代表人等发生变更的,应当在工商部门办理变更手续后1个月内办理资质证书变更手续。

由国务院住房和城乡建设主管部门颁发的建筑业企业资质证书的变更,企业应当向企

业工商注册所在地省、自治区、直辖市人民政府住房和城乡建设主管部门提出变更申请,省、自治区、直辖市人民政府住房和城乡建设主管部门应当自受理申请之日起2日内将有关变更证明材料报国务院住房和城乡建设主管部门,由国务院住房和城乡建设主管部门在2日内办理变更手续。

前款规定以外的资质证书的变更,由企业工商注册所在地的省、自治区、直辖市人民政府住房和城乡建设主管部门或者设区的市人民政府住房城乡建设主管部门依法另行规定。变更结果应当在资质证书变更后15日内,报国务院住房和城乡和建设主管部门备案。

涉及公路、水运、水利、通信、铁路、民航等方面的建筑业企业资质证书的变更,办理变更手续的住房和城乡建设主管部门应当将建筑业企业资质证书变更情况告知同级有关部门。

②企业发生合并、分立、重组的资质办理。企业发生合并、分立、重组以及改制等事项,需承继原建筑业企业资质的,应当申请重新核定建筑业企业资质等级。

③企业资质证书需更换、遗失补办的规定。企业需更换、遗失补办建筑业企业资质证书的,应当持建筑业企业资质证书更换、遗失补办申请等材料向资质许可机关申请办理。资质许可机关应当在2个工作日内办理完毕。

企业遗失建筑业企业资质证书的,在申请补办前应当在公众媒体上刊登遗失声明。

5) 不予批准企业的资质升级申请和增项申请的情形

《建筑业企业资质管理规定》第二十三条规定:企业申请建筑业企业资质升级、资质增项,在申请之日起前一年至资质许可决定作出前,有下列情形之一的,资质许可机关不予批准其建筑业企业资质升级申请和增项申请:

①超越本企业资质等级或以其他企业的名义承揽工程,或允许其他企业或个人以本企业的名义承揽工程的;

②与建设单位或企业之间相互串通投标,或以行贿等不正当手段谋取中标的;

③未取得施工许可证擅自施工的;

④将承包的工程转包或违法分包的;

⑤违反国家工程建设强制性标准施工的;

⑥恶意拖欠分包企业工程款或者劳务人员工资的;

⑦隐瞒或谎报、拖延报告工程质量安全事故,破坏事故现场、阻碍对事故调查的;

⑧按照国家法律、法规和标准规定需要持证上岗的现场管理人员和技术工种作业人员未取得证书上岗的;

⑨未依法履行工程质量保修义务或拖延履行保修义务的;

⑩伪造、变造、倒卖、出租、出借或者以其他形式非法转让建筑业企业资质证书的;

⑪发生过较大以上质量安全事故或者发生过两起以上一般质量安全事故的;

⑫其他违反法律、法规的行为。

6) 企业资质证书的撤回、撤销和注销

《建筑业企业资质管理规定》第二十八条至第三十条对企业资质证书的撤回、撤销和注销规定如下。

(1) 企业资质证书的撤回

企业不再符合相应建筑业企业资质标准要求条件的,县级以上地方人民政府住房和城

乡建设主管部门、其他有关部门,应当责令其限期改正并向社会公告,整改期限最长不超过3个月;企业整改期间不得申请建筑业企业资质的升级、增项,不能承揽新工程;逾期仍未达到建筑业企业资质标准要求条件的,资质许可机关可以撤回其建筑业企业资质证书。

被撤回建筑业企业资质证书的企业,可以在资质被撤回后3个月内,向资质许可机关提出核定低于原等级同类别资质的申请。

(2)企业资质证书的撤销

有下列情形之一的,资质许可机关应当撤销建筑业企业资质:

①资质许可机关工作人员滥用职权、玩忽职守准予资质许可的;

②超越法定职权准予资质许可的;

③违反法定程序准予资质许可的;

④对不符合资质标准条件的申请企业准予资质许可的;

⑤依法可以撤销资质许可的其他情形。

以欺骗、贿赂等不正当手段取得资质许可的,应当予以撤销。

(3)企业资质证书的注销

有下列情形之一的,资质许可机关应当依法注销建筑业企业资质,并向社会公布其建筑业企业资质证书作废,企业应当及时将建筑业企业资质证书交回资质许可机关:

①资质证书有效期届满,未依法申请延续的;

②企业依法终止的;

③资质证书依法被撤回、撤销或吊销的;

④企业提出注销申请的;

⑤法律、法规规定的应当注销建筑业企业资质的其他情形。

2.2.2 禁止无资质或越级承揽工程的规定

施工单位的资质等级,是施工单位人员素质、资金数量、技术装备、管理水平、工程业绩等综合能力的体现,反映了该施工单位从事某项施工活动的资格和能力,是国家对建设市场准入管理的重要手段。为此,我国的法律规定施工单位除应具备企业法人营业执照外,还应取得相应的资质证书,并严格在其资质等级许可的经营范围内从事施工活动。

1)禁止无资质承揽工程

《建筑法》第二十六条规定:"承包建筑工程的单位应当持有依法取得的资质证书,并在其资质等级许可的业务范围内承揽工程。"《建设工程质量管理条例》第二十五条规定:"施工单位应当依法取得相应等级的资质证书,并在其资质等级许可的范围内承揽工程。"《建设工程安全生产管理条例》第二十条规定:"施工单位从事建设工程的新建、扩建、改建和拆除等活动,应当具备国家规定的注册资本、专业技术人员、技术装备和安全生产等条件,依法取得相应等级的资质证书,并在其资质等级许可的范围内承揽工程。"

近年来,随着工程建设法规体系的不断完善和建设市场的整顿规范,公然以无资质的方式承揽建设工程特别是大中型建设工程的行为已极为罕见,往往是采取比较隐蔽的"挂靠"形式。《建筑法》第二十九条明确规定,禁止总承包单位将工程分包给不具备相应资质条件的单位。2019年3月,住建部修改的《房屋建筑和市政基础设施工程施工分包管理办法》第八条规定:"分包工程承包人必须具有相应的资质,并在其资质等级许可的范围内承揽业务。严禁个人承揽分包工程业务。"但是,在专业工程分包或者劳务作业分包中仍存在着无资质承揽工程的现象。无资质承揽劳务分包工程,常见的是作为自然人的"包工头",带领一部分农民工组成的施工队,与总承包企业或者专业承包企业签订劳务合同,或者是通过层层转包、层层分包"垫底"获签劳务合同。

《房屋建筑和市政基础设施工程施工分包管理办法》

法释〔2020〕25号

需要指出的是,无资质承包主体签订的专业分包合同或者劳务分包合同都是无效合同。但是,当作为无资质的"实际施工人"的利益受到侵害时,其可以向合同相对方(即转包方或违法分包方)主张权利,甚至可以向建设工程项目的发包方主张权利。《最高人民法院关于审理建设工程施工合同纠纷案件适用法律问题的解释(一)》(法释〔2020〕25号)第四十三条规定,实际施工人以转包人、违法分包人为被告起诉的,人民法院应当依法受理。实际施工人以发包人为被告主张权利的,人民法院应当追加转包人或者违法分包人为本案第三人,在查明发包人欠付转包人或者违法分包人建设工程价款的数额后,判决发包人在欠付建设工程价款范围内对实际施工人承担责任。这样规定是在依法查处违法承揽工程的同时,也能使实际施工人的合法权益得到保障。

2)禁止越级承揽工程

《建筑法》第二十六条和《建设工程质量管理条例》第二十五条均规定,禁止施工单位超越本单位资质等级许可的业务范围承揽工程。

同无资质承揽工程一样,随着法制的不断健全和建设市场秩序的整顿规范,以及市场竞争的加剧,建设单位对施工单位的要求也在不断提高,所以在施工总承包活动中超越资质承揽工程的现象已不多见。但是,在联合共同承包和分包工程活动中依然存在着超越资质等级承揽工程的问题。

(1)联合共同承包的有关法律规定

《建筑法》第二十七条规定,两个以上不同资质等级的单位实行联合共同承包的,应当按照资质等级低的单位的业务许可范围承揽工程。

联合共同承包是国际工程承包的一种通行的做法,一般适用于大型或技术复杂的建设工程项目。采用联合承包的方式,可以优势互补,增加中标机会,并可降低承包风险。但是,施工单位应当在资质等级范围内承包工程,同样适用于联合共同承包。就是说,联合承包各方都必须具有与其承包工程相符合的资质条件,不能超越资质等级去联合承包。如果几个联合承包方的资质等级不一样,则须以低资质等级的承包方为联合承包方的业务许可范围。这样的规定,可以有效地避免在实践中以联合承包为借口进行"资质挂靠"的不规范行为。

(2)分包工程的有关法律规定

《建筑法》第二十九条规定,禁止总承包单位将工程分包给不具备相应资质条件的单位。原建设部《房屋建筑和市政基础设施工程施工分包管理办法》第八条规定,分包工程承包人必须具有相应的资质,并在其资质等级许可的范围内承揽业务。

《建设工程质量管理条例》第七十八条规定了违法分包的4种情形,其中第一种情形就是:"总承包单位将建设工程分包给不具备相应资质条件的单位的。"《房屋建筑和市政基础设施工程施工分包管理办法》第十四条规定,禁止将承包的工程进行违法分包。"分包工程发包人将专业工程或者劳务作业分包给不具备相应资质条件的分包工程承包人的属于违法分包"。据此,将工程分包给无资质或超越资质等级的单位的,应当定性为违法分包。

2.2.3 禁止以他企业或他企业以本企业名义承揽工程的规定

《建筑法》第二十六条规定,禁止建筑施工企业超越本企业资质等级许可的业务范围或者以任何形式用其他建筑施工企业的名义承揽工程。禁止建筑施工企业以任何形式允许其他单位或者个人使用本企业的资质证书、营业执照,以本企业的名义承揽工程。《建设工程质量管理条例》第二十五条也规定,禁止施工单位超越本单位资质等级许可的业务范围或者以其他施工单位的名义承揽工程。禁止施工单位允许其他单位或者个人以本单位的名义承揽工程。

在实践中,为在发承包竞争中争取到建设工程项目,一些施工单位因自身资质条件不符合发包工程所要求的资质条件,往往会采取一些手段骗取发包方的信任,包括借用其他施工单位的资质证照,以其他施工单位名义承揽建设工程项目。这种做法,一方面是扰乱了建设市场的秩序,另一方面也给建设工程留下了质量隐患。因为,借用他人名义的往往是自身资质等级不高、人员素质较差、管理水平落后的小企业或"包工头",在拿到工程后还要向出借方交纳一大笔管理费,为了赚钱就只有依靠偷工减料、以次充好等非法手段,这就势必给工程带来隐患。因此,法律明令禁止这种违法行为,不论是借用方还是出借方都将受到法律的惩处。

此外,在分包工程中还要防止出现以他企业或他企业以本企业名义承揽工程的违法行为。《房屋建筑和市政基础设施工程施工分包管理办法》第十五条规定,分包工程发包人没有将其承包的工程进行分包,在施工现场所设项目管理机构的项目负责人、技术负责人、项目核算负责人、质量管理人员、安全管理人员不是工程承包人本单位人员的,视同允许他人以本企业名义承揽工程。

应用案例 2-3

【案例】

1. 背景

某工程项目由甲施工企业总承包,该企业将工程的土石方工程分包给乙分包公司,乙分包公司又与社会上的刘某签订任务书,约定由刘某组织人员负责土方开挖、装卸和运输,负责施工的项目管理、技术指导和现场安全,单独核算,自负盈亏。

2. 问题

该分包公司与刘某签订土石方工程任务书的行为应当如何定性,该作何处理?

【案例分析】

本案中,分包企业允许刘某以工程任务书形式承揽土石方工程,并将现场全权交由刘某负责,该项目施工中的技术、质量、安全管理及核算人员均由刘某自行组织而非该分包公司的人员,按照《房屋建筑和市政基础设施工程施工分包管理办法》第十五条的规定,这种情况应视同允许他人以本企业名义承揽工程。

《建设工程质量管理条例》第六十一条规定,"⋯⋯勘察、设计施工、工程监理单位允许其他单位或者个人以本单位名义承揽工程的,责令改正,没收违法所得,⋯⋯对施工单位处工程合同价款百分之二以上百分之四以下的罚款;可以责令停业整顿,降低资质等级;情节严重的,吊销资质证书。"据此,应当对该分包公司作出相应的处罚。

本章小结

行政许可,是行政机关根据公民、法人或者其他组织的申请,经依法审查,准予其从事特定活动的行为。建筑许可,是我国建筑法中重要的法律规定,是建设行政主管部门或其他行政主管部门准许、变更或中止公民、法人和其他组织从事建筑活动的具体行政行为。建筑许可包括三种法律制度:施工许可证制度、从事建筑活动单位资质制度、从事建筑活动个人资格制度。

建筑工程施工许可证,是建筑工程开始施工前建设单位向建设行政主管部门申请的允许可以施工的证明。工程投资额大,结构复杂的工程必须申领施工许可证。在开工日期之前申领施工许可证必须具备法定条件。

从事建筑活动的单位的从业资格制度是指建设行政主管部门对从事建筑活动的建设施工企业、勘察设计单位和工程监理单位的人员素质、管理水平、资金数量、业务能力等进行审查,以确定其承担相关业务的能力和范围,并发给相应的资质证书的一种管理制度。

习 题

1.根据《建筑工程施工许可管理办法》,不需要办理施工许可证的建筑工程有哪些?

2.开工报告审查的主要内容有哪些?

3.根据《建筑业企业资质管理规定》,在申请之日起前1年内有哪些情形不予批准企业资质升级和增项申请?

4.简述施工许可证的延期及废止情况。

5.发生哪些现象需要重新核验施工许可证?

6.什么变化时需要变更企业资质证书?

7.外商建筑业企业的工程承包范围?

项目 3
建设工程发包与承包法律制度

● **基本要求**:*通过对本项目的学习,掌握建设工程发包与承包的法律规定,熟悉工程发包和承包的方式;掌握招标投标法的适用对象与活动原则,熟悉招标投标的程序以及招标、投标、开标、评标和中标的法律规定。*

建设工程发包与承包法律制度,是《建筑法》确定的建设活动的基本法律制度之一。1997年我国通过了《建筑法》,对建设工程发承包活动作了规定。此后,《招标投标法》和《建设工程质量管理条例》对建设工程发承包有关行为又作了进一步规定。

建设工程招标投标,是市场经济条件下进行工程建设项目发包与承包时通常采用的一种交易方式,是建设市场中一对相互依存的经济活动。1999年我国通过的《招标投标法》,标志着我国建设工程招标投标活动进入了法制轨道。依据《招标投标法》,我国又发布了一系列规范招标投标活动的部门规章,主要有《工程建设项目招标范围和规模标准规定》《工程建设项目施工招标投标办法》《工程建设项目货物招标投标办法》等。2011年国务院又颁布了《招标投标法实施条例》,该条例属于《招标投标法》的具体操作及实践。2017年12月全国人民代表大会常务委员会对《招标投标法》进行了修订,随之,2018年3月和2019年3月国务院对《招标投标法实施条例》进行了修改。

3.1 建设工程发包与承包

建设工程发包,是建设工程的建设单位(或总承包单位)将建设工程任务依法委托给具有法定从业资格的单位完成,并按照合同约定支付报酬的行为。建设工程承包,则是具有法定从业资格的单位依法承揽建设工程任务,通过签订合同确立双方的权利与义务,按照合同约定取得相应报酬,并完成建设工程任务的行为。

建筑工程发包和承包的内容涉及建筑工程的全过程,包括可行性研究、工程勘察设计、材料及设备采购、工程施工、工程监理等过程。但在实践中,建筑工程发承包较多的是指建筑工程勘察设计与施工的发承包。

3.1.1 建设工程发包的规定

1)建设工程发包方式

建设工程的发包方式,主要有招标发包和直接发包两种。《建筑法》第十九条规定:"建筑工程依法实行招标发包,对不适用于招标发包的可以直接发包。"

建筑工程实行公开招标的,发包单位应当依照法定程序和方式,发布招标公告,提供载有招标工程的主要技术要求、主要的合同条款、评标的标准和方法以及开标、评标、定标的程序等内容的招标文件。开标应当在招标文件规定的时间、地点公开进行。开标后应当按照招标文件规定的评标标准和程序对标书进行评价、比较,在具备相应资质条件的投标者中,择优选定中标者。

有关建设工程招标参见3.2节内容。

2)禁止肢解发包和违法采购的规定

(1)禁止肢解发包的规定

肢解发包,是指建设单位将应当由一个承包单位完成的建设工程分解成若干部分发包给不同的承包单位的行为。在实践中,由于一些发包单位肢解发包工程,使施工现场缺乏应有的组织协调,不仅承建单位之间容易出现推诿扯皮与掣肘,还会造成施工现场秩序混乱、责任不清,工期拖延,成本增加,甚至发生严重的建设工程质量和安全问题。肢解发包还往往与发包单位有关人员徇私舞弊、收受贿赂、索拿回扣等违法行为有关。

为此,2017年12月修改的《招标投标法》第十九条规定:"招标项目需要划分标段、确定工期的,招标人应当合理划分标段、确定工期,并在招标文件中载明。"《建筑法》第二十四条规定:"提倡对建筑工程实行总承包,禁止将建筑工程肢解发包。建筑工程的发包单位可以将建筑工程的勘察、设计、施工、设备采购一并发包给一个工程总承包单位,也可以将建筑工程的勘察、设计、施工、设备采购的一项或者多项发包给一个工程总承包单位;但是,不得将应当由一个承包单位完成的建筑工程肢解成若干部分发包给几个承包单位。"

《招标投标法》

(2)禁止违法采购的规定

《建筑法》第二十五条规定:"按照合同约定,建筑材料、建筑构配件和设备由工程承包单位采购的,发包单位不得指定承包单位购入用于工程的建筑材料、建筑构配件和设备或者指定生产厂、供应商。"

3.1.2 建设工程总承包的规定

建设工程承包,包括总承包、联合承包、分包等。

《建筑法》第二十二条规定:"建筑工程实行招标发包的,发包单位应当将建筑工程发包给依法中标的承包单位。建筑工程实行直接发包的,发包单位应当将建筑工程发包给具有相应资质条件的承包单位。"

《建筑法》第二十六条进一步规定:"承包建筑工程的单位应当持有依法取得的资质证书,并在其资质等级许可的业务范围内承揽工程。禁止建筑施工企业超越本企业资质等级许可的业务范围或者以任何形式用其他建筑施工企业的名义承揽工程。禁止建筑施工企业以任何形式允许其他单位或者个人使用本企业的资质证书、营业执照,以本企业的名义承揽工程。"

1)总承包概念

总承包简称总包,是指发包人将一个建设项目建设全过程或其中某个或某几个阶段的全部工作,发包给一个承包人承包,该承包人可以将在自己承包范围内的若干专业性工作,再分包给不同的专业承包人去完成,并对其统一协调和监督管理。各专业承包人只同总承包人发生直接关系,不与发包人发生直接关系。

《建筑法》第二十四条第一款规定,"提倡对建筑工程实行总承包"。《建筑法》第二十四条第二款规定,"建筑工程的发包单位可以将建筑工程的勘察、设计、施工、设备采购一并发包给一个工程总承包单位,也可以将建筑工程勘察、设计、施工、设备采购的一项或者多项发包给一个工程总承包单位"。

建设工程总承包通常分为施工总承包和工程总承包两大类。

施工总承包是指发包人将全部施工任务发包给具有施工总承包资质的建筑业企业,由施工总承包企业按照合同的约定对业主或业主委托的工程总承包负责,承包完成施工任务。

工程总承包模式是国际上广泛采用的成熟的建设工程模式,其本身具有精简招标程序、减少管理层级、化解项目风险、统一权利责任、提升推进效率、降低工程造价、缩短建设工期、保证工程质量等优点。

2019年12月住建部和发改委联合发布的《房屋建筑和市政基础设施项目工程总承包管理办法》第三条规定:"本办法所称工程总承包,是指承包单位按照与建设单位签订的合同,对工程设计、采购、施工或者设计、施工等阶段实行总承包,并对工程的质量、安全、工期和造价等全面负责的工程建设组织实施方式。"第六条第二款规定:"建设内容明确、技术方案成熟的项目,适宜采用工程总承包方式。"

《房屋建筑和市政基础设施项目工程总承包管理办法》

实践中,工程总承包的模式有很多,按照2003年2月原建设部发布的《关于培育发展工程总承包和工程项目管理企业的指导意见》(建市〔2003〕30号),工程总承包主要有下列方式:

建市〔2003〕30号

(1)设计采购施工(EPC)交钥匙总承包

设计采购施工总承包是指工程总承包企业按照合同约定,承担工程项目的设计、采购、施工、试运行服务等工作,并对承包工程的质量、安全、工期、造价全面负责。

交钥匙总承包是设计采购施工总承包业务和责任的延伸,最终是向建设单位提交一个满足使用功能、具备使用条件的工程项目。

（2）设计-施工总承包(D-B)

设计—施工总承包是指工程总承包企业按照合同约定,承担工程项目设计和施工,并对承包工程的设计和施工的质量、安全、工期、造价负责。

（3）设计-采购总承包(E-P)

设计—采购总承包是指工程总承包企业按照合同约定,承担工程项目设计和采购工作,并对工程项目设计和采购的质量、进度等负责。

（4）采购-施工总承包(P-C)

采购—施工总承包是指工程总承包企业按照合同约定,承担工程项目的采购和施工,并对承包工程的采购和施工的质量、安全、工期、造价负责。

2）有关总承包的规定

《建筑法》第二十九条第二款规定:"建筑工程总承包单位按照总承包合同的约定对建设单位负责;分包单位按照分包合同的约定对总承包单位负责。总承包单位和分包单位就分包工程对建设单位承担连带责任。"

《建设工程质量管理条例》第二十六条规定:"建设工程实行总承包的,总承包单位应当对全部建设工程质量负责;建设工程勘察、设计、施工、设备采购的一项或者多项实行总承包的,总承包单位应当对其承包的建设工程或者采购的设备的质量负责。"《建设工程质量管理条例》第二十七条进一步规定:"总承包单位依法将建设工程分包给其他单位的,分包单位应当按照分包合同的约定对其分包工程的质量向总承包单位负责,总承包单位与分包单位对分包工程的质量承担连带责任。"

据此,无论是工程总承包还是施工总承包,由于承包合同的签约主体都是建设单位和总承包单位,总承包单位均应按照承包合同约定的权利义务向建设单位负责。如果分包工程发生问题,总承包单位不得以分包工程已分包他人为由推卸自己的总承包责任,而应与分包单位就分包工程承担连带责任。

连带责任是我国民事立法中的一项重要民事责任制度。《民法典》第一百七十八条规定:"二人以上依法承担连带责任的,权利人有权请求部分或者全部连带责任人承担责任。连带责任人的责任份额根据各自责任大小确定;难以确定责任大小的,平均承担责任。实际承担责任超过自己责任份额的连带责任人,有权向其他连带责任人追偿。连带责任,由法律规定或者当事人约定。"总承包单位与分包单位就分包工程承担连带责任,就是当分包工程发生了质量责任或者违约责任时,建设单位可以向总承包单位请求赔偿,也可以向分包单位请求赔偿,在总承包单位或分包单位进行赔偿后,方有权依据分包合同对不属于自己责任的赔偿向另一方进行追偿。连带责任也不仅限于连带赔偿责任,还有其他履行工程义务的连带责任。因此,总承包单位除了应加强自行完成工程部分的管理外,还有责任强化对分包单位分包工程的监管。

应用案例 3-1

甲建筑公司欲取得某市一大型工程施工项目,在资质不够标准的情况下,与具有相应资质的乙公司商定,挂靠在乙的名下,向乙交纳一定的管理费,借用乙的资质证书参加竞标。由于甲公司的出价最低,获得了该工程的施工权。

建设方在招投标活动中,已经知悉了甲的挂靠行为,但并未表示异议。工程完工后,因质量问题造成事故,导致巨大损失,建设方赔偿损失后,将乙公司诉至法院。

【问题】

此工程质量事故的责任应该如何承担?

【案例分析】

不具有相应资质条件的企业借用具有资质条件的企业名义与建设单位签订的建设工程施工合同无效。因此造成的质量缺陷和其他损失,由挂靠公司与被挂靠公司承担连带责任。建设单位明知或应当知道对方具备相应资质条件的,由三方按过错大小承担责任。被挂靠的公司应将收取的管理费及其他费用全部或部分退还给挂靠公司。

3.1.3 建设工程联合承包的规定

1) 联合承包概念

联合承包是指由两个以上具备承包资格的单位共同组成非法人的联合体,以共同的名义对工程进行承包的行为。这是在国际工程发承包活动中较为通行的一种做法,可有效地规避工程承包风险。

大型的建筑工程或结构复杂的建筑工程,一般投资额大、技术要求复杂和建设周期长,潜在风险较大,如果对这类工程采取联合共同承包的方式,有利于更好发挥各承包单位在资金、技术、管理等方面优势,增强抗风险能力,保证工程质量和工期,提高投资效益。

2) 有关联合承包的规定

《建筑法》第二十七条第一款规定:"大型建筑工程或者结构复杂的建筑工程,可以由两个以上的承包单位联合共同承包。共同承包的各方对承包合同的履行承担连带责任。"为防止以联合共同承包为名而进行"资质挂靠"的不规范行为,《建筑法》第二十七条第二款规定:"两个以上不同资质等级的单位实行联合共同承包的,应当按照资质等级低的单位的业务许可范围承揽工程。"

《招标投标法》第三十一条规定:"联合体中标的,联合体各方应当共同与招标人签订合同,就中标项目向招标人承担连带责任。"

共同承包各方也应签订联合承包协议,明确约定各方的权利、义务以及相互合作、违约责任承担等条款。各承包方就承包合同的履行对建设单位承担连带责任。如果出现赔偿责任,建设单位有权向共同承包的任何一方请求赔偿,而被请求方不得拒绝,在其支付赔偿后可依据联合承包协议及有关各方过错大小,有权对超过自己应赔偿的那部分份额向其他方进行追偿。

在市场竞争日趋激烈的形势下,采取联合承包的方式,优越性十分明显,其表现在:

①可以有效地减弱多家承包商之间的竞争,化解和防范承包风险。

②促进承包商在信息、资金、人员、技术和管理上互相取长补短,有助于充分发挥各自的优势。

③增强共同承包大型或结构复杂的工程的能力,增加了中大标、中好标,共同获取更丰厚利润的机会。

3.1.4　建设工程分包的规定

分承包简称分包,是相对于总承包而言,指从总承包人承包范围内分包某一分项工程,如土方、模板、钢筋等分项工程或某种专业工程,如钢结构制作和安装、电梯安装、卫生设备安装等。分承包人不与发包人发生直接关系,而只对总承包人负责,在现场上由总承包人统筹安排其活动。

1) 分包概念

建设工程分包这里主要是指施工分包,包括专业工程分包和劳务作业分包。

专业工程分包是指施工总承包企业将其所承包工程中的专业工程发包给具有相应资质的其他承包单位完成的活动。

劳务作业分包是指施工单位或者专业分包单位(均可作为劳务作业的发包人)将其承包工程的劳务作业发包给劳务分包单位完成的活动。例如,甲施工单位承揽工程后,自己买材料,然后另外请乙劳务单位负责找工人进行施工,但还是由甲单位组织施工管理。劳务分包是施工行业的普遍做法,法律在一定范围内允许。但是禁止劳务公司将承揽到的劳务分包再转包或者分包给其他的公司;禁止主体工程专业分包,主体工程的完成具有排他性、不可替代性。

劳务作业分包一般包括三种形式。

第一种是自带劳务承包。指企业内部正式职工经过企业培训考核合格成为工长,劳务人员原则上由工长招募,人员的住宿、饮食、交通等由企业统一管理,工资由企业监督工长发放或由工长编制工资发放表由企业直接发放。

第二种是零散的劳务承包。指企业临时用工,往往是为了一个工程项目而临时招用工人。

第三种是成建制的劳务分包。指以企业的形态从施工总承包企业或专业承包企业处分项、分部或单位工程地承包劳务作业。

在第一种形式中,公司将所承建的部分工程通过签订承包合同的形式,交由本公司职工具体承包施工,该承包人自招工人,就形式而言,工程由承包人负责施工与管理,工人的报酬也是由承包人支付,这似乎在承包人与工人之间已形成了劳务关系。但是,关键的问题是,该承包人系公司的职工,其是以公司的名义履行承包合同并与他人发生法律关系,故该承包合同属于内部承包合同。承包经营属企业内部经营管理方式的变化,不产生施工合同履行主体变更问题。该承包人招用工人行为应视为公司的行为,被招用的工人与公司之间存在劳动关系,与承包人之间则不存在劳务关系。

在第二种形式中,承包人的法律地位不应等同于分包人,而是根据受劳务作业方有无用工资格分别界定为劳动关系或劳务关系,即劳动者或劳务地位。理由为承包人仅仅是工费承包,并且一般从事的是工程中单一工种的作业,其个人收入与施工效益直接挂钩,但对工程项目的承建不进行独立管理,也不对工程质量承担终身责任,仅对发包人承担"合格"的质量责任。承包人在提供劳务期间属临时性质的劳务人员,对施工期间发生的伤害事故、质量安全问题均不能承担责任。

2）分包工程的范围

《建筑法》第二十八条、第二十九条规定,建筑工程总承包单位可以将承包工程中的部分工程发包给具有相应资质条件的分包单位。但是,禁止承包单位将其承包的全部建筑工程转包给他人,禁止承包单位将其承包的全部建筑工程肢解以后以分包的名义分别转包给他人。施工总承包的,建筑工程主体结构的施工必须由总承包单位自行完成。

《招标投标法》第四十八条和 2019 年 3 月修改的《招标投标法实施条例》第五十九条也规定:"中标人不得向他人转让中标项目,也不得将中标项目肢解后分别向他人转让。中标人按照合同约定或者经招标人同意,可以将中标项目的部分非主体、非关键性工作分包给他人完成。接受分包的人应当具备相应的资格条件,并不得再次分包。中标人应当就分包项目向招标人负责,接受分包的人就分包项目承担连带责任。"

《招标投标法
实施条例》

据此,总承包单位承包工程后,可以采取两种方式完成合同:一种是全部自行完成,另一种是将其中的部分工程分包给其他承包单位完成。采取后一种方式的,依法只能是分包部分工程,而且是非主体、非关键性工作;如果是施工总承包,其主体结构的施工必须由总承包单位自行完成。这样规定,是防止总承包单位以分包为名进行转包行为的发生,以确保工程质量和工程建设的顺利实施。

《房屋建筑和市政基础设施工程施工分包管理办法》第十二条还规定:"分包工程发包人可以就分包合同的履行,要求分包工程承包人提供分包工程履约担保;分包工程承包人在提供担保后,要求分包工程发包人同时提供分包工程付款担保的,分包工程发包人应当提供。"

3）分包单位的条件与认可

《建筑法》第二十九条规定:"建筑工程总承包单位可以将承包工程中的部分工程发包给具有相应资质条件的分包单位;但是,除总承包合同中约定的分包外,必须经建设单位认可。""禁止总承包单位将工程分包给不具备相应资质条件的单位。"《招标投标法》第四十八条也规定:"接受分包的人应当具备相应的资格条件。"

承包工程的单位须持有依法取得的资质证书,并在资质等级许可的业务范围内承揽工程。这一规定同样适用于工程分包单位。不具备资质条件的单位不允许承包建设工程,也不得承接分包工程。《房屋建筑和市政基础设施工程施工分包管理办法》第八条还规定了严禁个人承揽分包工程业务。

所以,总承包单位如果要将所承包的工程再分包给他人,应当依法告知建设单位并取得认可。这种认可应当依法通过两种方式:

①在总承包合同中规定分包的内容;

②在总承包合同中没有规定分包内容的,应当事先征得建设单位的同意。但是,劳务作业分包由劳务作业发包人与劳务作业承包人通过劳务合同约定,可不经建设单位认可。

需要注意的是,分包工程须经建设单位认可,不等于建设单位可以直接指定分包人。2013 年 3 月国家发改委等九部委 23 号令等九部委修改的《工程建设项目施工招标投标办法》第六十六条规定"招标人不得直接指定分包人。《房屋建筑和市政基础设施工程施工分包管理办法》第七条也规定,建设单位不得直接指定分包工程承包人。对于建设单位推荐的分包单位,总承包单位有权作出拒绝或者采用的选择。

4) 分包单位不得再分包

《建筑法》第二十九条规定:"禁止分包单位将其承包的工程再分包。"《招标投标法》第四十八条也规定了接受分包的人不得再次分包。

《工程建设项目施工招标投标办法》

这主要是防止层层分包,"层层剥皮",导致工程质量安全和工期等难以保障。为此,《房屋建筑和市政基础设施工程施工分包管理办法》第九条中规定,除专业承包企业可以将其承包工程中的劳务作业发包给劳务分包企业外,专业分包工程承包人和劳务作业承包人都必须自行完成所承包的任务。

5) 禁止转包的规定

所谓转包,是指承包单位承包建设工程后,不履行合同约定的责任和义务,将其承包的全部建设工程转给他人或者将其承包的全部建设工程肢解以后以分包的名义分别转给其他单位承包的行为。《建筑法》第二十八条规定:"禁止承包单位将其承包的全部建筑工程转包给他人,禁止承包单位将其承包的全部建筑工程肢解以后以分包的名义分别转包给他人。"《招标投标法》第四十八条第一款规定:"中标人应当按照合同约定履行义务,完成中标项目。中标人不得向他人转让中标项目,也不得将中标项目肢解后分别向他人转让。"

《最高人民法院关于审理建设工程施工合同纠纷案件适用法律问题的解释(一)》(法释〔2020〕25号)第一条规定,承包人因转包、违法分包建设工程与他人签订的建设工程施工合同,应当依据民法典的相关规定,认定无效。

为了进一步界定转包行为,《房屋建筑和市政基础设施工程施工分包管理办法》第十一条规定,分包工程发包人应当设立项目管理机构,组织管理所承包工程的施工活动。项目管理机构应当具有与承包工程的规模、技术复杂程度相适应的技术、经济管理人员。其中,项目负责人、技术负责人、项目核算负责人、质量管理人员、安全管理人员必须是本单位的人员(即与本单位有合法的人事或者劳动合同、工资以及社会保险关系的人员)。第十三条规定:"分包工程发包人将工程分包后,未在施工现场设立项目管理机构和派驻相应人员,并未对该工程的施工活动进行组织管理的,视同转包行为。"

《工程建设项目施工招标投标办法》第六十七条规定:"对于不具备分包条件或者不符合分包规定的,招标人有权在签订合同或者中标人提出分包要求时予以拒绝。发现中标人转包或违法分包时,可要求其改正;拒不改正的,可终止合同,并报请有关行政监督部门查处。"

6) 有关违法分包的界定

按照我国法律的规定,转包是完全禁止的,而工程分包是允许的,但必须依法进行。违法分包同样是法律禁止的行为。

根据《建设工程质量管理条例》第七十八条的规定,违法分包指下列行为:

①总承包单位将建设工程分包给不具备相应资质条件的单位的;

②建设工程总承包合同中未有约定,又未经建设单位认可,承包单位将其承包的部分建设工程交由其他单位完成的;

③施工总承包单位将建设工程主体结构的施工分包给其他单位的；

④分包单位将其承包的建设工程再分包的。

根据《房屋建筑和市政基础设施工程分包管理办法》第十四条的规定，下列行为属于违法分包：

①分包工程发包人将专业工程或者劳务作业分包给不具备相应资质条件的分包工程承包人的；

②施工总承包合同中未有约定，又未经建设单位认可，分包工程发包人将承包工程中的部分专业工程分包给他人的。

7）分包单位的责任

《建筑法》第二十九条规定："建筑工程总承包单位按照总承包合同的约定对建设单位负责；分包单位按照分包合同的约定对总承包单位负责。总承包单位和分包单位就分包工程对建设单位承担连带责任。"《招标投标法》第四十八条规定："中标人应当就分包项目向招标人负责，接受分包的人就分包项目承担连带责任。"

总承包单位在分包工程时，应当同分包单位签订分包合同；分包单位要根据分包合同的约定，对总承包单位承担责任。同时，分包单位与总承包单位还要就分包工程承担连带责任。

我国对工程总分包、联合承包的连带责任均是由法律做出的规定，属法定连带责任。连带责任通常可分为法定连带责任和约定连带责任。约定连带责任是依照当事人之间事先的相互约定而产生的连带责任；法定连带责任则是根据法律规定而产生的连带责任。

总承包单位和分包单位就分包工程承担连带责任，就是当分包工程发生了质量责任或者违约责任时，建设单位可以向总承包单位请求赔偿，也可以向分包单位请求赔偿，总承包单位或分包单位进行赔偿后，有权依据分包合同对于不属于自己责任的赔偿向另一方进行追偿。当然，连带责任也不仅限于连带赔偿责任，还有其他履行工程义务的连带责任。因此，总承包单位除应加强自行完成工程部分的管理外，还有责任强化对分包单位分包工程的监管。

8）违法发包、转包、违法分包及挂靠行为的认定

为规范建筑工程施工发包与承包活动中违法行为的认定、查处和管理，保证工程质量和施工安全，有效遏制发包与承包活动中的违法行为，维护建筑市场秩序和建筑工程主要参与方的合法权益，2019 年 1 月 3 日住建部制定了《建筑工程施工发包与承包违法行为认定查处管理办法的通知》（建市规〔2019〕1 号），自 2019 年 1 月 1 日开始执行。

（1）违法发包

所谓违法发包，是指建设单位将工程发包给个人或不具有相应资质的单位、肢解发包、违反法定程序发包及其他违反法律法规规定发包的行为。存在下列情形之一的，属于违法发包：

①建设单位将工程发包给个人的；

②建设单位将工程发包给不具有相应资质的单位的；

③依法应当招标未招标或未按照法定招标程序发包的；

建市规
〔2019〕1 号

④建设单位设置不合理的招标投标条件,限制、排斥潜在投标人或者投标人的;

⑤建设单位将一个单位工程的施工分解成若干部分发包给不同的施工总承包或专业承包单位的。

(2)转包

所谓转包,是指承包单位承包工程后,不履行合同约定的责任和义务,将其承包的全部工程或者将其承包的全部工程肢解后以分包的名义分别转给其他单位或个人施工的行为。存在下列情形之一的,应当认定为转包,但有证据证明属于挂靠或者其他违法行为的除外:

①承包单位将其承包的全部工程转给其他单位(包括母公司承接建筑工程后将所承接工程交由具有独立法人资格的子公司施工的情形)或个人施工的;

②承包单位将其承包的全部工程肢解以后,以分包的名义分别转给其他单位或个人施工的;

③施工总承包单位或专业承包单位未派驻项目负责人、技术负责人、质量管理负责人、安全管理负责人等主要管理人员,或派驻的项目负责人、技术负责人、质量管理负责人、安全管理负责人中一人及以上与施工单位没有订立劳动合同且没有建立劳动工资和社会养老保险关系,或派驻的项目负责人未对该工程的施工活动进行组织管理,又不能进行合理解释并提供相应证明的;

④合同约定由承包单位负责采购的主要建筑材料、构配件及工程设备或租赁的施工机械设备,由其他单位或个人采购、租赁,或施工单位不能提供有关采购、租赁合同及发票等证明,又不能进行合理解释并提供相应证明的;

⑤专业作业承包人承包的范围是承包单位承包的全部工程,专业作业承包人计取的是除上缴给承包单位"管理费"之外的全部工程价款的;

⑥承包单位通过采取合作、联营、个人承包等形式或名义,直接或变相将其承包的全部工程转给其他单位或个人施工的;

⑦专业工程的发包单位不是该工程的施工总承包或专业承包单位的,但建设单位依约作为发包单位的除外;

⑧专业作业的发包单位不是该工程承包单位的;

⑨施工合同主体之间没有工程款收付关系,或者承包单位收到款项后又将款项转拨给其他单位和个人,又不能进行合理解释并提供材料证明的。

两个以上的单位组成联合体承包工程,在联合体分工协议中约定或者在项目实际实施过程中,联合体一方不进行施工也未对施工活动进行组织管理的,并且向联合体其他方收取管理费或者其他类似费用的,视为联合体一方将承包的工程转包给联合体其他方。

(3)挂靠

所谓挂靠,是指单位或个人以其他有资质的施工单位的名义承揽工程的行为,承揽工程包括参与投标、订立合同、办理有关施工手续、从事施工等活动。存在下列情形之一的,属于挂靠:

①没有资质的单位或个人借用其他施工单位的资质承揽工程的;

②有资质的施工单位相互借用资质承揽工程的,包括资质等级低的借用资质等级高的,资质等级高的借用资质等级低的,相同资质等级相互借用的;

③上述认定转包条款的第(3)至(9)项规定的情形,有证据证明属于挂靠的。

(4)违法分包

所谓违法分包,是指承包单位承包工程后违反法律法规规定,把单位工程或分部分项工程分包给其他单位或个人施工的行为。存在下列情形之一的,属于违法分包:

①承包单位将其承包的工程分包给个人的;

②施工总承包单位或专业承包单位将工程分包给不具备相应资质单位的;

③施工总承包单位将施工总承包合同范围内工程主体结构的施工分包给其他单位的,钢结构工程除外;

④专业分包单位将其承包的专业工程中非劳务作业部分再分包的;

⑤专业作业承包人将其承包的劳务再分包的;

⑥专业作业承包人除计取劳务作业费用外,还计取主要建筑材料款和大中型施工机械设备、主要周转材料费用的。

3.1.5　建设工程发承包计价

建设工程造价,是发包方与承包方订立工程承包合同的核心问题。《建筑法》第十八条规定:"建筑工程造价应当按照国家有关规定,由发包单位与承包单位在合同中约定。公开招标发包的,其造价的约定,须遵守招标投标法律的规定。发包单位应当按照合同的约定,及时拨付工程款项。"

1)工程发承包计价规定

工程发承包计价包括编制工程量清单、最高投标限价、招标标底、投标报价,进行工程结算,以及签订和调整合同价款等活动。工程发承包计价应当遵循公平、合法和诚实信用的原则。

2014年2月开始实施的《建筑工程施工发包与承包计价管理办法》第六条规定:"全部使用国有资金投资或者以国有资金投资为主的建筑工程(以下简称"国有资金投资的建筑工程"),应当采用工程量清单计价;非国有资金投资的建筑工程,鼓励采用工程量清单计价。国有资金投资的建筑工程招标的,应当设有最高投标限价;非国有资金投资的建筑工程招标的,可以设有最高投标限价或者招标标底。

《建筑工程施工发包与承包计价管理办法》

最高投标限价及其成果文件,应当由招标人报工程所在地县级以上地方人民政府住房城乡建设主管部门备案。"

2)工程发承包计价方式

实行招标方式的建设工程发包承包,招标人与中标人应当根据中标价订立合同。不实行招标投标的工程由发承包双方协商订立合同。《建设工程施工合同(示范文本)》(GF-2017-0201)通用条款规定,发包人和承包人应在合同协议书中选择下列一种合同价格形式:

①单价合同。指合同当事人约定以工程量清单及其综合单价进行合同价格计算、调整和确认的建设工程施工合同,在约定的范围内合同单价不作调整。

②总价合同。指合同当事人约定以施工图、已标价工程量清单或预算书及有关条件进

行合同价格计算、调整和确认的建设工程施工合同,在约定的范围内合同总价不作调整。

③其他价格形式。如成本加酬金合同,合同当事人可在专用合同条款中约定。

根据《建筑工程施工发包与承包计价管理办法》第十三条的规定:"发承包双方在确定合同价款时,应当考虑市场环境和生产要素价格变化对合同价款的影响。"

①实行工程量清单计价的建筑工程,鼓励发承包双方采用单价方式确定合同价款。

②建设规模较小、技术难度较低、工期较短的建筑工程,发承包双方可以采用总价方式确定合同价款。

③紧急抢险、救灾以及施工技术特别复杂的建筑工程,发承包双方可以采用成本加酬金方式确定合同价款。

建设工程承包合同不论采取何种计价方式,都应在合同中作出约定,双方都应按照合同的约定执行。

3) 工程结算计价

按照《建筑工程施工发包与承包计价管理办法》和《建设工程价款结算暂行办法》(财建〔2004〕369号)的规定,发承包双方应当按照合同约定,定期或者按照工程进度分段进行工程款结算和支付。工程完工后,应当按照规定进行竣工结算。

财建
〔2004〕369号

发承包双方在合同中对结算事项的期限没有明确约定的,应当按照国家有关规定执行;国家没有规定的,可认为其约定期限均为28日。

《建筑工程施工发包与承包计价管理办法》第十九条规定:"工程竣工结算文件经发承包双方签字确认的,应当作为工程决算的依据,未经对方同意,另一方不得就已生效的竣工结算文件委托工程造价咨询企业重复审核。发包方应当按照竣工结算文件及时支付竣工结算款。竣工结算文件应当由发包方报工程所在地县级以上地方人民政府住房城乡建设主管部门备案。"

需要注意的是,《建筑工程施工发包与承包计价管理办法》和《建设工程价款结算暂行办法》等有关规定仅是对工程结算做出了一般性的规定,且上述法律规范的效力层级为部颁规章,按照《民法典》的规定,发包人和承包人在施工合同中对工程结算均会做出明确的约定,因此,除非合同的约定违反了法律法规的强制性规定,发包人和承包人均需遵守双方签订的有效的施工合同中关于结算的约定。

3.2 建设工程招标与投标

建筑工程招标是指发包单位对拟建的工程发布公告,通过法定的程序和方式吸引建设项目的承包单位竞争并从中选择条件优越者来完成工程建设任务的法律行为。建筑工程投标是指经过特定审查而获得投标资格的建筑项目承包单位,按照招标文件的要求,在规定的时间内向招标单位填报投标书,争取中标的法律行为。

3.2.1 建设工程招标投标的原则、招标的范围和招标方式

1)招标投标活动的基本原则

《民法典》第四条至第九条规定:民事主体在民事活动中的法律地位一律平等。民事主体从事民事活动,应当遵循自愿原则,按照自己的意思设立、变更、终止民事法律关系;应当遵循公平原则,合理确定各方的权利和义务;应当遵循诚信原则,秉持诚实,恪守承诺;不得违反法律,不得违背公序良俗;应当有利于节约资源、保护生态环境。

《招标投标法》第五条规定:"招标投标活动应当遵循公开、公平、公正和诚实信用的原则。"

(1)公开原则

公开原则就是要求做到:

①招标活动的信息要公开;

②采用公开招标方式,应当发布招标公告;

③招标公告必须通过国家指定的报刊、信息网络或者其他公共媒介发布;

④招标公告、资格预审公告、投标邀请书都应当载明能最大限度地满足投标人是否决定参加投标竞争所需要地信息;

⑤开标的程序、评标的标准、中标的结果等都应当公开。

(2)公平原则

公平原则的理解是:

①招标人严格按照已规定的条件、标准、程序,等同地对待所有的潜在投标人;

②招标人不得以任何方式限制或者排斥本地区本系统以外的法人或者其他组织。

《招标投标法》第六条明确规定:"依法必须进行招标的项目,其招标投标活动不受地区或者部门的限制,任何单位和个人不得违法限制或者排斥本地区、本系统以外的法人或者其他组织参加投标,不得以任何方式非法干涉招标投标活动。"

招标作为市场经济体制的产物,其最大的特点就是通过充分竞争,使生产要素得以在不同部门、地区之间自由流动和组合,从而满足招标人获得质优价廉货物、工程和服务的要求。因此,一个统一、开放、竞争的市场,不存在任何形式的限制、垄断或干涉,是招标发挥作用的外部环境和前提条件。

(3)公正原则

公正原则的含义是:

①招标人的行为应当公正,平等对待所有的投标竞争者;

②评标标准应当明确、严格,不得随意更改;

③应答拒收所有的在投标截止日期后送达的投标书;

④与投标人有利害关系的人员不得作为评标委员会成员;

⑤招标人和投标人双方在招标投标活动中地位平等。

(4)诚实信用原则

诚实信用原则就是招标投标各方都必须诚实守信,不得有欺骗、背信弃义的行为。具体地讲就是:

①招标人不得以他人名义投标或者以其他方式弄虚作假骗取中标。

②招标人应当对招标文件的内容负责,必须在评标委员会依法推荐的中标候选人名单中确定中标人。

③招标人与中标人应当按照招标文件和中标人的投标文件订立合同,中标人不得将中标项目转让或肢解后转让给他人,也不得违法分包给他人。

2)建设工程招标的范围和规模标准

(1)必须招标的建设工程项目范围

《招标投标法》第三条规定,在中华人民共和国境内进行下列工程建设项目包括项目的勘察、设计、施工、监理以及与工程建设有关的重要设备、材料等的采购,必须进行招标:

①大型基础设施、公用事业等关系社会公共利益、公众安全的项目;

②全部或者部分使用国有资金投资或者国家融资的项目;

③使用国际组织或者外国政府贷款、援助资金的项目。

根据《招标投标法实施条例》第二条规定,上述所称工程建设项目是指工程以及与工程建设有关的货物、服务。其中所称工程是指建设工程,包括建筑物和构筑物的新建、改建、扩建及其相关的装修、拆除、修缮等;所称与工程建设有关的货物,是指构成工程不可分割的组成部分,且为实现工程基本功能所必需的设备、材料等;所称与工程建设有关的服务,是指为完成工程所需的勘察、设计、监理等服务。

2018年3月公布,2018年6月1日起施行的,由国家发展改革委印发的《必须招标的工程项目规定》(国家发展改革委令第16号)第二条至第四条对《招标投标法》的第三条进行如下具体规定:

《必须招标的工程项目规定》

全部或者部分使用国有资金投资或者国家融资的项目包括:

(一)使用预算资金200万元人民币以上,并且该资金占投资额10%以上的项目;

(二)使用国有企业事业单位资金,并且该资金占控股或者主导地位的项目。

使用国际组织或者外国政府贷款、援助资金的项目包括:

(一)使用世界银行、亚洲开发银行等国际组织贷款、援助资金的项目;

(二)使用外国政府及其机构贷款、援助资金的项目。

不属于以上规定情形的大型基础设施、公用事业等关系社会公共利益、公众安全的项目,必须招标的具体范围由国务院发展改革部门会同国务院有关部门按照确有必要、严格限定的原则制订,报国务院批准。

2018年6月6日,由国家发展改革委印发的《必须招标的基础设施和公用事业项目范围规定》(发改法规规〔2018〕843号)第二条规定:"不属于《必须招标的工程项目规定》第二条、第三条规定情形的大型基础设施、公用事业等关系社会公共利益、公众安全的项目,必须招标的具体范围包括:

发改法规规〔2018〕843号

(一)煤炭、石油、天然气、电力、新能源等能源基础设施项目;

(二)铁路、公路、管道、水运,以及公共航空和A1级通用机场等交通运输基础设施项目;

(三)电信枢纽、通信信息网络等通信基础设施项目;

(四)防洪、灌溉、排涝、引(供)水等水利基础设施项目;

(五)城市轨道交通等城建项目。"

(2)必须招标的建设工程规模标准

《必须招标的工程项目规定》第五条规定:"本规定第二条至第四条规定范围内的项目,其勘察、设计、施工、监理以及与工程建设有关的重要设备、材料等的采购达到下列标准之一的,必须招标:

(一)施工单项合同估算价在 400 万元人民币以上;

(二)重要设备、材料等货物的采购,单项合同估算价在 200 万元人民币以上;

(三)勘察、设计、监理等服务的采购,单项合同估算价在 100 万元人民币以上。

同一项目中可以合并进行的勘察、设计、施工、监理以及与工程建设有关的重要设备、材料等的采购,合同估算价合计达到前款规定标准的,必须招标。"

(3)可以不进行招标的建设工程项目

《招标投标法》第六十六条规定:"涉及国家安全、国家秘密、抢险救灾或者属于利用扶贫资金实行以工代赈、需要使用农民工等特殊情况,不适宜招标的项目,按照国家有关规定可以不进行招标。"

《招标投标法实施条例》第九条规定:"除招标投标法第六十六条规定的可以不进行招标的特殊情况外,有下列情形之一的,可以不进行招标:

(一)需要采用不可替代的专利或者专有技术;

(二)采购人依法能够自行建设、生产或者提供;

(三)已通过招标方式选定的特许经营项目投资人依法能够自行建设、生产或者提供;

(四)需要向原中标人采购工程、货物或者服务,否则将影响施工或者功能配套要求;

(五)国家规定的其他特殊情形。"

《工程建设项目施工招标投标办法》第十二条规定:"依法必须进行施工招标的工程建设项目有下列情形之一的,可以不进行施工招标,即可以直接发包:

(一)涉及国家安全、国家秘密、抢险救灾或者属于利用扶贫资金实行以工代赈需要使用农民工等特殊情况,不适宜进行招标;

(二)施工主要技术采用不可替代的专利或者专有技术;

(三)已通过招标方式选定的特许经营项目投资人依法能够自行建设;

(四)采购人依法能够自行建设;

(五)在建工程追加的附属小型工程或者主体加层工程,原中标人仍具备承包能力,并且其他人承担将影响施工或者功能配套要求;

(六)国家规定的其他情形。"

3)建设工程招标方式

招标分为公开招标和邀请招标。

公开招标也称为无限竞争性招标,是指招标人以招标公告的方式邀请不特定的法人或者其他组织招标。《招标投标法实施条例》第八条明确规定,国有资金占控股或者主导地位的依法必须进行招标的项目,应当公开招标。

邀请招标也称为有限竞争性招标,是指招标人以投标邀请书的方式邀请特定的法人或者其他组织投标。《招标投标法》第十一条规定:"国务院发展计划部门确定的国家重点项目和省、自治区、直辖市人民政府确定的地方重点项目不适宜公开招标的,经国务院发展计划部门或者省、自治区、直辖市人民政府批准,可以进行邀请招标。"

《招标投标法实施条例》第八条进一步规定,有下列情形之一的,可以邀请招标:

①技术复杂、有特殊要求或者受自然环境限制,只有少量潜在投标人可供选择;

②采用公开招标方式的费用占项目合同金额的比例过大。

在招标实践中,招标人若采用公开招标方式,对强制招标的项目,一般须在指定的报刊、电子网络或其他媒体上发布招标公告,凡具备相应资质、符合招标条件的投标人不受地域和行业限制均可申请投标;若采用邀请招标方式,一般是招标人向预先选择的若干家具备承担招标项目能力、资信良好的承包商发出投标邀请函,将招标工程的概况、工作范围和实施条件等做出简要说明,请他们参加投标竞争。邀请对象的数目以 5~7 家为宜,不应少于 3 家。

这两种方式的区别主要在于:

①发布信息的方式不同。公开招标采用公告的形式发布,邀请招标采用投标邀请书的形式发布。

②选择的范围不同。公开招标因使用招标公告的形式,针对的是一切潜在的对招标项目感兴趣的法人或其他组织,招标人事先不知道投标人的数量。邀请招标针对已经了解的法人或其他组织,而且事先已经知道投标者的数量。

③竞争的范围不同。由于公开招标使所有符合条件的法人或其他组织都有机会参加投标,竞争的范围较广,竞争性体现得也比较充分,招标人拥有绝对的选择余地,容易获得最佳招标效果。邀请招标中投标人的数目有限,竞争的范围有限,招标人拥有的选择余地相对较小,有可能提高中标的合同价,也有可能将某些在技术上或报价上更有竞争力的承包商漏掉。

④公开的程度不同。公开招标中,所有的活动都必须严格按照预先指定并为大家所知的程序和标准公开进行,大大减少了作弊的可能。相比而言,邀请招标的公开程度逊色一些,产生不法行为的机会也就多一些。

⑤时间和费用不同。由于邀请招标不发公告,招标文件只送几家,使整个招投标的时间大大缩短,招标费用也相应减少。公开招标的程序比较复杂,从发布公告,投标人作出反应,评标,到签订合同,有许多时间上的要求,要准备许多文件,因而耗时较长,费用也比较高。

应用案例 3-2

某施工单位承建的某污水处理厂工程项目已批准。该工程建设规模为日处理能力为 41.5 万 m^3 二级处理,总造价约为 2.9 亿元,其中土建工程约为 1.8 亿元。工程资金来源为:35% 自有资金、65% 银行贷款。

现邀请合格的潜在的土建工程施工投标人参加本工程的投标。要求投标申请人须具备承担招标工程项目的能力和建设行政主管部门核发的市政公用工程施工总承包一级资质,地基与基础工程专业承包三级或以上资质的施工单位,并在近两年承担过 2 座以上(含 2 座)10 万 m^3 以上污水处理厂主体施工工程。同时作为联合体的桩基施工单位应具有三级或以上桩基施工资质,近两年相关工程业绩良好。

【问题】

1.建设工程招标的方式有哪几种?各有何特点?

2.哪些工程建设项目必须通过招标进行发包?

3.可以不进行招标,采用直接委托的方式发包的工程项目有哪些?

【案例分析】

建设工程招标的方式有公开招标和邀请招标两种,本案例主要考查必须进行招标和可以不进行招标的情况,考生要明确分清。

1.建设工程招标的方式有公开招标和邀请招标两种。

公开招标的优点是:投标的承包商多、范围广、竞争激烈,业主有较大的选择余地,能获得有竞争性的报价,提高工程质量和缩短工期。其缺点是:由于申请投标人较多,一般要设置资格预审程序,而且评标的工作量也较大,所需招标时间长、费用高。

邀请招标的优点是:不需要发布招标公告和设置资格预审程序,节约招标费用和节省时间;由于对投标人以往的业绩和履约能力比较了解,减小了合同履行过程中承包方违约的风险。为了体现公开竞争和便于招标人选择综合能力最强的投标人中标,仍要求在投标书内报送表明投标人资质能力的有关证明材料,作为评标时的评审内容之一(通常称为资格后审)。其缺点是:由于邀请范围较小、选择面窄,可能排斥了某些在技术或报价上有竞争实力的潜在投标人,因此投标竞争的激烈程度相对较差。

2.根据《招标投标法》第三条规定,在中华人民共和国境内进行下列工程建设项目包括项目的勘察、设计、施工、监理以及与工程建设有关的重要设备、材料等的采购,必须进行招标:

(1)大型基础设施、公用事业等关系社会公共利益、公众安全的项目;

(2)全部或者部分使用国有资金投资或者国家融资的项目;

(3)使用国际组织或者外国政府贷款、援助资金的项目。

3.按照《工程建设项目施工招标投标办法》规定,属于下列情形之一的,可以不进行招标,采用直接委托的方式发包建设任务:

(1)涉及国家安全、国家秘密、抢险救灾或者属于利用扶贫资金实行以工代赈需要使用农民工等特殊情况,不适宜进行招标;

(2)施工主要技术采用不可替代的专利或者专有技术;

(3)已通过招标方式选定的特许经营项目投资人依法能够自行建设;

(4)采购人依法能够自行建设;

(5)在建工程追加的附属小型工程或者主体加层工程,原中标人仍具备承包能力,并且其他人承担将影响施工或者功能配套要求;

(6)国家规定的其他情形。

3.2.2 招标基本程序

建设工程招标的基本程序主要包括履行项目审批手续、委托招标代理机构、编制招标文件及标底、发布招标公告或投标邀请书、资格审查、开标、评标、中标和签订合同,以及终止招标等。

1）履行项目审批手续

《招标投标法》第九条规定："招标项目按照国家有关规定需要履行项目审批手续的，应当先履行审批手续，取得批准。招标人应当有进行招标项目的相应资金或者资金来源已经落实，并应当在招标文件中如实载明。"其中，招标人是指依照《招标投标法》规定提出招标项目、进行招标的法人或者其他组织。

招标人招标必须具备一定的条件。根据《工程建设项目施工招标投标办法》第八条的规定，依法必须招标的工程建设项目，应当具备下列条件才能进行施工招标：

①招标人已经依法成立；

②初步设计及概算应当履行审批手续的，已经批准；

③有相应资金或资金来源已经落实；

④有招标所需的设计图纸及技术资料。

《招标投标法实施条例》第七条规定："按照国家有关规定需要履行项目审批、核准手续的依法必须进行招标的项目，其招标范围、招标方式、招标组织形式应当报项目审批、核准部门审批、核准。项目审批、核准部门应当及时将审批、核准确定的招标范围、招标方式、招标组织形式通报有关行政监督部门。"

2）委托招标代理机构

建设工程招标，招标人可以自行办理招标事宜，亦可委托招标代理机构办理招标事宜。

《工程建设项目自行招标试行办法》（原国家计委 5 号令，2013 年 3 月国家发改委 23 号令修改）第三条、第四条规定：

招标人是指依照法律规定进行工程建设项目的勘察、设计、施工、监理以及与工程建设有关的重要设备、材料等招标的法人。

招标人自行办理招标事宜，应当具有编制招标文件和组织评标的能力，具体包括：

①具有项目法人资格（或者法人资格）；

②具有与招标项目规模和复杂程度相适应的工程技术、概预算、财务和工程管理等方面专业技术力量；

③有从事同类工程建设项目招标的经验；

④拥有 3 名以上取得招标职业资格的专职招标业务人员；

⑤熟悉和掌握招标投标法及有关法规规章。

《招标投标法》第十二条规定："招标人有权自行选择招标代理机构，委托其办理招标事宜。任何单位和个人不得以任何方式为招标人指定招标代理机构。招标人具有编制招标文件和组织评标能力的，可以自行办理招标事宜。任何单位和个人不得强制其委托招标代理机构办理招标事宜。依法必须进行招标的项目，招标人自行办理招标事宜的，应当向有关行政监督部门备案。"

《招标投标法实施条例》第十条进一步规定，招标人具有编制招标文件和组织评标能力，是指招标人具有与招标项目规模和复杂程度相适应的技术、经济等方面的专业人员。

《工程建设项目自行招标试行办法》

招标代理机构是依法设立、从事招标代理业务并提供相关服务的社会中介组织。根据《招标投标法》第十三条的规定,招标代理机构应当具备下列条件:

①有从事招标代理业务的营业场所和相应资金;

②有能够编制招标文件和组织评标的相应专业力量。

《招标投标法》第十四条规定:"招标代理机构与行政机关和其他国家机关不得存在隶属关系或者其他利益关系。"

《招标投标法实施条例》第十三条规定:"招标代理机构在招标人委托的范围内开展招标代理业务,任何单位和个人不得非法干涉。招标代理机构代理招标业务,应当遵守招标投标法和本条例关于招标人的规定。招标代理机构不得在所代理的招标项目中投标或者代理投标,也不得为所代理的招标项目的投标人提供咨询。"

因此,招标代理机构与行政机关和其他国家机关不得存在隶属关系或者其他利益关系,也不得无权代理、越权代理,不得明知委托事项违法而进行代理。招标代理机构不得接受同一招标项目的投标代理和投标咨询业务;未经招标人同意,不得转让招标代理业务。

3)编制招标文件及标底

（1）编制招标文件

《招标投标法》第十九条规定:"招标人应当根据招标项目的特点和需要编制招标文件。招标文件应当包括招标项目的技术要求、对投标人资格审查的标准、投标报价要求和评标标准等所有实质性要求和条件以及拟签订合同的主要条款。国家对招标项目的技术、标准有规定的,招标人应当按照其规定在招标文件中提出相应要求。"

《工程建设项目施工招标投标办法》第二十四条规定,招标人根据施工招标项目的特点和需要编制招标文件。招标文件一般包括:投标邀请书;投标人须知;合同主要条款;投标文件格式;采用工程量清单招标的,应当提供工程量清单;技术条款;设计图纸;评标标准和方法;投标辅助材料。招标人应当在招标文件中规定实质性要求和条件,并用醒目的方式标明。

《招标投标法》第二十条至二十四条规定,招标文件不得要求或者标明特定的生产供应者以及含有倾向或者排斥潜在投标人的其他内容。招标人对已发出的招标文件进行必要的澄清或者修改的,应当在招标文件要求提交投标文件截止时间至少15日前,以书面形式通知所有招标文件收受人。该澄清或者修改的内容为招标文件的组成部分。招标人应当确定投标人编制投标文件所需要的合理时间;但是,依法必须进行招标的项目,自招标文件开始发出之日起至投标人提交投标文件截止之日止,最短不得少于20日。

《招标投标法实施条例》第二十一条规定:"招标人可以对已发出的资格预审文件或者招标文件进行必要的澄清或者修改。澄清或者修改的内容可能影响资格预审申请文件或者投标文件编制的,招标人应当在提交资格预审申请文件截止时间至少3日前,或者投标截止时间至少15日前,以书面形式通知所有获取资格预审文件或者招标文件的潜在投标人;不足3日或者15日的,招标人应当顺延提交资格预审申请文件或者投标文件的截止时间。"

《招标投标法实施条例》第二十四条、第二十五条规定:

招标人对招标项目划分标段的,应当遵守招标投标法的有关规定,不得利用划分标段限制或者排斥潜在投标人。依法必须进行招标的项目的招标人不得利用划分标段规避招标。

招标人应当在招标文件中载明投标有效期。投标有效期从提交投标文件的截止之日起算。

潜在投标人或者其他利害关系人对招标文件有异议的,应当在投标截止时间 10 日前提出。招标人应当自收到异议之日起 3 日内作出答复;作出答复前,应当暂停招标投标活动。招标人编制招标文件的内容违反法律、行政法规的强制性规定,违反公开、公平、公正和诚实信用原则,影响潜在投标人投标的,依法必须进行招标的项目的招标人应当在修改招标文件后重新招标。

（2）编制标底

《招标投标法》第二十二条规定:"招标人不得向他人透露已获取招标文件的潜在投标人的名称、数量以及可能影响公平竞争的有关招标投标的其他情况。招标人设有标底的,标底必须保密。"

《招标投标法实施条例》第二十七条规定:"招标人可以自行决定是否编制标底。一个招标项目只能有一个标底。标底必须保密。接受委托编制标底的中介机构不得参加受托编制标底项目的投标,也不得为该项目的投标人编制投标文件或者提供咨询。招标人设有最高投标限价的,应当在招标文件中明确最高投标限价或者最高投标限价的计算方法。招标人不得规定最低投标限价。"

4）发布招标公告或投标邀请书

《建筑法》第二十条规定:"建筑工程实行公开招标的,发包单位应当依照法定程序和方式,发布招标公告,提供载有招标工程的主要技术要求、主要的合同条款、评标的标准和方法以及开标、评标、定标的程序等内容的招标文件。"

《招标投标法》第十六条规定:"招标人采用公开招标方式的,应当发布招标公告。依法必须进行招标的项目的招标公告,应当通过国家指定的报刊、信息网络或者其他媒介发布。招标公告应当载明招标人的名称和地址、招标项目的性质、数量、实施地点和时间以及获取招标文件的办法等事项。"

招标人采用邀请招标方式的,应当向三个以上具备承担招标项目的能力、资信良好的特定的法人或者其他组织发出投标邀请书。投标邀请书也应当载明招标人的名称和地址、招标项目的性质、数量、实施地点和时间以及获取招标文件的办法等事项。

招标人可以根据招标项目本身的要求,在招标公告或者投标邀请书中,要求潜在投标人提供有关资质证明文件和业绩情况,并对潜在投标人进行资格审查。招标人不得以不合理的条件限制或者排斥潜在投标人,不得对潜在投标人实行歧视待遇。

《招标投标法实施条例》第十六条规定:"招标人应当按照资格预审公告、招标公告或者投标邀请书规定的时间、地点发售资格预审文件或者招标文件。资格预审文件或者招标文件的发售期不得少于 5 日。招标人发售的资格预审文件、招标文件收取的费用应当限于补偿印刷、邮寄的成本支出,不得以营利为目的。"

招标人在发布招标公告、发出投标邀请书后或者售出招标文件或资格预审文件后不得擅自终止招标。

5）投标人资格审查

投标人资格审查分为资格预审和资格后审。

（1）资格预审

资格预审是指在投标前对潜在投标人进行的资格审查。目前,在招标实践中,招标人经常采用的是资格预审程序。

《招标投标法实施条例》第十五条规定,招标人采用资格预审的,应当发布资格预审公告、编制资格预审文件。依法必须进行招标的项目的资格预审公告和招标公告,应当在国务院发展改革部门依法指定的媒介发布。在不同媒介发布的同一招标项目的资格预审公告或者招标公告的内容应当一致。指定媒介发布依法必须进行招标的项目的境内资格预审公告、招标公告,不得收取费用。

《招标投标法实施条例》第十六条至第十九条继续规定,招标人应当按照资格预审公告、招标公告或者投标邀请书规定的时间、地点发售资格预审文件或者招标文件。资格预审文件或者招标文件的发售期不得少于 5 日。招标人发售资格预审文件、招标文件收取的费用应当限于补偿印刷、邮寄的成本支出,不得以营利为目的。招标人应当合理确定提交资格预审申请文件的时间。依法必须进行招标的项目提交资格预审申请文件的时间,自资格预审文件停止发售之日起不得少于 5 日。资格预审应当按照资格预审文件载明的标准和方法进行。国有资金占控股或者主导地位的依法必须进行招标的项目,招标人应当组建资格审查委员会审查资格预审申请文件。资格预审结束后,招标人应当及时向资格预审申请人发出资格预审结果通知书。未通过资格预审的申请人不具有投标资格。通过资格预审的申请人少于 3 个的,应当重新招标。

潜在投标人或者其他利害关系人对资格预审文件有异议的,应当在提交资格预审申请文件截止时间 2 日前提出。招标人应当自收到异议之日起 3 日内作出答复;作出答复前,应当暂停招标投标活动。招标人编制资格预审文件的内容违反法律、行政法规的强制性规定,违反公开、公平、公正和诚实信用原则,影响资格预审结果的,依法必须进行招标的项目的招标人应当在修改资格预审文件后重新招标。

（2）资格后审

资格后审是指在开标后对投标人进行的资格审查。进行资格预审的,一般不再进行资格后审,但招标文件另有规定的除外。

招标人采取资格后审的,应当在招标文件中载明对投标人资格要求的条件、标准和方法,开标后由评标委员会对投标人的资格进行审查。

经资格后审不合格的投标人的投标应作废标处理。

（3）资格审查的内容

根据《工程建设项目施工招标投标办法》第二十条的规定,对建设工程项目施工投标人的资格审查,应主要审查潜在投标人或者投标人是否符合下列条件:

①具有独立订立合同的权利;

②具有履行合同的能力,包括专业、技术资格和能力,资金、设备和其他物质设施状况,管理能力,经验、信誉和相应的从业人员;

③没有处于被责令停业,投标资格被取消,财产被接管、冻结,破产状态;

④在最近三年内没有骗取中标和严重违约及重大工程质量问题;

⑤国家规定的其他资格条件。

资格审查时,招标人不得以不合理的条件限制、排斥潜在投标人或者投标人,不得对潜在投标人或者投标人实行歧视待遇。任何单位和个人不得以行政手段或者其他不合理方式限制投标人的数量。

6) 开标

《招标投标法》第三十四条规定:"开标应当在招标文件确定的提交投标文件截止时间的同一时间公开进行;开标地点应当为招标文件中预先确定的地点。"

《招标投标法》第三十五条、第三十六条继续规定,开标由招标人主持,邀请所有投标人参加。开标时,由投标人或者其推选的代表检查投标文件的密封情况,也可以由招标人委托的公证机构检查并公证;经确认无误后,由工作人员当众拆封。宣读投标人名称、投标价格和投标文件的其他主要内容。招标人在招标文件要求提交投标文件的截止时间前收到的所有投标文件,开标时都应当当众予以拆封、宣读。开标过程应当记录,并存档备查。

《招标投标法实施条例》第四十四条进一步规定,招标人应当按照招标文件规定的时间、地点开标。投标人少于三个的,不得开标;招标人应当重新招标。投标人对开标有异议的,应当在开标现场提出,招标人应当当场作出答复,并制作记录。

《工程建设项目施工招标投标办法》第五十条规定,投标文件有下列情形之一的,招标人应当拒收:逾期送达;未按招标文件要求密封。

7) 评标

《招标投标法》第三十七条、第三十八条规定,评标由招标人依法组建的评标委员会负责。招标人应当采取必要的措施,保证评标在严格保密的情况下进行。任何单位和个人不得非法干预、影响评标的过程和结果。

(1)评标委员会

《招标投标法》第三十七条规定,依法必须进行招标的项目,其评标委员会由招标人的代表和有关技术、经济等方面的专家组成,成员人数为五人以上单数,其中技术、经济等方面的专家不得少于成员总数的三分之二。

评标专家应当从事相关领域工作满八年并具有高级职称或者具有同等专业水平,由招标人从国务院有关部门或者省、自治区、直辖市人民政府有关部门提供的专家名册或者招标代理机构的专家库的相关专业的专家名单中确定;一般招标项目可以采取随机抽取方式,技术特别复杂、专业性要求特别高或者国家有特殊要求的招标项目,采取随机抽取方式确定的专家难以胜任的,可以由招标人直接确定。

与投标人有利害关系的人不得进入相关项目的评标委员会;已经进入的应当更换。评标委员会成员的名单在中标结果确定前应当保密。

同时,《招标投标法》第四十四条还规定:"评标委员会成员应当客观、公正地履行职责,遵守职业道德,对所提出的评审意见承担个人责任。评标委员会成员不得与任何投标人或者与招标结果有利害关系的人进行私下接触,不得收受投标人、中介人、其他利害关系人的财物或者其他好处。评标委员会成员和与评标活动有关的工作人员不得透露对投标文件的评审和比较、中标候选人的推荐情况以及与评标有关的其他情况。"

(2)评标规定

• 评标标准和办法

评标委员会应当按照招标文件确定的评标标准和方法,对投标文件进行评审和比较。

招标文件没有规定的评标标准和方法不得作为评标的依据。

《招标投标法实施条例》第五十条规定:"招标项目设有标底的,招标人应当在开标时公布。标底只能作为评标的参考,不得以投标报价是否接近标底作为中标条件,也不得以投标报价超过标底上下浮动范围作为否决投标的条件。"

《招标投标法》第四十二条规定:"评标委员会经评审,认为所有投标都不符合招标文件要求的,可以否决所有投标。依法必须进行招标的项目的所有投标被否决的,招标人应当依照本法重新招标。"

《招标投标实施条例》第五十一条、《工程建设项目施工招标投标办法》第五十条都规定,有下列情形之一的,评标委员会应当否决其投标:投标文件未经投标单位盖章和单位负责人签字;投标联合体没有提交共同投标协议;投标人不符合国家或者招标文件规定的资格条件;同一投标人提交两个以上不同的投标文件或者投标报价,但招标文件要求提交备选投标的除外;投标报价低于成本或者高于招标文件设定的最高投标限价;投标文件没有对招标文件的实质性要求和条件作出响应;投标人有串通投标、弄虚作假、行贿等违法行为。

• 投标文件澄清、说明

《招标投标实施条例》第五十二条规定:"投标文件中有含义不明确的内容、明显文字或者计算错误,评标委员会认为需要投标人作出必要澄清、说明的,应当书面通知该投标人。投标人的澄清、说明应当采用书面形式,并不得超出投标文件的范围或者改变投标文件的实质性内容。评标委员会不得暗示或者诱导投标人作出澄清、说明,不得接受投标人主动提出的澄清、说明。"

《工程建设项目施工招标投标办法》第五十一条至第五十三条继续规定,评标委员会可以书面方式要求投标人对投标文件中含义不明确、对同类问题表述不一致或者有明显文字和计算错误的内容作必要的澄清、说明或补正。评标委员会不得向投标人提出带有暗示性或诱导性的问题,或向其明确投标文件中的遗漏和错误。

投标文件不响应招标文件的实质性要求和条件的,评标委员会不得允许投标人通过修正或撤销其不符合要求的差异或保留,使之成为具有响应性的投标。

评标委员会在对实质上响应招标文件要求的投标进行报价评估时,除招标文件另有约定外,应当按下述原则进行修正:

①用数字表示的数额与用文字表示的数额不一致时,以文字数额为准;

②单价与工程量的乘积与总价之间不一致时,以单价为准。若单价有明显的小数点错位,应以总价为准,并修改单价。

按前款规定调整后的报价经投标人确认后产生约束力。投标文件中没有列入的价格和优惠条件在评标时不予考虑。

• 评标报告

《招标投标法》第四十条规定,评标委员会完成评标后,应当向招标人提出书面评标报告,并推荐合格的中标候选人。

《招标投标实施条例》第五十三条进一步规定:"评标完成后,评标委员会应当向招标人提交书面评标报告和中标候选人名单。中标候选人应当不超过 3 个,并标明排序。评标报告应当由评标委员会全体成员签字。对评标结果有不同意见的评标委员会成员应当以书面形式说明其不同意见和理由,评标报告应当注明该不同意见。评标委员会成员拒绝在评标报告上签字又不书面说明其不同意见和理由的,视为同意评标结果。"

• 评标结果公示

《招标投标法实施条例》第五十四条继续规定:"依法必须进行招标的项目,招标人应当自收到评标报告之日起 3 日内公示中标候选人,公示期不得少于 3 日。投标人或者其他利害关系人对依法必须进行招标的项目的评标结果有异议的,应当在中标候选人公示期间提出。招标人应当自收到异议之日起 3 日内作出答复;作出答复前,应当暂停招标投标活动。"

应用案例3-3

某建筑公司所投的投标文件只有单位的盖章而没有法定代表人的签字,被评标委员会确定为废标。评标委员会的理由是:招标文件上明确规定"必须要既有单位的盖章也要有法定代表人的签字",否则就是废标。

建筑公司认为评标委员会的处理是不当的,与《工程建设项目施工招标投标办法》关于废标的规定不符。根据《工程建设项目施工招标投标办法》,只要有单位的盖章就不是废标。

【问题】

你认为评标委员会这样处理是否正确?

【案例分析】

评标委员会的处理是正确的。

《招标投标法实施条例》第五十一条、《工程建设项目施工招标投标办法》第五十条都规定,投标文件未经投标单位盖章和单位负责人签字,评标委员会应当否决其投标。

通过分析上面这个条款可以得出将被作为废标的条件是:投标文件上既没有单位的盖章,也没有法定代表人或法定代表人授权的代理人签字或盖章。也就是说,签字或盖章的栏目是空白的。由此,也可以从反面得出结论,以下的情形不能被认定为废标:

(1)只有单位的盖章而没有法定代表人或法定代表人授权的代理人的盖章;

(2)只有单位盖章而没有法定代表人或法定代表人授权的代理人的签字;

(3)只有法定代表人或法定代表人授权的代理人的盖章,而没有单位盖章;

(4)只有法定代表人或法定代表人授权的代理人的签字,而没有单位盖章。

但是,《招标投标法实施条例》第五十一条、《工程建设项目施工招标投标办法》第五十条也都规定,投标文件没有对招标文件的实质性要求和条件作出响应的,评标委员会应当否决其投标。

本案例中的招标文件中如果明确规定了"必须要既有单位的盖章也要有法定代表人的签字",就属于对投标文件的实质性要求,如果投标文件仅有单位的盖章而没有法定代表人的签字或盖章,就是"没有对招标文件的实质性要求和条件作出响应",将被作为废标。而如果招标文件中没有这个规定,就不得以缺少单位盖章或者法定代表人签字或者盖章将投标文件认定为废标。

8) 中标

(1)中标人的确定

《建筑法》第二十条规定,开标后应当按照招标文件规定的评标标准和程序对标书进行评价、比较,在具备相应资质条件的投标者中,择优选定中标者。

《招标投标法》第四十条规定,招标人根据评标委员会提出的书面评标报告和推荐的中标候选人确定中标人。招标人也可以授权评标委员会直接确定中标人。

《招标投标法》第四十一条规定,中标人的投标应当符合下列条件之一:

①能够最大限度地满足招标文件中规定的各项综合评价标准;

②能够满足招标文件的实质性要求,并且经评审的投标价格最低;但是投标价格低于成本的除外。"

对于投标价格低于成本的认定,2019 年 3 月住建部修改的《房屋建筑和市政基础设施工程施工招标投标管理办法》(以下简称《办法》)第四十二条规定,有下列情形之一的,评标委员会可以要求投标人作出书面说明并提供相关材料:

《房屋建筑和市政基础设施工程施工招标投标管理办法》

①设有标底的,投标报价低于标底合理幅度的;

②不设标底的,投标报价明显低于其他投标报价,有可能低于其企业成本的。

《办法》还规定,经评标委员会论证,认定该投标人的报价低于其企业成本的,不能推荐为中标候选人或者中标人。

《招标投标法实施条例》第五十五条规定:"国有资金占控股或者主导地位的依法必须进行招标的项目,招标人应当确定排名第一的中标候选人为中标人。排名第一的中标候选人放弃中标、因不可抗力不能履行合同、不按照招标文件要求提交履约保证金,或者被查实存在影响中标结果的违法行为等情形,不符合中标条件的,招标人可以按照评标委员会提出的中标候选人名单排序依次确定其他中标候选人为中标人,也可以重新招标。"

中标候选人的经营、财务状况发生较大变化或者存在违法行为,招标人认为可能影响其履约能力的,应当在发出中标通知书前由原评标委员会按照招标文件规定的标准和方法审查确认。

《招标投标法》第四十七条还规定:"依法必须进行招标的项目,招标人应当自确定中标人之日起十五日内,向有关行政监督部门提交招标投标情况的书面报告。"

(2)中标通知书

《招标投标法》第四十五条规定:"中标人确定后,招标人应当向中标人发出中标通知书,并同时将中标结果通知所有未中标的投标人。中标通知书对招标人和中标人具有法律效力。中标通知书发出后,招标人改变中标结果的,或者中标人放弃中标项目的,应当依法承担法律责任。"

《工程建设项目施工招标投标办法》第五十九条还规定,招标人不得向中标人提出压低报价、增加工作量、缩短工期或其他违背中标人意愿的要求,以此作为发出中标通知书和签订合同的条件。

9)签订合同

《招标投标法》第四十六条规定:"招标人和中标人应当自中标通知书发出之日起三十日内,按照招标文件和中标人的投标文件订立书面合同。招标人和中标人不得再行订立背离合同实质性内容的其他协议。招标文件要求中标人提交履约保证金的,中标人应当提交。"

《招标投标法实施条例》进一步规定,履约保证金不得超过中标合同金额的10%。中标人应当按照合同约定履行义务,完成中标项目。

《工程建设项目施工招标投标办法》也规定,招标文件要求中标人提交履约保证金或者其他形式履约担保的,中标人应当提交;拒绝提交的,视为放弃中标项目。招标人同时也应当向中标人提供工程款支付担保。招标人不得擅自提高履约保证金,不得强制要求中标人垫付中标项目建设资金。

中标人不履行与招标人订立的合同的,履约保证金不予退还,给招标人造成的损失超过履约保证金数额的,还应当对超过部分予以赔偿;没有提交履约保证金的,应当对招标人的损失承担赔偿责任。招标人不履行与中标人订立的合同的,应当返还中标人的履约保证金,并承担相应的赔偿责任;没有提交履约保证金的,应当对中标人的损失承担赔偿责任。

10）终止招标

《招标投标法实施条例》第三十一条规定,招标人终止招标的,应当及时发布公告,或者以书面形式通知被邀请的或者已经获取资格预审文件、招标文件的潜在投标人。已经发售资格预审文件、招标文件或者已经收取投标保证金的,招标人应当及时退还所收取的资格预审文件、招标文件的费用,以及所收取的投标保证金及银行同期存款利息。

应用案例3-4

某工程项目,经过有关部门批准后,决定由业主自行组织施工公开招标。该工程项目为政府的公共工程,已经列入地方的年度固定资产投资计划,概算已经主管部门批准,但征地工作尚未完成,施工图及有关技术资料齐全。因估计降本市施工企业参加投标外,还可能有外省市施工企业参加投标,因此业主委托咨询公司编制了两个标底,准备分别用于对本市和外省市施工企业投标的评定。业主要求将技术标和商务标分别封装。某承包商在封口处加盖了本单位的公章,并由项目经理签字后,在投标截止日期的前1天投标文件报送业主,当天下午该承包商又递交了一份补充材料,声明将原报价降低5%,但是业主的有关人员认为,一个承包商不得递交2份投标文件,因而拒收承包商的补充材料。开标会议由市招投标管理机构主持,市公证处相关人员到会。开标前,市公证处人员对投标单位的资质进行了审查,确认所有投标文件均有效后正式开标。业主在评标之前组建了评标委员会,成员共8人,其中业主人员占5人,招标工作主要内容如下:①发投标邀请函;②发放招标文件;③进行资格后审;④召开投标质疑会议;⑤组织现场勘察;⑥接收投标文件;⑦开标;⑧确定中标单位;⑨评标;⑩发出中标通知书;⑪签订施工合同。

【问题】

1.招标活动中有哪些不当之处?

2.招标工作的内容是否正确?如果不正确请改正,并排出正确顺序。

【参考答案】

1.答:招标过程中出现了8处不当之处,具体体现在:

①因征地工作尚未完成,因此不能进行施工招标;

②一个工程不能编制两个标底,只能编制一个标底;

③在招标中,业主违反了《招标投标法》的规定,以不合理的条件排斥了潜在的投标人;

④承包商的投标文件若由项目经理签字,应由法定代表人签发授权委托书;

⑤在投标截止日期之前的任何一天,承包商都可以递交投标文件,也可以对投标文件作出补充与修正,业主不得拒收;

⑥开标工作应由业主主持,而不应由招投标管理机构主持;

⑦市公证处人员无权对投标单位的资质进行审查;

⑧评标委员会必须是5人以上的单数,而且业主方面的专家最多占1/3,本项目评标委员会不符合要求。

2. 答:招标工作内容中的不正确之处为:

①不应发布投标邀请函,因为是公开招标,应该发布招标公告;

②应进行资格预审,而不能进行资格后审。

施工招标的正确排序为:

①建设工程项目报建;

②审查招标人招标资质;

③招标申请;

④资格预审文件及招标文件的编制与送审;

⑤发布资格预审公告、招标公告或者发出投标邀请书;

⑥对投标资格进行审查;

⑦发放招标文件和有关资料,收取投标保证金;

⑧组织投标人踏勘现场,召开投标预备会;

⑨投标文件的接收;

⑩开标;

⑪评标;

⑫择优定标,发出中标通知书;

⑬签订合同。

3.2.3 投标人、投标文件的法定要求、投标有效期和投标保证金

1)招标人

(1)投标人的资格要求

投标人是指响应招标、参加投标竞争的法人或者其他组织。《招标投标法》第二十六条规定:"投标人应当具备承担招标项目的能力;国家有关规定对投标人资格条件或者招标文件对投标人资格条件有规定的,投标人应当具备规定的资格条件。"

就建设工程施工企业来讲,投标人具备承担招标项目的能力主要体现在不同资质等级的认定上,其法律依据为《建筑业企业资质管理规定》。

(2)对投标人的限制规定

根据《招标投标法实施条例》第三十四条的规定,投标人在下列情况下不得参加投标:

①与招标人存在利害关系可能影响招标公正性的法人、其他组织或者个人,不得参加投标;

②单位负责人为同一人或者存在控股、管理关系的不同单位,不得参加同一标段投标或者未划分标段的同一招标项目投标。

违反上述规定的,相关投标均无效。

同时,《招标投标法实施条例》第三十八条还规定:"投标人发生合并、分立、破产等重大变化的,应当及时书面告知招标人。投标人不再具备资格预审文件、招标文件规定的资格条件或者其投标影响招标公正性的,其投标无效。"

2)投标文件

(1)投标文件的编制

《招标投标法》第二十七条的规定:"投标人应当按照招标文件的要求编制投标文件。投标文件应当对招标文件的实质性要求做出响应。招标项目属于建设施工的,投标文件的内容应当包括拟派出的项目负责人与主要技术人员的简历、业绩和拟用于完成招标项目的机械设备等。"

《工程建设项目施工招标投标办法》第三十六条规定,投标文件一般包括投标函、投标报价、施工组织设计、商务和技术偏差表。投标人根据招标文件载明的项目实际情况,拟在中标后将中标项目的部分非主体、非关键性工作进行分包的,应当在投标文件中载明。

《〈标准施工招标资格预审文件〉和〈标准施工招标文件〉暂行规定》

2013年3月国家发改委等九部委23号令修改的《〈标准施工招标资格预审文件〉和〈标准施工招标文件〉暂行规定》中进一步明确,投标文件应包括:投标函及投标函附录、法定代表人身份证明或附有法定代表人身份证明的授权委托书、联合体协议书、投标保证金、已标价工程量清单、施工组织设计、项目管理机构、拟分包项目情况表、资格审查资料、投标人须知前附表规定的其他材料。但是,投标人须知前附表规定不接受联合体投标的,或投标人没有组成联合体的,投标文件不包括联合体协议书。

响应招标文件的实质性要求是投标的基本前提。凡是不能满足招标文件中的任何一项实质性要求和条件的投标文件,都将被拒绝。实质性要求和条件主要是指招标文件中有关招标项目的价格、期限、技术规范、合同的主要条款等内容。

《房屋建筑和市政基础设施工程施工招标投标管理办法》第三十四条规定,在开标时,投标文件出现下列情形之一的,应当作为无效投标文件,不得进入评标:

①投标文件未按照招标文件的要求予以密封的;

②投标文件中的投标函未加盖投标人的企业及企业法定代表人印章的,或者企业法定代表人委托代理人没有合法、有效的委托书(原件)及委托代理人印章的;

③投标文件的关键内容字迹模糊、无法辨认的;

④投标人未按照招标文件的要求提供投标保函或者投标保证金的;

⑤组成联合体投标的,投标文件未附联合体各方共同投标协议的。

(2)投标文件的送达与签收

《招标投标法》第二十八条规定:"投标人应当在招标文件要求提交投标文件的截止时间前,将投标文件送达投标地点。招标人收到投标文件后,应当签收保存,不得开启。投标人少于3个的,招标人应当依法重新招标。在招标文件要求提交投标文件的截止时间后送达的投标文件,招标人应当拒收。"

《工程建设项目施工招标投标办法》第三十八条还规定,招标人收到投标文件后,应当向投标人出具标明签收人和签收时间的凭证,在开标前任何单位和个人不得开启投标文件。提交投标文件的投标人少于3个的,招标人应当依法重新招标。重新招标后投标人仍少于3个的,属于必须审批的工程建设项目,报经原审批部门批准后可以不再进行招标;其他工程建设项目,招标人可自行决定不再进行招标。

《招标投标法实施条例》第三十六条规定:"未通过资格预审的申请人提交的投标文件,以及逾期送达或者不按照招标文件要求密封的投标文件,招标人应当拒收。招标人应当如实记载投标文件的送达时间和密封情况,并存档备查。"

(3)投标文件的补充、修改、替代或撤回

《招标投标法》第二十九条规定:"投标人在招标文件要求提交投标文件的截止时间前,可以补充、修改或者撤回已提交的投标文件,并书面通知招标人。补充、修改的内容为投标文件的组成部分。"

2013年3月国家发改委23号令修改的《工程建设项目勘察设计招标投标办法》第二十五条规定:"在提交投标文件截止时间后到招标文件规定的投标有效期终止之前,投标人不得撤销其投标文件,否则招标人可以不退还投标保证金。"

《工程建设项目勘察设计招标投标办法》

《招标投标法实施条例》第三十五条规定,投标人在投标截止时间前撤回已提交的投标文件,如招标人已收取投标保证金的,应当自收到投标人书面撤回通知之日起5日内退还。投标截止后投标人撤销投标文件的,招标人可以不退还投标保证金。

3)投标有效期

投标有效期是指为保证招标人有足够的时间在开标后完成评标、定标、合同签订等工作而要求投标人提交的投标文件在一定时间内保持有效的期限,该期限由招标人在招标文件中载明,从提交投标文件的截止之日起算。在此期限内,所有招标文件均保持有效。

《工程建设项目施工招标投标办法》第二十九条规定,招标文件应当规定一个适当的投标有效期,以保证招标人有足够的时间完成评标和与中标人签订合同。投标有效期从投标人提交投标文件截止之日起计算。

在原投标有效期结束前,出现特殊情况的,招标人可以书面形式要求所有投标人延长投标有效期。投标人同意延长的,不得要求或被允许修改其投标文件的实质性内容,但应当相应延长其投标保证金的有效期;投标人拒绝延长的,其投标失效,但投标人有权收回其投标保证金。因延长投标有效期造成投标人损失的,招标人应当给予补偿,但因不可抗力需要延长投标有效期的除外。

4)投标保证金

(1)投标保证金的概念

所谓投标保证金,是为防止投标人不审慎投标而由招标人在招标文件中设定的一种担保形式。是投标人按照招标文件的要求向招标人出具的,以一定金额表示的投标责任担保。其实质是为了避免因投标人在投标有效期内随意撤回、撤销投标或中标后不能提交履约保证金和签署合同等行为而给招标人造成损失。

投标人在提交投标文件的同时,应按招标文件规定的金额、形式、时间向招标人提交投标保证金,并作为其投标文件的一部分。投标保证金的提交,一般应注意以下几个问题:

①投标保证金是投标文件的必须要件,是招标文件的实质性要求,投标保证金不足、无效、迟交、有效期不足或者形式不符合招标文件要求等情形,均将构成实质性不响应而被拒绝或废标。

②对于工程货物招标项目,招标人可以在招标文件中要求投标人以自己的名义提交投标保证金。

③对于联合体形式投标的,投标保证金可以由联合体各方共同提交或由联合体中的一方提交。以联合体中一方提交投标保证金的,对联合体各方均具有约束力。

④投标保证金作为投标文件的有效组成部分,其递交的时间应与投标文件的提交时间要求一致,即在投标文件提交截止时间之前送达。

(2)投标保证金的形式与金额

《招标投标法实施条例》第二十六条规定:"招标人在招标文件中要求投标人提交投标保证金的,投标保证金不得超过招标项目估算价的2%。投标保证金有效期应当与投标有效期一致。依法必须进行招标的项目的境内投标单位,以现金或者支票形式提交的投标保证金应当从其基本账户转出。招标人不得挪用投标保证金。"

《工程建设项目施工招标投标办法》第三十七条进一步规定,投标保证金除现金外,可以是银行出具的银行保函、保兑支票、银行汇票或现金支票。投标保证金不得超过项目估算价的2%,但最高不得超过80万元人民币。投标人应当按照招标文件要求的方式和金额,将投标保证金随投标文件提交给招标人或其委托的招标代理机构。依法必须进行施工招标的项目的境内投标单位,以现金或者支票形式提交的投标保证金应当从其基本账户转出。

(3)投标保证金的退还与没收

有下列情形之一的,投标保证金将会被退还:

①招标人终止招标后,应退还所收取的投标保证金及银行同期存款利息。

②在原投标有效期结束前,出现特殊情况的,招标人要求所有投标人延长投标有效期,投标人拒绝延长的,其投标失效,投标人有权收回其投标保证金。

③投标人撤回已提交的投标文件,招标人已收取投标保证金的,应当自收到投标人书面撤回通知之日起5日内退还。

④招标人最迟应当在书面合同签订后5日内,向中标人和未中标的投标人退还投标保证金及银行同期存款利息。

但是,有下列情形之一的,投标保证金将被没收:

①在提交投标文件截止时间后到招标文件规定的投标有效期终止之前,投标人撤销投标文件的;

②中标通知书发出后,中标人放弃中标项目的,无正当理由不与招标人签订合同的,在签订合同时向招标人提出附加条件或者更改合同实质性内容的,或者拒不提交所要求的履约保证金的,招标人可取消其中标资格,并没收其投标保证金;

③投标人采用不正当的手段骗取中标。

应用案例 3-5

某建设工程,建设单位决定进行公开招标。经过资格预审,A、B、C、D 四家施工单位通过了审查,并在规定时间内领取了招标文件。投标人 A 在取得了招标文件后,认真核对了工程量,根据当前当地市场状况、材料供求情况和材料价格情况,基于询价,并对措施项目作出处理后确定报价。在报价全部完成后,投标人 A 按照规定时间将投标文件送达了招标单位。

投标人 D 在赶往指定地点提交投标文件时,由于交通拥堵,投标人 D 察觉可能在投标截止时间前不能赶到,因此给招标人打电话,说明理由和自己的报价,要求参加竞标,投标文件将随后补上。招标人同意了该要求。

评标过程中,招标人采用综合评议法,最终选定投标人 D 为中标单位。对此结果,其他投标人均表示异议。

【问题】

1. 什么是措施项目?投标人在投标时对措施项目应当如何处理?

2. 招标人选定投标人 D 中标正确吗?为什么?

【案例分析】

考查考生对于评标相关工作要求的掌握情况。

1. 措施项目是指为完成建设工程项目施工,发生了该工程施工前和施工过程中技术、生活、安全等方面的非工程实体项目。工程量清单计价时,对措施项目清单可作调整。措施项目清单为可调整清单。

招标方的"措施项目一览表"内容只列项目,由投标方根据实际施工方案自主计算措施项目的量及费用并报价;而不是由招标人提供工程量。投标人对招标文件中所列的项目,可根据企业自身特点作适当的变更和增减。投标人要对拟建工程可能发生的措施项目和措施费用作通盘考虑,措施项目清单计价一经报出,即被认为是包括了所有应该发生的措施项目的全部费用。如果报出的清单中没有列项,而施工中又必须发生的项目,招标人有权认为其已经分摊在分部分项工程量清单的综合报价中,将来措施项目发生时投标人不得以任何借口提出索赔与调整。

2. 招标人选定投标人 D 中标的做法不正确。

投标人 D 不能及时上交投标文件,应当视为放弃投标,招标人应当按照作废处理,不能将失去资格的投标人 D 确定为中标人。

3.2.4 联合体投标的规定

1) 联合体投标规定

联合体投标指的是某一承包单位为了承揽不适于自己单独承包的工程项目而与其他单位联合,以一个投标人的身份去投标的行为。《招标投标法》第三十一条规定:两个以上法人或者其他组织可以组成一个联合体,以一个投标人的身份共同投标。

《招标投标法实施条例》第三十七条规定:

①招标人应当在资格预审公告、招标公告或者投标邀请书中载明是否接受联合体投标。

②招标人接受联合体投标并进行资格预审的,联合体应当在提交资格预审申请文件前

组成。资格预审后联合体增减、更换成员的,其投标无效。

③联合体各方在同一招标项目中以自己名义单独投标或者参加其他联合体投标的,相关投标均无效。

2)联合体的资质要求

根据《招标投标法》第三十一条的规定,联合体应符合下列资质要求:

①联合体各方均应当具备承担招标项目的相应能力;

②国家有关规定或者招标文件对投标人资格条件有规定的,联合体各方均应当具备规定的相应资格条件;

③由同一专业的单位组成的联合体,按照资质等级较低的单位确定资质等级。

《工程建设项目施工招标投标办法》第四十四条规定:"联合体各方应当指定牵头人,授权其代表所有联合体成员负责投标和合同实施阶段的主办、协调工作,并应当向招标人提交由所有联合体成员法定代表人签署的授权书。"

3)联合体共同投标协议

联合体各方应当签订共同投标协议,明确约定各方拟承担的工作和责任,并将共同投标协议连同投标文件一并提交招标人。联合体中标的,联合体各方应当共同与招标人签订合同,就中标项目向招标人承担连带责任。

3.2.5 禁止肢解发包、限制排斥投标人的规定

1)禁止肢解发包的规定

肢解发包,是指建设单位将应当由一个承包单位完成的建筑工程分解成若干部分发包给不同的承包单位的行为。这种行为会导致缺乏一个统揽全局协调各方的总包管理的单位,从而各承包单位各自为政、各行其是,势必会导致整个工程管理上的混乱,容易造成建设工期延迟,建造成本的增加,更为严重的是不能保证建筑工程的质量与安全。

所以,《建筑法》第二十四条规定:"提倡对建筑工程实行总承包,禁止将建筑工程肢解发包。建筑工程的发包单位可以将建筑工程的勘察、设计、施工、设备采购一并发包给一个工程总承包单位,也可以将建筑工程勘察、设计、施工、设备采购的一项或者多项发包给一个工程总承包单位;但是,不得将应当由一个承包单位完成的建筑工程肢解成若干部分发包给几个承包单位。"

《建设工程质量管理条例》第七十八条第一款规定:"本条例所称肢解发包,是指建设单位将应当由一个承包单位完成的建设工程分解成若干部分发包给不同的承包单位的行为。"

《建设工程质量管理条例》第五十五条规定:"违反本条例规定,建设单位将建设工程肢解发包的,责令改正,处工程合同价款 0.5% 以上 1% 以下的罚款;对全部或者部分使用国有资金的项目,并可以暂停项目执行或者暂停资金拨付。"

2)禁止限制排斥投标人的规定

《招标投标法》第六条规定:"依法必须进行招标的项目,其招标投标活动不受地区或者部门的限制。任何单位和个人不得违法限制或者排斥本地区、本系统以外的法人或者其他组织参加投标,不得以任何方式非法干涉招标投标活动。"

《招标投标法实施条例》第三十二条规定,招标人不得以不合理的条件限制、排斥潜在投标人或者投标人。招标人有下列行为之一的,属于以不合理条件限制、排斥潜在投标人或者投标人:

①就同一招标项目向潜在投标人或者投标人提供有差别的项目信息;

②设定的资格、技术、商务条件与招标项目的具体特点和实际需要不相适应或者与合同履行无关;

③依法必须进行招标的项目以特定行政区域或者特定行业的业绩、奖项作为加分条件或者中标条件;

④对潜在投标人或者投标人采取不同的资格审查或者评标标准;

⑤限定或者指定特定的专利、商标、品牌、原产地或者供应商;

⑥依法必须进行招标的项目非法限定潜在投标人或者投标人的所有制形式或者组织形式;

⑦以其他不合理条件限制、排斥潜在投标人或者投标人。

同时,《招标投标法实施条例》第二十八条还规定"招标人不得组织单个或者部分潜在投标人踏勘项目现场"。

3.2.6 禁止串通投标和其他不正当竞争行为的规定

2019 年 4 月修订的《反不正当竞争法》第二条规定:"本法所称的不正当竞争,是指经营者违反本法规定,损害其他经营者的合法权益,扰乱社会经济秩序的行为。"

《反不正当竞争法》

《招标投标法》第三十二条、第三十三条规定:"投标人不得相互串通投标报价,不得排挤其他投标人的公平竞争,损害招标人或者其他投标人的合法权益。投标人不得与招标人串通投标,损害国家利益、社会公共利益或者他人的合法权益。禁止投标人以向招标人或者评标委员会成员行贿的手段谋取中标。投标人不得以低于成本的报价竞标,也不得以他人名义投标或者以其他方式弄虚作假,骗取中标。"

在建设工程招标投标活动中,投标人的不正当竞争行为主要是:招标人相互串通投标、投标人与招标人串通投标、投标人以行贿手段谋取中标、投标人以低于成本的报价竞标、投标人以他人名义投标或者以其他方式弄虚作假骗取中标。

1) 禁止投标人相互串通投标报价

《工程建设项目施工招标投标办法》第四十六条规定,下列行为均属投标人串通投标报价:

①投标人之间相互约定抬高或压低投标报价;

②投标人之间相互约定,在招标项目中分别以高、中、低价位报价;

③投标人之间先进行内部竞价,内定中标人,然后再参加投标;

④投标人之间其他串通投标报价的行为。

《招标投标法实施条例》第三十九条规定,禁止投标人相互串通投标报价,有下列情形之一的,属于投标人相互串通投标:

①投标人之间协商投标报价等投标文件的实质性内容;

②投标人之间约定中标人；

③投标人之间约定部分投标人放弃投标或者中标；

④属于同一集团、协会、商会等组织成员的投标人按照该组织要求协同投标；

⑤投标人之间为谋取中标或者排斥特定投标人而采取的其他联合行动。

《招标投标法实施条例》第四十条继续规定，有下列情形之一的，视为投标人相互串通投标：

①不同投标人的投标文件由同一单位或者个人编制；

②不同投标人委托同一单位或者个人办理投标事宜；

③不同投标人的投标文件载明的项目管理成员为同一人；

④不同投标人的投标文件异常一致或者投标报价呈规律性差异；

⑤不同投标人的投标文件相互混装；

⑥不同投标人的投标保证金从同一单位或者个人的账户转出。

2）禁止投标人与招标人串通投标

《招标投标法实施条例》第四十一条和《工程建设项目施工招标投标办法》第四十七条都进一步规定，禁止招标人与投标人串通投标。有下列情形之一的，属于招标人与投标人串通投标：

①招标人在开标前开启投标文件并将有关信息泄露给其他投标人；

②招标人直接或者间接向投标人泄露标底、评标委员会成员等信息；

③招标人明示或者暗示投标人压低或者抬高投标报价；

④招标人授意投标人撤换、修改投标文件；

⑤招标人明示或者暗示投标人为特定投标人中标提供方便；

⑥招标人与投标人为谋求特定投标人中标而采取的其他串通行为。

3）禁止投标人以行贿的手段谋取中标

《反不正当竞争法》第七条规定了经营者不得采用财物或者其他手段贿赂下列单位或者个人，以谋取交易机会或者竞争优势：

①交易相对方的工作人员；

②受交易相对方委托办理相关事务的单位或者个人；

③利用职权或者影响力影响交易的单位或者个人。

投标人以行贿的手段谋取中标是严重违背招标投标法基本原则的违法行为，对其他投标人是不公平的。投标人以行贿手段谋取中标的法律后果是中标无效，有关责任人和单位应当承担相应的行政责任或刑事责任，给他人造成损失的，还应当承担民事赔偿责任。

4）禁止投标人以低于成本的报价竞标

在这里，所谓"成本"，应指投标人的个别成本，该成本是根据投标人的企业定额测定的成本。如果投标人低于成本的报价竞标时，还容易导致中标后的偷工减料，将很难保证建设工程的安全和质量。

《建筑工程施工发包与承包计价管理办法》第十一条规定，投标报价低于工程成本或者高于最高投标限价总价的，评标委员会应当否决投标人的投标。

5）禁止投标人以他人名义投标或以其他方式弄虚作假，骗取中标

《反不正当竞争法》第六条规定，经营者不得实施下列混淆行为，引人误认为是他人商品或者与他人存在特定联系：

①擅自使用与他人有一定影响的商品名称、包装、装潢等相同或者近似的标识；

②擅自使用他人有一定影响的企业名称（包括简称、字号等）、社会组织名称（包括简称等）、姓名（包括笔名、艺名、译名等）；

③擅自使用他人有一定影响的域名主体部分、网站名称、网页等；

④其他足以引人误认为是他人商品或者与他人存在特定联系的混淆行为。

根据《工程建设项目施工招标投标办法》第四十八条规定："投标人不得以他人名义投标。前款所称以他人名义投标，指投标人挂靠其他施工单位，或从其他单位通过受让或租借的方式获取资格或资质证书，或者由其他单位及其法定代表人在自己编制的投标文件上加盖印章和签字等行为。"

《招标投标法》第三十三条规定，投标人不得以他人名义投标或者以其他方式弄虚作假，骗取中标。《招标投标法实施条例》第四十二条进一步规定，使用通过受让或者租借等方式获取的资格、资质证书投标的，属于招标投标法第三十三条规定的以他人名义投标。投标人有下列情形之一的，属于招标投标法第三十三条规定的以其他方式弄虚作假的行为：

①使用伪造、编造的许可证件；

②提供虚假的财务状况或者业绩；

③提供虚假的项目负责人或者主要技术人员简历、劳动关系证明；

④提供虚假的信用状况；

⑤其他弄虚作假的行为。

3.2.7 招标投标投诉处理

1）投诉的规定

根据《招标投标法实施条例》第六十条的规定，投标人或者其他利害关系人认为招标投标活动不符合法律、行政法规规定的，可以自知道或者应当知道之日起10日内向有关行政监督部门投诉。投诉应当有明确的请求和必要的证明材料。

但是，对资格预审文件、招标文件、开标以及对依法必须进行招标项目的评标结果有异议的，应当依法先向招标人提出异议，其异议答复期间不计算在以上规定的期限内。

2）投诉处理的规定

《招标投标法实施条例》第六十一条规定："投诉人就同一事项向两个以上有权受理的行政监督部门投诉的，由最先收到投诉的行政监督部门负责处理。行政监督部门应当自收到投诉之日起3个工作日内决定是否受理投诉，并自受理投诉之日起30个工作日内作出书面处理决定；需要检验、检测、鉴定、专家评审的，所需时间不计算在内。投诉人捏造事实、伪造材料或者以非法手段取得证明材料进行投诉的，行政监督部门应当予以驳回。"

《招标投标法实施条例》第六十二条规定："政监督部门处理投诉，有权查阅、复制有关文件、资料，调查有关情况，相关单位和人员应当予以配合。必要时，行政监督部门可以责令暂停招标投标活动。行政监督部门的工作人员对监督检查过程中知悉的国家秘密、商业秘密,应当依法予以保密。"

本章小结

发包、承包是一种经营方式,是指交易的一方负责为交易的另一方完成某项工作或供应一批货物,并按一定的价格取得相应报酬的一种交易行为。建筑工程发包方式包括直接发包、招标发包。建筑工程承包方式是建筑工程承发包双方之间经济关系形式。我国《建筑法》规定,建筑工程的发包单位与承包单位应当依法订立书面合同,明确双方的权利和义务。《建筑法》提倡对建筑工程实行总承包。建筑工程的发包单位可以将建筑工程的勘察、设计、施工、设备采购一并发包给一个工程总承包单位,也可以将建筑工程勘察、设计、施工、设备采购的一项或者多项发包给一个工程总承包单位。

招标投标是市场经济条件下进行大宗货物的买卖、项目的采购与提供所采用的一种交易方式。工程建设项目的发包与承包,以及服务信用的原则。招标和投标活动是当事人在法律规定范围内自主进行的市场行为,但必须接受政府行政主管部门的监督。我国《招标投标法》中规定了强制招标的范围和规模。招标方式分为公开招标和邀请招标两类。公开招标是指招标人以招标公告的方式邀请不特定的法人或其他组织投标。邀请招标是指招标人以投标邀请书的方式邀请特定的法人或其他组织投标。招标、投标、开标、评标、中标应当遵循法律规定的程序和行为规范。建设工程招标的评标定标工作由评标委员会完成。中标人确定后,招标人应当向中标人发出中标通知书,并依法按照招标文件和中标人的投标文件签订书面合同。

习　题

1. 必须招标的项目范围有哪些?
2. 开标程序有哪些?
3. 关于投标保证金的相关规定有哪些?
4. 投标人相互串通投标的行为有哪些?
5. 否决投标的情形有哪些?
6. 终止招标的情形有哪些?
7. 哪些情况视为招标中不合理条件限制?
8. 投标文件的内容有哪些?

项目 4
建设工程合同和劳动合同法律制度

●**基本要求**：通过对本项目的学习，了解建设工程合同的基本概念、种类和法律特征；掌握建设工程合同订立程序、形式、内容的法律规定，掌握合同有效的法律条件、无效合同、可变更与可撤销合同的概念；掌握合同的履行原则，合同变更、转让、终止的法律规定；掌握违约责任的构成要件和免责事由；熟悉劳动合同法的基本规定。

合同法律制度是我国民商法的重要组成部分，是规范市场交易的基本法律制度。建设工程合同是以完成特定不动产的工程建设为主要内容的合同。在我国，大量建设工程的投资主体是国家和国有资本，而且建设工程项目一经投入使用，通常会对公共利益产生重大影响，因此国家对建设工程合同实施了较为严格的干预。体现在立法上，就是除了《民法典》外还有大量的单行法律、法规和司法解释。

目前，调整与规范建设工程合同的法律规范主要有：《民法典》《建筑法》《招标投标法》《民事诉讼法》《招标投标法实施条例》《建设工程质量管理条例》《建设工程安全生产管理条例》《最高人民法院关于审理建设工程施工合同纠纷案件适用法律问题的解释（一）》（以下简称《建设工程施工合同司法解释》）等。此外，住房和城乡建设部、国家工商行政管理总局还制定了《建设工程施工合同（示范文本）》。

劳动关系是社会关系中最重要、最基本的关系。构建和谐劳动关系，完善劳动合同和劳动保护法律制度，有助于巩固、健全和适应社会主义市场经济体制要求的劳动用工机制，保障劳动者的合法权益，实现劳动力资源的有序流动和合理配置。我国有关调整劳动关系的法律法规主要有《中华人民共和国劳动法》《中华人民共和国劳动合同法》《中华人民共和国社会保险法》《中华人民共和国劳动争议调解仲裁法》《中华人民共和国劳动合同法实施条例》等。

4.1 建设工程合同制度概述

建设工程合同是承包人进行工程建设,发包人支付价款的合同。建设工程合同的订立,应当遵循平等原则、自愿原则、公平原则、诚实信用原则、合法原则等。

4.1.1 合同的法律特征和订立原则

1) 合同的特征

民法中的合同有广义和狭义之分。广义的合同是指两个以上的主体之间设立、变更、终止权利义务关系的协议;广义的合同除了民法中债权合同之外,还包括物权合同、身份合同,以及行政法中的行政合同和劳动法中的劳动合同等。狭义合同是指债权合同,即两个以上的民事主体之间设立、变更、终止债权关系的协议。

《民法典》所称合同,是指平等主体的自然人、法人、其他组织之间设立、变更、终止民事权利义务关系的协议。这里所说的民事权利义务关系,主要是指债权关系,即狭义合同。因此,《民法典》的调整范围仅限于狭义合同。

合同具有以下法律特征:

①合同是一种民事法律行为。民事法律行为,是指以意思表示为要素,依其意思表示的内容而引起民事法律关系设立、变更和终止的行为。而合同是合同当事人意思表示的结果,且合同的内容即合同当事人之间的权利义务是由意思表示的内容来确定的。

②合同是两个或两个以上的民事主体在平等自愿的基础上互相或平行作出意思表示,且意思表示是一致的。

③合同是以在当事人之间设立、变更、终止财产性的民事权利义务关系为目的。

④订立、履行合同,应当遵守法律、行政法规。这其中包括:合同的主体必须合法,订立合同的程序必须合法,合同的形式必须合法,合同的内容必须合法,合同的履行必须合法,合同的变更、解除必须合法等。

⑤合同依法成立即具有法律约束力。所谓法律约束力,是指合同的当事人必须遵守合同的规定,如果违反,就要承担相应的法律责任。合同的法律约束力主要体现在以下两个方面:一是不得擅自变更或解除合同;二是违反合同应当承担相应的违约责任。

2) 合同的分类

合同的分类是指按照一定的标准,将合同划分成不同的类型。合同的分类,有利于当事人找到能达到自己交易目的的合同类型,订立符合自己愿望的合同条款,便于合同的履行,也有助于司法机关在处理合同纠纷时准确地适用法律,正确处理合同纠纷。对合同作出科学的分类,不仅有助于针对不同合同确定不同的规则,而且便于准确适用法律。一般来说,合同可作如下分类:

(1)有名合同与无名合同

根据法律是否规定一定名称并有专门规定为标准,合同可以分为有名合同与无名合同。

有名合同,也称典型合同,是法律上已经确定一定的名称,并设定具体规则的合同。如《民法典》第三编"合同"中所规定的买卖合同,供用电、水、气、热力合同,赠与合同,借款合同,保证合同,租赁合同,融资租赁合同,保理合同,承揽合同,建设工程合同,运输合同,技术合同,保管合同,仓储合同,委托合同,物业服务合同,行纪合同,中介合同,合伙合同等19种合同属于有名合同。

无名合同,也称非典型合同,是法律上尚未确定专门名称和具体规则的合同。根据合同自由原则,合同当事人可以自由决定合同的内容,可见当事人可自由订立无名合同。从实践来看,无名合同大量存在,是实战中合同的常见形式。

（2）双务合同与单务合同

依当事人双方是否互负对待给付义务为标准,合同可以分为双务合同与单务合同。

双务合同是当事人之间互负义务的合同,如买卖合同、租赁合同、借款合同、承揽合同与建设工程合同等。

单务合同是只有一方当事人负担义务的合同。如赠与合同、借款合同等。

（3）有偿合同与无偿合同

根据当事人是否可以从合同中获取某种利益为标准,可以将合同分为有偿合同与无偿合同。

有偿合同,是指当事人一方享有合同规定的权益,须向另一方支付相应代价的合同。有偿合同是商品交换最典型的法律形式。在实践中,绝大多数合同都是有偿的。有偿合同是常见的合同形式,诸如买卖合同、租赁合同、运输合同、承揽合同等。

无偿合同,是一方当事人享有合同约定的权益,但无须向另一方支付相应对价的合同。如赠与合同、借用合同等。

（4）诺成合同与实践合同

以合同的成立是否必须交付标的物为标准,合同分为诺成合同与实践合同。

诺成合同,是指当事人各方的意思表示一致即告成立的合同。如委托合同、勘察合同、设计合同等。

实践合同,又称要物合同,是指除双方当事人的意思表示一致以后,尚须交付标的物才能成立的合同,如保管合同、定金合同等。

（5）要式合同与不要式合同

根据合同的成立是否必须采取一定形式为标准,可以将合同划分为要式合同与不要式合同。

要式合同是法律或当事人必须具备特定形式的合同。如建设工程合同应当采用书面形式,就是要式合同。

不要式合同是指法律或当事人不要求必须具备一定形式的合同。实践中,以不要式合同居多。

（6）格式合同与非格式合同

按条款是否预先拟定,可以将合同分为格式合同与非格式合同。

格式合同,又称为定式合同、附从合同或标准合同,它是当事人一方为与不特定的多数人进行交易而预先拟定的,且不允许相对人对其内容作任何变更的合同。反之,为非格式合同。

格式条款具有《民法典》规定导致合同无效情形的或者提供格式条款一方免除其责任、加重对方责任、排除对方主要权利的,该条款无效。

对格式条款的理解发生争议的,应当按照通常理解予以解释。对格式条款有两种以上解释的,应当作出不利于提供格式条款一方的解释。格式条款和非格式条款不一致的,应当采用非格式条款。

(7)主合同与从合同

以合同相互间的主从关系为标准,合同分为主合同与从合同。

主合同是指不需要其他合同存在即可独立存在的合同;从合同就是以其他合同为存在前提的合同。如对于保证合同而言,设立主债务的合同就是主合同,保证合同是从合同。

3)合同的形式

合同的形式指订立合同的当事人达成一致意思表示的表现形式。

《民法典》第四百六十九条规定:"当事人订立合同,可以采用书面形式、口头形式或者其他形式。书面形式是合同书、信件、电报、电传、传真等可以有形地表现所载内容的形式。以电子数据交换、电子邮件等方式能够有形地表现所载内容,并可以随时调取查用的数据电文,视为书面形式。"

(1)口头形式

口头形式合同是当事人以言语而不以文字形式作出意思表示订立的合同。口头合同在现实生活中广泛应用,凡当事人无约定或法律未规定特定形式的合同,均可采取口头形式,如买卖合同、租赁合同等。

(2)书面形式

书面形式是指合同书、信件和数据电文(包括电报、电传、传真、电子数据交换和电子邮件)等可以有形地表现所载内容的形式。书面形式合同的优点是权利义务明确记载,便于履行,纠纷时易于举证和分清责任;缺点是制订过程比较复杂。

《民法典》第七百八十九条规定:"建设工程合同应当采用书面形式。"

《民法典》第四百九十条规定,法律、行政法规规定或者当事人约定合同应当采用书面形式订立,当事人未采用书面形式但是一方已经履行主要义务,对方接受时,该合同成立。

(3)其他形式

其他形式,是口头形式、书面形式之外的合同形式,即行为推定形式。行为推定形式只适用于法律明确规定、交易习惯许可时或者要约明确表明时,并不能普遍适用。

4.1.2　建设工程合同

建设工程合同是以完成特定不动产的工程建设为主要内容的合同。建设工程合同与承揽合同一样,在性质上属以完成特定工作任务为目的的合同,但其工作任务是工程建设,不是一般的动产承揽,当事人权利义务所指向的工作物是建设工程项目,包括工程项目的勘察、设计和施工成果。这也是我国建设工程合同不同于承揽合同的主要特征。从这方面而言,也可以说建设工程合同就是以建设工程的勘察、设计或施工为内容的承揽合同。从双方权利义务的内容来看,承包人主要提供的是专业的建设工程勘察、设计及施工等劳务,而不同于买卖合同中出卖人转移特定标的物的所有权,这也是承揽合同与买卖合同的主要区别。

1)建设工程合同的特征

《民法典》第七百八十八条规定,建设工程合同是承包人进行工程建设,发包人支付价款的合同。工程建设一般要经过勘察、设计、施工等过程,因此,建设工程合同可分为勘察合同、设计合同与施工合同,分别以建设工程的不同工作阶段为其内容。

建设工程合同除具有合同的一般特征外,还有下列特征:

一是,建设工程合同是以完成特定不动产的工程建设为主要内容的合同。其工作任务是工程建设,当事人权利义务所指向的工作物是建设工程项目,包括工程项目的勘察、设计和施工成果。

二是,在建设工程合同的订立和履行各环节,均体现了国家较强的干预。在我国,大量的建设工程的投资主体是国家或国有资本,而且建设工程项目一经投入使用,通常会对公共利益产生重大影响,因此国家对建设工程合同实施了较为严格的干预。具体来说,立法对建设工程合同的干预体现在以下诸方面:

(1)对缔约主体的限制

在我国,自然人基本上被排除在建设工程合同承包人的主体之外,只有具备法定资质的单位才能成为建设工程合同的承包主体。《建筑法》第十二条明确规定了从事建筑活动的建筑施工企业、勘察单位、设计单位和工程监理单位应具备的条件,并将其划分为不同的资质等级,只有取得相应等级的资质证书后,才可在其资质等级许可的范围内从事建筑活动。此外,对建筑从业人员也有相应的条件限制。

(2)对合同的履行有一系列的强制性标准

建设工程的质量涉及民众生命财产安全,因此对其质量进行监控显得非常重要。为确保建设工程质量监控的可操作性,在建设工程质量的监控过程中需要适用大量的标准。《建筑法》第三条规定,建筑活动应当确保建筑工程质量和安全,符合国家的建筑工程安全标准。建筑活动从勘测、设计到施工、验收和各个环节,均存在大量的国家强制性标准的适用。

(3)合同责任的法定性

与通常的合同立法多任意性规范不同,关于建设工程合同的立法中强制性规范占了很大的比例,很大部分的合同责任因此成为法定责任,使得建设工程合同的主体责任呈现出较强的法定性。如关于施工开工前应取得施工许可证的要求,合同订立程序中的招标发包规定,对承包人转包的禁止性规定与分包的限制性规定,以及对承包人质量保修责任的规定等,均带有不同程度的强制性,从而部分排除了当事人的缔约自由。

2)建设工程施工合同

建设工程施工合同是建设工程的主要合同,同时也是工程建设质量控制、进度控制、投资控制的主要依据。

(1)建设工程施工合同组成

建设工程施工合同,又称建筑安装工程承包合同,是承包人进行工程建设施工,发包人支付价款的合同。建设工程施工合同的发包人可以是法人,也可以是依法成立的其他组织或公民,而承包人必须是法人。

我国建设工程施工合同,多采用《建设工程施工合同(示范文本)》。为规范建筑市场秩序,维护建设工程施工合同当事人的合法权益,住房和城乡建设部、工商总局对《建设工程施工合同(示范文本)》(GF-2013-0201)进行了修订,制定了《建设工程施工合同(示范文本)》(GF-2017-0201)(以下简称《示范文本》),该《示范文本》自2017年10月1日起执行,原《建设工程施工合同(示范文本)》(GF-2013-0201)同时废止。

《示范文本》由合同协议书、通用合同条款和专用合同条款三部分组成,为非强制性使用文本。适用于房屋建筑工程、土木工程、线路管道和设备安装工程、装修工程等建设工程的施工承发包活动,合同当事人可结合建设工程具体情况,根据《示范文本》订立合同,并按照法律法规规定和合同约定承担相应的法律责任及合同权利义务。

GF-2017-0201

• 协议书

合同协议书是施工合同的总纲性法律文件,经过双方当事人签字盖章后合同即成立。《示范文本》合同协议书共计13条,主要包括:工程概况、合同工期、质量标准、签约合同价和合同价格形式、项目经理、合同文件构成、承诺以及合同生效条件等重要内容,集中约定了合同当事人基本的合同权利义务。

• 通用合同条款

通用合同条款是合同当事人根据《建筑法》《民法典》等法律法规的规定,就工程建设的实施及相关事项,对合同当事人的权利义务作出的原则性约定。

通用合同条款共计20条,具体条款分别为:一般约定、发包人、承包人、监理人、工程质量、安全文明施工与环境保护、工期和进度、材料与设备、试验与检验、变更、价格调整、合同价格、计量与支付、验收和工程试车、竣工结算、缺陷责任与保修、违约、不可抗力、保险、索赔和争议解决。前述条款安排既考虑了现行法律法规对工程建设的有关要求,也考虑了建设工程施工管理的特殊需要。

• 专用合同条款

专用合同条款是对通用合同条款原则性约定的细化、完善、补充、修改或另行约定的条款。合同当事人可以根据不同建设工程的特点及具体情况,通过双方的谈判、协商对相应的专用合同条款进行修改、补充。在使用专用合同条款时,应注意以下事项:

①专用合同条款的编号应与相应的通用合同条款的编号一致;

②合同当事人可以通过对专用合同条款的修改,满足具体建设工程的特殊要求,避免直接修改通用合同条款;

③在专用合同条款中有横道线的地方,合同当事人可针对相应的通用合同条款进行细化、完善、补充、修改或另行约定;如无细化、完善、补充、修改或另行约定,则填写"无"或画"/"。

(2)建设工程施工合同文件

在合同订立及履行过程中形成的与合同有关的文件均是建设工程施工合同文件,包括合同协议书、中标通知书(如果有)、投标函及其附录(如果有)、专用合同条款及其附件、通用合同条款、技术标准和要求、图纸、已标价工程量清单或预算书、其他合同文件。

上述各项合同文件包括合同当事人就该项合同文件所作出的补充和修改,属于同一类内容的文件,应以最新签署的为准。其他合同文件是指经合同当事人约定的与工程施工有关的具有合同约束力的文件或书面协议,如合同履行中有关工程的商洽、变更等书面协议或文件。

组成合同的各项文件应互相解释,互为说明。除专用合同条款另有约定外,解释合同文件的优先顺序如上述文件序号。

(3)建设工程施工合同发承包双方的主要义务

• 发包人的主要义务

①不得违法发包。《民法典》第七百九十一条规定,发包人不得将应当由一个承包人完成的建设工程支解成若干部分发包给数个承包人。

②提供必要施工条件。发包人未按照约定的时间和要求提供原材料、设备、场地、资金、技术资料的,承包人可以顺延工程日期,并有权要求赔偿停工、窝工等损失。

③及时检查隐蔽工程。隐蔽工程在隐蔽以前,承包人应当通知发包人检查。发包人没有及时检查的,承包人可以顺延工程日期,并有权要求赔偿停工、窝工等损失。

④及时验收工程。建设工程竣工后,发包人应当根据施工图纸及说明书、国家颁发的施工验收规范和质量检验标准及时进行验收。

⑤支付工程价款。发包人应当按照合同约定的时间、地点和方式等,向承包人支付工程价款。

• 承包人的主要义务

①不得转包和违法分包工程。承包人不得将其承包的全部建设工程转包给第三人,不得将其承包的全部建设工程支解以后以分包的名义分别转包给第三人。禁止承包人将工程分包给不具备相应资质条件的单位。禁止分包单位将其承包的工程再分包。

②自行完成建设工程主体结构施工。建设工程主体结构的施工必须由承包人自行完成。承包人将建设工程主体结构的施工分包给第三人的,该分包合同无效。

③接受发包人有关检查。发包人在不妨碍承包人正常作业的情况下,可以随时对作业进度、质量进行检查。隐蔽工程在隐蔽前,承包人应当通知发包人检查。

④交付竣工验收合格的建设工程。建设工程竣工经验收合格后,方可交付使用;未经验收或者验收不合格的,不得交付使用。

⑤建设工程质量不符合约定的无偿修理。因施工人的原因致使建设工程质量不符合约定的,发包人有权要求施工人在合理期限内无偿修理或者返工、改建。经过修理或者返工、改建后,造成逾期交付的,施工人应当承担违约责任。

4.2 建设工程合同的订立

4.2.1 合同的要约与承诺

《民法典》第四百七十一条规定:"当事人订立合同,可以采取要约、承诺方式或者其他方式。"要约与承诺,是当事人订立合同必经的程序,也即当事人双方就合同的一般条款经过协商一致并签署书面协议的过程。

1）要约

（1）要约的构成要件

要约是希望和他人订立合同的意思表示，该意思表示应当符合下列规定：

①内容具体确定。所谓具体，是指要约的内容须具有足以使合同成立的主要条款。如果没有包含合同的主要条款，受要约人难以作出承诺，即使作出了承诺，也会因为双方的这种合意不具备合同的主要条款而使合同不能成立。所谓确定，是指要约的内容须明确，不能含糊不清，否则无法承诺。

②表明经受要约人承诺，要约人即受该意思表示约束。要约须具有订立合同的意图，表明一经受要约人承诺，要约人即受该意思表示的约束。要约作为表达希望与他订立合同的一种意思表达，其内容已经包含了可以得到履行的合同成立所需要具备的基本条件。

要约是一种法律行为。提出要约的一方为要约人，接受要约的一方为被要约人。它表现为在规定的有效期限内，要约人要受到要约的约束。受要约人若按时和完全接受要约条款时，要约人负有与受要约人签订合同的义务。否则，要约人对由此造成的受要约人的损失应承担法律责任。

（2）要约邀请

要约邀请是希望他人向自己发出要约的意思表示。要约邀请可以是向特定人发出，也可以是向不特定的人发出。要约邀请只是邀请他人向自己发出要约，如果自己承诺才成立合同。因此，要约邀请处于合同的准备阶段，没有法律约束力。

《民法典》第四百七十三条规定，拍卖公告、招标公告、招股说明书、债券募集办法、基金招募说明书、商业广告和宣传、寄送的价目表等为要约邀请。商业广告和宣传的内容符合要约条件的，构成要约。

在建设工程招标投标活动中，招标文件是要约邀请，对招标人不具有法律约束力；投标文件是要约，应受自己作出的与他人订立合同的意思表示的约束。

（3）要约生效

《民法典》第四百七十四条和第一百三十七条规定，以对话方式作出的意思表示，相对人知道其内容时生效。以非对话方式作出的意思表示，到达相对人时生效。以非对话方式作出的采用数据电文形式的意思表示，相对人指定特定系统接收数据电文的，该数据电文进入该特定系统时生效；未指定特定系统的，相对人知道或者应当知道该数据电文进入其系统时生效。当事人对采用数据电文形式的意思表示的生效时间另有约定的，按照其约定。

（4）要约撤回与要约撤销

要约的撤回，是指在要约发生法律效力之前，要约人使其不发生法律效力而取消要约的行为。《民法典》第四百七十五条和第一百四十一条规定，要约可以撤回。撤回要约的通知应当在要约到达受要约人前或者与要约同时到达受要约人。

要约的撤销，是指在要约发生法律效力之后，要约人使其丧失法律效力而取消要约的行为。《民法典》第四百七十六条规定："要约可以撤销，但是有下列情形之一的除外：

（一）要约人以确定承诺期限或者其他形式明示要约不可撤销；

（二）受要约人有理由认为要约是不可撤销的，并已经为履行合同做了合理准备工作。"

《民法典》第四百七十七条规定："撤销要约的意思表示以对话方式作出的，该意思表示的内容应当在受要约人作出承诺之前为受要约人所知道;撤销要约的意思表示以非对话方式作出的,应当在受要约人作出承诺之前到达受要约人。"

(5)要约失效

根据《民法典》第四百七十八条的规定,有下列情形之一的,要约失效:

①要约被拒绝;

②要约被依法撤销;

③承诺期限届满,受要约人未作出承诺;

④受要约人对要约的内容作出实质性变更。

2)承诺

(1)承诺的方式

承诺是受要约人同意要约的意思表示。承诺也是一种法律行为。承诺必须是要约的相对人在要约有效期限内以明示的方式作出,并送达要约人;承诺必须是承诺人作出完全同意要约的条款,方为有效。如果受要约人对要约中的某些条款提出修改、补充、部分同意,附有条件或者另行提出新的条件,以及迟到送达的承诺,都不被视为有效的承诺,而被称为新要约。

《民法典》第四百八十条规定:"承诺应当以通知的方式作出;但是,根据交易习惯或者要约表明可以通过行为作出承诺的除外。"

"通知"的方式,是指承诺人以口头形式或书面形式明确告知要约人完全接受要约内容作出的意思表示。"行为"的方式,是指承诺人依照交易习惯或者要约的条款能够为要约人确认承诺人接受要约内容作出的意思表示。

(2)承诺期限

根据《民法典》第四百八十一条的规定,承诺应当在要约确定的期限内到达要约人。要约没有确定承诺期限的,承诺应当依照下列规定到达:

①要约以对话方式作出的,应当即时作出承诺;

②要约以非对话方式作出的,承诺应当在合理期限内到达。

《民法典》第四百八十二条规定:"要约以信件或者电报作出的,承诺期限自信件载明的日期或者电报交发之日开始计算。信件未载明日期的,自投寄该信件的邮戳日期开始计算。要约以电话、传真、电子邮件等快速通讯方式作出的,承诺期限自要约到达受要约人时开始计算。"

(3)承诺生效

承诺生效,是指承诺发生法律效力,也即承诺对承诺人和要约人产生法律约束力。

《民法典》第四百八十三条规定:"承诺生效时合同成立,但是法律另有规定或者当事人另有约定的除外。"

《民法典》第四百八十四条和第一百三十七条规定,以通知方式作出的承诺,承诺通知到达要约人时生效。承诺不需要通知的,根据交易习惯或者要约的要求作出承诺的行为时生效。

（4）承诺撤回、超期和延误

● 承诺撤回

承诺的撤回，是指承诺人主观上欲阻止或者消灭承诺发生法律效力的意思表示。《民法典》第四百八十五条和第一百四十一条规定，承诺可以撤回，撤回承诺的通知应当在承诺通知到达要约人之前或者与承诺通知同时到达要约人。

● 承诺超期

承诺超期是指受要约人主观上超过承诺期限而发出的承诺。《民法典》第四百八十六条规定："受要约人超过承诺期限发出承诺，或者在承诺期限内发出承诺，按照通常情形不能及时到达要约人的，为新要约；但是，要约人及时通知受要约人该承诺有效的除外。"

● 承诺延误

承诺延误是指受要约人发出的承诺由于外界原因而延迟到达要约人。《民法典》第四百八十七条规定："受要约人在承诺期限内发出承诺，按照通常情形能够及时到达要约人，但是因其他原因致使承诺到达要约人时超过承诺期限的，除要约人及时通知受要约人因承诺超过期限不接受该承诺外，该承诺有效。"

3) 合同成立

（1）合同成立的时间

《民法典》第四百九十条和第四百九十一条规定：当事人采用合同书形式订立合同的，自当事人均签名、盖章或者按指印时合同成立。在签名、盖章或者按指印之前，当事人一方已经履行主要义务，对方接受时，该合同成立。法律、行政法规规定或者当事人约定合同应当采用书面形式订立，当事人未采用书面形式但是一方已经履行主要义务，对方接受时，该合同成立。

当事人采用信件、数据电文等形式订立合同要求签订确认书的，签订确认书时合同成立。当事人一方通过互联网等信息网络发布的商品或者服务信息符合要约条件的，对方选择该商品或者服务并提交订单成功时合同成立，但是当事人另有约定的除外。

（2）合同成立的地点

《民法典》第四百九十二条和第四百九十三条规定：

承诺生效的地点为合同成立的地点。采用数据电文形式订立合同的，收件人的主营业地为合同成立的地点；没有主营业地的，其住所地为合同成立的地点。当事人另有约定的，按照其约定。

当事人采用合同书形式订立合同的，最后签名、盖章或者按指印的地点为合同成立的地点，但是当事人另有约定的除外。

4) 缔约过失责任

缔约过失责任，是指当事人在订立合同过程中，因一方或者双方的过失行为，致使预期的合同不成立，被确认无效或者被撤销，从而导致另一方当事人信赖其合同能够有效成立而受到损失时，有权要求相对人承担相应民事责任，赔偿基于此项信赖而发生的实际损失，所应承担的民事责任。缔约过失责任不同于违约责任。

（1）缔约过失责任的构成要件

缔约过失责任是针对合同尚未成立应当承担的责任，其成立必须具备一定的要件，否则将极大地损害当事人协商订立合同的积极性：

①缔约一方有损失；

②缔约当事人有过错；

③合同尚未成立；

④缔约当事人的过错行为与该损失之间有因果关系。

(2)关于缔约过失责任的法律规定

根据《民法典》第五百条的规定,当事人在订立合同过程中有下列情形之一,造成对方损失的,应当承担赔偿责任：

①假借订立合同,恶意进行磋商；

②故意隐瞒与订立合同有关的重要事实或者提供虚假情况；

③有其他违背诚信原则的行为。

《民法典》第五百零一条规定："当事人在订立合同过程中知悉的商业秘密或者其他应当保密的信息,无论合同是否成立,不得泄露或者不正当地使用；泄露、不正当地使用该商业秘密或者信息,造成对方损失的,应当承担赔偿责任。"

4.2.2　建设工程合同的订立

建设工程合同的订立,通常要经过招标、投标、定标这几个过程,形成招标文件、投标文件、中标通知书三个主要文件。中标通知书对招标人和中标人均具有法律效力。

《招投标法》第四十六条规定："招标人和中标人应当自中标通知书发出之日起三十日内,按照招标文件和中标人的投标文件订立书面合同。招标人和中标人不得再行订立背离合同实质性内容的其他协议。"

《房屋建筑和市政基础设施工程施工招标投标管理办法》第四十七条也规定："招标人和中标人应当自中标通知书发出之日起 30 日内,按照招标文件和中标人的投标文件订立书面合同；招标人和中标人不得再行订立背离合同实质性内容的其他协议。"

由此可以看出,从《民法典》角度分析,招标文件是要约邀请、投标文件是要约、中标通知书是承诺,所以,依据《民法典》,中标通知书的发出就表示合同成立。但考虑我国传统观念,或招标文件中有"以签订正式合同书为合同成立"的约定,所以要十分注意建设工程合同的签订工作,维护自身权益,防范合同风险。

4.3　建设工程合同的效力

4.3.1　合同效力与生效要件

1)合同效力

合同效力,又称合同的法律效力,是指法律赋予依法成立的合同具有约束当事人各方乃至第三人的强制力。合同对当事人各方的拘束力包括：

①当事人负有适当履行合同的义务；

②违约方依法承担违约责任；

③当事人不得擅自变更、解除合同,不得擅自转让合同权利义务;

④当事人享有请求给付的权利、自力实现债权等权利;

⑤法律规定的附随义务。

合同对第三人的效力,在一般情况下,表现为任何第三人不得损害合同债权,在合同债权人行使撤销权或代位权时涉及第三人,在涉他合同中可有向第三人履行或由第三人履行的效力。

2) 合同生效要件

合同生效,是指已经依法成立的合同在当事人之间产生法律效力。合同生效意味着双方当事人享有合同中约定的权利和承担合同中约定的应当履行的义务。

《民法典》第五百零二条规定,依法成立的合同,自成立时生效,但是法律另有规定或者当事人另有约定的除外。依照法律、行政法规的规定,合同应当办理批准等手续的,依照其规定。未办理批准等手续影响合同生效的,不影响合同中履行报批等义务条款以及相关条款的效力。应当办理申请批准等手续的当事人未履行义务的,对方可以请求其承担违反该义务的责任。

合同生效需要具备以下要件:

①合同当事人具有相应的民事权利能力和民事行为能力。合同当事人必须具有相应的民事权利能力和民事行为能力以及缔约能力,才能成为合格的合同主体。若主体不合格,合同不能产生法律效力。

②合同当事人意思表示真实。当事人意思表示真实,是指行为人的意思表示应当真实反映其内心的意思。合同成立后,当事人的意思表示是否真实往往难以从其外部判断,法律对此一般不主动干预。缺乏意思表示真实这一要件即意思表示不真实,并不绝对导致合同一律无效。

③合同不违反法律或者社会公共利益。合同不违反法律和社会公共利益,主要包括两层含义:一是合同的内容合法,即合同条款中约定的权利、义务及其指向的对象即标的等,应符合法律的规定和社会公共利益的要求。二是合同的目的合法,即当事人缔约的原因合法,并且是直接的内心原因合法,不存在以合法的方式达到非法目的等规避法律的事实。

④具备法律、行政法规规定的合同生效必须具备的形式要件。所谓形式要件,是指法律、行政法规对合同形式上的要求,形式要件通常不是合同生效的要件,但如果法律、行政法规规定将其作为合同生效的条件时,便成为合同生效的要件之一,不具备这些形式要件,合同不能生效。如《民法典》第七百八十九条规定:"建设工程合同应当采用书面形式。"

建设工程合同生效除满足上述基本要件外,还应注意以下条件:

①当事人除了具有民事行为能力外,还必须具有与签订建设工程合同相适应的缔约能力。建设工程合同的发包人,可以是法人、其他经济组织和进行住宅建造的公民个人。但作为承包人的资格,除持证上岗的个体工匠依法可承揽二层以下简易建筑的施工任务之外,任何公民个人不得成为建设工程合同的承包方;承揽建设工程任务的企业法人和其他经济组织必须具有从事勘察、设计、建筑和安装活动相适应的资质等级。

②不违反建设工程的基本建设程序。建设工程的基本建设程序是工程项目实施建设的法定程序。这是判断建设合同效力的重要标准,比如设计任务书被批准是签订勘察合同、设

计合同的基本依据;而建筑安装承包合同,还必须经过报建、施工招标投标程序才能签订。

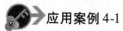应用案例 4-1

承包人和发包人签订了物流货物堆放场地平整工程合同,规定工程按我市工程造价管理部门颁布的《综合价格》进行结算。在履行合同过程中,因发包人未解决好征地问题,使承包人 7 台推土机无法进入场地,窝工 200 天,致使承包人没有按期交工。经发包人和承包人口头交涉,在征得承包人同意的基础上按承包人实际完成的工程量变更合同,并商定按"冶金部广东省某厂估价标准机械化施工标准"结算。工程完工结算时因为窝工问题和结算依据发生争议。承包人起诉,要求发包人承担全部窝工责任并坚持按第一次合同规定的计价依据和标准办理结算,而发包人在答辩中则要求承包人承担延期交工责任。

【问题】

法院应判定哪一个合同有效?

【案例分析】

法院经审理判决第一个合同有效,第二个回头交涉的合同无效,工程结算的依据应当依双方第一次签订的合同为准。

本案的关键在于如何确定工程结算计价的依据,即当事人所订立的两份合同哪个有效。依《民法典》第七百八十九条规定:"建设工程合同应当采用书面形式",建设工程合同的有效要件之一是书面形式,而且合同的签订、变更或解除,都必须采取书面形式。本案中的第一个合同是有效的书面合同,而第二个合同是口头交涉而产生的口头合同,并未经书面固定,属无效合同。所以,法院判决第一个合同为有效合同。

4.3.2 无效合同

1)合同无效的特征

合同无效,是指虽经合同当事人协商订立,但因其不具备或违反了法定条件,法律规定不承认其效力的合同。当事人(非任何人)可以请求确认合同无效,但是,是否无效,由人民法院或者仲裁机构来确定。

无效合同具有以下特征:

①合同自始无效。无效合同自订立时起就不具有法律效力,而不是从合同无效原因发现之日或合同无效确认之日起,合同才失去效力。

②合同绝对无效。合同自订立时起就无效,当事人不能通过同意或追认使其生效。

③合同当然无效。无论当事人是否知道其无效情况,无论当事人是否提出主张无效,法院或仲裁机构可以主动审查决定该合同无效。

④合同无效,可能是全部无效,也可能是部分无效。如果合同部分无效,不影响其他部分效力的,其他部分仍然有效。

⑤合同无效,不影响合同中独立存在的有关解决争议方法的条款的效力。

2)合同无效的法律规定

根据《民法典》第一百五十三条和第一百五十四条的规定,有下列情形之一的,合同无效:①违反法律、行政法规的强制性规定。但是,该强制性规定不导致该民事法律行为无效的除外;②违背公序良俗的民事法律行为无效;③行为人与相对人恶意串通,损害他人合法权益的民事法律行为无效。

3)合同中免责条款无效的法律规定

合同中免责条款,是指当事人在合同中约定免除或者限制其未来责任的合同条款。免责条款无效,是指没有法律约束力的免责条款。

根据《民法典》第五百零六条的规定,合同中的下列免责条款无效:

①造成对方人身伤害的;

②因故意或者重大过失造成对方财产损失的。

法律之所以规定上述两种情况的免责条款无效,其原因一是这两种行为具有一定的社会危害性和法律的谴责性;二是这两种行为都可能构成侵权行为责任,如果当事人约定这种侵权行为可以免责,就等于以合同的方式剥夺了当事人合同以外的合法权利。

4)无效合同的民事法律后果

无效合同从订立时起就没有法律约束力,不能产生当事人期望的经济利益。

《民法典》第一百五十七条规定,行为无效、被撤销或者确定不发生效力后,行为人因该行为取得的财产,应当予以返还;不能返还或者没有必要返还的,应当折价补偿。有过错的一方应当赔偿对方由此所受到的损失;各方都有过错的,应当各自承担相应的责任。法律另有规定的,依照其规定。

5)无效建设工程施工合同的认定及处理办法

建设工程施工合同不仅关系到双方当时人的利益,其所涉及的工程还关系到第三人或社会公众利益,因此,我国对建设工程实行严格的准入制度,同时对建设工程施工合同实行较为严格的法律干预。建设工程施工合同若被认定为无效,不仅会给合同双方带来较大的经济损失,而且会对公共利益产生不利的影响。

无效建设施工合同的认定实践中,导致建设工程合同无效的原因主要集中在以合法形式掩盖非法目的和违反法律、行政法规的强制性规定两方面。根据《最高人民法院关于审理建设工程施工合同纠纷案件适用法律问题的解释(一)》(法释〔2020〕25号)第一条规定,建设工程施工合同具有下列情形之一的,应当依据《民法典》的相关规定,认定无效:

①承包人未取得建筑业企业资质或者超越资质等级的;

②没有资质的实际施工人借用有资质的建筑施工企业名义的;

③建设工程必须进行招标而未招标或者中标无效的。承包人因转包、违法分包建设工程与他人签订的建设工程施工合同,应当依据《民法典》的相关规定,认定无效。

《最高人民法院关于审理建设工程施工合同纠纷案件适用法律问题的解释(一)》(法释〔2020〕25号)第二条至第五条继续规定,下列两种情况,也可认定无效:

①招标人和中标人在中标合同之外就明显高于市场价格购买承建房产、无偿建设住房配套设施、让利、向建设单位捐赠财物等另行签订合同,变相降低工程价款,一方当事人以该合同背离中标合同实质性内容为由请求确认无效的,人民法院应予支持;

②当事人以发包人未取得建设工程规划许可证等规划审批手续为由,请求确认建设工程施工合同无效的,人民法院应予支持,但发包人在起诉前取得建设工程规划许可证等规划

审批手续的除外。

但是,下列三种情况,不能认定无效:

①发包人能够办理审批手续而未办理,并以未办理审批手续为由请求确认建设工程施工合同无效的,人民法院不予支持;

②承包人超越资质等级许可的业务范围签订建设工程施工合同,在建设工程竣工前取得相应资质等级,当事人请求按照无效合同处理的,人民法院不予支持;

③具有劳务作业法定资质的承包人与总承包人、分包人签订的劳务分包合同,当事人请求确认无效的,人民法院依法不予支持。

施工合同属于承揽合同,履行建设施工合同的过程就是把人力、建筑材料物化到建设工程中的过程。因此,施工合同无效后一般不能返还,对于无效建设工程施工合同处理,《民法典》有相应的规定。

《民法典》第七百九十三条规定,建设工程施工合同无效,但是建设工程经验收合格的,可以参照合同关于工程价款的约定折价补偿承包人。

建设工程施工合同无效,且建设工程经验收不合格的,按照以下情形处理:

①修复后的建设工程经验收合格的,发包人可以请求承包人承担修复费用;

②修复后的建设工程经验收不合格的,承包人无权请求参照合同关于工程价款的约定折价补偿。

发包人对因建设工程不合格造成的损失有过错的,应当承担相应的责任。

《最高人民法院关于审理建设工程施工合同纠纷案件适用法律问题的解释(一)》(法释〔2020〕25号)第六条也规定:"建设工程施工合同无效,一方当事人请求对方赔偿损失的,应当就对方过错、损失大小,过错与损失之间的因果关系承担举证责任。损失大小无法确定,一方当事人请求参照合同约定的质量标准、建设工期、工程价款支付时间等内容确定损失大小的,人民法院可以结合双方过错程度、过错与损失之间的因果关系等因素作出裁判。"

应用案例 4-2

A建筑公司挂靠于一资质较高的B建筑公司,以B建筑公司名义承揽了一项工程,并与建设单位C公司签订了施工合同。但在施工过程中,由于A建筑公司的实际施工技术力量和管理能力都较差,造成了工程进度的延误和一些工程质量缺陷。C公司以此为由,不予支付余下的工程款。A建筑公司以B建筑公司名义将C公司告上法庭。

【问题】

(1)A建筑公司以B建筑公司名义与C公司签订的施工合同是否有效?

(2)C公司是否应当支付余下的工程款?

【案例分析】

(1)《最高人民法院关于审理建设工程施工合同纠纷案件适用法律问题的解释(一)》(法释〔2020〕25号)第一条规定,没有资质的实际施工人借用有资质的建筑施工企业名义的,应当认定无效。A建筑公司以B建筑公司名义与C公司签订的施工合同,是没有资质的实际施工人借用有资质的建筑施工企业名义签订的合同,属无效合同,不具有法律效力。

(2)C公司是否应当支付余下的工程款要视该工程竣工验收的结果而定。《民法典》第七百九十三条规定,建设工程施工合同无效,但是建设工程经验收合格的,可以参照合同关于工程价款的约定折价补偿承包人。

建设工程施工合同无效,且建设工程经验收不合格的,按照以下情形处理:

①修复后的建设工程经验收合格的,发包人可以请求承包人承担修复费用;

②修复后的建设工程经验收不合格的,承包人无权请求参照合同关于工程价款的约定折价补偿。

发包人对因建设工程不合格造成的损失有过错的,应当承担相应的责任。

4.3.3 可变更、可撤销合同

可变更、可撤销的合同,是指基于法定原因,当事人有权诉请法院或仲裁机构予以变更、撤销的合同。变更合同的目的是使合同的内容趋于合理;撤销合同的目的是使合同的效力归于消灭。

可变更、可撤销合同与无效合同存在显著区别。无效合同是自始无效、当然无效,即从订立起就是无效,且不必取决于当事人是否主张无效。但是,可变更、可撤销合同在被撤销之前存在效力,尤其是对无撤销权的一方具有完全拘束力;而且,其效力取决于撤销权人是否向法院或者仲裁机构主张行使撤销权以及是否被支持。

1)可变更、可撤销合同的法律规定

根据《民法典》第一百四十七条至第一百五十一条规定,可变更、可撤销的合同的种类有:

①基于重大误解订立的合同,行为人有权请求人民法院或者仲裁机构予以撤销。

②一方以欺诈手段,使对方在违背真实意思的情况下订立的合同,受欺诈方有权请求人民法院或者仲裁机构予以撤销。

③第三人实施欺诈行为,使一方在违背真实意思的情况下订立的合同,对方知道或者应当知道该欺诈行为的,受欺诈方有权请求人民法院或者仲裁机构予以撤销。

④一方或者第三人以胁迫手段,使对方在违背真实意思的情况下订立的合同,受胁迫方有权请求人民法院或者仲裁机构予以撤销。

⑤一方利用对方处于危困状态、缺乏判断能力等情形,致使合同成立时显失公平的,受损害方有权请求人民法院或者仲裁机构予以撤销。

2)撤销权消灭的法律规定

撤销权,是撤销权人依其单方的意思表示,使合同效力溯及既往的消灭的利权。因撤销原因不同,撤销权人也不同。重大误解中,误解人是撤销权人;显失公平中,遭受明显不公的人是撤销权人;欺诈、胁迫中,受欺诈、受胁迫的人是撤销权人。撤销权是诉权,只能通过法院或者仲裁机构行使。

撤销权消灭,是指依照法律的规定,当事人原享有的撤销权因一定的法定事由的出现,而使其撤销权丧失的法律事实。根据《民法典》第一百五十二条的规定,有下列情形之一的,撤销权消灭:

①当事人自知道或者应当知道撤销事由之日起一年内、重大误解的当事人自知道或者

应当知道撤销事由之日起九十日内没有行使撤销权；

②当事人受胁迫，自胁迫行为终止之日起一年内没有行使撤销权；

③当事人知道撤销事由后明确表示或者以自己的行为表明放弃撤销权。

当事人自民事法律行为发生之日起五年内没有行使撤销权的，撤销权消灭。

3）可撤销合同被撤销的后果

可变更、可撤销合同被撤销后，其法律后果与无效合同后果相同。

《民法典》第一百五十五条至第一百五十七条规定，被撤销的民事法律行为自始没有法律约束力。民事法律行为部分无效，不影响其他部分效力的，其他部分仍然有效。

民事法律行为被撤销不发生效力后，行为人因该行为取得的财产，应当予以返还；不能返还或者没有必要返还的，应当折价补偿。有过错的一方应当赔偿对方由此所受到的损失；各方都有过错的，应当各自承担相应的责任。法律另有规定的，依照其规定。

4.3.4 效力待定合同

效力待定合同，是指合同成立之后，是否具有效力还未确定，有待于其他行为或者事实使之确定的合同。

效力待定合同不同于无效合同。二者主要区别在于：无效合同具有违法性，其不具有效力是自始确定的，不会因其他行为而产生法律效力；效力待定合同并无违法性，只是效力尚不确定，法律并不强行干预，而将选择合同效力的权利赋予相关当事人或者真正权利人。

效力待定合同不同于可撤销合同。二者主要区别在于：可撤销合同在未被撤销前是有效的，效力待定合同是欠缺某种生效要件，是否有效未确定；可撤销合同只能通过法院或者仲裁机构进行撤销，效力待定合同不必通过法院或者仲裁机构，而是通过私人之间的行为（诸如追认、催告）或者一定事实来确定合同效力。

有关效力待定合同的法律规定如下：

（1）限制民事行为能力人订立合同的效力待定问题

《民法典》第一百四十五条规定，限制民事行为能力人订立的纯获利益的民事法律行为或者与其年龄、智力、精神健康状况相适应的民事法律行为有效，不必经法定代理人追认；而订立的其他民事法律行为，经法定代理人同意或者追认后有效。

相对人可以催告法定代理人自收到通知之日起三十日内予以追认。法定代理人未作表示的，视为拒绝追认。民事法律行为被追认前，善意相对人有撤销的权利。撤销应当以通知的方式作出。

（2）无权代理的行为人代订合同的效力待定问题

《民法典》第一百七十一条规定："行为人没有代理权、超越代理权或者代理权终止后，仍然实施代理行为，未经被代理人追认的，对被代理人不发生效力。"

《民法典》第一百七十二条规定："行为人没有代理权、超越代理权或者代理权终止后，仍然实施代理行为，相对人有理由相信行为人有代理权的，代理行为有效。"

《民法典》第五百零三条规定："无权代理人以被代理人的名义订立合同，被代理人已经开始履行合同义务或者接受相对人履行的，视为对合同的追认。"

（3）法人的法定代表人或者非法人组织的负责人越权订立合同的效力待定问题

《民法典》第五百零四条规定："法人的法定代表人或者非法人组织的负责人超越权限订立的合同，除相对人知道或者应当知道其超越权限外，该代表行为有效，订立的合同对法人或者非法人组织发生效力。"

（4）无处分权人处分不动产或者动产订立合同的效力待定问题

《民法典》第三百一十一条规定，无处分权人将不动产或者动产转让给受让人的，所有权人有权追回；除法律另有规定外，符合下列情形的，受让人取得该不动产或者动产的所有权：

①受让人受让该不动产或者动产时是善意；

②以合理的价格转让；

③转让的不动产或者动产依照法律规定应当登记的已经登记，不需要登记的已经交付给受让人。受让人取得不动产或者动产的所有权的，原所有权人有权向无处分权人请求损害赔偿。

4.3.5　附条件、附期限合同的效力

1）附条件合同的效力

所谓附条件合同，是指在合同中约定了一定的条件，并且把该条件的成就或者不成就作为合同效力发生或者消灭的根据的合同。根据条件对合同效力的影响，可将所附条件分为生效条件和解除条件。

《民法典》第一百五十八条规定，民事法律行为可以附条件，但是根据其性质不得附条件的除外。附生效条件的民事法律行为，自条件成就时生效。附解除条件的民事法律行为，自条件成就时失效。

《民法典》第一百五十九条规定，附条件的民事法律行为，当事人为自己的利益不正当地阻止条件成就的，视为条件已经成就；不正当地促成条件成就的，视为条件不成就。

2）附期限合同的效力

附期限合同，是指当事人在合同中设定一定的期限，并把未来期限的到来作为合同效力发生或者效力消灭的根据的合同。根据期限对合同效力的影响，可将所附期限分为生效期限和终止期限。

《民法典》第一百六十条规定，民事法律行为可以附期限，但是根据其性质不得附期限的除外。附生效期限的民事法律行为，自期限届至时生效。附终止期限的民事法律行为，自期限届满时失效。

4.4　建设工程合同的履行

4.4.1　合同履行的一般规定

合同履行是指合同当事人双方依据合同条款的规定，实现各自享有的权利，并承担各自负有的义务。合同的履行，就其实质来说，是合同当事人在合同生效后，全面地、适当地完成

合同义务的行为。

1)合同履行的原则

合同当事人履行合同时,应遵循以下原则:

①全面、适当履行的原则。全面、适当履行,是指合同当事人按照合同约定全面履行自己的义务。包括履行义务的主体、标的、数量、质量、价款或者报酬以及履行的方式、地点、期限等,都应当按照合同的约定全面履行。

②遵循诚实信用的原则。诚实信用原则,是我国《民法典》的基本原则,它贯穿于合同的订立、履行、变更、终止等全过程。因此,当事人在订立合同时,要诚实守信,要善意,当事人双方要互相协作,合同才能圆满地履行。

③公平合理,促进合同履行的原则。合同当事人双方自订立合同时起,直到合同的履行、变更、转让以及发生争议时对纠纷的解决,都应当依据公平合理的原则。按照《民法典》的规定,根据合同的性质、目的和交易习惯,善意地履行通知、协助和保密等附随义务。

④当事人一方不得擅自变更合同的原则。合同依法成立,即具有法律约束力,因此,合同当事人任何一方均不得擅自变更合同。《民法典》在若干条款中根据不同的情况对合同的变更,分别作了专门的规定。这些规定更加完善了我国的合同法律制度,并有利于促进我国社会主义市场经济的发展和保护合同当事人的合法权益。

2)合同履行中条款空缺的法律规定

合同条款空缺,是指合同生效后,当事人对合同条款约定有缺陷,依法采取完善或妥善处理的法律行为。

当事人订立合同时,对合同条款的约定应当明确、具体,以便于合同履行。然而,由于某些当事人因合同法律知识的欠缺,以及对事物认识上的错误或者疏忽大意等原因,而出现某些条款欠缺或者条款约定不明确,致使合同难以履行时,法律允许当事人之间采取措施补救合同条款空缺。

（1）协议补充及不能达成补充协议时的法律规定

协议补充,是指合同当事人对没能约定或者约定不明确的合同内容通过协商的办法订立补充协议,该协议是对原合同内容的补充,因而成为原合同的组成部分。

《民法典》第五百一十条规定:"合同生效后,当事人就质量、价款或者报酬、履行地点等内容没有约定或者约定不明确的,可以协议补充;不能达成补充协议的,按照合同相关条款或者交易习惯确定。"

（2）合同内容不明确又不能达成补充协议时的法律规定

《民法典》第五百一十一条规定,当事人就有关合同内容约定不明确,依据前条规定仍不能确定的,适用下列规定:

①质量要求不明确的,按照强制性国家标准履行;没有强制性国家标准的,按照推荐性国家标准履行;没有推荐性国家标准的,按照行业标准履行;没有国家标准、行业标准的,按照通常标准或者符合合同目的的特定标准履行。

②价款或者报酬不明确的,按照订立合同时履行地的市场价格履行;依法应当执行政府定价或者政府指导价的,依照规定履行。

③履行地点不明确,给付货币的,在接受货币一方所在地履行;交付不动产的,在不动产所在地履行;其他标的,在履行义务一方所在地履行。

④履行期限不明确的,债务人可以随时履行,债权人也可以随时请求履行,但是应当给对方必要的准备时间。

⑤履行方式不明确的,按照有利于实现合同目的的方式履行。

⑥履行费用的负担不明确的,由履行义务一方负担;因债权人原因增加的履行费用,由债权人负担。

3)电子合同的法律规定

《民法典》第五百一十二条规定,通过互联网等信息网络订立的电子合同的标的为交付商品并采用快递物流方式交付的,收货人的签收时间为交付时间。电子合同的标的为提供服务的,生成的电子凭证或者实物凭证中载明的时间为提供服务时间;前述凭证没有载明时间或者载明时间与实际提供服务时间不一致的,以实际提供服务的时间为准。

电子合同的标的物为采用在线传输方式交付的,合同标的物进入对方当事人指定的特定系统且能够检索识别的时间为交付时间。

电子合同当事人对交付商品或者提供服务的方式、时间另有约定的,按照其约定。

4)合同中规定执行政府定价或政府指导价的法律规定

《民法典》第五百一十三条规定:"执行政府定价或者政府指导价的,在合同约定的交付期限内政府价格调整时,按照交付时的价格计价。逾期交付标的物的,遇价格上涨时,按照原价格执行;价格下降时,按照新价格执行。逾期提取标的物或者逾期付款的,遇价格上涨时,按照新价格执行;价格下降时,按照原价格执行。"

4.4.2　合同履行中的抗辩权、代位权和撤销权

《民法典》赋予当事人在履行合同过程中享有的权利,主要包括抗辩权、代位权和撤销权。只有掌握了这些权利才可能利用《民法典》这个武器来维护自身的合法权益。

1)抗辩权

抗辩权,是指在双务合同中,当事人一方有依法对抗对方要求或否认对方权利主张的权利。建设工程合同属于双务合同,发包方与承包方互负合同义务,在履行合同中享有抗辩权。抗辩权依其具体情形可分为同时履行抗辩权、先履行抗辩权和不安抗辩权三种。

（1）同时履行抗辩权

同时履行,是指合同订立后在合同有效期限内,当事人双方不分先后地履行各自的义务的行为。

同时履行抗辩权,是指在没有规定履行顺序的双务合同中,当事人一方在当事人另一方未为对方给付以前,有权拒绝先为给付的权利。

《民法典》第五百二十五条规定:"当事人互负债务,没有先后履行顺序的,应当同时履行。一方在对方履行之前有权拒绝其履行要求。一方在对方履行债务不符合约定时,有权拒绝其相应的履行要求。"

同时履行抗辩权只能由当事人行使,法院不能依职权主动适用。

（2）先履行抗辩权

先履行抗辩权，是指当事人互负债务，有先后履行顺序，先履行一方未履行或者履行债务不符合约定的，后履行一方有权拒绝先履行一方的履行要求。

《民法典》第五百二十六条规定："当事人互负债务，有先后履行顺序，应当先履行债务一方未履行的，后履行一方有权拒绝其履行请求。先履行一方履行债务不符合约定的，后履行一方有权拒绝其相应的履行请求。"

如果先履行一方已经适当、全面地履行债务，则后履行一方就没有先履行抗辩权，而应当依约履行自身义务，否则可能承担违约责任。

（3）不安抗辩权

不安抗辩权，是指先履行合同的当事人一方因后履行合同一方当事人欠缺履行债务能力或信用，而拒绝履行合同的权利。

不安抗辩权制度在于保护履行顺序在先的当事人，但不是无条件的，而是以该当事人的债权实现受到存在于对方当事人的现实危险威胁为条件。

《民法典》第五百二十七条规定，应当先履行债务的当事人，有确切证据证明对方有下列情形之一的，可以中止履行：

①经营状况严重恶化；

②转移财产、抽逃资金，以逃避债务；

③丧失商业信誉；

④有丧失或者可能丧失履行债务能力的其他情形。

当事人没有确切证据中止履行的，应当承担违约责任。

《民法典》第五百二十八条继续规定："当事人依据前条规定中止履行的，应当及时通知对方。对方提供适当担保的，应当恢复履行。中止履行后，对方在合理期限内未恢复履行能力且未提供适当担保的，视为以自己的行为表明不履行主要债务，中止履行的一方可以解除合同并可以请求对方承担违约责任。"

2）代位权

代位权，是指债权人为了保障其债权不受损害，而以自己的名义代替债务人行使债权的权利。

《民法典》第五百三十五条规定："因债务人怠于行使其债权或者与该债权有关的从权利，影响债权人的到期债权实现的，债权人可以向人民法院请求以自己的名义代位行使债务人对相对人的权利，但是该权利专属于债务人自身的除外。

代位权的行使范围以债权人的到期债权为限。债权人行使代位权的必要费用，由债务人负担。

相对人对债务人的抗辩，可以向债权人主张。"

债权人行使代位权的，必须以自己的名义提起诉讼，因此，代位权诉讼的原告只能是债权人。代位权必须通过诉讼程序行使。

如《最高人民法院关于审理建设工程施工合同纠纷案件适用法律问题的解释（一）》（法释〔2020〕25 号）第四十四条规定，实际施工人依据《民法典》的规定，以转包人或者违法分包人怠于向发包人行使到期债权或者与该债权有关的从权利，影响其到期债权实现，提起代位权诉讼的，人民法院应予支持。

《民法典》第五百三十七条规定："人民法院认定代位权成立的，由债务人的相对人向债权人履行义务，债权人接受履行后，债权人与债务人、债务人与相对人之间相应的权利义务终止。债务人对相对人的债权或者与该债权有关的从权利被采取保全、执行措施，或者债务人破产的，依照相关法律的规定处理。"

3）撤销权

撤销权，是指债权人对于债务人危害其债权实现的不当行使，有请求人民法院予以撤销的权利。

《民法典》第五百三十八条至第五百四十二条规定：

债务人以放弃其债权、放弃债权担保、无偿转让财产等方式无偿处分财产权益，或者恶意延长其到期债权的履行期限，影响债权人的债权实现的，债权人可以请求人民法院撤销债务人的行为。

债务人以明显不合理的低价转让财产、以明显不合理的高价受让他人财产或者为他人的债务提供担保，影响债权人的债权实现，债务人的相对人知道或者应当知道该情形的，债权人可以请求人民法院撤销债务人的行为。

撤销权的行使范围以债权人的债权为限。债权人行使撤销权的必要费用，由债务人负担。

撤销权自债权人知道或者应当知道撤销事由之日起一年内行使。自债务人的行为发生之日起五年内没有行使撤销权的，该撤销权消灭。

债务人影响债权人的债权实现的行为被撤销的，自始没有法律约束力。

4.4.3　建设工程合同履行纠纷的处理

建设工程合同履行过程中会产生大量的法律纠纷，为此，《民法典》第三编第18章对建设工程合同作出了专门规定，《建筑法》及国务院颁布的《建设工程安全生产管理条例》《建设工程勘察设计管理条例》《建设工程质量管理条例》等3部行政法规亦对建设工程活动进行了规范。对于一些并不容易直接适用现有法律条款予以解决的纠纷，可以通过《最高人民法院关于审理建设工程施工合同纠纷案件适用法律问题的解释（一）》（法释〔2020〕25号）等相关司法解释来进行处理。

1）关于合同价款的确定

招标工程的合同价款由发包人、承包人依据中标通知书中的中标价格在协议书内约定。不实行招标工程的合同价款由发包人、承包人依据工程预算书在协议书内约定。合同价款在协议书内约定后，任何一方不得擅自改变。

根据《建设工程施工合同（示范文本）》（GF-2017-0201）通用条款的规定，发包人和承包人应在合同协议书中选择下列一种合同价格形式：单价合同、总价合同和其他价格形式（如成本加酬金合同）。

《最高人民法院关于审理建设工程施工合同纠纷案件适用法律问题的解释（一）》（法释〔2020〕25号）第二条规定："招标人和中标人另行签订的建设工程施工合同约定的工程范

围、建设工期、工程质量、工程价款等实质性内容,与中标合同不一致,一方当事人请求按照中标合同确定权利义务的,人民法院应予支持。招标人和中标人在中标合同之外就明显高于市场价格购买承建房产、无偿建设住房配套设施、让利、向建设单位捐赠财物等另行签订合同,变相降低工程价款,一方当事人以该合同背离中标合同实质性内容为由请求确认无效的,人民法院应予支持。"

《最高人民法院关于审理建设工程施工合同纠纷案件适用法律问题的解释(一)》(法释〔2020〕25 号)第二十二条至第二十四条继续规定:

当事人签订的建设工程施工合同与招标文件、投标文件、中标通知书载明的工程范围、建设工期、工程质量、工程价款不一致,一方当事人请求将招标文件、投标文件、中标通知书作为结算工程价款的依据的,人民法院应予支持。

发包人将依法不属于必须招标的建设工程进行招标后,与承包人另行订立的建设工程施工合同背离中标合同的实质性内容,当事人请求以中标合同作为结算建设工程价款依据的,人民法院应予支持,但发包人与承包人因客观情况发生了在招标投标时难以预见的变化而另行订立建设工程施工合同的除外。

当事人就同一建设工程订立的数份建设工程施工合同均无效,但建设工程质量合格,一方当事人请求参照实际履行的合同关于工程价款的约定折价补偿承包人的,人民法院应予支持。实际履行的合同难以确定,当事人请求参照最后签订的合同关于工程价款的约定折价补偿承包人的,人民法院应予支持。

2) 关于竣工日期和开工日期纠纷的处理

竣工日期可以分为合同中约定的竣工日期和实际竣工日期。合同中约定的竣工日期是指发包人和承包人在协议书中约定的承包人完成承包范围内工程的绝对或相对的日期。实际竣工日期是指承包人全面、适当履行了施工承包合同时的日期。合同中约定的竣工日期是发包人限定的竣工日期的底线,如果承包人超过了这个日期竣工就将为此承担违约责任。而实际竣工日期则是承包人可以全面主张合同中约定的权利的开始之日,如果该日期先于合同中约定的竣工日期,承包商可以因此获得奖励。

正是由于确定实际竣工日期涉及发包人和承包人的利益,对于工程竣工日期的争议就时有发生。这些争议主要表现在:

①由于发包人拖延验收而产生的对于实际竣工日期的争议;

②由于发包人擅自使用工程而产生的对于实际竣工验收日期的争议;

③由于对于工程质量是否符合合同约定产生争议而导致对竣工日期的争议。

对此,《最高人民法院关于审理建设工程施工合同纠纷案件适用法律问题的解释(一)》(法释〔2020〕25 号)第九条,当事人对建设工程实际竣工日期有争议的,人民法院应当分别按照以下情形予以认定:

①建设工程经竣工验收合格的,以竣工验收合格之日为竣工日期;

②承包人已经提交竣工验收报告,发包人拖延验收的,以承包人提交验收报告之日为竣工日期;

③建设工程未经竣工验收,发包人擅自使用的,以转移占有建设工程之日为竣工日期。

《建设工程施工合同(示范文本)》(GF-2017-0201)通用合同条款第 13.2.3 条进一步明

确:工程经竣工验收合格的,以承包人提交竣工验收申请报告之日为实际竣工日期,并在工程接收证书中载明;因发包人原因,未在监理人收到承包人提交的竣工验收申请报告42天内完成竣工验收,或完成竣工验收不予签发工程接收证书的,以提交竣工验收申请报告的日期为实际竣工日期;工程未经竣工验收,发包人擅自使用的,以转移占有工程之日为实际竣工日期。"

《最高人民法院关于审理建设工程施工合同纠纷案件适用法律问题的解释(一)》(法释〔2020〕25号)第十一条继续规定:"建设工程竣工前,当事人对工程质量发生争议,工程质量经鉴定合格的,鉴定期间为顺延工期期间。"

对于开工日期有争议的,《最高人民法院关于审理建设工程施工合同纠纷案件适用法律问题的解释(一)》(法释〔2020〕25号)第八条继续规定:当事人对建设工程开工日期有争议的,人民法院应当分别按照以下情形予以认定:

①开工日期为发包人或者监理人发出的开工通知载明的开工日期;开工通知发出后,尚不具备开工条件的,以开工条件具备的时间为开工日期;因承包人原因导致开工时间推迟的,以开工通知载明的时间为开工日期。

②承包人经发包人同意已经实际进场施工的,以实际进场施工时间为开工日期。

③发包人或者监理人未发出开工通知,亦无相关证据证明实际开工日期的,应当综合考虑开工报告、合同、施工许可证、竣工验收报告或者竣工验收备案表等载明的时间,并结合是否具备开工条件的事实,认定开工日期。

《最高人民法院关于审理建设工程施工合同纠纷案件适用法律问题的解释(一)》(法释〔2020〕25号)第十条继续规定,当事人约定顺延工期应当经发包人或者监理人签证等方式确认,承包人虽未取得工期顺延的确认,但能够证明在合同约定的期限内向发包人或者监理人申请过工期顺延且顺延事由符合合同约定,承包人以此为由主张工期顺延的,人民法院应予支持。当事人约定承包人未在约定期限内提出工期顺延申请视为工期不顺延的,按照约定处理,但发包人在约定期限后同意工期顺延或者承包人提出合理抗辩的除外。

3)关于计价方法纠纷的处理

在工程建设合同中,当事人双方会约定计价的方法,这是发包人向承包人支付工程款的基础。如果合同双方对于计价方法产生了纠纷且不能得到及时妥善地解决,就必然会影响到当事人的切身利益。

对计价方法的纠纷主要表现在以下几个方面:

(1)因变更引起的纠纷

在工程建设过程中,变更是普遍存在的。尽管变更的表现形式纷繁复杂,但是其对于工程款的支付的影响却仅仅表现在两个方面:一是工程量的变化导致的价格纠纷;二是工程质量标准的变化导致的价格纠纷。

对于由于变更而引起的计价方法的纠纷,《最高人民法院关于审理建设工程施工合同纠纷案件适用法律问题的解释(一)》(法释〔2020〕25号)第十九条规定:"当事人对建设工程的计价标准或者计价方法有约定的,按照约定结算工程价款。因设计变更导致建设工程的工程量或者质量标准发生变化,当事人对该部分工程价款不能协商一致的,可以参照签订建设工程施工合同时当地建设行政主管部门发布的计价方法或者计价标准结算工程价款。"

（2）因工程质量验收不合格导致的纠纷

工程合同中的价款针对的是合格工程而言的，而在工程实践中，不合格产品也是普遍存在的，对于不合格产品如何计价也就自然成了合同当事人关注的问题。在这个问题中也涉及两方面的问题：一是工程质量与合同约定的不符合程度；二是针对该工程质量应予支付工程款的问题。

对此，《民法典》第七百九十三条规定，建设工程施工合同无效，但是建设工程经验收合格的，可以参照合同关于工程价款的约定折价补偿承包人。建设工程施工合同无效，且建设工程经验收不合格的，按照以下情形处理：

①修复后的建设工程经验收合格的，发包人可以请求承包人承担修复费用；

②修复后的建设工程经验收不合格的，承包人无权请求参照合同关于工程价款的约定折价补偿。发包人对因建设工程不合格造成的损失有过错的，应当承担相应的责任。

《最高人民法院关于审理建设工程施工合同纠纷案件适用法律问题的解释（一）》（法释〔2020〕25 号）第十六条也规定："发包人在承包人提起的建设工程施工合同纠纷案件中，以建设工程质量不符合合同约定或者法律规定为由，就承包人支付违约金或者赔偿修理、返工、改建的合理费用等损失提出反诉的，人民法院可以合并审理。"

（3）因利息而产生的纠纷

《民法典》第五百八十四条规定："当事人一方不履行合同义务或者履行合同义务不符合约定，造成对方损失的，损失赔偿额应当相当于因违约所造成的损失，包括合同履行后可以获得的利益；但是，不得超过违约一方订立合同时预见到或者应当预见到的因违约可能造成的损失。"

从上面的条款我们可以看到，发包人拖欠承包人工程款，不仅应当支付工程款本金，还应当支付工程款利息。因为利息是建设单位如果按期支付工程款后承包商的预期利益。

在实践中，对于利息的支付容易在两个方面产生纠纷：一是利息的计付标准，二是何时开始计付利息。

《最高人民法院关于审理建设工程施工合同纠纷案件适用法律问题的解释（一）》（法释〔2020〕25 号）第二十六条和第二十七条规定：

当事人对欠付工程价款利息计付标准有约定的，按照约定处理。没有约定的，按照同期同类贷款利率或者同期贷款市场报价利率计息。

利息从应付工程价款之日开始计付。当事人对付款时间没有约定或者约定不明的，下列时间视为应付款时间：

①建设工程已实际交付的，为交付之日；

②建设工程没有交付的，为提交竣工结算文件之日；

③建设工程未交付，工程价款也未结算的，为当事人起诉之日。

（4）工程垫资的处理

《最高人民法院关于审理建设工程施工合同纠纷案件适用法律问题的解释（一）》（法释〔2020〕25 号）第二十五条规定，当事人对垫资和垫资利息有约定，承包人请求按照约定返还垫资及其利息的，人民法院应予支持，但是约定的利息计算标准高于垫资时的同类贷款利率或者同期贷款市场报价利率的部分除外。当事人对垫资没有约定的，按照工程欠款处理。

当事人对垫资利息没有约定,承包人请求支付利息的,人民法院不予支持。

4) 关于工程量纠纷的处理

在工程款支付的过程中,确认完成的工程量是一个重要的环节。只有确认了完成的工程量,才能进行下一步的结算。

(1)对未经签证但事实上已经完成的工程量的确认

工程量的确认应以工程师的确认为依据,只有经过工程师确认的工程量才能进行工程款的结算,否则,即使施工单位完成了相应的工程量,也由于属于单方面变更合同内容而不能得到相应的工程款。

工程师的确认以签证为依据,也就是说只要工程师对于已完工程进行了签证,建设单位就要支付这部分工程量的工程款。但是,有的时候却存在另一种情形,工程师口头同意进行某项工程的修建,但是由于主观的或者客观的原因而没能及时提供签证。对于这部分工程量的确认就很容易引起纠纷。

《民法典》第四百九十条规定,法律、行政法规规定或者当事人约定合同应当采用书面形式订立,当事人未采用书面形式但是一方已经履行主要义务,对方接受时,该合同成立。依据这个条款,《最高人民法院关于审理建设工程施工合同纠纷案件适用法律问题的解释(一)》(法释〔2020〕25号)第二十条规定,当事人对工程量有争议的,按照施工过程中形成的签证等书面文件确认。承包人能够证明发包人同意其施工,但未能提供签证文件证明工程量发生的,可以按照当事人提供的其他证据确认实际发生的工程量。

(2)对于确认工程量的时间的纠纷

如果建设单位迟迟不确认施工单位完成的工程量,就会导致施工单位不能及时得到工程款,这样就损害了施工单位的利益。为了保护合同当事人的合法权益,《最高人民法院关于审理建设工程施工合同纠纷案件适用法律问题的解释(一)》(法释〔2020〕25号)第二十一条规定,当事人约定,发包人收到竣工结算文件后,在约定期限内不予答复,视为认可竣工结算文件的,按照约定处理。承包人请求按照竣工结算文件结算工程价款的,人民法院应予支持。

5) 关于建设工程价款优先受偿权问题的司法解释

(1)《民法典》在工程款优先受偿权问题上的冲突

在工程建设中,建设单位为了筹措资金,经常会向银行贷款。作为条件,银行会要求建设单位提供相应的担保。有的时候,建设单位可以以拟建的建设工程(主要是商品房)作为抵押来为贷款作担保。于是,在建设单位和银行之间就会签订一个抵押合同。根据《民法典》第四百一十条的规定:"债务人不履行到期债务或者发生当事人约定的实现抵押权的情形,抵押权人可以与抵押人协议以抵押财产折价或者以拍卖、变卖该抵押财产所得的价款优先受偿。协议损害其他债权人利益的,其他债权人可以请求人民法院撤销该协议。抵押权人与抵押人未就抵押权实现方式达成协议的,抵押权人可以请求人民法院拍卖、变卖抵押财产。抵押财产折价或者变卖的,应当参照市场价格。"这就是说,如果建设单位在应该偿还贷款的期限届满而没有清偿贷款的话,银行就可以将建成的工程项目(主要是指商品房)折价、拍卖或者变卖,然后将所得的收入占有。

《民法典》第八百零七条同时也规定,发包人未按照约定支付价款的,承包人可以催告发包人在合理期限内支付价款。发包人逾期不支付的,除根据建设工程的性质不宜折价、拍卖外,承包人可以与发包人协议将该工程折价,也可以请求人民法院将该工程依法拍卖。建设工程的价款就该工程折价或者拍卖的价款优先受偿。这就意味着,如果建设单位不及时支付工程款,则施工单位可以将建成的建设项目折价、拍卖并将所得占有。

(2)建设工程价款优先受偿权问题的司法解释

这样一来就出现了一个问题,在上面两个条件都存在的情况下,银行和施工单位都可以将建成的工程项目拍卖并将所得款项占有。那么到底优先将这笔款项支付给谁呢?针对这个问题,《最高人民法院关于审理建设工程施工合同纠纷案件适用法律问题的解释(一)》(法释〔2020〕25号)第三十五条至第四十二条作出了如下解释:

①与发包人订立建设工程施工合同的承包人,依据《民法典》的相关规定请求其承建工程的价款就工程折价或者拍卖的价款优先受偿的,人民法院应予支持。

②承包人根据《民法典》相关规定享有的建设工程价款优先受偿权优于抵押权和其他债权。

③装饰装修工程具备折价或者拍卖条件,装饰装修工程的承包人请求工程价款就该装饰装修工程折价或者拍卖的价款优先受偿的,人民法院应予支持。

④建设工程质量合格,承包人请求其承建工程的价款就工程折价或者拍卖的价款优先受偿的,人民法院应予支持。

⑤未竣工的建设工程质量合格,承包人请求其承建工程的价款就其承建工程部分折价或者拍卖的价款优先受偿的,人民法院应予支持。

⑥承包人建设工程价款优先受偿的范围依照国务院有关行政主管部门关于建设工程价款范围的规定确定。承包人就逾期支付建设工程价款的利息、违约金、损害赔偿金等主张优先受偿的,人民法院不予支持。

⑦承包人应当在合理期限内行使建设工程价款优先受偿权,但最长不得超过十八个月,自发包人应当给付建设工程价款之日起算。

⑧发包人与承包人约定放弃或者限制建设工程价款优先受偿权,损害建筑工人利益,发包人根据该约定主张承包人不享有建设工程价款优先受偿权的,人民法院不予支持。

应用案例4-3

某建筑公司承包了某房地产开发公司开发的商品房建设工程,并签订了施工合同,就工程价款、竣工日期等作出了详细约定。该工程如期完成并经验收合格,但房地产开发公司尚欠建筑公司工程款1 250万元。经建筑公司多次催要无果,便将房地产开发公司起诉至法院。在诉讼中,房地产开发公司以还欠另一公司的债务为由,拒绝支付其尚欠的工程价款。

【问题】

(1)房地产开发公司不向建筑公司支付工程价款的理由是否成立?

(2)建筑公司应当在什么时限内向法院提起诉讼?

【案例分析】

(1)房地产开发公司不向建筑公司支付工程价款的理由不能成立。我国《民法典》第八百零七条规定:"发包人未按照约定支付价款的,承包人可以催告发包人在合理期限内支付价款。发包人逾期不支付的,除根据建设工程的性质不宜折价、拍卖外,承包人可以与发包人协议将该工程折价,也可以请求人民法院将该工程依法拍卖。建设工程的价款就该工程折价或者拍卖的价款优先受偿。"

《最高人民法院关于审理建设工程施工合同纠纷案件适用法律问题的解释(一)》(法释〔2020〕25号)第三十六条规定,承包人根据民法典相关规定享有的建设工程价款优先受偿权优于抵押权和其他债权。依据上述规定,房地产开发公司以欠另一公司债务而不向建筑公司支付工程价款的理由不能成立,本案中建筑公司的工程款应当优先于第三方的债权。

(2)《最高人民法院关于审理建设工程施工合同纠纷案件适用法律问题的解释(一)》(法释〔2020〕25号)第四十一条规定:"承包人应当在合理期限内行使建设工程价款优先受偿权,但最长不得超过十八个月,自发包人应当给付建设工程价款之日起算。"据此,建筑公司应当在发包人应当给付建设工程价款之日起18个月内向人民法院提起诉讼。如果过了这个时限,该建筑公司将失去建设工程价款的优先受偿权。

4.4.4 建设工程赔偿损失的规定

1)赔偿损失概念和特征

赔偿损失,通常是指在工程合同履行过程中,合同当事人一方因对方不履行或未能正确履行合同或者由于其他非自身因素而受到经济损失或权利损害,通过合同规定的程序向对方提出经济或时间补偿要求的行为。

《民法典》第五百七十七条规定:"当事人一方不履行合同义务或者履行合同义务不符合约定的,应当承担继续履行、采取补救措施或者赔偿损失等违约责任。"

赔偿损失具有以下特征:

①赔偿损失是合同违约方违反合同义务所产生的责任形式。

②赔偿损失具有补偿性,是强制违约方给非违约方所受损失的一种补偿。

③赔偿损失具有一定的任意性。当事人订立合同时,可以预先约定对违约的赔偿损失的计算方法,或者直接约定违约方付给非违约方一定数额的金钱。当事人也可以事先约定免责的条款。

④赔偿损失以赔偿非违约方实际遭受的全部损害为原则。

2)承担赔偿损失责任的构成要件

承担赔偿损失责任的构成要件是:

①具有违约行为。

②造成损失后果。

③违约行为与财产等损失之间有因果关系。

④违约人有过错,或者虽无过错,但法律规定应当赔偿。

3)赔偿损失的范围

《民法典》第五百八十四条规定:"当事人一方不履行合同义务或者履行合同义务不符合约定,造成对方损失的,损失赔偿额应当相当于因违约所造成的损失,包括合同履行后可以获得的利益;但是,不得超过违约一方订立合同时预见到或者应当预见到的因违约可能造成的损失。"

赔偿损失范围包括直接损失和间接损失。直接损失是指财产上的直接减少。间接损失(又称所失利益),是指失去的可以预期取得的利益。可以预期取得的利益(也称可得利益),是指利润而不是营业额。

4)约定赔偿损失与法定赔偿损失

《民法典》第五百八十五条规定:"当事人可以约定一方违约时应当根据违约情况向对方支付一定数额的违约金,也可以约定因违约产生的损失赔偿额的计算方法。约定的违约金低于造成的损失的,人民法院或者仲裁机构可以根据当事人的请求予以增加;约定的违约金过分高于造成的损失的,人民法院或者仲裁机构可以根据当事人的请求予以适当减少。当事人就迟延履行约定违约金的,违约方支付违约金后,还应当履行债务。"

法定赔偿损失,是指根据法律规定的赔偿范围、损失计算原则与标准,确定赔偿损失的金额。

一般来说,赔偿损失的主要形式是法定赔偿损失,而约定赔偿损失是为了弥补法定赔偿损失的不足。在确定了适用约定赔偿损失还是法定赔偿损失的情况下,原则上约定赔偿损失优先于法定赔偿损失。作为约定赔偿损失,一旦发生违约并造成受害人的损害以后,受害人不必证明其具体损害范围即可依据约定赔偿损失条款而获得赔偿。例如,双方事先约定,一方违约后应支付另一方10万元赔偿金,当一方违约时,另一方只需证明该方已构成违约并使其遭受损害,而不必证明自己遭受多少损失,就可以要求对方支付10万元的赔偿金。如果当事人只是约定了损失赔偿额的计算方法,那么受害人还应当证明其实际遭受的损害。

5)赔偿损失的限制

(1)赔偿损失的可预见性原则

《民法典》第五百八十四条规定,赔偿损失不得超过违约一方订立合同时预见到或者应当预见到得违约可能造成的损失。

据此,只有当违约所造成的损害是违约方在订约时可以预见的情况下,方能认为损害结果与违约行为之间具有因果关系,违约方才应当对这些损害承担赔偿责任。如果损害是不可预见的,则违约方不应赔偿。

(2)采取措施防止损失的扩大

《民法典》第五百九十一条规定:"当事人一方违约后,对方应当采取适当措施防止损失的扩大;没有采取适当措施致使损失扩大的,不得就扩大的损失请求赔偿。

当事人因防止损失扩大而支出的合理费用,由违约方负担。"

对于当事人一方违反合同的,另一方不能任凭损失的扩大,在接到对方的通知后,应当及时采取措施防止损失扩大,即使没有接到对方通知,也应当采取适当措施;如果没有及时采取措施致使损失扩大的,无权就扩大的损失部分请求赔偿。

应用案例4-4

甲公司与乙勘察设计单位签订了一份勘察设计合同,合同约定乙单位为甲公司筹建中的商业大厦进行勘察、设计,按照国家颁布的收费标准支付勘察设计费。乙单位应按甲公司的设计标准、技术规范等提出勘察设计要求,进行测量和工程地质、水文地质等勘察设计工作,并在××××年5月1日前向甲公司提交勘察成果和设计文件。合同还约定了双方的违约责任、争议的解决方式。甲公司同时与丙建筑公司签订了建设工程承包合同,在合同中规定了开工日期。但是,不料后来乙单位迟迟不能提交出勘察设计文件。丙建筑公司按建设工程承包合同的约定做好了开工准备,如期进驻施工场地。在甲公司的再三催促下,乙单位延迟36天提交勘察设计文件。此时,丙公司已窝工18天。在施工期间,丙公司又发现设计图纸中的多处错误,不得不停工等候甲公司请乙单位对设计图纸进行修改。丙公司由于窝工、停工要求甲公司赔偿损失,否则不再继续施工。甲公司将乙单位起诉到法院,要求乙单位赔偿损失。法院认定乙单位应承担违约责任。

【问题】

乙单位是否应当承担违约责任,赔偿甲公司的损失?

【案例分析】

该案中乙单位不仅没有按照合同的约定提交勘察设计文件,致使甲公司的建设工期受到延误,造成丙公司的窝工,而且勘察设计的质量也不符合要求,致使承建单位丙公司因修改设计图纸而停工、窝工。根据《民法典》第八百条规定:"勘察、设计的质量不符合要求或者未按照期限提交勘察、设计文件拖延工期,造成发包人损失的,勘察人、设计人应当继续完善勘察、设计,减收或者免收勘察、设计费并赔偿损失"。乙单位的上述违约行为已给甲公司造成损失,应负赔偿甲公司损失的责任。

6)建设工程施工合同中的赔偿损失

(1)发包人应当承担的赔偿损失

①未及时检查隐蔽工程造成的损失。《民法典》第七百九十八条规定:"隐蔽工程在隐蔽以前,承包人应当通知发包人检查。发包人没有及时检查的,承包人可以顺延工程日期,并有权请求赔偿停工、窝工等损失。"

②未按照约定提供原材料、设备等造成的损失。《民法典》第八百零三条规定:"发包人未按照约定的时间和要求提供原材料、设备、场地、资金、技术资料的,承包人可以顺延工程日期,并有权请求赔偿停工、窝工等损失。"

③因发包人原因致使工程中途停建、缓建造成的损失。《民法典》第八百零四条规定:"因发包人的原因致使工程中途停建、缓建的,发包人应当采取措施弥补或者减少损失,赔偿承包人因此造成的停工、窝工、倒运、机械设备调迁、材料和构件积压等损失和实际费用。"

④提供图纸或者技术要求不合理且怠于答复等造成的损失。《民法典》第七百七十六条规定,承揽人发现定作人提供的图纸或者技术要求不合理的,应当及时通知定作人。因定作人怠于答复等原因造成承揽人损失的,应当赔偿损失。

⑤中途变更承揽工作要求造成的损失。《民法典》第七百七十七条规定,定作人中途变更承揽工作的要求,造成承揽人损失的,应当赔偿损失。

⑥要求压缩合同约定工期造成的损失。《建设工程安全生产管理条例》第五十五条规定,建设单位要求施工单位压缩合同约定的工期而造成损失的,应依法承担赔偿责任。

⑦验收违法行为造成的损失。《建设工程质量管理条例》第五十八条规定:"建设单位有下列行为之一的……造成损失的,依法承担赔偿责任:(一)未组织竣工验收,擅自交付使

用的;(二)验收不合格,擅自交付使用的;(三)对不合格的建设工程按照合格工程验收的。"

(2)承包人应当承担的赔偿损失

①转让、出借资质证书等造成的损失。《建筑法》第六十六条规定,建筑施工企业转让、出借资质证书或者以其他方式允许他人以本企业的名义承揽工程,对因该项承揽工程不符合规定的质量标准造成的损失的,建筑施工企业与使用本企业名义的单位或者个人承担连带赔偿责任。

②转包、违法分包造成的损失。《建筑法》第六十七条规定,承包单位将承包的工程转包,或者违反规定进行分包,对因转包工程或者违法分包的工程不符合规定的质量标准造成损失的,与接受转包或者分包的单位承担连带赔偿责任。

③偷工减料等造成的损失。《建筑法》第七十四条规定,建筑施工企业在施工中偷工减料,使用不合格的建筑材料、建筑构配件和设备的,或者有其他不按照工程设计图纸或者施工技术标准施工的行为,造成建筑工程质量不符合规定的质量标准的,负责返工、修理,并赔偿因此造成的损失。

④与监理单位串通造成的损失。《建筑法》第六十九条规定,工程监理单位与建设单位或者建筑施工企业串通,弄虚作假、降低工程质量的,造成损失的,承担连带赔偿责任。

⑤不履行保修义务造成的损失。《建筑法》第七十五条规定,建筑施工企业违反规定,不履行保修义务或拖延履行保修义务,对在保修期内因屋顶、墙面渗漏、开裂等质量缺陷造成损失的,承担赔偿责任。

⑥保管不善造成的损失。《民法典》第七百八十四条规定,承揽人应当妥善保管定作人提供的材料以及完成的工作成果,因保管不善造成毁损、灭失的,应当承担损害赔偿责任。

⑦合理使用期限内造成的损失。《建筑法》第八十条规定:"在建筑物的合理使用寿命内,因建筑工程质量不合格受到损害的,有权向责任者要求赔偿。"

4.5　建设合同的变更、转让与权利义务终止

4.5.1　合同的变更

1)合同变更的规定

合同变更,是指合同依法成立后,在尚未履行或尚未完全履行时,当事人依法经过协商,对合同的内容进行修订或调整所达成的协议。

《民法典》第五百四十三条规定:"当事人协商一致,可以变更合同。"

2)建设工程施工合同变更

建设工程施工合同的变更,一般主要是在合同主体不变的情况下,对合同内容进行的变更:

①标的条款变更,主要包括标的本身、标的数量、质量、型号、规格以及标的其他方面的条款内容发生变更;

②履行条款变更,主要包括价款或报酬、履行期限、地点、方式和所附条件等条款内容的

变更；

③合同责任条款变更，主要是担保、违约责任形式、合同救济方式或争议解决方式等条款内容的变更。

由于建设工程施工合同的履行期长、涉及范围广、影响因素多，因此，一份建设工程施工合同签订得再好，签约时考虑得再全面，履行时也不免因工程实施条件及环境的变化而需对合同约定的事项进行修正，即对建设工程施工合同的内容进行变更。

建设工程施工合同的变更往往可以通过工程签证来实现，其实质是工程承发包双方在合同履行过程中对支付各种费用、顺延工期、赔偿损失等事项所达成的补充协议。经双方书面确认的工程签证，将成为工程结算和工程索赔的依据。

工程签证是双方协商一致的结果，是对原合同进行变更的法律行为，具有与合同同等的法律效力，并构成整个工程合同的组成部分。

4.5.2 合同的转让

1)合同的转让的规定

合同转让，是指合同成立后，当事人一方依法将合同的权利、义务全部或者部分转让或转移给第三人的法律行为。合同转让分为债权人权利转让、债务人义务转移、当事人权利和义务转让三种情况。

根据《民法典》第五百四十五条的规定，债权人可以将合同的权利全部或者部分转让给第三人，但是有下列情形之一的除外：

①根据合同性质不得转让；

②按照当事人约定不得转让；

③依照法律规定不得转让。

2)建设工程合同的转让

建设工程合同的转让不同于一般合同转让，严格受到《建筑法》《招标投标法》《招标投标实施条例》等法律法规的规范。

根据《建筑法》第十九条和《招标投标法》第三条的规定，建设工程必须依法实行招投标。由于招标人通过招标方式确定中标人时，除价格因素外，主要考虑的是中标人的个人履约能力，以确保工程质量，如果中标人在获取中标项目后倒手转让给他人或将中标项目分解后分别转让给他人，实际用于该项目的资金就会减少，并将严重影响招标项目的质量，使招标程序失去意义。因此，《招标投标法》第四十八条规定："中标人不得向他人转让中标项目，也不得将中标项目分解后分别向他人转让。"

但是，若中标人（承包人）对完成某部分工作不具有优势时，《招标投标法》允许中标人按照合同约定或者经招标人同意，以将中标项目的部分非主体、非关键性工作分包给他人完成。同时，《招标投标法》第四十八条规定："接受分包的人应当具备相应的资格条件，并不得再次分包。中标人应当就分包项目向招标人负责，接受分包的人就分包项目承担连带责任。"

4.5.3 合同的权利义务终止

1)合同的权利义务终止

合同的权利义务终止,是指合同权利与义务因法定事由或约定事由的出现而消灭,合同关系不复存在。

《民法典》第五百五十七条规定,有下列情形之一的,债权债务终止:

①债务已经履行;

②债务相互抵销;

③债务人依法将标的物提存;

④债权人免除债务;

⑤债权债务同归于一人;

⑥法律规定或者当事人约定终止的其他情形。

合同解除的,该合同的权利义务关系终止。

《民法典》第五百六十七条还规定:"合同的权利义务终止,不影响合同中结算和清理条款的效力。"

2)合同解除

合同解除,是指合同有效成立后,当具备法律规定的合同解除条件时,因当事人一方或双方的意思表示而使合同关系归于消灭的行为。合同解除包括约定解除和法定解除。

(1)合同解除的特征

合同解除具有如下特征:

①合同的解除适用于合法有效的合同,而无效合同、可撤销合同不发生合同解除。

②合同解除须具备法律规定的条件。非依照法律规定,当事人不得随意解除合同。我国法律规定的合同解除条件主要有约定解除和法定解除。

③合同解除须有解除的行为。无论哪一方当事人享有解除合同的权利,其必须向对方提出解除合同的意思表示,才能达到合同解除的法律后果。

④合同解除使合同关系自始消灭或者向将来消灭,可视为当事人之间未发生合同关系,或者合同尚存的权利义务不再履行。

(2)约定解除合同

《民法典》第五百六十二条规定:"当事人协商一致,可以解除合同。

当事人可以约定一方解除合同的事由。解除合同的事由发生时,解除权人可以解除合同。"

(3)法定解除合同

《民法典》第五百六十三条规定,有下列情形之一的,当事人可以解除合同:

①因不可抗力致使不能实现合同目的;

②在履行期限届满前,当事人一方明确表示或者以自己的行为表明不履行主要债务;

③当事人一方迟延履行主要债务,经催告后在合理期限内仍未履行;

④当事人一方迟延履行债务或者有其他违约行为致使不能实现合同目的;

⑤法律规定的其他情形。

以持续履行的债务为内容的不定期合同,当事人可以随时解除合同,但是应当在合理期限之前通知对方。

(4)解除权行使的期限

《民法典》第五百六十四条规定:"法律规定或者当事人约定解除权行使期限,期限届满当事人不行使的,该权利消灭。

法律没有规定或者当事人没有约定解除权行使期限,自解除权人知道或者应当知道解除事由之日起一年内不行使,或者经对方催告后在合理期限内不行使的,该权利消灭。"

解除权的行使期限一般只存在于约定解除期限的解除和法定解除中,而协商解除是当事人双方协商解除合同,一般不会发生解除期限问题。

(5)解除权行使的方式

《民法典》第五百六十五条规定:"当事人一方依法主张解除合同的,应当通知对方。合同自通知到达对方时解除;通知载明债务人在一定期限内不履行债务则合同自动解除,债务人在该期限内未履行债务的,合同自通知载明的期限届满时解除。对方对解除合同有异议的,任何一方当事人均可以请求人民法院或者仲裁机构确认解除行为的效力。

当事人一方未通知对方,直接以提起诉讼或者申请仲裁的方式依法主张解除合同,人民法院或者仲裁机构确认该主张的,合同自起诉状副本或者仲裁申请书副本送达对方时解除。"

(6)合同解除后的法律后果

《民法典》第五百六十六条规定:"合同解除后,尚未履行的,终止履行;已经履行的,根据履行情况和合同性质,当事人可以请求恢复原状或者采取其他补救措施,并有权请求赔偿损失。

合同因违约解除的,解除权人可以请求违约方承担违约责任,但是当事人另有约定的除外。

主合同解除后,担保人对债务人应当承担的民事责任仍应当承担担保责任,但是担保合同另有约定的除外。"

《民法典》第五百六十七条规定:"合同的权利义务关系终止,不影响合同中结算和清理条款的效力。"

(7)合同终止与合同解除的主要区别

①适用范围不同。合同终止只适用于继续性合同,即债务不能一次履行完毕而必须持续履行方能完成的合同,如租赁合同、承揽合同、建设工程合同以及大部分以提供劳务为标的的合同。而合同的解除原则上只能适用于非继续性合同。

②适用的条件不同。合同终止既适用于一方违反合同,也适用于没有违反合同的情况,而合同解除主要适用于当事人一方不履行合同的情况。

③法律后果不同。合同终止只是使合同关系向将来消灭,并不溯及力,因此不产生恢复原状的法律后果;而合同解除可使合同关系溯及地消灭,因而产生恢复原状的法律后果。

4.6 合同违约责任处理

4.6.1 违约责任的构成要件

违约责任,是指合同当事人违反合同约定,不履行合同义务或者履行合同义务不符合约定而应承担的民事责任。

违约责任的构成要件包括主观要件和客观要件。

(1)主观要件

主观要件是指作为合同当事人,在履行合同中不论其主观上是否有过错,即主观上有无故意或过失,只要造成违约的事实,均应承担违约法律责任。

(2)客观要件

客观要件是指合同依法成立、生效后,合同当事人一方或者双方未按照法定或约定全面地履行应尽的义务,也即出现了客观地违约事实,即应承担违约的法律责任。

违约责任实行严格责任原则。严格责任原则是指有违约行为即构成违约责任,只有存在免责事由的时候才可以免除违约责任。

4.6.2 承担违约责任的基本形式

《民法典》第五百七十七条规定:"当事人一方不履行合同义务或者履行合同义务不符合约定的,应当承担继续履行、采取补救措施或者赔偿损失等违约责任。"

1)继续履行

继续履行,是指违约当事人在违反合同后,非违约方有权要求其依照合同约定继续履行合同,也称强制实际履行。

(1)价款或者报酬的实际履行

《民法典》第五百七十九条规定:"当事人一方未支付价款、报酬、租金、利息,或者不履行其他金钱债务的,对方可以请求其支付。"

(2)非金钱债务的实际履行

《民法典》第五百八十条规定:"当事人一方不履行非金钱债务或者履行非金钱债务不符合约定的,对方可以请求履行,但是有下列情形之一的除外:

(一)法律上或者事实上不能履行;

(二)债务的标的不适于强制履行或者履行费用过高;

(三)债权人在合理期限内未请求履行。

有前款规定的除外情形之一,致使不能实现合同目的的,人民法院或者仲裁机构可以根据当事人的请求终止合同权利义务关系,但是不影响违约责任的承担。"

2)采取补救措施

采取补救措施,是指当事人违反合同的事实发生后,为防止损失发生或者扩大,而由违约方依据法律规定或者约定采取补救措施,以减少或者挽回非违约方的损失。

《民法典》第五百八十二条规定："履行不符合约定的,应当按照当事人的约定承担违约责任。对违约责任没有约定或者约定不明确,依据本法第五百一十条的规定仍不能确定的,受损害方根据标的的性质以及损失的大小,可以合理选择请求对方承担修理、重作、更换、退货、减少价款或者报酬等违约责任。"

3)赔偿损失

赔偿损失,是指当事人一方不履行合同义务或者履行合同义务不符合约定的,在履行义务或者采取补救措施后,对方还有其他损失的,应当赔偿损失。

《民法典》第五百八十四条规定："当事人一方不履行合同义务或者履行合同义务不符合约定,造成对方损失的,损失赔偿额应当相当于因违约所造成的损失,包括合同履行后可以获得的利益;但是,不得超过违约一方订立合同时预见到或者应当预见到的因违约可能造成的损失。"

4)支付违约金或定金担保

(1)支付违约金

违约金,是指按照当事人的约定或者法律规定因一方违约而应向另一方支付的金钱。违约金可分为约定违约金和法定违约金。

《民法典》第五百八十五条规定,当事人可以约定一方违约时应当根据违约情况向对方支付一定数额的违约金,也可以约定因违约产生的损失赔偿额的计算方法。

约定的违约金低于造成的损失的,当事人可以请求人民法院或者仲裁机构予以增加;约定的违约金过分高于造成的损失的,当事人可以请求人民法院或者仲裁机构予以适当减少。

当事人就迟延履行约定违约金的,违约方支付违约金后,还应当履行债务。

(2)定金担保

定金,是合同当事人一方预先支付给对方的款项,其目的在于担保合同债权的实现。定金是债权担保的一种形式,定金之债是从债务,因此,合同当事人对定金的约定是一种从属于被担保债权所依附的合同的从合同。

《民法典》第五百八十六条至第五百八十八条规定:

当事人可以约定一方向对方给付定金作为债权的担保。定金合同自实际交付定金时成立。定金的数额由当事人约定;但是,不得超过主合同标的额的百分之二十,超过部分不产生定金的效力。实际交付的定金数额多于或者少于约定数额的,视为变更约定的定金数额。

债务人履行债务的,定金应当抵作价款或者收回。给付定金的一方不履行债务或者履行债务不符合约定,致使不能实现合同目的的,无权请求返还定金;收受定金的一方不履行债务或者履行债务不符合约定,致使不能实现合同目的的,应当双倍返还定金。

当事人既约定违约金,又约定定金的,一方违约时,对方可以选择适用违约金或者定金条款。定金不足以弥补一方违约造成的损失的,对方可以请求赔偿超过定金数额的损失。

4.6.3 承担违约责任的特殊情形

1)先期违约情形

先期违约,也称预期违约,是指当事人一方在合同约定的期限届满之前,明示或默示其将来不能履行合同的情形。

《民法典》第五百七十八条规定:"当事人一方明确表示或者以自己的行为表明不履行合同义务的,对方可以在履行期限届满前要求其承担违约责任。"

2) 当事人双方都违约的情形

当事人双方违约,是指当事人双方分别违反了各自的义务的情形。

《民法典》第五百九十二条规定,当事人都违反合同的,应当各自承担相应的责任。依据该项规定,双方违约责任承担的方式是由违约方分别各自承担相应的违约责任,即由违约方向非违约方各自独立地承担自己的违约责任。

3) 因第三人原因违约的情形

《民法典》第五百九十三条规定:"当事人一方因第三人的原因造成违约的,应当依法向对方承担违约责任。当事人一方和第三人之间的纠纷,依照法律规定或者按照约定处理。"

4) 违约与侵权竞合的情形

《民法典》第一百八十六规定:"因当事人一方的违约行为,损害对方人身权益、财产权益的,受损害方有权选择请求其承担违约责任或者侵权责任。"

4.6.4 违约责任的免除

违约责任的免除,是指合同生效后,当事人之间因不可抗力事件的发生,造成合同不能履行时,依法可以免除责任。不可抗力是指合同签订后,发生了合同当事人不能预见、不能避免并不能克服的客观情况。不可抗力包括以下两种情况:

①自然灾害、如火灾、水灾、地震、瘟疫、海啸等。

②社会事件,如战争、武装冲突、罢工、骚乱、暴动等,以及特定的政府行为,如征收、征用等。

《民法典》第五百九十条规定:"当事人一方因不可抗力不能履行合同的,根据不可抗力的影响,部分或者全部免除责任,但是法律另有规定的除外。因不可抗力不能履行合同的,应当及时通知对方,以减轻可能给对方造成的损失,并应当在合理期限内提供证明。

当事人迟延履行后发生不可抗力的,不免除其违约责任。"

《民法典》第五百九十一条规定:"当事人一方违约后,对方应当采取适当措施防止损失的扩大;没有采取适当措施致使损失扩大的,不得就扩大的损失请求赔偿。

当事人因防止损失扩大而支出的合理费用,由违约方负担。"

4.7 劳动合同制度

劳动合同是指劳动者与用人单位确立劳动关系,明确双方权利和义务的书面协议。劳动关系是指劳动者与用人单位在实现劳动过程中建立的社会经济关系。由于存在着劳动关系,劳动者和用人单位都要受劳动法律的约束与规范。

《劳动法》对劳动合同做了专章规定,标志着我国劳动合同制度的正式建立。2012 年 12 月修改的《劳动合同法》规范了劳动合同的订立、履行、变更、解

《劳动合同法》

除或者终止行为,明确了劳动合同中双方当事人的权利和义务,对促进和谐稳定的劳动关系的建立,预防和减少劳动争议的发生具有重要意义。

4.7.1 劳动合同的订立

1)劳动合同的种类

根据《劳动合同法》第十二条至第十五条的规定,劳动合同分为固定期限劳动合同、无固定期限劳动合同和以完成一定工作任务为期限的劳动合同。

(1)固定期限劳动合同

固定期限劳动合同,是指用人单位与劳动者约定合同终止时间的劳动合同。用人单位与劳动者协商一致,可以订立固定期限劳动合同。

(2)无固定期限劳动合同

无固定期限劳动合同,是指用人单位与劳动者约定无确定终止时间的劳动合同。用人单位与劳动者协商一致,可以订立无固定期限劳动合同。

有下列情形之一,劳动者提出或者同意续订、订立劳动合同的,除劳动者提出订立固定期限劳动合同外,应当订立无固定期限劳动合同:

①劳动者在该用人单位连续工作满10年的;

②用人单位初次实行劳动合同制度或者国有企业改制重新订立劳动合同时,劳动者在该用人单位连续工作满10年且距法定退休年龄不足10年的;

③连续订立二次固定期限劳动合同,且劳动者没有本法第三十九条和第四十条第1项、第2项规定的情形,续订劳动合同的(参见4.7.3内容)。

用人单位自用工之日起满1年不与劳动者订立书面劳动合同的,视为用人单位与劳动者已订立无固定期限劳动合同。

(3)以完成一定工作任务为期限的劳动合同

以完成一定工作任务为期限的劳动合同,是指用人单位与劳动者约定以某项工作的完成为合同期限的劳动合同。用人单位与劳动者协商一致,可以订立以完成一定工作任务为期限的劳动合同。

2)劳动关系确定与劳动合同的订立

《劳动合同法》第七条规定:"用人单位自用工之日起即与劳动者建立劳动关系。用人单位应当建立职工名册备查。"用人单位招用劳动者,不得扣押劳动者的居民身份证和其他证件,不得要求劳动者提供担保或者以其他名义向劳动者收取财物。

《劳动合同法》第十条规定:"建立劳动关系,应当订立书面劳动合同。已建立劳动关系,未同时订立书面劳动合同的,应当自用工之日起一个月内订立书面劳动合同。用人单位与劳动者在用工前订立劳动合同的,劳动关系自用工之日起建立。"

劳动合同由用人单位与劳动者协商一致,并经用人单位与劳动者在劳动合同文本上签字或者盖章生效。劳动合同文本由用人单位和劳动者各执一份。

3)劳动合同的内容

根据《劳动合同法》第十七条的规定,劳动合同应当具备以下条款:

①用人单位的名称、住所和法定代表人或者主要负责人；

②劳动者的姓名、住址和居民身份证或者其他有效身份证件号码；

③劳动合同期限；

④工作内容和工作地点；

⑤工作时间和休息休假；

⑥劳动报酬；

⑦社会保险；

⑧劳动保护、劳动条件和职业危害防护；

⑨法律、法规规定应当纳入劳动合同的其他事项。

劳动合同除上述规定的必备条款外，用人单位与劳动者可以约定试用期、培训、保守秘密、补充保险和福利待遇等其他事项。

4）劳动报酬争议与劳动合同试用期规定

《劳动合同法》第十八条规定："劳动合同对劳动报酬和劳动条件等标准约定不明确，引发争议的，用人单位与劳动者可以重新协商；协商不成的，适用集体合同规定；没有集体合同或者集体合同未规定劳动报酬的，实行同工同酬；没有集体合同或者集体合同未规定劳动条件等标准的，适用国家有关规定。"

根据《劳动合同法》第十九条的规定，劳动合同的试用期应符合以下规定：

①劳动合同期限 3 个月以上不满 1 年的，试用期不得超过 1 个月；劳动合同期限 1 年以上不满 3 年的，试用期不得超过 2 个月；3 年以上固定期限和无固定期限的劳动合同，试用期不得超过 6 个月。

②同一用人单位与同一劳动者只能约定一次试用期。

③以完成一定工作任务为期限的劳动合同或者劳动合同期限不满 3 个月的，不得约定试用期。

④试用期包含在劳动合同期限内。劳动合同仅约定试用期的，试用期不成立，该期限为劳动合同期限。

《劳动合同法》第二十条规定："劳动者在试用期的工资不得低于本单位相同岗位最低档工资或者劳动合同约定工资的百分之八十，并不得低于用人单位所在地的最低工资标准。"

5）劳动合同的服务期

根据《劳动合同法》第二十二条的规定，用人单位为劳动者提供专项培训费用，对其进行专业技术培训的，可以与该劳动者订立协议，约定服务期。劳动者违反服务期约定的，应当按照约定向用人单位支付违约金。违约金的数额不得超过用人单位提供的培训费用。用人单位要求劳动者支付的违约金不得超过服务期尚未履行部分所应分摊的培训费用。用人单位与劳动者约定服务期的，不影响按照正常的工资调整机制提高劳动者在服务期期间的劳动报酬。

6）劳动合同无效的规定

根据《劳动合同法》第二十六条的规定，下列劳动合同无效或者部分无效：

①以欺诈、胁迫的手段或者乘人之危,使对方在违背真实意思的情况下订立或者变更劳动合同的;

②用人单位免除自己的法定责任、排除劳动者权利的;

③违反法律、行政法规强制性规定的。

对劳动合同的无效或者部分无效有争议的,由劳动争议仲裁机构或者人民法院确认。

《劳动合同法》第二十七条规定:"劳动合同部分无效,不影响其他部分效力的,其他部分仍然有效。"

《劳动合同法》第二十八条规定:"劳动合同被确认无效,劳动者已付出劳动的,用人单位应当向劳动者支付劳动报酬。劳动报酬的数额,参照本单位相同或者相近岗位劳动者的劳动报酬确定。"

7)劳动合同中有关竞业限制的规定

竞业限制是用人单位对负有保守用人单位商业秘密的劳动者,在劳动合同、知识产权权利归属协议或技术保密协议中约定的竞业限制条款。

《劳动合同法》第二十三条规定:"用人单位与劳动者可以在劳动合同中约定保守用人单位的商业秘密和与知识产权相关的保密事项。对负有保密义务的劳动者,用人单位可以在劳动合同或者保密协议中与劳动者约定竞业限制条款,并约定在解除或者终止劳动合同后,在竞业限制期限内按月给予劳动者经济补偿。劳动者违反竞业限制约定的,应当按照约定向用人单位支付违约金。"

《劳动合同法》第二十四条规定:"竞业限制的人员限于用人单位的高级管理人员、高级技术人员和其他负有保密义务的人员。竞业限制的范围、地域、期限由用人单位与劳动者约定,竞业限制的约定不得违反法律、法规的规定。在解除或者终止劳动合同后,前款规定的人员到与本单位生产或者经营同类产品、从事同类业务的有竞争关系的其他用人单位,或者自己开业生产或者经营同类产品、从事同类业务的竞业限制期限,不得超过二年。"

8)集体合同、劳务派遣、非全日制用工的特别规定

《劳动合同法》第五章,对集体合同、劳务派遣和非全日制用工进行了特别规定。

(1)集体合同

集体合同制度,是当今国际上普遍采用的调整劳动关系的一项重要法律制度。集体合同在保护劳动者利益和协调劳动关系方面,具有劳动法规和劳动合同所无法取代的功能。所谓集体合同是指由工会代表企业职工一方(尚未建立工会的用人单位,由上级工会指导劳动者推举的代表)与用人单位,就劳动报酬、工作时间、休息休假、劳动安全卫生、保险福利等事项,在平等协商一致的基础上签订的书面协议。集体合同可分为专项集体合同、行业性集体合同和区域性集体合同。

● 专项集体合同

专项集体合同是指用人单位与劳动者根据法律、法规、规章的规定,就集体协商的某项内容签订的专项书面协议。《劳动合同法》第五十二条规定:"企业职工一方与用人单位可以订立劳动安全卫生、女职工权益保护、工资调整机制等专项集体合同。"

● 行业性集体合同与区域性集体合同

行业性集体合同是指在一定行业内,由地方工会或者行业性工会联合会与相应行业内企业方面代表,就劳动报酬、工作时间、休息休假、劳动安全卫生、保险福利等事项进行平等协商,所签订的集体合同。区域性集体合同是指在一定区域内(指县、区、乡、镇、街道、村),由区域性工会联合会与相应经济组织或区域内企业,就劳动报酬、工作时间、休息休假、劳动安全卫生、保险福利等事项进行平等协商,所签订的集体合同。

《劳动合同法》第五十三条规定:"在县级以下区域内,建筑业、采矿业、餐饮服务业等行业可以由工会与企业方面代表订立行业性集体合同,或者订立区域性集体合同。"

(2)劳务派遣

劳务派遣又称人才派遣、人才租赁或劳动派遣,是指劳务派遣单位与被派遣劳动者订立劳动合同后,将该劳动者派遣到用工单位从事劳动,由用工单位向其给付劳动报酬的一种特殊用工形式。劳务派遣的最大特点是,劳动合同关系存在于劳务派遣单位与被派遣劳动者之间,但劳动力给付的事实则发生于被派遣劳动者与用工单位之间。

《劳动合同法》第五十八条规定,劳务派遣单位应当与被派遣劳动者订立二年以上的固定期限劳动合同,按月支付劳动报酬;被派遣劳动者在无工作期间,劳务派遣单位应当按照所在地人民政府规定的最低工资标准,向其按月支付报酬。

《劳动合同法》第五十九条规定,劳务派遣单位派遣劳动者应当与接受以劳务派遣形式用工的单位(以下简称"用工单位")订立劳务派遣协议。劳务派遣协议应当约定派遣岗位和人员数量、派遣期限、劳动报酬和社会保险费的数额与支付方式以及违反协议的责任。

《劳动合同法》第六十条规定,劳务派遣单位应当将劳务派遣协议的内容告知被派遣劳动者。劳务派遣单位不得克扣用工单位按照劳务派遣协议支付给被派遣劳动者的劳动报酬。

劳务派遣近年来在我国迅速发展,已成为非常普遍的用工形式。使用劳务派遣,可以降低用人成本支出、解决短期用工需求、方便人事管理等,但也带来很多问题,特别是劳动者权益被损害、劳务派遣的用工形式被滥用。为此,2012年12月28日新修正的《劳动合同法》,将涉及劳务派遣的第五十七、第六十三、第六十六条款进行了修改,限定了经营劳务派遣业务门槛,规范了劳务派遣用工行为,该修订自2013年7月1日起施行。主要内容为:

①经营劳务派遣业务应当具备的条件包括注册资本不得少于人民币200万元、有与开展业务相适应的固定的经营场所和设施等。同时还规定,经营劳务派遣业务,应当向劳动行政部门依法申请行政许可;经许可的,依法办理相应的公司登记。未经许可,任何单位和个人不得经营劳务派遣业务。

②被派遣劳动者享有与用工单位的劳动者同工同酬的权利。用工单位应当按照同工同酬原则,对被派遣劳动者与本单位同类岗位的劳动者实行相同的劳动报酬分配办法。用工单位无同类岗位劳动者的,参照用工单位所在地相同或者相近岗位劳动者的劳动报酬确定。

③劳动合同用工是我国的企业基本用工形式。劳务派遣用工是补充形式,只能在临时性、辅助性或者替代性的工作岗位上实施。同时规定,用工单位应当严格控制劳务派遣用工数量,不得超过其用工总量的一定比例,具体比例由国务院劳动行政部门规定。

上述规定的临时性工作岗位是指存续时间不超过6个月的岗位;辅助性工作岗位是指

为主营业务岗位提供服务的非主营业务岗位;替代性工作岗位是指用工单位的劳动者因脱产学习、休假等原因无法工作的一定期间内,可以由其他劳动者替代工作的岗位。

（3）非全日制用工

非全日制用工,是指以小时计酬为主,劳动者在同一用人单位一般平均每日工作时间不超过 4 小时,每周工作时间累计不超过 24 小时的用工形式。非全日制劳动是灵活就业的一种重要形式。近年来,我国非全日制劳动用工形式呈现迅速发展的趋势,特别是在餐饮、超市、社区服务等领域,用人单位使用的非全日制用工形式越来越多。

《劳动合同法》第六十九条至第七十二条对非全日制用工有以下规定:

①非全日制用工双方当事人可以订立口头协议。

②从事非全日制用工的劳动者可以与一个或者一个以上用人单位订立劳动合同;但是,后订立的劳动合同不得影响先订立的劳动合同的履行。

③非全日制用工双方当事人不得约定试用期。

④非全日制用工双方当事人任何一方都可以随时通知对方终止用工。终止用工,用人单位不向劳动者支付经济补偿。

⑤非全日制用工小时计酬标准不得低于用人单位所在地人民政府规定的最低小时工资标准。

⑥非全日制用工劳动报酬结算支付周期最长不得超过 15 日。

4.7.2　劳动合同的履行和变更

1）劳动合同的履行

劳动合同依法订立即具有法律约束力,用人单位与劳动者应当履行劳动合同规定的义务。根据《劳动合同法》第十九条至第二十三条的规定,劳动合同的履行应符合以下规定:

①用人单位与劳动者应当按照劳动合同的约定,全面履行各自的义务。

②用人单位应当按照劳动合同约定和国家规定,向劳动者及时足额支付劳动报酬。用人单位拖欠或者未足额支付劳动报酬的,劳动者可以依法向当地人民法院申请支付令,人民法院应当依法发出支付令。

③用人单位应当严格执行劳动定额标准,不得强迫或者变相强迫劳动者加班。用人单位安排加班的,应当按照国家有关规定向劳动者支付加班费。

④劳动者拒绝用人单位管理人员违章指挥、强令冒险作业的,不视为违反劳动合同。劳动者对危害生命安全和身体健康的劳动条件,有权对用人单位提出批评、检举和控告。

2）劳动合同的变更

劳动合同的变更是指劳动合同依法订立后,在合同尚未履行或者尚未履行完毕之前,经用人单位和劳动者双方当事人协商同意,对劳动合同内容作部分修改、补充或者删减的法律行为。根据《劳动合同法》第二十九条至第三十二条的规定,劳动合同的变更应符合以下规定:

①用人单位变更名称、法定代表人、主要负责人或者投资人等事项,不影响劳动合同的履行。

②用人单位发生合并或者分立等情况,原劳动合同继续有效,劳动合同由承继其权利和义务的用人单位继续履行。

③用人单位与劳动者协商一致,可以变更劳动合同约定的内容。变更劳动合同,应当采用书面形式。变更后的劳动合同文本由用人单位和劳动者各执一份。

4.7.3　劳动合同的解除和终止

劳动合同的解除,是指劳动合同在订立以后,尚未履行完毕或者未全部履行以前,由于合同双方或者单方的法律行为导致双方当事人提前消灭劳动关系的法律行为。劳动合同终止是指劳动合同的法律效力依法被消灭的法律行为,即劳动关系由于一定法律事实的出现而终结,劳动者与用人单位之间原有的权利义务不再存在。

劳动合同的解除是劳动合同制度中最为关系双方利益的行为。目前,劳动合同方面发生的大量争议,大多是由于解除合同而引起的。劳动合同的解除可分为协商解除、法定解除和约定解除三种情况。

1)协商解除劳动合同的规定

《劳动合同法》第三十六条规定:"用人单位与劳动者协商一致,可以解除劳动合同。"用人单位向劳动者提出解除劳动合同并与劳动者协商一致的,用人单位应当依法向劳动者给予经济补偿。

2)劳动者单方解除劳动合同的规定

《劳动合同法》第三十七条规定:"劳动者提前三十日以书面形式通知用人单位,可以解除劳动合同。劳动者在试用期内提前三日通知用人单位,可以解除劳动合同。"该条规定是法律赋予劳动者单方解除劳动合同的权利。但劳动者在行使解除劳动合同权利的同时必须遵守法定的程序,即:一是遵守解除预告期的规定;二是以书面形式通知用人单位。

3)劳动者行使特别解除权的规定

特别解除权是法律赋予劳动者无条件单方解除劳动合同的权利。它是指如果出现了法定的事由,劳动者无需向用人单位预告就可通知用人单位解除劳动合同。

根据《劳动合同法》第三十八条的规定,用人单位有下列情形之一的,劳动者可以解除劳动合同:

①未按照劳动合同约定提供劳动保护或者劳动条件的;

②未及时足额支付劳动报酬的;

③未依法为劳动者缴纳社会保险费的;

④用人单位的规章制度违反法律、法规的规定,损害劳动者权益的;

⑤因本法第二十六条第一款规定的情形致使劳动合同无效的(即以欺诈、胁迫的手段或者乘人之危,使对方在违背真实意思的情况下订立或者变更劳动合同的;用人单位免除自己的法定责任、排除劳动者权利的;违反法律、行政法规强制性规定的);

⑥法律、行政法规规定劳动者可以解除劳动合同的其他情形。

用人单位以暴力、威胁或者非法限制人身自由的手段强迫劳动者劳动的,或者用人单位违章指挥、强令冒险作业危及劳动者人身安全的,劳动者可以立即解除劳动合同,不需事先告知用人单位。

4）用人单位单方解除劳动合同的规定

该条规定是法律赋予用人单位单方解除劳动合同的权利，以保障用人单位的用工自主权。但为了防止用人单位滥用解除权，随意与劳动者解除劳动合同，法律严格限定企业与劳动者解除劳动合同的条件，以保护劳动者的劳动权。

根据《劳动合同法》第三十九条的规定，劳动者有下列情形之一的，用人单位可以解除劳动合同：

①在试用期间被证明不符合录用条件的；

②严重违反用人单位的规章制度的；

③严重失职，营私舞弊，给用人单位造成重大损害的；

④劳动者同时与其他用人单位建立劳动关系，对完成本单位的工作任务造成严重影响，或者经用人单位提出，拒不改正的；

⑤因本法第二十六条第一款第一项规定的情形致使劳动合同无效的（即以欺诈、胁迫的手段或者乘人之危，使对方在违背真实意思的情况下订立或者变更劳动合同的）；

⑥被依法追究刑事责任的。

5）用人单位无过失性解除劳动合同的规定

无过失性解除劳动合同，是指用人单位根据劳动合同履行中客观情况的变化而解除劳动合同的行为。这里的客观情况既包括用人单位的，也有劳动者自身的原因。前者可能是由于经营上的原因发生困难、亏损或业务紧缩；也可能因为市场条件、国际竞争、技术革新等造成工作条件的改变而导致使用劳动者数量下降。后者则是由于原本胜任的工作在用人单位采取自动化或新生产技术后不能胜任，或者是因为身体原因不能胜任。

根据《劳动合同法》第四十条的规定，有下列情形之一的，用人单位提前三十日以书面形式通知劳动者本人或者额外支付劳动者一个月工资后，可以解除劳动合同：

①劳动者患病或者非因工负伤，在规定的医疗期满后不能从事原工作，也不能从事由用人单位另行安排的工作的。

②劳动者不能胜任工作，经过培训或者调整工作岗位，仍不能胜任工作的。

③劳动合同订立时所依据的客观情况发生重大变化，致使劳动合同无法履行，经用人单位与劳动者协商，未能就变更劳动合同内容达成协议的。

6）用人单位经济性裁员的规定

经济性裁员就是指企业由于经营不善等经济性原因，解雇多个劳动者的情形。经济性裁员是用人单位行使解除劳动合同权的主要方式之一。

根据《劳动合同法》第四十一条的规定，有下列情形之一，需要裁减人员二十人以上或者裁减不足二十人但占企业职工总数百分之十以上的，用人单位提前三十日向工会或者全体职工说明情况，听取工会或者职工的意见后，裁减人员方案经向劳动行政部门报告，可以裁减人员：

①依照企业破产法规定进行重整的；

②生产经营发生严重困难的；

③企业转产、重大技术革新或者经营方式调整,经变更劳动合同后,仍需裁减人员的;

④其他因劳动合同订立时所依据的客观经济情况发生重大变化,致使劳动合同无法履行的。

裁减人员时,应当优先留用下列人员:

①与本单位订立较长期限的固定期限劳动合同的;

②与本单位订立无固定期限劳动合同的;

③家庭无其他就业人员,有需要扶养的老人或者未成年人的。

用人单位依照上述规定裁减人员,在六个月内重新招用人员的,应当通知被裁减的人员,并在同等条件下优先招用被裁减的人员。

7)用人单位不得解除劳动合同的规定

根据《劳动合同法》第四十二条的规定,劳动者有下列情形之一的,用人单位不得依照第四十条、第四十一条的规定解除劳动合同:

①从事接触职业病危害作业的劳动者未进行离岗前职业健康检查,或者疑似职业病病人在诊断或者医学观察期间的;

②在本单位患职业病或者因工负伤并被确认丧失或者部分丧失劳动能力的;

③患病或者非因工负伤,在规定的医疗期内的;

④女职工在孕期、产期、哺乳期的;

⑤在本单位连续工作满十五年,且距法定退休年龄不足五年的;

⑥法律、行政法规规定的其他情形。

8)劳动合同终止的规定

根据《劳动合同法》第四十四条的规定,有下列情形之一的,劳动合同终止:

①劳动合同期满的;

②劳动者开始依法享受基本养老保险待遇的;

③劳动者死亡,或者被人民法院宣告死亡或者宣告失踪的;

④用人单位被依法宣告破产的;

⑤用人单位被吊销营业执照、责令关闭、撤销或者用人单位决定提前解散的;

⑥法律、行政法规规定的其他情形。

上述劳动合同期满的规定,主要适用于固定期限劳动合同和以完成一定工作任务为期限的劳动合同两种情形。劳动合同期满除依法续订劳动合同的和依法应延期的以外,劳动合同自然终止,双方权利义务结束。

9)终止劳动合同的经济补偿

经济补偿是劳动合同制度中的一项重要内容,是国家要求用人单位承担的一种社会责任,是国家调节劳动关系的一种经济手段,是一类与劳动者密切相关的重大经济利益。有关用人单位向劳动者支付经济补偿的规定,参见《劳动合同法》第四十六条。

根据《劳动合同法》第四十七条,经济补偿按以下规定支付:

①经济补偿按劳动者在本单位工作的年限,每满一年支付一个月工资的标准向劳动者支付。六个月以上不满一年的,按一年计算;不满六个月的,向劳动者支付半个月工资的经

济补偿。

②劳动者月工资高于用人单位所在直辖市、设区的市级人民政府公布的本地区上年度职工月平均工资三倍的,向其支付经济补偿的标准按职工月平均工资三倍的数额支付,向其支付经济补偿的年限最高不超过十二年。

上述劳动者月工资是指劳动者在劳动合同解除或者终止前十二个月的平均工资。

对于用人单位违反法律规定解除或者终止劳动合同的,《劳动合同法》第八十七条规定,应当依照第四十七条规定的经济补偿标准的二倍向劳动者支付赔偿金。

 应用案例 4-5

公司派王某到美国接受为期 6 个月的专业技术培训,培训费用为 36 000 元,公司和王某签订一个服务期协议,王某接受培训后必须为公司服务 3 年,否则,要向公司支付违约金。

【问题】

如果王某培训后在公司工作满 2 年后想解除合同,那么王某应该支付多少违约金?

【案例分析】

根据《劳动合同法》第二十二条的规定,用人单位为劳动者提供专项培训费用,对其进行专业技术培训的,可以与该劳动者订立协议,约定服务期。劳动者违反服务期约定的,应当按照约定向用人单位支付违约金。违约金的数额不得超过用人单位提供的培训费用。用人单位要求劳动者支付的违约金不得超过服务期尚未履行部分所应分摊的培训费用。在案例中王某违反服务期协议,应当赔偿公司 12 000 元(即 36 000 元违约金分摊到 3 年的服务期,每年为 12 000 元),而不需要全部赔偿。

4.8 劳动保护与劳动争议的处理

4.8.1 劳动保护的规定

2018 年 12 月修改的《劳动法》,对劳动者的工作时间、休息休假、工资、劳动安全卫生、女职工和未成年工特殊保护、社会保险和福利等作了法律规定。

《劳动法》

1)劳动者的工作时间和休息休假

工作时间(又称劳动时间),是指法律规定的劳动者在 1 昼夜和 1 周内从事生产、劳动或工作的时间。休息、休假(又称休息时间),是指劳动者在国家规定的法定工作时间外,不从事生产、劳动或工作而由自己自行支配的时间,包括劳动者每天休息的时数、每周休息的天数、节假日、年休假、探亲假等。

(1)工作时间

根据《劳动法》第三十六条、第三十八条的规定,国家实行劳动者每日工作时间不超过 8 小时、平均每周工作时间不超过 44 小时的工时制度。用人单位应当保证劳动者每周至少休息 1 日。

《劳动法》第三十九条规定:"企业因生产特点不能实行本法第三十六条、第三十八条规定的,经劳动行政部门批准,可以实行其他工作和休息办法。"如缩短工作日、不定时工作日、综合计算工作日、计件工资时间等。综合计算工作日即分别以周、月、季、年等为周期综合计算工作时间,但其平均日工作时间和平均周工作时间应与法定标准工作时间基本相同。地质及资源勘探、建筑等受季节和自然条件限制的行业的部分职工等,可实行综合计算工作日。

（2）休息、休假

根据《劳动法》第四十条的规定,用人单位在下列节日期间应当依法安排劳动者休假:元旦;春节;国际劳动节;国庆节;法律、法规规定的其他休假节日。劳动者连续工作一年以上的,享受带薪年休假。此外,劳动者按有关规定还可以享受探亲假、婚丧假、生育(产)假、节育手术假等。

《劳动法》第四十一条规定:"用人单位由于生产经营需要,经与工会和劳动者协商可以延长工作时间,一般每日不得超过一小时;因特殊原因需要延长工作时间的,在保障劳动者身体健康的条件下延长工作时间每日不得超过三小时,但是每月不得超过三十六小时。"在发生自然灾害、事故等需要紧急处理,或者生产设备、交通运输线路、公共设施发生故障必须及时抢修等法律、行政法规规定的特殊情况的,延长工作时间不受上述限制。

根据《劳动法》第四十四条的规定,用人单位应当按照下列标准支付高于劳动者正常工作时间工资的工资报酬:安排劳动者延长工作时间的,支付不低于工资的百分之一百五十的工资报酬;休息日安排劳动者工作又不能安排补休的,支付不低于工资的百分之二百的工资报酬;法定休假日安排劳动者工作的,支付不低于百分之三百的工资报酬。

2）劳动者的工资

工资是指用人单位依据国家有关规定和劳动关系双方的约定,以货币形式支付给劳动者的劳动报酬,如计时工资、计件工资、奖金、津贴和补贴等。

（1）基本规定

根据《劳动法》第四十六条、第四十七条的规定,工资分配应当遵循按劳分配原则,实行同工同酬。工资水平在经济发展的基础上逐步提高。国家对工资总量实行宏观调控。用人单位根据本单位的生产经营特点和经济效益,依法自主确定本单位的工资分配方式和工资水平。

《劳动法》第五十条规定:"工资应当以货币形式按月支付给劳动者本人。不得克扣或者无故拖欠劳动者的工资。"

《劳动法》第五十一条规定:"劳动者在法定休假日和婚丧假期间以及依法参加社会活动期间,用人单位应当依法支付工资。"

在我国,企业、机关(包括社会团体)、事业单位实行不同的基本工资制度。企业基本工资制度主要有等级工资制、岗位技能工资制、岗位工资制、结构工资制、经营者年薪制等。

（2）最低工资保障制度

最低工资保障制度是我国实行的一项劳动和社会保障制度。它确保了劳动者在劳动过程中至少领取最低的劳动报酬,以维持劳动者个人及其家庭成员的基本生活。《劳动法》第四十八条的规定:"国家实行最低工资保障制度。最低工资的具体标准由省、自治区、直辖市人民政府规定,报国务院备案。用人单位支付劳动者的工资不得低于当地最低工资标准。"

最低工资标准,是指劳动者在法定工作时间或依法签订的劳动合同约定的工作时间内提供了正常劳动的前提下,用人单位依法应支付的最低劳动报酬。最低工资标准一般采取月最低工资标准和小时最低工资标准的形式。月最低工资标准适用于全日制就业劳动者,小时最低工资标准适用于非全日制就业劳动者。

根据 2004 年 1 月发布的《最低工资规定》(劳动和社会保障部令〔2004〕第 21 号)第十二条的规定,在劳动者提供正常劳动的情况下,用人单位应支付给劳动者的工资在剔除下列各项以后,不得低于当地最低工资标准:

①延长工作时间工资;

②中班、夜班、高温、低温、井下、有毒有害等特殊工作环境、条件下的津贴;

③法律、法规和国家规定的劳动者福利待遇等。

《最低工资规定》

实行计件工资或提成工资等工资形式的用人单位,在科学合理的劳动定额基础上,其支付劳动者的工资不得低于相应的最低工资标准。

 应用案例 4-6

2019 年 1 月小马应聘到 A 公司就职,但工作 8 个月后就与 A 公司解除了劳动合同,于 2019 年 9 月又被 B 公司聘用。2020 年 3 月小马在 B 公司工作了 6 个月后,因家中有事,向 B 公司提出要求休带薪年假,但 B 公司说现在公司很忙,很缺人手,没有批准小马的休假申请,并回答说小马到 B 公司工作还没有满一年,不能享受带薪年假。

【问题】

(1)小马在 B 公司是否可以享受带薪年假?

(2)B 公司是否可以不批准小马的休假申请?

(3)如果小马全年未能享受带薪年假,B 公司将按照何标准向小马支付工资?

【案例分析】

(1)小马在 B 公司虽然只工作了 6 个月,但仍可享受带薪年假待遇。2007 年 12 月国务院颁布的《职工带薪年休假条例》第二条规定:"机关、团体、企业、事业单位、民办非企业单位、有雇工的个体工商户等单位的职工连续工作 1 年以上的,享受带薪年休假(以下简称"年休假")。单位应当保证职工享受年休假。职工在年休假期间享受与正常工作期间相同的工资收入。"本案中的小马

《职工带薪年休假条例》

虽然在 B 公司工作了 6 个月,但是在 A 公司还工作了 8 个月,其连续工作已超过一年,应当享受带薪年休假。

(2)《职工带薪年休假条例》第五条规定:"单位根据生产、工作的具体情况,并考虑职工本人意愿,统筹安排职工年休假。年休假在 1 个年度内可以集中安排,也可以分段安排,一般不跨年度安排。单位因生产、工作特点确有必要跨年度安排职工年休假的,可以跨 1 个年度安排。单位确因工作需要不能安排职工休年休假的,经职工本人同意,可以不安排职工休年休假。对职工应休未休的年休假天数,单位应当按照该职工日工资收入的 300% 支付年休假工资报酬。"据此,虽然享受带薪年休假是劳动者的法定权利,但如何安排年休假却是用人单位的权利。在一般情况下,公司安排员工年休假应当统筹兼顾工作需要和员工个人意愿,但如果员工未经公司同意擅自休年假,严重的可能会导致劳动合同的解除。

(3)《职工带薪年休假条例》第五条第三款规定:"单位确因工作需要不能安排职工休年

休假的,经职工本人同意,可以不安排职工休年休假。对职工应休未休的年休假天数,单位应当按照该职工日工资收入的300%支付年休假工资报酬。"需要注意的是,这里的"日工资收入的300%",已经包含了用人单位支付职工正常工作期间的工资收入。就是说,除正常工作期间的工资外,应休未休的带薪年休假折算工资＝应休未休的天数×日工资×2倍。

3)劳动安全卫生

劳动安全卫生又称劳动保护,是指直接保护劳动者在劳动中的安全和健康的法律保障。根据《劳动法》第六章的有关规定,用人单位和劳动者应当遵守以下有关劳动安全卫生的法律规定:

①用人单位必须建立、健全劳动安全卫生制度,严格执行国家劳动安全卫生规程和标准,对劳动者进行劳动安全卫生教育,防止劳动过程中的事故,减少职业危害。

②劳动安全卫生设施必须符合国家规定的标准。新建、改建、扩建工程的劳动安全卫生设施必须与主体工程同时设计、同时施工、同时投入生产和使用。

③用人单位必须为劳动者提供符合国家规定的劳动安全卫生条件和必要的劳动防护用品,对从事有职业危害作业的劳动者应当定期进行健康检查。

④从事特种作业的劳动者必须经过专门培训并取得特种作业资格。

⑤劳动者在劳动过程中必须严格遵守安全操作规程。劳动者对用人单位管理人员违章指挥、强令冒险作业,有权拒绝执行;对危害生命安全和身体健康的行为,有权提出批评、检举和控告。

4)女职工和未成年工特殊保护

(1)女职工的特殊保护

根据《劳动法》第七章的有关规定,对女职工的特殊保护主要包括:

①禁止安排女职工从事矿山井下、国家规定的第四级体力劳动强度的劳动和其他禁忌从事的劳动。

②不得安排女职工在经期从事高处、低温、冷水作业和国家规定的第三级体力劳动强度的劳动。

③不得安排女职工在怀孕期间从事国家规定的第三级体力劳动强度的劳动和孕期禁忌从事的劳动。对怀孕7个月以上的女职工,不得安排其延长工作时间和夜班劳动。

④女职工生育享受不少于90天的产假。

⑤不得安排女职工在哺乳未满1周岁的婴儿期间从事国家规定的第三级体力劳动强度的劳动和哺乳期禁忌从事的其他劳动,不得安排其延长工作时间和夜班劳动。

2012年4月国务院颁布的《女职工劳动保护特别规定》第四条、第五条还规定,用人单位应当遵守女职工禁忌从事的劳动范围的规定。用人单位应当将本单位属于女职工禁忌从事的劳动范围的岗位书面告知女职工。用人单位不得因女职工怀孕、生育、哺乳降低其工资、予以辞退、与其解除劳动或者聘用合同。

《女职工劳动保护特别规定》

《女职工劳动保护特别规定》附录还对于女职工禁忌从事的劳动范围作了具体规定。

（2）未成年工特殊保护

未成年工的特殊保护是针对未成年工处于生长发育期的特点，以及接受义务教育的需要，采取的特殊劳动保护措施。

所谓未成年工是指年满16周岁未满18周岁的劳动者。《劳动法》第十五条规定，禁止用人单位招用未满十六周岁的未成年人。根据《劳动法》第七章的有关规定，对未成年工的特殊保护主要包括：

①不得安排未成年工从事矿山井下、有毒有害、国家规定的第四级体力劳动强度的劳动和其他禁忌从事的劳动。

②用人单位应当对未成年工定期进行健康检查。

1994年12月劳动部颁布的《未成年工特殊保护规定》（劳部发〔1994〕498号）第八条至第十条规定，用人单位应根据未成年工的健康检查结果安排其从事适合的劳动，对不能胜任原劳动岗位的，应根据医务部门的证明，予以减轻劳动量或安排其他劳动。对未成年工的使用和特殊保护实行登记制度。

《未成年工特殊保护规定》

①用人单位招收使用未成年工，除符合一般用工要求外，还须向所在地的县级以上劳动行政部门办理登记。劳动行政部门根据《未成年工健康检查表》《未成年工登记表》，核发《未成年工登记证》。

②各级劳动行政部门须按本规定第三、四、五、七条的有关规定，审核体检情况和拟安排的劳动范围。

③未成年工须持《未成年工登记证》上岗。

④《未成年工登记证》由国务院劳动行政部门统一印制。未成年工上岗前用人单位应对其进行有关的职业安全卫生教育、培训；未成年工体检和登记，由用人单位统一办理和承担费用。

5）劳动者的社会保险与福利

《劳动法》第七十条规定："国家发展社会保险，建立社会保险制度，设立社会保险基金，使劳动者在年老、患病、工伤、失业、生育等情况下获得帮助和补偿。"根据《劳动法》第七十二条规定，用人单位和劳动者必须依法参加社会保险，缴纳社会保险费。

《社会保险法》

2010年10月颁布的《社会保险法》第二条规定："国家建立基本养老保险、基本医疗保险、工伤保险、失业保险、生育保险等社会保险制度，保障公民在年老、疾病、工伤、失业、生育等情况下依法从国家和社会获得物质帮助的权利。"

（1）基本养老保险

《社会保险法》第十条第一款规定："职工应当参加基本养老保险，由用人单位和职工共同缴纳基本养老保险费。"

《社会保险法》第十二条第一款和第二款继续规定："用人单位应当按照国家规定的本单位职工工资总额的比例缴纳基本养老保险费，记入基本养老保险统筹基金。

职工应当按照国家规定的本人工资的比例缴纳基本养老保险费，记入个人账户。"

《社会保险法》第十六条还规定："参加基本养老保险的个人，达到法定退休年龄时累计缴费满十五年的，按月领取基本养老金。

参加基本养老保险的个人,达到法定退休年龄时累计缴费不足十五年的,可以缴费至满十五年,按月领取基本养老金;也可以转入新型农村社会养老保险或者城镇居民社会养老保险,按照国务院规定享受相应的养老保险待遇。"

《社会保险法》第十九条规定:"个人跨统筹地区就业的,其基本养老保险关系随本人转移,缴费年限累计计算。个人达到法定退休年龄时,基本养老金分段计算、统一支付。具体办法由国务院规定。"

（2）基本医疗保险

《社会保险法》规定,职工应当参加职工基本医疗保险,由用人单位和职工按照国家规定共同缴纳基本医疗保险费。医疗机构应当为参保人员提供合理、必要的医疗服务。

《社会保险法》第二十三条第一款规定:"职工应当参加职工基本医疗保险,由用人单位和职工按照国家规定共同缴纳基本医疗保险费。"

《国务院关于建立城镇职工基本医疗保险制度的决定》（国发〔1998〕44 号）也规定,城镇所有用人单位,包括企业（国有企业、集体企业、外商投资企业、私营企业等）、机关、事业单位、社会团体、民办非企业单位及其职工,都要参加基本医疗保险。乡镇企业及其职工、城镇个体经济组织业主及其从业人员是否参加基本医疗保险,由各省、自治区、直辖市人民政府决定。

（3）工伤保险

《社会保险法》规定,职工应当参加工伤保险,由用人单位缴纳工伤保险费,职工不缴纳工伤保险费。此外,《建筑法》还规定,鼓励企业为从事危险作业的职工办理意外伤害保险,支付保险费。

《工伤保险条例》

根据 2010 年 12 月修改的《工伤保险条例》第十四条的规定,职工有下列情形之一的,应当认定为工伤:

①在工作时间和工作场所内,因工作原因受到事故伤害的;

②工作时间前后在工作场所内,从事与工作有关的预备性或者收尾性工作受到事故伤害的;

③在工作时间和工作场所内,因履行工作职责受到暴力等意外伤害的;

④患职业病的;

⑤因工外出期间,由于工作原因受到伤害或者发生事故下落不明的;

⑥在上下班途中,受到非本人主要责任的交通事故或者城市轨道交通、客运轮渡、火车事故伤害的;

⑦法律、行政法规规定应当认定为工伤的其他情形。

根据《工伤保险条例》第十五条的规定,职工有下列情形之一的,视同工伤:

①在工作时间和工作岗位,突发疾病死亡或者在 48 小时之内经抢救无效死亡的;

②在抢险救灾等维护国家利益、公共利益活动中受到伤害的;

③职工原在军队服役,因战、因公负伤致残,已取得革命伤残军人证,到用人单位后旧伤复发的。

职工有上述①、②项情形的,按照《工伤保险条例》的有关规定享受工伤保险待遇;职工有上述第③项情形的,按照《工伤保险条例》的有关规定享受除一次性伤残补助金以外的工伤保险待遇。

根据《工伤保险条例》第十六条的规定,职工符合《工伤保险条例》第十四条、第十五条的规定,但是有下列情形之一的,不得认定为工伤或者视同工伤:

①故意犯罪的;

②醉酒或者吸毒的;

③自残或者自杀的。

职工发生事故伤害或者按照职业病防治法规定被诊断、鉴定为职业病,所在单位应当自事故伤害发生之日或者被诊断、鉴定为职业病之日起 30 日内,向统筹地区社会保险行政部门提出工伤认定申请。遇有特殊情况,经报社会保险行政部门同意,申请时限可以适当延长。用人单位未按规定提出工伤认定申请的,工伤职工或者其近亲属、工会组织在事故伤害发生之日或者被诊断、鉴定为职业病之日起 1 年内,可以直接向用人单位所在地统筹地区社会保险行政部门提出工伤认定申请。

用人单位未在规定的时限内提交工伤认定申请,在此期间发生符合规定的工伤待遇等有关费用由该用人单位负担。

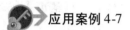 应用案例 4-7

李某,2016 年进入某公司担任部门经理并签订书面合同,合同期自 2016 年 7 月至 2019 年 7 月。合同到期后,公司支付其一定的经济补偿,把李某调往下属具有独立法人资格的公司工作。李某进入子公司后,虽然公司口头通知其签订劳动合同,但李某一直因各种理由未与公司签订书面劳动合同,也没有参加社会保险。2020 年 2 月,李某在下班途中被机动车撞伤,被依法认定为工伤,后经劳动能力鉴定委员会鉴定为 8 级伤残,2020 年 4 月该公司书面通知与其解除劳动关系,该公司认为李某虽为工伤,但是因为他人侵权造成的伤害,可向侵权人要求人身伤害赔偿,公司不应再支付工伤赔偿及停工留薪期间工资待遇。因此李某申请仲裁。

【问题】

(1)李某是否可以向公司要求补办社会保险以及要求支付解除劳动关系的经济补偿呢?

(2)公司是否该支付工伤赔偿及停工留薪期间工资待遇,时间如何确定?

(3)公司与李某是否存在劳动关系?李某撞伤被认定工伤,公司与其解除劳动关系是否合法?

【案例分析】

(1)李某可以要求用人单位补缴社会保险,李某为该公司的员工,根据《社会保险法》相关规定,用人单位有义务为员工缴纳社会保险。李某可以要求给付违法解除劳动合同的经济赔偿金。

《劳动合同法》第四十八条规定:"用人单位违反本法规定解除或者终止劳动合同,劳动者要求继续履行劳动合同的,用人单位应当继续履行;劳动者不要求继续履行劳动合同或者劳动合同已经不能继续履行的,用人单位应当依照本法第八十七条规定支付赔偿金。"

《劳动合同法》第八十七条规定:"用人单位违反本法规定解除或者终止劳动合同的,应当依照本法第四十七条规定的经济补偿标准的二倍向劳动者支付赔偿金。"

《劳动合同法》第四十七条规定："经济补偿按劳动者在本单位工作的年限,每满一年支付一个月工资的标准向劳动者支付。六个月以上不满一年的,按一年计算;不满六个月的,向劳动者支付半个月工资的经济补偿。劳动者月工资高于用人单位所在直辖市、设区的市级人民政府公布的本地区上年度职工月平均工资三倍的,向其支付经济补偿的标准按职工月平均工资三倍的数额支付,向其支付经济补偿的年限最高不超过十二年。本条所称月工资是指劳动者在劳动合同解除或者终止前十二个月的平均工资。"

实际上李某还可以要求支付一次性工伤医疗补助金、一次性伤残就业补助金、未签劳动合同的双倍工资。

(2)公司应该支付工伤赔偿及停工留薪期间工资待遇。

依据《工伤保险条例》第三十三条规定："职工因工作遭受事故伤害或者患职业病需要暂停工作接受工伤医疗的,在停工留薪期内,原工资福利待遇不变,由所在单位按月支付。

停工留薪期一般不超过12个月。伤情严重或者情况特殊,经设区的市级劳动能力鉴定委员会确认,可以适当延长,但延长不得超过12个月。工伤职工评定伤残等级后,停发原待遇,按照本章的有关规定享受伤残待遇。工伤职工在停工留薪期满后仍需治疗的,继续享受工伤医疗待遇。

生活不能自理的工伤职工在停工留薪期需要护理的,由所在单位负责。"

但是该问题在司法实践中有争议,有的地方法院支持双赔制,也就是李某可以向侵权人要求人身损害赔偿,同时也可以要求单位工伤赔偿;有的地方法院支持单赔制,也就是只要李某向侵权人获得赔偿了,就不可以再向单位要求工伤赔偿了。北京地区支持单赔制。

(3)公司和李某存在劳动关系。《劳动合同法》第七条规定："用人单位自用工之日起即与劳动者建立劳动关系。"公司与李某解除劳动合同属于违法解除劳动合同。

《劳动合同法》第四十二条规定："劳动者有下列情形之一的,用人单位不得依照本法第四十条、第四十一条的规定解除劳动合同:……(二)在本单位患职业病或者因工负伤并被确认丧失或者部分丧失劳动能力的;……"李某属于工伤8级部分丧失劳动能力是不得解除劳动合同的。

除非李某有《劳动合同法》第三十九条规定："劳动者有下列情形之一的,用人单位可以解除劳动合同:(一)在试用期间被证明不符合录用条件的;(二)严重违反用人单位的规章制度的;(三)严重失职,营私舞弊,给用人单位造成重大损害的;(四)劳动者同时与其他用人单位建立劳动关系,对完成本单位的工作任务造成严重影响,或者经用人单位提出,拒不改正的;(五)因本法第二十六条第一款第一项规定的情形致使劳动合同无效的;(六)被依法追究刑事责任的。"

(4)失业保险

《社会保险法》第四十四条规定："职工应当参加失业保险,由用人单位和职工按照国家规定共同缴纳失业保险费。"

《社会保险法》第五十二条规定："职工跨统筹地区就业的,其失业保险关系随本人转移,缴费年限累计计算。"

（5）生育保险

《社会保险法》第五十三条规定："职工应当参加生育保险，由用人单位按照国家规定缴纳生育保险费，职工不缴纳生育保险费。"

《社会保险法》第五十四条规定："用人单位已经缴纳生育保险费的，其职工享受生育保险待遇；职工未就业配偶按照国家规定享受生育医疗费用待遇。所需资金从生育保险基金中支付。生育保险待遇包括生育医疗费用和生育津贴。"

（6）福利

《劳动法》第七十六条规定："国家发展社会福利事业，兴建公共福利设施，为劳动者休息、休养和疗养提供条件。用人单位应当创造条件，改善集体福利，提高劳动者的福利待遇。"

4.8.2 劳动争议的处理

劳动争议又称劳动纠纷，是指劳动关系当事人之间关于劳动权利和义务的争议。

《劳动法》第七十七条规定："用人单位与劳动者发生劳动争议，当事人可以依法申请调解、仲裁、提起诉讼，也可以协商解决。调解原则适用于仲裁和诉讼程序。"《劳动争议调解仲裁法》第五条进一步规定，发生劳动争议，当事人不愿协商、协商不成或者达成和解协议后不履行的，可以向调解组织申请调解；不愿调解、调解不成或者达成调解协议后不履行的，可以向劳动争议仲裁委员会申请仲裁；对仲裁裁决不服的，除本法另有规定的外，可以向人民法院提起诉讼。

《劳动争议调解仲裁法》

《劳动争议调解仲裁法》第七条规定："发生劳动争议的劳动者一方在十人以上，并有共同请求的，可以推举代表参加调解、仲裁或者诉讼活动。"

1）劳动争议的范围

根据《劳动争议调解仲裁法》第二条的规定，用人单位与劳动者发生劳动争议的范围包括：

①因确认劳动关系发生的争议；

②因订立、履行、变更、解除和终止劳动合同发生的争议；

③因除名、辞退和辞职、离职发生的争议；

④因工作时间、休息休假、社会保险、福利、培训以及劳动保护发生的争议；

⑤因劳动报酬、工伤医疗费、经济补偿或者赔偿金等发生的争议；

⑥法律、法规规定的其他劳动争议。

2020 年 12 月发布的《最高人民法院关于审理劳动争议案件适用法律若干问题的解释（一）》（法释〔2020〕26 号）第二条规定："下列纠纷不属于劳动争议：

法释〔2020〕26 号

（一）劳动者请求社会保险经办机构发放社会保险金的纠纷；

（二）劳动者与用人单位因住房制度改革产生的公有住房转让纠纷；

（三）劳动者对劳动能力鉴定委员会的伤残等级鉴定结论或者对职业病诊断鉴定委员会的职业病诊断鉴定结论的异议纠纷；

(四)家庭或者个人与家政服务人员之间的纠纷;

(五)个体工匠与帮工、学徒之间的纠纷;

(六)农村承包经营户与受雇人之间的纠纷。"

2) 劳动协商

劳动争议发生后,当事人首先应当协商解决。协商是一种简便易行、最有效、最经济的方法,能及时解决争议,消除分歧,提高办事效率,节省费用。协商一致的,当事人可以形成和解协议,但和解协议不具有强制执行力,需要当事人自觉履行。

《劳动争议调解仲裁法》第四条规定:"发生劳动争议,劳动者可以与用人单位协商,也可以请工会或者第三方共同与用人单位协商,达成和解协议。"

3) 劳动调解

根据《劳动争议调解仲裁法》第十条的规定,发生劳动争议,当事人可以到下列调解组织申请调解:

①企业劳动争议调解委员会;

②依法设立的基层人民调解组织;

③在乡镇、街道设立的具有劳动争议调解职能的组织。

企业劳动争议调解委员会由职工代表和企业代表组成。职工代表由工会成员担任或者由全体职工推举产生,企业代表由企业负责人指定。企业劳动争议调解委员会主任由工会成员或者双方推举的人员担任。

《劳动争议调解仲裁法》第十四条规定:"经调解达成协议的,应当制作调解协议书。调解协议书由双方当事人签名或者盖章,经调解员签名并加盖调解组织印章后生效,对双方当事人具有约束力,当事人应当履行。自劳动争议调解组织收到调解申请之日起十五日内未达成调解协议的,当事人可以依法申请仲裁。"

《劳动争议调解仲裁法》第十五条规定:"达成调解协议后,一方当事人在协议约定期限内不履行调解协议的,另一方当事人可以依法申请仲裁。"

《劳动争议调解仲裁法》第十六条规定:"因支付拖欠劳动报酬、工伤医疗费、经济补偿或者赔偿金事项达成调解协议,用人单位在协议约定期限内不履行的,劳动者可以持调解协议书依法向人民法院申请支付令。人民法院应当依法发出支付令。"

4) 劳动仲裁

劳动争议发生后,当事人任何一方都可以直接向劳动争议仲裁委员会申请仲裁。当事人申请劳动争议仲裁,应当在法律规定的仲裁时效内提出。

(1)劳动争议仲裁委员会与劳动争议管辖

劳动争议仲裁委员会是指县、市、市辖区设立的裁处企业与职工之间发生的劳动争议的组织机构。劳动争议仲裁委员会不按行政区划层层设立。

劳动争议仲裁委员会由劳动行政部门代表、工会代表和企业方面代表组成。劳动争议仲裁委员会组成人员应当是单数。

《劳动争议调解仲裁法》第二十一条规定:"劳动争议仲裁委员会负责管辖本区域内发生的劳动争议。劳动争议由劳动合同履行地或者用人单位所在地的劳动争议仲裁委员会管辖。双方当事人分别向劳动合同履行地和用人单位所在地的劳动争议仲裁委员会申请仲裁的,由劳动合同履行地的劳动争议仲裁委员会管辖。"

（2）劳动仲裁时效

根据《劳动争议调解仲裁法》第二十七条的规定,仲裁时效应符合以下规定:

①劳动争议申请仲裁的时效期间为1年。仲裁时效期间从当事人知道或者应当知道其权利被侵害之日起计算。

②前款规定的仲裁时效,因当事人一方向对方当事人主张权利,或者向有关部门请求权利救济,或者对方当事人同意履行义务而中断。从中断时起,仲裁时效期间重新计算。

③因不可抗力或者有其他正当理由,当事人不能在本条第一款规定的仲裁时效期间申请仲裁的,仲裁时效中止。从中止时效的原因消除之日起,仲裁时效期间继续计算。

④劳动关系存续期间因拖欠劳动报酬发生争议的,劳动者申请仲裁不受本条第一款规定的仲裁时效期间的限制;但是,劳动关系终止的,应当自劳动关系终止之日起1年内提出。

（3）仲裁申请和受理

申请人申请仲裁应当提交书面仲裁申请,并按照被申请人人数提交副本。仲裁申请书应当载明下列事项:

①劳动者的姓名、性别、年龄、职业、工作单位和住所,用人单位的名称、住所和法定代表人或者主要负责人的姓名、职务;

②仲裁请求和所根据的事实、理由;

③证据和证据来源、证人姓名和住所。

书写仲裁申请确有困难的,可以口头申请,由劳动争议仲裁委员会记入笔录,并告知对方当事人。

劳动争议仲裁委员会收到仲裁申请之日起5日内,认为符合受理条件的,应当受理,并通知申请人;认为不符合受理条件的,应当书面通知申请人不予受理,并说明理由。对劳动争议仲裁委员会不予受理或者逾期未作出决定的,申请人可以就该劳动争议事项向人民法院提起诉讼。

（4）开庭和裁决

劳动争议仲裁委员会裁决劳动争议案件实行仲裁庭制。仲裁庭由3名仲裁员组成,设首席仲裁员。简单劳动争议案件可以由1名仲裁员独任仲裁。

仲裁庭应当在开庭五日前,将开庭日期、地点书面通知双方当事人。当事人有正当理由的,可以在开庭三日前请求延期开庭。是否延期,由劳动争议仲裁委员会决定。

《劳动争议调解仲裁法》第三十六条规定:"申请人收到书面通知,无正当理由拒不到庭或者未经仲裁庭同意中途退庭的,可以视为撤回仲裁申请。被申请人收到书面通知,无正当理由拒不到庭或者未经仲裁庭同意中途退庭的,可以缺席裁决。"

仲裁庭裁决劳动争议案件,应当自劳动争议仲裁委员会受理仲裁申请之日起45日内结束。案情复杂需要延期的,经劳动争议仲裁委员会主任批准,可以延期并书面通知当事人,但是延长期限不得超过15日。仲裁庭裁决劳动争议案件时,其中一部分事实已经清楚,可以就该部分先行裁决。

根据《劳动争议调解仲裁法》第四十七条的规定,下列劳动争议,除另有规定的外,仲裁

裁决为终局裁决,裁决书自作出之日起发生法律效力:

①追索劳动报酬、工伤医疗费、经济补偿或者赔偿金,不超过当地月最低工资标准 12 个月金额的争议;

②因执行国家的劳动标准在工作时间、休息休假、社会保险等方面发生的争议。

劳动者对第四十七条规定的仲裁裁决不服的,可以自收到仲裁裁决书之日起 15 日内向人民法院提起诉讼。用人单位有证据证明第四十七条规定的仲裁裁决有下列情形之一,可以自收到仲裁裁决书之日起 30 日内向劳动争议仲裁委员会所在地的中级人民法院申请撤销裁决:

①适用法律、法规确有错误的;

②劳动争议仲裁委员会无管辖权的;

③违反法定程序的;

④裁决所根据的证据是伪造的;

⑤对方当事人隐瞒了足以影响公正裁决的证据的;

⑥仲裁员在仲裁该案时有索贿受贿、徇私舞弊、枉法裁决行为的。

人民法院经组成合议庭审查核实裁决有上述规定情形之一的,应当裁定撤销。仲裁裁决被人民法院裁定撤销的,当事人可以自收到裁定书之日起 15 日内就该劳动争议事项向人民法院提起诉讼。

应用案例 4-8

小娟于 2018 年 12 月应聘到北京一家外企公司工作,并签订了 1 年期限的劳动合同,负责与公司另一位同事小丽一起在前台接听电话并接待来访者,月工资为 1 800 元。由于小娟经常在工作时间翻阅前台收到的免费杂志,以致公司的电话、接待工作几乎都落在了小丽肩上。2019 年 2 月,公司对全体员工进行了工作考核,对小娟的不良工作态度进行了批评,小娟依照公司规章制度认真写了检查。2019 年 3 月,公司对所有岗位人员重新优化配置,决定前台接待岗位配置 1 名员工,遂以客观情况发生了变化,原劳动合同无法再继续履行为由,与小娟解除了劳动合同,并下发了办理解除劳动合同手续的通知,要求小娟在 15 日内办结工作交接,不支付经济补偿。

小娟不服,以外企公司违法解除劳动合同为由,向劳动争议仲裁委员会提出仲裁申请,要求支付经济补偿及赔偿金。

【问题】

(1)企业优化人员配置,员工被裁属于客观情况发生重大变化吗?

(2)只要客观情况发生重大变化,就可以无偿解除劳动合同吗?

【案例分析】

本案件适用相关法律条款:

《劳动合同法》第十七条规定:"劳动合同应当具备以下条款:……(四)工作内容和工作地点;……"

《劳动合同法》第四十条规定:"有下列情形之一的,用人单位提前三十日以书面形式通知劳动者本人或者额外支付劳动者一个月工资后,可以解除劳动合同:……(三)劳动合同订立时所依据的客观情况发生重大变化,致使劳动合同无法履行,经用人单位与劳动者协商,未能就变更劳动合同内容达成协议的。"

《劳动合同法》第五十条规定:"用人单位应当在解除或者终止劳动合同时出具解除或者终止劳动合同的证明,并在十五日内为劳动者办理档案和社会保险关系转移手续。"

(1)所谓客观情况发生重大变化,是指发生不可抗力或出现致使劳动合同全部或部分条款无法履行的情况。

在小娟与外企公司签订劳动合同时,双方约定的工作内容是负责在前台接听电话、接待来访者。2008年2月,外企公司通过考核,对企业人员配置进行优化,并根据前台接待岗位的工作任务将人员配置减至1人。小娟失去工作岗位,属于客观情况发生了重大变化,没有岗位的小娟无法再继续按照劳动合同约定的工作内容工作,致使公司与小娟订立的劳动合同无法履行。

在此类劳动争议案件中,用人单位与劳动者发生劳动争议,通常表现在对"客观情况发生重大变化"认定不清的问题上。实际上,很多用人单位以此原因与劳动者解除劳动关系,却苦于没有直接有力的证据、规定作为法律支持,与劳动者无法就"客观情况发生重大变化"问题达成一致,最终走上了仲裁之路。在此,专家建议,用人单位在劳动合同或者其他生效的规章制度中,应当注意明确"客观情况发生重大变化"的含义,罗列"客观情况发生重大变化"的情况,使用人单位与劳动者就此达成一致,避免争议的发生。

(2)自《劳动合同法》颁布施行以来,用人单位一直将"客观情况发生重大变化"当成是随意解除劳动合同的一把"金钥匙",认为这是《劳动合同法》对用人单位诸多约束条件的释放。

事实上,《劳动合同法》明确的劳动者和用人单位的权利和义务是相对的,该法所营造的劳动关系和用工环境是相对稳定、和谐的。在保护劳动者合法权益的同时,也兼顾了用人单位的利益。可以说,"客观情况发生重大变化"就是该法在一定程度上对用人单位利益的维护。用人单位可以依法对这一点予以明确界定,使其能够具有法律效力,并作为用人单位解除劳动合同的合法依据。

但是,为了避免某些用人单位借此机会随意解除劳动合同,扰乱劳动关系的和谐稳定,《劳动合同法》也作出了程序约束。《劳动合同法》第四十条规定:"有下列情形之一的,用人单位提前三十日以书面形式通知劳动者本人或者额外支付劳动者一个月工资后,可以解除劳动合同:……(三)劳动合同订立时所依据的客观情况发生重大变化,致使劳动合同无法履行,经用人单位与劳动者协商,未能就变更劳动合同内容达成协议的。"

本案中,外企公司要适用此款解除劳动合同,除满足客观情况发生变化致使合同无法履行条件外,还应先与小娟沟通协商变更劳动合同,只有经协商未能就变更劳动合同达成一致时,公司才可以与小娟解除劳动合同,并按小娟在本单位的工作年限,不满6个月的支付半个月工资(900元)的经济补偿。

最后,劳动争议仲裁委员会仲裁结果为:客观情况发生变化时,该外企公司未与劳动者小娟协商,未履行变更劳动合同内容程序,属于违法解除,应当支付双倍经济补偿的赔偿金1 800元。此外,还应支付因未提前30日通知解除而应发的一个月工资1 800元,共计3 600元。

本章小结

合同是平等主体的自然人、法人、其他组织之间设立、变更、终止民事权利义务关系的协议。建设工程合同是承包人进行工程建设,发包人支付价款的合同。

建设工程合同应当采用书面形式。当事人订立合同,采取要约、承诺方式。要约是希望和他人订立合同的意思表示,承诺是受要约人同意要约的意思表示。合同条款是合同内容的表现形式,是合同内容的载体。建设工程合同应当具备一般合同的条款,同时,由于建设工程合同标的的特殊性,法律对建设工程合同中某些条款作出了特殊规定。

依法成立的合同,自成立时生效。法律、行政法规规定应当办理批准、登记手续生效的,自批准、登记时生效。当事人之间订立的合同具备合同成立的形式,但由于违反法律规定而导致法律不予认可其效力为无效合同。合同成立以后,由于存在法定事由,人民法院或者仲裁机构根据一方当事人的申请,以及具体情况允许变更有关合同内容或者撤销合同。无效的合同或者被撤销的合同自始没有法律约束力。合同部分无效,不影响其他部分效力的,其他部分仍然有效。合同无效或者被撤销后,合同尚未履行的,不再履行。合同已经部分履行或已经履行完毕的,因该合同取得的财产,应当予以返还;不能返还或者没有必要返还的,应当折价补偿。有过错的一方应当赔偿对方因此所受到的损失,双方都有过错的,应当各自承担相应的责任。当事人恶意串通,损害国家、集体或者第三人利益的,因此取得的财产应当收归国家所有或者返还集体、第三人。

建设工程合同依法成立后,双方当事人按照合同约定全面、正确地完成各自应承担的义务,从而使当事人的合同权利全面实现。建设工程合同的承包人按照合同的约定完成工程建设任务、向发包人交付工程,发包人依照合同的约定支付工程价款。

合同成立以后、履行完毕之前,双方当事人可依法对原合同的内容进行修改。合同当事人可依法将合同的全部或者部分权利义务转让给第三人。合同的转让,可分为合同权利的转让、合同义务的转让和合同权利义务全部转让。合同权利义务终止须有法律上的原因。

合同当事人不履行合同义务或者履行合同义务不符合约定时,依法应承担法律责任。严格责任原则是承担违约责任的主要原则,严格责任原则下规定法定免责事由为不可抗力。当事人一方不履行合同义务或者履行合同义务不符合约定的,应当承担继续履行、采取补救措施或者赔偿损失等违约责任。

劳动法是用来调整劳动关系以及与劳动关系有密切联系的其他关系的法律规范总和。劳动者同用人单位确立劳动关系,应当签订劳动合同,明确双方权利和义务。

习　题

1. 约定违约金高于或低于实际损失时的处理情况有哪些?
2. 要约不得撤销的情况有哪些?
3. 非违约方的减损义务有哪些?
4. 建设工程施工合同中承包人应当承担的赔偿损失的责任有哪些?

5.某商品房开发工程因故停建,承包人及时起诉要求结算工程款并胜诉。法院在对该项目进行拍卖执行中,有许多债权人主张权利。各债权人的清偿顺序依法应是什么?

6.建设工程承担赔偿损失责任的构成要件有哪些?

7.建设工程施工合同中发包人应当承担的赔偿损失(非承包人原因)有哪些?

项目 5
建设工程安全生产法律制度

● **基本要求**:通过对本项目的学习,熟悉建设施工安全生产许可证制度,了解施工安全生产责任和安全生产教育培训制度,掌握施工现场安全防护制度及违法行为应承担的法律责任,掌握施工安全事故的应急救援与调查处理方案,掌握单位和相关单位的建设工程安全责任制度。

　　建设工程安全生产法律制度,是《建筑法》确定的建设活动的基本法律制度之一。安全生产事关人民群众的生命财产安全,事关社会稳定的大局,切实解决好安全生产问题是确保我国经济社会持续发展的一项战略性任务。国家高度重视安全生产管理工作,1997年通过的《建筑法》,对建设工程安全生产管理作出了原则规定。2002年又颁布了《安全生产法》,确立了安全生产的基本法律制度。2003年国务院制定了《建设工程安全生产管理条例》,对《建筑法》和《安全生产法》作了进一步细化,明确了施工单位、建设单位、勘察设计单位和工程监理单位的安全责任,并对建设工程安全生产监督管理等作出规定。此外,国家还制定了《安全产生产许可证条例》《生产安全事故报告和调查处理条例》《建筑施工企业安全生产许可证管理规定》等一系列涉及建设工程安全生产的行政法规和部门规章。

　　为进一步落实企业的安全生产主体地位,强化政府的安全监管,加大对生产经营单位安全违法行为的处罚力度,2021年6月10日第十三届全国人大常委会第二十九次会议通过了新的《安全生产法》(以下引用的《安全生产法》条文即为新修订的条文),自2021年9月1日起施行。《安全生产法》第三条规定:"安全生产工作坚持中国共产党的领导。安全生产工作应当以人为本,坚持人民至上、生命至上,把保护人民生命安全摆在首位,树牢安全发展理念,坚持安全第一、预

《安全生产法》

防为主、综合治理的方针,从源头上防范化解重大安全风险。安全生产工作实行管行业必须管安全、管业务必须管安全、管生产经营必须管安全,强化和落实生产经营单位主体责任与政府监管责任,建立生产经营单位负责、职工参与、政府监管、行业自律和社会监督的机制。"

5.1 建设工程安全生产监督管理制度

5.1.1 安全生产监督管理体制

1) 各级人民政府在安全生产方面的职责

《安全生产法》第八条规定:

国务院和县级以上地方各级人民政府应当根据国民经济和社会发展规划制定安全生产规划,并组织实施。安全生产规划应当与国土空间规划等相关规划相衔接。

各级人民政府应当加强安全生产基础设施建设和安全生产监管能力建设,所需经费列入本级预算。

县级以上地方各级人民政府应当组织有关部门建立完善安全风险评估与论证机制,按照安全风险管控要求,进行产业规划和空间布局,并对位置相邻、行业相近、业态相似的生产经营单位实施重大安全风险联防联控。

2) 安全生产监督管理体制

我国实行安全生产综合监督管理与专项监督管理相结合的安全生产监督管理体制。《安全生产法》第十条作出了相关规定:

国务院应急管理部门依照《安全生产法》,对全国安全生产工作实施综合监督管理;县级以上地方各级人民政府应急管理部门依照《安全生产法》,对本行政区域内安全生产工作实施综合监督管理。

国务院交通运输、住房和城乡建设、水利、民航等有关部门依照《安全生产法》和其他有关法律、行政法规的规定,在各自的职责范围内对有关行业、领域的安全生产工作实施监督管理;县级以上地方各级人民政府有关部门依照《安全生产法》和其他有关法律、法规的规定,在各自的职责范围内对有关行业、领域的安全生产工作实施监督管理。对新兴行业、领域的安全生产监督管理职责不明确的,由县级以上地方各级人民政府按照业务相近的原则确定监督管理部门。

应急管理部门和对有关行业、领域的安全生产工作实施监督管理的部门,统称负有安全生产监督管理职责的部门。负有安全生产监督管理职责的部门应当相互配合、齐抓共管、信息共享、资源共用,依法加强安全生产监督管理工作。

根据《建设工程安全生产管理条例》第三十九条、第四十条的规定,国务院负责安全生产监督管理的部门对全国建设工程安全生产工作实施综合监督管理。国务院建设行政主管部门对全国建设工程安全生产实施监督管理。国务院铁路、交通、水利等有关部门按照国务院的职责分工,负责有关专业建设工程安全生产的监督管理。

《建设工程安全生产管理条例》

《建设工程安全生产管理条例》第四十四条规定:"建设行政主管部门或者其他有关部门可以将施工现场的监督检查委托给建设工程安全监督机构具体实施。"

5.1.2　安全生产监督管理规定

根据《安全生产法》第六十三条的规定,负有安全生产监督管理职责的部门应当严格依法审批涉及安全生产的事项并及时进行监督检查,包括以下几个方面内容:

①对涉及安全生产的事项需要审查批准(包括批准、核准、许可、注册、认证、颁发证照等,下同)或者验收的,必须严格依照有关法律、法规和国家标准或者行业标准规定的安全生产条件和程序进行审查;不符合有关法律、法规和国家标准或者行业标准规定的安全生产条件的,不得批准或者验收通过。

②对未依法取得批准或者验收合格的单位擅自从事有关活动的,负责行政审批的部门发现或者接到举报后应当立即予以取缔,并依法予以处理。

③对已经依法取得批准的单位,负责行政审批的部门发现其不再具备安全生产条件的,应当撤销原批准。

《建设工程安全生产管理条例》第四十二条规定:"建设行政主管部门在审核发放施工许可证时,应当对建设工程是否有安全施工措施进行审查,对没有安全施工措施的,不得颁发施工许可证。"

5.1.3　安全生产监督管理部门的职权

《安全生产法》第六十五条规定,应急管理部门和其他负有安全生产监督管理职责的部门依法开展安全生产行政执法工作,对生产经营单位执行有关安全生产的法律、法规和国家标准或者行业标准的情况进行监督检查,行使以下职权:

①进入生产经营单位进行检查,调阅有关资料,向有关单位和人员了解情况;

②对检查中发现的安全生产违法行为,当场予以纠正或者要求限期改正;对依法应当给予行政处罚的行为,依照本法和其他有关法律、行政法规的规定作出行政处罚决定;

③对检查中发现的事故隐患,应当责令立即排除;重大事故隐患排除前或者排除过程中无法保证安全的,应当责令从危险区域内撤出作业人员,责令暂时停产停业或者停止使用相关设施、设备;重大事故隐患排除后,经审查同意,方可恢复生产经营和使用;

④对有根据认为不符合保障安全生产的国家标准或者行业标准的设施、设备、器材以及违法生产、储存、使用、经营、运输的危险物品予以查封或者扣押,对违法生产、储存、使用、经营危险物品的作业场所予以查封,并依法作出处理决定。监督检查不得影响被检查单位的正常生产经营活动。

《建设工程安全生产管理条例》第四十三条规定,县级以上人民政府负有建设工程安全生产监督管理职责的部门在各自的职责范围内履行安全监督检查职责时,有权采取下列措施:

①要求被检查单位提供有关建设工程安全生产的文件和资料;

②进入被检查单位施工现场进行检查;

③纠正施工中违反安全生产要求的行为;

④对检查中发现的安全事故隐患,责令立即排除;重大安全事故隐患排除前或者排除过程中无法保证安全的,责令从危险区域内撤出作业人员或者暂时停止施工。

建设行政主管部门或者其他有关部门可以将施工现场的监督检查工作委托给建设工程安全监督机构(以下简称"安全监督机构")具体实施。所谓安全监督机构是指经县级以上人民政府批准成立,受建设行政主管部门委托,依据有关法律、法规和工程建设强制性标准,对建设工程各有关单位的安全生产行为及施工现场安全生产情况进行监督管理,具有独立法人资格的单位或部门。

生产经营单位对负有安全生产监督管理职责的部门的监督检查人员依法履行监督检查职责,应当予以配合,不得拒绝、阻挠。

《行政许可法》

5.2 施工安全生产许可证制度

2019年4月修改的《行政许可法》第十二条规定,直接涉及国家安全、公共安全、经济宏观调控、生态环境保护以及直接关系人身健康、生命财产安全等特定活动,需要按照法定条件予以批准的事项,可以设定行政许可。

2014年7月经修改后发布并实施的《安全生产许可证条例》第二条规定,国家对矿山企业、建筑施工企业和危险化学品、烟花爆竹、民用爆破器材生产企业(以下统称"企业")实行安全生产许可制度。

《安全生产许可证条例》

企业未取得安全生产许可证的,不得从事生产活动。

5.2.1 申请领取安全生产许可证的条件

2015年1月住建部修改后发布的《建筑施工企业安全生产许可证管理规定》第二条规定,国家对建筑施工企业实行安全生产许可制度。建筑施工企业未取得安全生产许可证的,不得从事建筑施工活动。本规定所称建筑施工企业,是指从事土木工程、建筑工程、线路管道和设备安装工程及装修工程的新建、扩建、改建和拆除等有关活动的企业。

《建筑施工企业安全生产许可证管理规定》第四条继续规定,建筑施工企业取得安全生产许可证,应当具备下列安全生产条件:

①建立、健全安全生产责任制,制定完备的安全生产规章制度和操作规程;

②保证本单位安全生产条件所需资金的投入;

③设置安全生产管理机构,按照国家有关规定配备专职安全生产管理人员;

《建筑施工企业安全生产许可证管理规定》

④主要负责人、项目负责人、专职安全生产管理人员经住房和城乡建设主管部门或者其他有关部门考核合格;

⑤特种作业人员经有关业务主管部门考核合格,取得特种作业操作资格证书;

⑥管理人员和作业人员每年至少进行一次安全生产教育培训并考核合格;

⑦依法参加工伤保险,依法为施工现场从事危险作业的人员办理意外伤害保险,为从业人员交纳保险费;

⑧施工现场的办公、生活区及作业场所和安全防护用具、机械设备、施工机具及配件符合有关安全生产法律、法规、标准和规程的要求;

⑨有职业危害防治措施,并为作业人员配备符合国家标准或者行业标准的安全防护用具和安全防护服装;

⑩有对危险性较大的分部分项工程及施工现场易发生重大事故的部位、环节的预防、监控措施和应急预案;

⑪有生产安全事故应急救援预案、应急救援组织或者应急救援人员,配备必要的应急救援器材、设备;

⑫法律、法规规定的其他条件。

《安全生产许可证条例》第六条也明确规定,企业取得安全生产许可证,应当具备下列安全生产条件:

①建立、健全安全生产责任制,制定完备的安全生产规章制度和操作规程;

②安全投入符合安全生产要求;

③设置安全生产管理机构,配备专职安全生产管理人员;

④主要负责人和安全生产管理人员经考核合格;

⑤特种作业人员经有关业务主管部门考核合格,取得特种作业操作资格证书;

⑥从业人员经安全生产教育和培训合格;

⑦依法参加工伤保险,为从业人员缴纳保险费;

⑧厂房、作业场所和安全设施、设备、工艺符合有关安全生产法律、法规、标准和规程的要求;

⑨有职业危害防治措施,并为从业人员配备符合国家标准或者行业标准的劳动防护用品;

⑩依法进行安全评价;

⑪有重大危险源检测、评估、监控措施和应急预案;

⑫有生产安全事故应急救援预案、应急救援组织或者应急救援人员,配备必要的应急救援器材、设备;

⑬法律、法规规定的其他条件。

据此,建筑施工企业从事建筑施工活动前,应当依法申请领取安全生产许可证,未取得安全生产许可证的,不得从事建筑施工活动。

5.2.2 安全生产许可证的申请、有效期和政府监管的规定

1)安全生产许可证的申请

安全责任重于泰山,安全生产许可证是建筑业施工企业进行生产、施工等必备的一个证件,它和企业资质联系在一块,取得建筑施工资质证书的企业,必须申请安全生产许可证,方可进行招投标工作来接相应工程。它们是有机整体。

企业不得转让、冒用安全生产许可证或者使用伪造的安全生产许可证。企业取得安全生产许可证后,不得降低安全生产条件,并应当加强日常安全生产管理,接受安全生产许可证颁发管理机关的监督检查。安全生产许可证颁发管理机关应当加强对取得安全生产许可

证的企业的监督检查,发现其不再具备本条例规定的安全生产条件的,应当暂扣或者吊销安全生产许可证。

《安全生产许可证条例》第四条规定:"省、自治区、直辖市人民政府建设主管部门负责建筑施工企业安全生产许可证的颁发和管理,并接受国务院建设主管部门的指导和监督。"

《建筑施工企业安全生产许可证管理规定》第六条规定:"建筑施工企业申请安全生产许可证时,应当向住房城乡建设主管部门提供下列材料:(一)建筑施工企业安全生产许可证申请表;(二)企业法人营业执照;(三)第四条规定的相关文件、材料。建筑施工企业申请安全生产许可证,应当对申请材料实质内容的真实性负责,不得隐瞒有关情况或者提供虚假材料。"

《安全生产许可证条例》第七条规定:"企业进行生产前,应当依照本条例的规定向安全生产许可证颁发管理机关申请领取安全生产许可证,并提供本条例第六条规定的相关文件、资料。安全生产许可证颁发管理机关应当自收到申请之日起 45 日内审查完毕,经审查符合本条例规定的安全生产条件的,颁发安全生产许可证;不符合本条例规定的安全生产条件的,不予颁发安全生产许可证,书面通知企业并说明理由。"

2) 安全生产许可证的有效期

对于安全生产许可证的有效期,《建筑施工企业安全生产许可证管理规定》第八条至第十一条继续规定:

安全生产许可证的有效期为 3 年。安全生产许可证有效期满需要延期的,企业应当于期满前 3 个月向原安全生产许可证颁发管理机关申请办理延期手续。企业在安全生产许可证有效期内,严格遵守有关安全生产的法律法规,未发生死亡事故的,安全生产许可证有效期届满时,经原安全生产许可证颁发管理机关同意,不再审查,安全生产许可证有效期延期 3 年。

建筑施工企业变更名称、地址、法定代表人等,应当在变更后 10 日内,到原安全生产许可证颁发管理机关办理安全生产许可证变更手续。

建筑施工企业破产、倒闭、撤销的,应当将安全生产许可证交回原安全生产许可证颁发管理机关予以注销。

建筑施工企业遗失安全生产许可证,应当立即向原安全生产许可证颁发管理机关报告,并在公众媒体上声明作废后,方可申请补办。

3) 政府监管

《建筑施工企业安全生产许可证管理规定》第十三条至第十六条规定:

县级以上人民政府住房和城乡建设主管部门应当加强对建筑施工企业安全生产许可证的监督管理。住房城乡建设主管部门在审核发放施工许可证时,应当对已经确定的建筑施工企业是否有安全生产许可证进行审查,对没有取得安全生产许可证的,不得颁发施工许可证。

跨省从事建筑施工活动的建筑施工企业有违反本规定行为的,由工程所在地的省级人民政府住房城乡建设主管部门将建筑施工企业在本地区的违法事实、处理结果和处理建议抄告原安全生产许可证颁发管理机关。

建筑施工企业取得安全生产许可证后,不得降低安全生产条件,并应当加强日常安全生产管理,接受住房城乡建设主管部门的监督检查。安全生产许可证颁发管理机关发现企业不再具备安全生产条件的,应当暂扣或者吊销安全生产许可证。

安全生产许可证颁发管理机关或者其上级行政机关发现有下列情形之一的,可以撤销已经颁发的安全生产许可证:

①安全生产许可证颁发管理机关工作人员滥用职权、玩忽职守颁发安全生产许可证的;

②超越法定职权颁发安全生产许可证的;

③违反法定程序颁发安全生产许可证的;

④对不具备安全生产条件的建筑施工企业颁发安全生产许可证的;

⑤依法可以撤销已经颁发的安全生产许可证的其他情形。

依照前款规定撤销安全生产许可证,建筑施工企业的合法权益受到损害的,住房城乡建设主管部门应当依法给予赔偿。

应用案例 5-1

2018 年 9 月,某甲建筑安装公司与某乙设备租赁公司签订一份租赁合同,由乙租赁公司向甲建安公司提供塔吊一台。合同约定:设备在运输、装拆过中因违章作业所造成的事故由甲负责,其间发生机械损伤由甲赔偿;设备在使用过程中,甲不得违章指挥,不得强令司机违章作业,并对上述行为产生的后果负责;乙应派随机司机 2 名,工资由甲负责;设备的运输、安装均由甲负责,甲必须具备或委托具备塔机装拆专项资质的单位进行装拆活动,人员必须持证上岗;双方对各自派出的人员负责,各自对违章作业引发的后果或损失负责。

2018 年 12 月 20 日,司机刘某因其他工作离开该工地,并推荐同行业另一名塔吊司机顾某接替其工作,但未通知乙。

2019 年 7 月 3 日,监理公司在安全检查时发现该塔吊的垂直偏差已超出规范的允许范围,即发出《监理工程师通知单》。要求立即停止使用该塔吊。甲准备次日上午派人到工地对塔吊进行纠偏。2011 年 7 月 3 日上午 9 时许,在纠偏人员尚未到达工地的情况下,顾某与工地另一名塔吊司机唐某擅自违规对该塔吊进行垂直度纠偏,导致该塔吊整体倾覆在工地上的 10 号楼房顶上,造成 1 名工人死亡、3 名工人轻伤以及塔吊报废的事故。

【问题】

(1)在这起事故中应当如何认定责任?

(2)事故责任者应当承担哪些法律责任?

【案例分析】

(1)经有关部门调查核实,该甲建安公司没有建筑施工《安全生产许可证》,而是从 2017 年开始就与某机械施工公司达成协议,由该公司提供建筑施工《安全生产许可证》。据此,市建设工程安全质量监督总站在 2019 年 6 月事故通报中确认,该塔吊由甲建安公司自行完成安装,甲建安公司对随机作业人员安全教育不力、管理不严,甲建安公司对事故负主要责任;机械施工公司转让《安全生产许可证》等也应对事故承担责任。

(2)根据《安全生产许可证条例》第十九条规定:"未取得安全生产许可证擅自进行生产的,责令停止生产,没收违法所得,并处 10 万元以上 50 万元以下的罚款;造成重大事故或者其他严重后果,构成犯罪的,依法追究刑事责任"。第二十一条规定,"转让安全生产许可证的,没收违法所得,处 10 万元以上 50 万元以下的罚款,并吊销其安全生产许可证;构成犯罪的,依法追究刑事责任。"市政府主管部门分别对甲建安公司、机械公司作出了相应的处罚。

5.3 施工安全生产责任和安全生产教育培训制度

施工单位是工程建设活动中的重要主体之一,在施工安全中居于核心地位,是绝大部分生产安全事故的直接责任方。

5.3.1 施工单位的安全生产责任

1)施工安全生产管理的方针和原则

(1)施工安全生产管理的方针

《建筑法》《安全生产法》《建设工程安全生产管理条例》中都规定了建设工程安全生产管理的方针,《国务院关于坚持科学发展安全发展促进安全生产形势持续稳定好转的意见》(国发〔2011〕40 号)则进一步明确,自觉坚持"安全第一、预防为主、综合治理"方针。

国发〔2011〕40号

安全第一,就是要在建设工程施工过程中把安全放在第一重要的位置,贯彻以人为本的科学发展观,切实保护劳动者的生命安全和身体健康。

预防为主,是要把建设工程施工安全生产工作的关口前移,建立预教、预警、预防的施工事故隐患预防体系,改善施工安全生产状况,预防施工安全事故。

综合治理,则是要自觉遵循施工安全生产规律,把握施工安全生产工作中的主要矛盾和关键环节,综合运用经济、法律、行政等手段,人管、法治、技防多管齐下,并充分发挥社会、职工、舆论的监督作用,有效解决建设工程施工安全生产的问题。

"安全第一、预防为主、综合治理"方针是一个有机整体。如果没有安全第一的指导思想,预防为主就失去了思想支撑,综合治理将失去整治依据;预防为主是实现安全第一的根本途径,只有把施工安全生产的重点放在建立和落实事故隐患预防体系上,才能有效减少施工伤亡事故的发生;综合治理则是落实安全第一、预防为主的手段和方法。

(2)施工安全生产管理的原则

建筑安全生产管理原则虽然在《建筑法》中没有明确规定,但是在其具体条文中已经包含。在我国长期的安全生产管理中形成的、国务院有关规定中明确的建筑安全生产管理原则主要是管生产必须管安全和谁主管谁负责。

①管生产必须管安全是指安全寓于生产之中,把安全和生产统一起来。生产中人、物、环境都处于危险状态,则生产无法进行;生产有了安全保障,生产才能持续、稳定发展。安全管理是生产管理的重要组成部分,安全与生产在实施过程中,两者存在着密切的联系,有共同进行管理的基础。

②谁主管谁负责是指主管建筑生产的单位和人员应对建筑生产的安全负责。安全生产第一责任人制度正是这一原则的体现。各级建设行政主管部门的行政一把手是本地区建筑安全生产的第一责任人,对所辖区域建筑行业安全生产的管理负全面责任;企业法定代表人

是本企业安全生产的第一责任人,对本企业的建筑安全生产负全面责任;项目经理是本项目的安全生产第一责任人,对项目施工中贯彻落实安全生产的法规、标准负全面责任。

这两项原则是建筑安全生产应遵循的基本原则,是建筑安全生产的重要保证。

2) 施工单位的安全生产责任制度

施工单位是建设工程施工活动的主体,必须加强对施工安全生产的管理,落实施工安全生产的主体责任。

《建筑法》第四十四条规定:"建筑施工企业必须依法加强对建筑安全生产的管理,执行安全生产责任制度,采取有效措施,防止伤亡和其他安全生产事故的发生。"

国务院公报
2017年第1号

《中共中央 国务院关于推进安全生产领域改革发展的意见》(国务院公报2017年第1号)中指出,企业实行全员安全生产责任制度,法定代表人和实际控制人同为安全生产第一责任人,主要技术负责人负有安全生产技术决策和指挥权,强化部门安全生产职责,落实一岗双责。完善落实混合所有制企业以及跨地区、多层级和境外中资企业投资主体的安全生产责任。建立企业全过程安全生产和职业健康管理制度,做到安全责任、管理、投入、培训和应急救援"五到位"。国有企业要发挥安全生产工作示范带头作用,自觉接受属地监管。

《国务院关于坚持科学发展安全发展促进安全生产形势持续稳定好转的意见》(国发〔2011〕40号)第九条指出,认真落实企业安全生产主体责任。企业必须严格遵守和执行安全生产法律法规、规章制度与技术标准,依法依规加强安全生产,加大安全投入,健全安全管理机构,加强班组安全建设,保持安全设备设施完好有效。

(1)施工单位主要负责人对安全生产工作全面负责

《建筑法》第四十四条也规定,建筑施工企业的法定代表人对本企业的安全生产负责。《建设工程安全生产管理条例》第二十一条也规定,施工单位主要负责人依法对本单位的安全生产工作全面负责。《国务院关于坚持科学发展安全发展促进安全生产形势持续稳定好转的意见》第九条进一步指出,企业主要负责人、实际控制人要切实承担安全生产第一责任人的责任,带头执行现场带班制度,加强现场安全管理。

不少施工安全事故都表明,如果施工单位主要负责人忽视安全生产,缺乏保证安全生产的有效措施,就会给企业职工的生命安全和身体健康带来威胁,给国家和人民的财产带来损失,使企业的经济效益也得不到保障。因此,施工单位主要负责人必须自觉贯彻"安全第一、预防为主、综合治理"方针,摆正安全与生产的关系,切实克服生产、安全"两张皮"的现象。

国办发
〔2015〕20号

2015年4月颁发的《国务院办公厅关于加强安全生产监管执法的通知》(国办发〔2015〕20号)第五条规定,国有大中型企业和规模以上企业要建立安全生产委员会,主任由董事长或总经理担任,董事长、党委书记、总经理对安全生产工作均负有领导责任,企业领导班子成员和管理人员实行安全生产"一岗双责"。

住建部令第17号

2014年6月住房和城乡建设部颁布的《建筑施工企业主要负责人、项目负责人和专职安全生产管理人员安全生产管理规定》(住建部令第17号)第十五条规定:"主要负责人应当与项目负责人签订安全生产责任书,确定项目安全生产考核目标、奖惩措施,以及企业为项目提供的安全管理和技术保障措施。工程项目实行总承包的,总承包企业应当与分包企业签订安全生产协议,明确双方安全生产责任。"

施工单位主要负责人,通常是指对施工单位全面负责,有生产经营决策权的人。住房和城乡建设部《建筑施工企业主要负责人、项目负责人和专职安全生产管理人员安全生产管理规定实施意见》(建质〔2015〕206号)中规定:"企业主要负责人包括法定代表人、总经理(总裁)、分管安全生产的副总经理(副总裁)、分管生产经营的副总经理(副总裁)、技术负责人、安全总监等。"

建质
〔2015〕206号

(2)施工单位安全生产管理机构和专职安全生产管理人员的职责

《建设工程安全生产管理条例》第二十三条规定,施工单位应当设立安全生产管理机构,配备专职安全生产管理人员。专职安全生产管理人员负责对安全生产进行现场监督检查。发现安全事故隐患,应当及时向项目负责人和安全生产管理机构报告;对违章指挥、违章操作的,应当立即制止。

2008年5月住建部发布的《建筑施工企业安全生产管理机构设置及专职安全生产管理人员配备办法》(建质〔2008〕91号)第五条、第六条、第七条、第九条、第十二条分别规定如下:

建质
〔2008〕91号

建筑施工企业应当依法设置安全生产管理机构,在企业主要负责人的领导下开展本企业的安全生产管理工作。

建筑施工企业安全生产管理机构具有以下职责:

①宣传和贯彻国家有关安全生产法律法规和标准;

②编制并适时更新安全生产管理制度并监督实施;

③组织或参与企业生产安全事故应急救援预案的编制及演练;

④组织开展安全教育培训与交流;

⑤协调配备项目专职安全生产管理人员;

⑥制订企业安全生产检查计划并组织实施;

⑦监督在建项目安全生产费用的使用;

⑧参与危险性较大工程安全专项施工方案专家论证会;

⑨通报在建项目违规违章查处情况;

⑩组织开展安全生产评优评先表彰工作;

⑪建立企业在建项目安全生产管理档案;

⑫考核评价分包企业安全生产业绩及项目安全生产管理情况;

⑬参加生产安全事故的调查和处理工作;

⑭企业明确的其他安全生产管理职责。

建筑施工企业安全生产管理机构专职安全生产管理人员在施工现场检查过程中具有以下职责:

①查阅在建项目安全生产有关资料、核实有关情况;

②检查危险性较大工程安全专项施工方案落实情况;

③监督项目专职安全生产管理人员履责情况;

④监督作业人员安全防护用品的配备及使用情况；

⑤对发现的安全生产违章违规行为或安全隐患，有权当场予以纠正或作出处理决定；

⑥对不符合安全生产条件的设施、设备、器材，有权当场作出查封的处理决定；

⑦对施工现场存在的重大安全隐患有权越级报告或直接向建设主管部门报告；

⑧企业明确的其他安全生产管理职责。

建筑施工企业应当实行建设工程项目专职安全生产管理人员委派制度。建设工程项目的专职安全生产管理人员应当定期将项目安全生产管理情况报告企业安全生产管理机构。

项目专职安全生产管理人员具有以下主要职责：

①负责施工现场安全生产日常检查并做好检查记录；

②现场监督危险性较大工程安全专项施工方案实施情况；

③对作业人员违规违章行为有权予以纠正或查处；

④对施工现场存在的安全隐患有权责令立即整改；

⑤对于发现的重大安全隐患，有权向企业安全生产管理机构报告；

⑥依法报告生产安全事故情况。

（3）建设工程项目安全生产领导小组的职责

《建筑施工企业安全生产管理机构设置及专职安全生产管理人员配备办法》第十条、第十一条规定：

建筑施工企业应当在建设工程项目组建安全生产领导小组。建设工程实行施工总承包的，安全生产领导小组由总承包企业、专业承包企业和劳务分包企业项目经理、技术负责人和专职安全生产管理人员组成。

安全生产领导小组的主要职责：

①贯彻落实国家有关安全生产法律法规和标准；

②组织制定项目安全生产管理制度并监督实施；

③编制项目生产安全事故应急救援预案并组织演练；

④保证项目安全生产费用的有效使用；

⑤组织编制危险性较大工程安全专项施工方案；

⑥开展项目安全教育培训；

⑦组织实施项目安全检查和隐患排查；

⑧建立项目安全生产管理档案；

⑨及时、如实报告安全生产事故。

（4）专职安全生产管理人员的配备要求

《建设工程安全生产管理条例》第二十三条也规定，专职安全生产管理人员的配备办法由国务院建设行政主管部门会同国务院其他有关部门制定。

为此，《建筑施工企业安全生产管理机构设置及专职安全生产管理人员配备办法》第八条、第十三条至第十六条规定，建筑施工企业安全生产管理机构专职安全生产管理人员的配备应满足下列要求，并应根据企业经营规模、设备管理和生产需要予以增加：

①建筑施工总承包资质序列企业：特级资质不少于 6 人；一级资质不少于 4 人；二级和二级以下资质企业不少于 3 人。

②建筑施工专业承包资质序列企业:一级资质不少于3人;二级和二级以下资质企业不少于2人。

③建筑施工劳务分包资质序列企业:不少于2人。

④建筑施工企业的分公司、区域公司等较大的分支机构(以下简称"分支机构")应依据实际生产情况配备不少于2人的专职安全生产管理人员。

总承包单位配备项目专职安全生产管理人员应当满足下列要求:

①建筑工程、装修工程按照建筑面积配备:10 000平方米以下的工程不少于1人;10 000 ~ 50 000平方米的工程不少于2人;50 000平方米及以上的工程不少于3人,且按专业配备专职安全生产管理人员。

②土木工程、线路管道、设备安装工程按照工程合同价配备:5 000万元以下的工程不少于1人;5 000万~1亿元的工程不少于2人;1亿元及以上的工程不少于3人,且按专业配备专职安全生产管理人员。

分包单位配备项目专职安全生产管理人员应当满足下列要求:

①专业承包单位应当配置至少1人,并根据所承担的分部分项工程的工程量和施工危险程度增加。

②劳务分包单位施工人员在50人以下的,应当配备1名专职安全生产管理人员;50 ~ 200人的,应当配备2名专职安全生产管理人员;200人及以上的,应当配备3名及以上专职安全生产管理人员,并根据所承担的分部分项工程施工危险实际情况增加,不得少于工程施工人员总人数的5‰。

采用新技术、新工艺、新材料或致害因素多、施工作业难度大的工程项目,项目专职安全生产管理人员的数量应当根据施工实际情况,在上述规定的配备标准上增加。

施工作业班组可以设置兼职安全巡查员,对本班组的作业场所进行安全监督检查。建筑施工企业应当定期对兼职安全巡查员进行安全教育培训。

3)施工单位负责人施工现场带班制度

《国务院关于进一步加强企业安全生产工作的通知》(国发〔2010〕23号)第五条规定,强化生产过程管理的领导责任。企业主要负责人和领导班子成员要轮流现场带班。

据此,住建部《建筑施工企业负责人及项目负责人施工现场带班暂行办法》(建质〔2011〕111号)第二条、第四条至第八条进一步规定如下:

国发
〔2010〕23号

本办法所称的建筑施工企业负责人,是指企业的法定代表人、总经理、主管质量安全和生产工作的副总经理、总工程师和副总工程师。

企业负责人带班检查是指由建筑施工企业负责人带队实施对工程项目质量安全生产状况及项目负责人带班生产情况的检查。

建筑施工企业法定代表人是落实企业负责人及项目负责人施工现场带班制度的第一责任人,对落实带班制度全面负责。

建质
〔2011〕111号

建筑施工企业负责人要定期带班检查,每月检查时间不少于其工作日的25%。建筑施工企业负责人带班检查时,应认真做好检查记录,并分别在企业和工程项目存档备查。

工程项目进行超过一定规模的危险性较大的分部分项工程施工时,建筑施工企业负责人应到施工现场进行带班检查。对于有分公司(非独立法人)的企业集团,集团负责人因故不能到现场的,可书面委托工程所在地的分公司负责人对施工现场进行带班检查。

《危险性较大的分部分项工程安全管理规定》

工程项目出现险情或发现重大隐患时,建筑施工企业负责人应到施工现场带班检查,督促工程项目进行整改,及时消除险情和隐患。

2019年3月修订的《危险性较大的分部分项工程安全管理规定》第三条指出,本规定所称危险性较大的分部分项工程(以下简称"危大工程"),是指房屋建筑和市政基础设施工程在施工过程中,容易导致人员群死群伤或者造成重大经济损失的分部分项工程。

建办质〔2018〕31号

《住房城乡建设部办公厅关于实施〈危险性较大的分部分项工程安全管理规定〉有关问题的通知》(建办质〔2018〕31号)中关于"危险性较大的分部分项工程范围"和"超过一定规模的危险性较大的分部分项工程范围"的规定如下:

(1)危险性较大的分部分项工程范围

①基坑工程:包括开挖深度超过3 m(含3 m)的基坑(槽)的土方开挖、支护、降水工程;开挖深度虽未超过3 m,但地质条件、周围环境和地下管线复杂,或影响毗邻建、构筑物安全的基坑(槽)的土方开挖、支护、降水工程。

②模板工程及支撑体系:包括各类工具式模板工程——滑模、爬模、飞模、隧道模等工程;混凝土模板支撑工程——搭设高度5 m及以上,或搭设跨度10 m及以上,或施工总荷载(荷载效应基本组合的设计值,以下简称设计值)10 kN/m² 及以上,或集中线荷载(设计值)15 kN/m 及以上,或高度大于支撑水平投影宽度且相对独立无联系构件的混凝土模板支撑工程;承重支撑体系——用于钢结构安装等满堂支撑体系。

③起重吊装及起重机械安装拆卸工程:包括采用非常规起重设备、方法,且单件起吊重量在10 kN及以上的起重吊装工程;采用起重机械进行安装的工程;起重机械安装和拆卸工程。

④脚手架工程:包括搭设高度24 m及以上的落地式钢管脚手架工程(包括采光井、电梯井脚手架);附着式升降脚手架工程;悬挑式脚手架工程;高处作业吊篮;卸料平台、操作平台工程;异型脚手架工程。

⑤拆除工程:包括可能影响行人、交通、电力设施、通信设施或其他建、构筑物安全的拆除工程。

⑥暗挖工程:包括采用矿山法、盾构法、顶管法施工的隧道、洞室工程。

⑦其他:包括建筑幕墙安装工程;钢结构、网架和索膜结构安装工程;人工挖孔桩工程;水下作业工程;装配式建筑混凝土预制构件安装工程;采用新技术、新工艺、新材料、新设备可能影响工程施工安全,尚无国家、行业及地方技术标准的分部分项工程。

(2)超过一定规模的危险性较大的分部分项工程范围

①深基坑工程:包括开挖深度超过5 m(含5 m)的基坑(槽)的土方开挖、支护、降水工程。

②模板工程及支撑体系:包括各类工具式模板工程——滑模、爬模、飞模、隧道模等工程;混凝土模板支撑工程——搭设高度8 m及以上,或搭设跨度18 m及以上,或施工总荷载

(设计值)15 kN/m² 及以上,或集中线荷载(设计值)20 kN/m 及以上;承重支撑体系——用于钢结构安装等满堂支撑体系,承受单点集中荷载 7kN 及以上。

③起重吊装及起重机械安装拆卸工程:包括采用非常规起重设备、方法,且单件起吊重量在 100 kN 及以上的起重吊装工程;起重量 300 kN 及以上,或搭设总高度 200 m 及以上,或搭设基础标高在 200 m 及以上的起重机械安装和拆卸工程。

④脚手架工程:包括搭设高度 50 m 及以上的落地式钢管脚手架工程;提升高度在 150 m 及以上的附着式升降脚手架工程或附着式升降操作平台工程;分段架体搭设高度 20 m 及以上的悬挑式脚手架工程。

⑤拆除工程:包括码头、桥梁、高架、烟囱、水塔或拆除中容易引起有毒有害气(液)体或粉尘扩散、易燃易爆事故发生的特殊建、构筑物的拆除工程;文物保护建筑、优秀历史建筑或历史文化风貌区影响范围内的拆除工程。

⑥暗挖工程:包括采用矿山法、盾构法、顶管法施工的隧道、洞室工程。

⑦其他:包括施工高度 50 m 及以上的建筑幕墙安装工程;跨度 36 m 及以上的钢结构安装工程,或跨度 60 m 及以上的网架和索膜结构安装工程;开挖深度 16 m 及以上的人工挖孔桩工程;水下作业工程;重量 1 000 kN 及以上的大型结构整体顶升、平移、转体等施工工艺;采用新技术、新工艺、新材料、新设备可能影响工程施工安全,尚无国家、行业及地方技术标准的分部分项工程。

4)重大隐患治理挂牌督办制度

在施工活动中那些可能导致事故发生的物的不安全状态、人的不安全行为和管理上的缺陷,都是事故隐患。《国务院关于进一步加强企业安全生产工作的通知》第十一条明确规定,对重大安全隐患治理实行逐级挂牌督办、公告制度,重大隐患治理由省级安全生产监管部门或行业主管部门挂牌督办,国家相关部门加强督促检查。

住建部《房屋市政工程生产安全重大隐患排查治理挂牌督办暂行办法》(建质〔2011〕158 号)中对于房屋市政工程生产安全重大隐患排查治理挂牌督办事宜进一步规定如下:

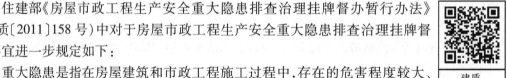

建质
〔2011〕158号

重大隐患是指在房屋建筑和市政工程施工过程中,存在的危害程度较大、可能导致群死群伤或造成重大经济损失的生产安全隐患。挂牌督办是指住房城乡建设主管部门以下达督办通知书以及信息公开等方式,督促企业按照法律法规和技术标准,做好房屋市政工程生产安全重大隐患排查治理的工作。

建筑施工企业是房屋市政工程生产安全重大隐患排查治理的责任主体,应当建立健全重大隐患排查治理工作制度,并落实到每一个工程项目。企业及工程项目的主要负责人对重大隐患排查治理工作全面负责。建筑施工企业应当定期组织安全生产管理人员、工程技术人员和其他相关人员排查每一个工程项目的重大隐患,特别是对深基坑、高支模、地铁隧道等技术难度大、风险大的重要工程应重点定期排查。对排查出的重大隐患,应及时实施治理消除,并将相关情况进行登记存档。

建筑施工企业应及时将工程项目重大隐患排查治理的有关情况向建设单位报告。建设单位应积极协调勘察、设计、施工、监理、监测等单位,并在资金、人员等方面积极配合做好重大隐患排查治理工作。

房屋市政工程生产安全重大隐患治理挂牌督办按照属地管理原则,由工程所在地住房和城乡建设主管部门组织实施。省级住房和城乡建设主管部门进行指导和监督。

住房和城乡建设主管部门接到工程项目重大隐患举报,应立即组织核实,属实的由工程所在地住房城乡建设主管部门及时向承建工程的建筑施工企业下达《房屋市政工程生产安全重大隐患治理挂牌督办通知书》,并公开有关信息,接受社会监督。《房屋市政工程生产安全重大隐患治理挂牌督办通知书》包括工程项目的名称、重大隐患的具体内容、治理要求及期限、督办解除的程序、其他有关的要求。

承建工程的建筑施工企业接到《房屋市政工程生产安全重大隐患治理挂牌督办通知书》后,应立即组织进行治理。确认重大隐患消除后,向工程所在地住房城乡建设主管部门报送治理报告,并提请解除督办。工程所在地住房城乡建设主管部门收到建筑施工企业提出的重大隐患解除督办申请后,应当立即进行现场审查。审查合格的,依照规定解除督办。审查不合格的,继续实施挂牌督办。

5) 建立健全群防群治制度

《建筑法》第三十六条规定:"建筑工程安全生产管理必须坚持安全第一、预防为主的方针,建立健全安全生产的责任制度和群防群治制度。"

所谓群防群治制度,是指由广大职工群众共同参与的预防安全事故的发生、治理各种安全事故隐患的制度。这一制度也是安全第一、预防为主方针的具体体现,同时也是群众路线在安全工作中的具体体现,是企业进行民主管理的重要内容。实践证明,搞好安全生产只靠少数人是不成的,安全工作必须发动群众,使得大家懂得安全生产的重要性,注意安全生产,才能防患于未然。为此《建筑法》将这一制度法律化,在建筑安全生产管理中应当依法建立起群防群治制度。

从实践中看,建立建筑安全生产管理的群防群治制度应当做到:

①企业制定的有关安全生产管理的重要制度和制定的有关重大技术组织措施计划应提交职工代表大会讨论,在充分听取职工代表大会意见的基础上作出决策,发挥职工群众在安全生产方面的民主管理作用;

②要把专业管理同群众管理结合起来,充分发挥职工安全员网络的作用;

③发挥工会在安全生产管理中的作用,利用工会发动群众,教育群众,动员群众的力量预防安全事故的发生;

④对新职工要加强安全教育,对特种作业岗位的工人要进行专业安全教育,不经训练,不能上岗操作;

⑤发动群众开展技术革新、技术改造,采用有利于保证生产安全的新技术、新工艺,积极改善劳动条件,努力将不安全的、有害健康的作业变为无害作业;

⑥组织开展遵章守纪和预防事故的群众性监督检查,职工对于违反有关安全生产的法律、法规和建筑行业安全规章、规程的行为有权提出批评、检举和控告。

5.3.2 施工项目负责人的安全生产责任

1) 施工项目负责人的执业资格和安全生产责任

施工单位的项目负责人在施工活动中占有非常重要的地位,代表施工企业法人对项目组织实施中劳动力的调配、资金的使用、建筑材料的购进等行使决策权。因此,项目负责人是本项目安全生产的第一责任人。

《建筑施工企业负责人及项目负责人施工现场带班暂行办法》(建质〔2011〕111号)第二条明确规定,项目负责人,是指工程项目的项目经理。施工单位不同于一般的生产经营单位,通常会同时承建若干建设工程项目,且异地承建施工的现象很普遍。为了加强对施工现场的管理,施工单位都要对每个建设工程项目委派一名项目负责人即项目经理,由他对该项目的施工管理全面负责。

人发〔2002〕111号

《建设工程安全生产管理条例》第二十一条规定,施工单位的项目负责人应当由取得相应执业资格的人员担任。原人事部、建设部《建造师执业资格制度暂行规定》(人发〔2002〕111号)第二十四条规定:"建造师经注册后,有权以建造师名义担任建设工程项目施工的项目经理及从事其他施工活动的管理。"

《建设工程安全生产管理条例》第二十一条进一步规定,施工单位的项目负责人的安全生产责任主要是,对建设工程项目的安全施工负责,落实安全生产责任制度、安全生产规章制度和操作规程,确保安全生产费用的有效使用,并根据工程的特点组织制定安全施工措施,消除安全事故隐患,及时、如实报告生产安全事故。

2) 施工单位项目负责人施工现场带班制度

《建筑施工企业负责人及项目负责人施工现场带班暂行办法》第四条和第九条规定,项目负责人是工程项目质量安全管理的第一责任人,应对工程项目落实带班制度负责。项目负责人带班生产是指项目负责人在施工现场组织协调工程项目的质量安全生产活动。

《建筑施工企业负责人及项目负责人施工现场带班暂行办法》第九条至第十一条继续规定,项目负责人在同一时期只能承担一个工程项目的管理工作。项目负责人带班生产时,要全面掌握工程项目质量安全生产状况,加强对重点部位、关键环节的控制,及时消除隐患。要认真做好带班生产记录并签字存档备查。项目负责人每月带班生产时间不得少于本月施工时间的80%。因其他

建办质〔2017〕39号

事务需离开施工现场时,应向工程项目的建设单位请假,经批准后方可离开。离开期间应委托项目相关负责人负责其外出时的日常工作。

《住房城乡建设部办公厅关于进一步加强危险性较大的分部分项工程安全管理的通知》(建办质〔2017〕39号)中规定,施工单位项目经理是危大工程安全管控第一责任人,必须在危大工程施工期间现场带班,超过一定规模的危大工程施工时,施工单位负责人应当带班检查。

5.3.3 施工总承包和分包单位的安全生产责任

《建筑法》第四十五条规定:"施工现场安全由建筑施工企业负责。实行施工总承包的,由总承包单位负责。分包单位向总承包单位负责,服从总承包单位对施工现场的安全生产管理。"

1)总承包单位应当承担的法定安全生产责任

由于施工总承包是由一个施工单位对建设工程的施工全面负责,因此总承包单位不仅要负责建设工程质量、建设工期、造价控制,还要对施工现场的施工组织和安全生产进行统一管理和全面负责。

(1)分包合同应当明确总分包双方的安全生产责任

《建设工程安全生产管理条例》第二十四条规定,建设工程实行施工总承包的,由总承包单位对施工现场的安全生产负总责。总承包单位应当自行完成建设工程主体结构的施工。总承包单位依法将建设工程分包给其他单位的,分包合同中应当明确各自的安全生产方面的权利、义务。总承包单位和分包单位对分包工程的安全生产承担连带责任。

分包合同是确定总承包单位与分包单位权利与义务的依据。分包合同是总承包合同的承包人(分包合同的发包人)与分包人之间订立的合同。分包合同中对于分包单位承担的工程任务、工期、款项、质量责任、安全责任等都要依法作出明确约定,这是双方进行工程施工的依据,也是双方确定相应责任的依据。

施工总承包单位与分包单位的安全生产责任,可分为法定责任和约定责任。所谓法定责任,即法律法规中明确规定的总承包单位、分包单位各自的安全生产责任。所谓约定责任,即总承包单位与分包单位通过协商,在分包合同中约定各自应当承担的安全生产责任。但是,安全生产的约定责任不能与法定责任相抵触。

总承包单位与分包单位对分包合同的安全生产承担连带责任。所谓连带责任,是指按照法律规定或者当事人约定,共同责任人不分份额共同向权利人或者受害人承担民事责任。就施工总承包而言,对于分包工程发生的安全责任以及违约责任,受损害方可以向总承包单位请求赔偿,也可以向分包单位请求赔偿,总承包单位进行赔偿后,有权对不属于自己的责任赔偿,依据分包合同向分包单位追偿;同样的,分包单位先赔偿的,也有权就不属于自己的责任赔偿,依据分包合同向总承包单位追偿。这样规定,一方面强化了总承包单位和分包单位的安全责任意识,另一方面有利于保护受损害者的合法权益。

(2)统一组织编制建设工程生产安全应急救援预案

《安全生产法》第八十一条规定:"生产经营单位应当制定本单位生产安全事故应急救援预案,与所在地县级以上地方人民政府组织制定的生产安全事故应急救援预案相衔接,并定期组织演练。"

《建设工程安全生产管理条例》第四十九条进一步规定:"施工单位应当根据建设工程施工的特点、范围,对施工现场易发生重大事故的部位、环节进行监控,制定施工现场生产安全事故应急救援预案。实行施工总承包的,由总承包单位统一组织编制建设工程生产安全事故应急救援预案,工程总承包单位和分包单位按照应急救援预案,各自建立应急救援组织或者配备应急救援人员,配备救援器材、设备,并定期组织演练。"

应急救援预案是指事先制定的关于特大生产安全事故发生时进行紧急救援的组织、程序、措施、责任以及协调等方面的方案和计划。制定应急救援预案时,应当注意:

①重点突出,针对性强。结合本行政区域内建设工程安全生产的实际情况,确定易发生事故的情况和单位,分析可能导致发生事故的原因,有针对性地制定应急救援预案。

②应急救援预案确定的程序应当简单,步骤要明确,省去一切不必要的烦琐程序,保证在突发事故时,应急救援预案能及时启动,并紧张有序的实施。

③统一指挥,责任明确。施工单位、行政机关以及其他有关方面如何分工、配合、协调,应当在预案中明确。

建设工程的施工属高风险工作,极易发生安全事故。为了加强对施工安全突发事故的处理,提高应急救援快速反应能力,必须重视并编制施工安全事故应急救援预案。由于实行施工总承包的,是由总承包单位对施工现场的安全生产负总责,所以总承包单位要统一组织编制建设工程生产安全事故应急救援预案。

(3)负责上报施工生产安全事故

《建设工程安全生产管理条例》第五十条规定:"施工单位发生生产安全事故,应当按照国家有关伤亡事故报告和调查处理的规定,及时、如实地向负责安全生产监督管理的部门、建设行政主管部门或者其他有关部门报告;特种设备发生事故的,还应当同时向特种设备安全监督管理部门报告。接到报告的部门应当按照国家有关规定,如实上报。实行施工总承包的建设工程,由总承包单位负责上报事故。"

据此,一旦发生施工生产安全事故,施工总承包单位应当依法向有关主管部门报告事故的基本情况。

(4)自行完成建设工程主体结构的施工

《建设工程安全生产管理条例》第二十四条规定,总承包单位应当自行完成建设工程主体结构的施工。

根据《建筑法》第二十九条的规定,施工总承包的,建筑工程主体结构的施工必须由总承包单位自行完成。《建筑法》作出这样的规定,主要是为了防止一些承包单位在承揽到建设工程项目后以分包的名义倒手转包,使得工程款项并没有真正用在工程建设上,造成工程质量的降低,安全生产事故的频发,从而损害建设单位的利益,破坏建筑市场秩序,给人民生命财产造成重大损失。《建设工程安全生产管理条例》再次强调,实行施工总承包的,建设工程的主体结构必须由总承包单位自行完成,不得分包。这是为了落实施工总承包单位的安全生产责任,防止因转包和违法分包等行为导致施工生产安全事故的发生。

(5)承担连带责任

《建设工程安全生产管理条例》第二十四条规定,总承包单位和分包单位对分包工程的安全生产承担连带责任。

该项规定既强化了总承包单位和分包单位双方的安全生产责任意识,也有利于保护受损害者的合法权益。

2)分包单位应当承担的法定安全生产责任

《建筑法》第四十五条规定,分包单位向总承包单位负责,服从总承包单位对施工现场的安全生产管理。《建设工程安全生产管理条例》第二十四条也规定,分包单位应当服从总承包单位的安全生产管理,分包单位不服从管理导致生产安全事故的,由分包单位承担主要责任。

总承包单位既然对施工现场的安全生产负总责,就是要求分包单位服从总承包单位的管理。施工现场情况复杂,有的一个施工工地,会同时有几个不同的分包单位在施工,因此,针对安全生产来说,就是要服从总承包单位的安全生产管理,包括制定安全生产责任制度,遵守相关的规章制度和操作等。如果由于分包单位不服从总承包单位的管理,导致生产安全事故的发生,应当由分包单位承担主要责任。

应用案例 5-2

某市一房地产公司投资兴建一幢高层综合楼,工程由该市某建筑工程公司承担施工总包任务。该总包单位又将该工程中的土方工程分包给某专业工程公司。

某年某月某日,该基坑工程在开挖的过程中发生大量流砂涌入,引起基坑受损及周边地区地面沉降,造成 3 幢建筑物严重倾斜及部分防护桩沉陷变形,造成严重的经济损失。因事故处理及时,未造成人员伤亡。经调查,造成事故的原因是分包单位某工程公司采用的施工方案调整存在缺陷,施工过程中没有针对某部位地质基本情况采取支护措施,就进行开挖。分包项目存在漏洞,总包单位也未就施工方案向分包单位作说明,总包单位的质量安全员也很少去施工作业面进行技术质量安全检查。

【问题】

(1)依据《建设工程安全生产管理条例》,施工单位项目负责人对施工项目安全生产的主要职责是什么?

(2)依据《建设工程安全生产管理条例》,施工单位专职安全生产管理人员对施工项目安全生产的主要职责是什么?

(3)总承包单位和分包单位之间的安全生产职责关系如何?该工程项目的安全事故责任由谁承担主要责任?

【案例分析】

(1)依据《建设工程安全生产管理条例》第二十一条的有关规定,施工单位的项目负责人对施工项目安全生产的主要职责如下:

①落实安全生产责任制度;

②落实安全生产规章制度和操作规程;

③确保安全生产费用的有效使用;

④根据工程的特点组织制定安全施工措施,消除安全事故隐患;

⑤及时、如实报告生产安全事故。

(2)依据《建设工程安全生产管理条例》第二十三条,施工单位专职安全生产管理人员对施工项目安全生产的主要职责是:负责对安全生产进行现场监督检查;发现安全事故隐患,应当及时向项目负责人和安全生产管理机构报告;对违章指挥,违章操作的,应当立即制止。

(3)依据《建设工程安全生产管理条例》第二十四条,总承包单位和分包单位之间的安全生产职责关系如下:

①建设工程实行施工总承包的,由总承包单位对施工现场的安全生产责任负总责;

②总承包单位依法将建设工程分包给其他单位的,分包合同中应当明确各自的安全生产方面的权利、义务,总承包单位和分包单位对分包工程的安全生产承担连带责任;

③分包单位应当服从总承包单位的安全生产管理,分包单位不服从管理导致生产安全事故的,由分包单位承担主要责任。

本案例中总包单位未就施工方案向分包公司作说明,是总承包单位没有尽到自己的职责,应当由总承包单位承担主要责任。

5.3.4　施工作业人员安全生产的权利和义务

《建筑法》第四十七条规定:"建筑施工企业和作业人员在施工过程中,应当遵守有关安全生产的法律、法规和建筑行业安全规章、规程,不得违背指挥或者违章作业。作业人员有权对影响人身健康的作业程序和作业条件提出改进意见,有权获得安全生产所需的防护用品。作业人员对危及生命安全和人身健康的行为有权提出批评、检举和控告。"

根据《建筑法》《安全生产法》《建设工程安全生产管理条例》等法律、法规的规定,施工作业人员主要安全生产的权利和义务如下:

1)施工作业人员应当享有的安全生产权利

(1)知情权和建议权

施工作业人员在施工单位运行和施工生产活动中直接从事操作、直接进行管理,生产经营是否安全与其有直接关系,因此应当有权利了解有关的情况,所以在法律上赋予其知情权是必要的。并且由于他们是了解情况的,又处于安全生产可能有的威胁之中,并且是关心安全生产的,因而又赋予了他们法律上的建议权。

《安全生产法》第五十三条规定:"生产经营单位的从业人员有权了解其作业场所和工作岗位存在的危险因素、防范措施及事故应急措施,有权对本单位的安全生产工作提出建议。"《建筑法》第四十七条也规定,作业人员有权对影响人身健康的作业程序和作业条件提出改进意见。《建设工程安全生产管理条例》第三十二条第一款则进一步规定,施工单位应当向作业人员提供安全防护用具和安全防护服装,并书面告知危险岗位的操作规程和违章操作的危害。

(2)批评、检举、控告权及拒绝违章指挥权

《建筑法》第四十七条规定,作业人员对危及生命安全和人身健康的行为有权提出批评、检举和控告。《安全生产法》第五十四条也规定:"从业人员有权对本单位安全生产工作中存在的问题提出批评、检举、控告;有权拒绝违章指挥和强令冒险作业。生产经营单位不得因从业人员对本单位安全生产工作提出批评、检举、控告或者拒绝违章指挥、强令冒险作业而降低其工资、福利等待遇或者解除与其订立的劳动合同。"《建设工程安全生产管理条例》第三十二条第二款进一步规定,作业人员有权对施工现场的作业条件、作业程序和作业方式中存在的安全问题提出批评、检举和控告,有权拒绝违章指挥和强令冒险作业。

违章指挥是强迫施工作业人员违反法律、法规或者规章制度、操作规程进行作业的行为。法律赋予施工从业人员有拒绝违章指挥和强令冒险作业的权利,是为了保护施工作业人员的人身安全,也是警示施工单位负责人和现场管理人员须按照有关规章制度和操作规

程进行指挥,并不得对拒绝违章指挥和强令冒险作业的人员进行打击报复。

(3)紧急避险权

为了保证施工作业人员的安全,在施工中遇有直接危及人身安全的紧急情况时,施工作业人员享有停止作业和紧急撤离的权利。

《安全生产法》第五十五条规定:"从业人员发现直接危及人身安全的紧急情况时,有权停止作业或者在采取可能的应急措施后撤离作业场所。生产经营单位不得因从业人员在前款紧急情况下停止作业或者采取紧急撤离措施而降低其工资、福利等待遇或者解除与其订立的劳动合同。"《建设工程安全生产管理条例》第三十二条第三款也规定,在施工中发生危及人身安全的紧急情况时,作业人员有权立即停止作业或者在采取必要的应急措施后撤离危险区域。

从业人员发现直接危及人身安全的紧急情况时,有权停止作业或者采取可能的应急措施后撤离作业场所。这是在法律所限定的特定情况下,从业人员采取特定措施的权利,目的是保护从业人员的人身安全。生产经营单位应当正确对待这种权利,对于依法行使这种权利的从业人员不得降低其工资、福利等待遇或者解除与其订立的劳动合同。

(4)施工安全防护用品的获得权

施工安全防护用品,一般包括安全帽、安全带、安全网、安全绳及其他个人防护用品(如防护鞋、防护服装、防尘口罩)等。它是保护施工作业人员安全健康所必需的防御性装备,可有效地预防或减少伤亡事故的发生。

《建筑法》第四十七条规定,作业人员有权获得安全生产所需的防护用品。《安全生产法》第四十五条规定:"生产经营单位必须为从业人员提供符合国家标准或者行业标准的劳动防护用品,并监督、教育从业人员按照使用规则佩戴、使用。"《建设工程安全生产管理条例》第三十二条进一步规定,施工单位应当向作业人员提供安全防护用具和安全防护服装。

(5)获得工伤保险和意外伤害保险赔偿的权利

《建筑法》第四十八条规定:"建筑施工企业应当依法为职工参加工伤保险缴纳工伤保险费。鼓励企业为从事危险作业的职工办理意外伤害保险,支付保险费。"

据此,施工作业人员除依法享有工伤保险的各项权利外,从事危险作业的施工人员还可以依法享有意外伤害保险的各项权利。

(6)请求民事赔偿的权利

《安全生产法》第五十六条规定:"生产经营单位发生生产安全事故后,应当及时采取措施救治有关人员。因生产安全事故受到损害的从业人员,除依法享有工伤保险外,依照有关民事法律尚有获得赔偿的权利的,有权向本单位提出赔偿要求。"

这是《安全生产法》中对因生产安全事故受到较一般情况下更为严重的损害的从业人员的权利作进一步保护。所以规定,因生产安全事故受到损害的从业人员,除依法享有工伤社会保险外,依照有关民事法律尚有获得赔偿的权利的,有权向本单位提出赔偿要求。这项规定的实质在于,受损害的从业人员所受的损害严重,工伤社会保障已难于补偿其受到的全部损害,而依照民事法律仍有获得赔偿的权利的,在这种情况下,既有享受工伤社会保险待遇的权利,又有向本单位要求进一步赔偿的权利。

(7)依靠工会维权和被派遣劳动者的权利

《安全生产法》第七条规定,生产经营单位的工会依法组织职工参加本单位安全生产工作的民主管理和民主监督,维护职工在安全生产方面的合法权益。生产经营单位制定或者修改有关安全生产的规章制度,应当听取工会的意见。

《安全生产法》第六十条还规定,工会对生产经营单位违反安全生产法律、法规,侵犯从业人员合法权益的行为,有权要求纠正;发现生产经营单位违章指挥、强令冒险作业或者发现事故隐患时,有权提出解决的建议,生产经营单位应当及时研究答复;发现危及从业人员生命安全的情况时,有权向生产经营单位建议组织从业人员撤离危险场所,生产经营单位必须立即作出处理。工会有权依法参加事故调查,向有关部门提出处理意见,并要求追究有关人员的责任。

《安全生产法》第六十一条继续规定:"生产经营单位使用被派遣劳动者的,被派遣劳动者享有本法规定的从业人员的权利,并应当履行本法规定的从业人员的义务。"

2)施工作业人员应当履行的安全生产义务

(1)守法遵章和正确使用安全防护用具等的义务

施工单位要依法保障施工作业人员的安全,施工作业人员也必须依法遵守有关的规章制度,做到不违章作业。施工作业人员在施工过程中,应当严格遵守本单位的安全生产规章制度和操作规程,服从管理,正确佩戴和使用劳动防护用品。这是从业人员在安全生产中的基本义务,也是明确的个人责任,只有具有这种安全素质,严格地履行个人职责才是在安全上合格的,否则将要承担法律上的责任。

《建筑法》第四十七条规定,建筑施工企业和作业人员在施工过程中,应当遵守有关安全生产的法律、法规和建筑行业安全规章、规程,不得违背指挥或者违章作业。《安全生产法》第五十七条规定:"从业人员在作业过程中,应当严格落实岗位安全责任,遵守本单位的安全生产规章制度和操作规程,服从管理,正确佩戴和使用劳动防护用品。"《建设工程安全生产管理条例》第三十三条进一步规定:"作业人员应当遵守安全施工的强制性标准、规章制度和操作规程,正确使用安全防护用具、机械设备等。"

(2)接受安全生产教育培训的义务

施工单位加强安全教育培训,使作业人员具备必要的施工安全生产知识,熟悉有关规章制度和安全操作规程,掌握本岗位安全操作技能,是控制和减少施工安全事故的重要措施。施工作业人员有义务接受安全生产教育和培训,所要达到的要求是,掌握本职工作所需的安全生产知识,提高安全生产技能,增强事故预防和应急处理能力。这种要求并不是一般可有可无的要求,而是通过法律形式强化了的要求,对从业人员来说,是一种要切实履行的法定义务。

《安全生产法》第五十八条规定:"从业人员应当接受安全生产教育和培训,掌握本职工作所需的安全生产知识,提高安全生产技能,增强事故预防和应急处理能力。"《建设工程安全生产管理条例》第三十七条规定,作业人员进入新的岗位或者新的施工现场前,应当接受安全生产教育培训。未经教育培训或者教育培训考核不合格的人员,不得上岗作业。

(3)施工安全事故隐患报告的义务

施工安全事故通常都是由事故隐患或者其他不安全因素所酿成。因此,施工作业人员一旦发现事故隐患或者其他不安全因素,应当立即向现场安全生产管理人员或者本单位负责人报告,以便及时采取措施,防患于未然。

《安全生产法》第五十九条规定:"从业人员发现事故隐患或者其他不安全因素,应当立即向现场安全生产管理人员或者本单位负责人报告;接到报告的人员应当及时予以处理。"

(4)被派遣劳动者的义务

《安全生产法》第六十一条规定:"生产经营单位使用被派遣劳动者的,被派遣劳动者享有本法规定的从业人员的权利,并应当履行本法规定的从业人员的义务。"

5.3.5 施工单位安全生产教育培训的规定

针对一些施工单位安全生产教育培训投入不足,许多新入场农民工未经培训即上岗作业,造成一线作业人员安全意识和操作技能普遍不足,往往违章作业、冒险蛮干的问题,《建筑法》第四十六条明确规定:"建筑施工企业应当建立健全劳动安全生产教育培训制度,加强对职工安全生产的教育培训;未经安全生产教育培训的人员,不得上岗作业。"

《国务院安委会关于进一步加强安全培训工作的决定》(安委〔2012〕10号)第二十六条指出:"保证安全培训投入。建立以企业投入为主、社会资金积极资助的安全培训投入机制。要将政府应当承担的安全培训经费纳入财政保障范围。企业要在职工培训经费和安全费用中足额列支安全培训经费,实施技术改造和项目引进时要专门安排安全培训资金。研究探索由开展安全生产责任险、建筑意外伤害险的保险机构安排一定资金,用于事故预防与安全培训工作。"

安委〔2012〕10号

《国务院安委会关于进一步加强安全培训工作的决定》第三条提出工作目标是:"到'十二五'时期末,矿山、建筑施工单位和危险物品生产、经营、储存等高危行业企业(以下简称高危企业)主要负责人、安全管理人员和生产经营单位特种作业人员(以下简称'三项岗位'人员)100%持证上岗,以班组长、新工人、农民工为重点的企业从业人员100%培训合格后上岗,各级安全监管监察人员100%持行政执法证上岗,承担安全培训的教师100%参加知识更新培训,安全培训基础保障能力和安全培训质量得到明显提高。"

1)施工单位三类管理人员与"三项岗位"人员的培训考核

(1)三类管理人员的培训考核

《建设工程安全生产管理条例》第三十六条规定,施工单位的主要负责人、项目负责人、专职安全生产管理人员应当经建设行政主管部门或者其他有关部门考核合格后方可任职。

2014年6月发布的《建筑施工企业主要负责人、项目负责人和专职安全生产管理人员安全生产管理规定》(住房城乡建设部令第17号)第三条指出:"企业主要负责人,是指对本企业生产经营活动和安全生产工作具有决策权的领导人员。项目负责人,是指取得相应注册执业资格,由企业法定代表人授权,负责具体工程项目管理的人员。专职安全生产管理人员,是指在企业专职从事安全生产管理工作的人员,包括企业安全生产管理机构的人员和工程项目专职从事安全生产管理工作的人员。"

施工单位的主要负责人要对本单位的安全生产工作全面负责,项目负责人对所负责的建设工程项目的安全生产工作全面负责,安全生产管理人员更是要具体承担本单位日常的安全生产管理工作。这三类人员的施工安全知识水平和管理能力直接关系到本单位、本项目的安全生产管理水平。如果这三类人员缺乏基本的施工安全生产知识,施工安全生产管理和组织能力不强,甚至违章指挥,将很可能会导致施工生产安全事故的发生。因此,他们必须经安全生产知识和管理能力考核合格后方可任职。

(2)"三项岗位"人员的培训考核

《国务院关于坚持科学发展安全发展促进安全生产形势持续稳定好转的意见》(国发〔2011〕40号)第九条规定,企业主要负责人、安全管理人员、特种作业人员一律经严格考核、持证上岗。《国务院安委会关于进一步加强安全培训工作的决定》第四条和第八条进一步指出,严格落实"三项岗位"人员持证上岗制度。企业新任用或者招录"三项岗位"人员,要组织其参加安全培训,经考试合格持证后上岗。对发生人员死亡事故负有责任的企业主要负责人、实际控制人和安全管理人员,要重新参加安全培训考试。

"三项岗位"人员中的企业主要负责人、安全管理人员已涵盖在三类管理人员之中。对于特种作业人员,因其从事直接对本人或他人及其周围设施安全有着重大危害因素的作业,必须经专门的安全作业培训,并取得特种作业操作资格证书后,方可上岗作业。

按照《建设工程安全生产管理条例》第二十五条规定:"垂直运输机械作业人员、安装拆卸工、爆破作业人员、起重信号工、登高架设作业人员等特种作业人员,必须按照国家有关规定经过专门的安全作业培训,并取得特种作业操作资格证书后,方可上岗作业。"《建筑施工特种作业人员管理规定》(建质〔2008〕75号)第三条进一步规定,建筑施工特种作业包括:建筑电工、建筑架子工、建筑起重信号司索工、建筑起重机械司机、建筑起重机械安装拆卸工、高处作业吊篮安装拆卸工、经省级以上人民政府建设主管部门认定的其他特种作业。

建质
〔2008〕75号

2)施工单位全员的安全生产教育培训

《建设工程安全生产管理条例》第三十六条规定,施工单位应当对管理人员和作业人员每年至少进行一次安全生产教育培训,其教育培训情况记入个人工作档案。安全生产教育培训考核不合格的人员,不得上岗。《国务院关于坚持科学发展安全发展促进安全生产形势持续稳定好转的意见》第九条中规定,企业用工要严格依照劳动合同法与职工签订劳动合同,职工必须全部经培训合格后上岗。

施工单位应当根据实际需要,对不同岗位、不同工种的人员进行因人施教。安全教育培训可采取多种形式,包括安全形势报告会、事故案例分析会、安全法制教育、安全技术交流、安全竞赛、师傅带徒弟等。培训的主要内容是:安全生产意识教育,本单位生产活动有关的安全生产知识,安全生产规章制度,安全操作规程以及本岗位的安全操作技能等。

3)进入新岗位或者新施工现场前的安全生产教育培训

由于新岗位、新工地往往各有特殊性,施工单位须对新录用或转场的职工进行安全教育培训。教育培训的主要内容包括:安全生产的重要意义、施工工地的特点及危险因素、国家有关安全生产的法律法规、施工单位的有关规章制度、安全技术操作规程、机械设备和电气安全及高处作业的安全基本知识、防火、防毒、防尘、防爆知识以及紧急情况安全处置和安全疏散知识、防护用品的使用知识、发生生产安全事故时自救、排险、抢救伤员、保护现场和及时报告等。

《建设工程安全生产管理条例》第三十七条规定,作业人员进入新的岗位或者新的施工现场前,应当接受安全生产教育培训。未经教育培训或者教育培训考核不合格的人员,不得上岗作业。《国务院安委会关于进一步加强安全培训工作的决定》第九条中规定,严格落实企业职工先培训后上岗制度。……建筑企业要对新职工进行至少32学时的安全培训,每年进行至少20学时的再培训。

《国务院安委会关于进一步加强安全培训工作的决定》第十八条进一步要求:"强化现场安全培训。高危企业要严格班前安全培训制度,有针对性地讲述岗位安全生产与应急救援知识、安全隐患和注意事项等,使班前安全培训成为安全生产第一道防线。要大力推广'手指口述'等安全确认法,帮助员工通过心想、眼看、手指、口述,确保按规程作业。要加强班组长培训,提高班组长现场安全管理水平和现场安全风险管控能力。"

4) 采用新技术、新工艺、新设备、新材料前的安全生产教育培训

《建设工程安全生产管理条例》第三十七条也规定,施工单位在采用新技术、新工艺、新设备、新材料时,应当对作业人员进行相应的安全生产教育培训。《国务院安委会关于进一步加强安全培训工作的决定》第九条中还指出,企业调整职工岗位或者采用新工艺、新技术、新设备、新材料的,要进行专门的安全培训。

随着我国工程建设和科学技术的迅速发展,越来越多的新技术、新工艺、新设备、新材料被广泛应用于施工生产活动中,大大促进了施工生产效率和工程质量的提高,同时也对施工作业人员的素质提出了更高要求。如果施工单位对所采用的新技术、新工艺、新设备、新材料的了解与认识不足,对其安全技术性能掌握不充分,或是没有采取有效的安全防护措施,没有对施工作业人员进行专门的安全生产教育培训,就很可能会导致事故的发生。因此,施工单位在采用新技术、新工艺、新设备、新材料时,必须对施工作业人员进行专门的安全生产教育培训,并采取保证安全的防护措施,防止发生事故。

5) 安全教育培训方式

《国务院安委会关于进一步加强安全培训工作的决定》第十条、第十四条、第十五条分别指出:

完善和落实师傅带徒弟制度。高危企业新职工安全培训合格后,要在经验丰富的工人师傅带领下,实习至少2个月后方可独立上岗。工人师傅一般应当具备中级工以上技能等级,3年以上相应工作经历,成绩突出,善于"传、帮、带",没有发生过"三违"行为等条件。要组织签订师徒协议,建立师傅带徒弟激励约束机制。

加强安全培训机构建设。要根据实际需要,科学规划安全培训机构建设,控制数量,合理布局。支持大中型企业和欠发达地区建立安全培训机构,重点建设一批具有仿真、体感、实操特色的示范培训机构。要加强安全培训机构管理,定期公布安全培训机构名单和培训范围,接受社会监督。支持高等学校、职业院校、技工院校、工会培训机构等开展安全培训。

加强远程安全培训。开发国家安全培训网和有关行业网络学习平台,实现优质资源共享。建立安全培训视频课程征集、遴选、审核制度,建设课程"超市",推行自主选学。实行网络培训学时学分制,将学时和学分结果与继续教育、再培训挂钩,与安全监管监察人员年度考核、提拔使用、评先评优挂钩。利用视频、电视、手机等拓展远程培训形式。

应用案例 5-3

某商务中心高层建筑,业主与施工单位签订了施工总承包合同,并委托监理单位进行工程监理。开工前,施工单位进行了三级安全教育,但未办理意外伤害保险。

在地下桩基施工中,由于是深基坑工程,项目经理部按照设计文件和施工技术标准编制了基坑支护及降水工程专项施工组织方案,经项目经理签字后组织施工。

同时,项目经理安排负责质量检查人员兼任安全工作。当土方开挖至坑底设计标高时,监理工程师发现基坑四周地表出现大量裂纹,坑边部分土石有滑落现象,即向现场作业人员发出口头通知,要求停止施工,撤离相关作业人员。但施工作业人员担心施工进度,对监理通知不予理睬,继续施工。随后,基坑发生大面积的坍塌,基坑下 6 名作业人员被埋,造成 3 人死亡,2 人重伤、1 人轻伤。

【问题】

本案中,施工单位有哪些违法行为?

【案例分析】

本案中,施工单位存在如下违法问题:

(1)专项施工方案审批程序错误。《建设工程安全生产管理条例》第二十六条规定,施工单位对达到一定规模的危险性较大的分部分项工程编制施工方案后,须经施工单位技术负责人、总监理工程师签字后实施。而本案中的基坑支护和降水工程专项施工方案仅由项目经理签字后即组织施工,是违法的。

(2)安全生产管理环节严重缺失。《建设工程安全生产管理条例》第二十三条规定,"施工单位应当设立安全生产管理机构,配备专职安全生产管理人员。"第二十六条还规定,对分部分项工程专项施工方案的实施,"由专职安全生产管理人员进行现场监督。"本案中,项目经理部安排质量检查人员并兼任安全管理人员,明显违反了上述规定。

(3)施工作业人员安全生产自我保护意识不强。《建设工程安全生产管理条例》第32条规定:"作业人员有权对施工现场的作业条件、作业程序和作业方式中存在的安全问题提出批评、检举和控告,有权拒绝违章指挥和强令冒险作业。在施工中发生危及人身安全的紧急情况时,作业人员有权立即停止作业或者采取必要的措施后撤离危险区域"。本案中,施工作业人员迫于施工进度压力冒险作业,也是造成安全事故重要原因。

(4)施工单位未办理意外伤害保险。《建设工程安全生产管理条例》第三十八条规定:"施工单位应当为施工现场从事危险作业的人员办理意外伤害保险。意外伤害保险费由施工单位支付。实行施工总承包的,由总承包单位支付意外伤害保险费。"意外伤害保险属于强制性保险,必须依法办理。

5.4 施工现场安全防护制度

保障建设工程施工安全生产,要建立并落实施工安全生产责任和安全生产教育培训制度,还应当针对建设工程施工的特点,加强安全技术管理和施工现场的安全防护。

《中共中央国务院关于推进安全生产领域改革发展的意见》第二十一条指出,企业要定期开展风险评估和危害辨识。针对高危工艺、设备、物品、场所和岗位,建立分级管控制度,制定落实安全操作规程。树立隐患就是事故的观念,建立健全隐患排查治理制度、重大隐患治理情况向负有安全生产监督管理职责的部门和企业职代会"双报告"制度,实行自查自改自报闭环管理。严格执行安全生产和职业健康"三同时"制度。大力推进企业安全生产标准化建设,实现安全管理、操作行为、设备设施和作业环境的标准化。

5.4.1 编制安全技术措施、专项施工方案和安全技术交底的规定

《建筑法》第三十八条规定:"建筑施工企业在编制施工组织设计时,应当根据建筑工程的特点制定相应的安全技术措施;对专业性较强的工程项目,应当编制专项安全施工组织设计,并采取安全技术措施。"

1)编制安全技术措施和施工现场临时用电方案

《建设工程安全生产管理条例》第二十六条规定,施工单位应当在施工组织设计中编制安全技术措施和施工现场临时用电方案。

施工组织设计是规划和指导施工全过程的综合性技术经济文件,是施工准备工作的重要组成部分,是做好施工准备工作的重要依据和保证。

安全技术措施是为了实现安全生产,在防护上、技术上和管理上采取的措施。具体来说,就是在工程施工中,针对工程的特点、施工现场环境、施工方法、劳动组织、作业方法、使用的机械、动力设备、变配电设施、架设工具以及各项安全防护设施等制定的确保安全施工的措施。

临时用电方案直接关系到用电人员的安全,也关系到施工进度和工程质量。《施工现场临时用电安全技术规范》(JGJ 46—2005)中第 3.1.1 条规定:"施工现场临时用电设备在 5 台及以上或设备总容量在 50 kW 及以上者,应编制用电组织设计"。第 3.1.6 条也规定,施工现场临时用电设备在 5 台以下和设备总容量在 50 kW 以下者,应制定安全用电和电气防火措施。

《施工现场临时用电安全技术规范》

临时用电方案主要包括:

①施工条件。施工单位根据施工图纸,按照施工现场的实际情况和工程需要,确定施工现场用电设备的数量。

②在充分了解施工现场的地形、地貌、地下管线、周围建筑物等情况后,确定线路的选择,各种设备的选配。

③安全用电技术措施,包括安全用电在技术上所采取的措施和为了保证安全用电和供电的可靠性在组织上所采取的各项措施,如各种制度的建立和组织管理等一系列内容。

④施工现场预防发生电气火灾的措施等。

2)编制安全专项施工方案

《建设工程安全生产管理条例》第二十六条还规定,对下列达到一定规模的危险性较大的分部分项工程编制专项施工方案,并附具安全验算结果,经施工单位技术负责人、总监理工程师签字后实施,由专职安全生产管理人员进行现场监督:

①基坑支护与降水工程;

②土方开挖工程；

③模板工程；

④起重吊装工程；

⑤脚手架工程；

⑥拆除、爆破工程；

⑦国务院建设行政主管部门或者其他有关部门规定的其他危险性较大的工程。

对以上所列工程中涉及深基坑、地下暗挖工程、高大模板工程的专项施工方案，施工单位还应当组织专家进行论证、审查。本条第一款规定的达到一定规模的危险性较大工程的标准，由国务院建设行政主管部门会同国务院其他有关部门制定。

危险性较大的分部分项工程安全专项施工方案，是指施工单位在编制施工组织（总）设计的基础上，针对危险性较大的分部分项工程单独编制的安全技术措施文件。

（1）安全专项施工方案的编制

《危险性较大的分部分项工程安全管理规定》第十条规定："施工单位应当在危大工程施工前组织工程技术人员编制专项施工方案。实行施工总承包的，专项施工方案应当由施工总承包单位组织编制。危大工程实行分包的，专项施工方案可以由相关专业分包单位组织编制。"

《住房城乡建设部办公厅关于实施〈危险性较大的分部分项工程安全管理规定〉有关问题的通知》第二条指出，危大工程专项施工方案的主要内容应当包括：

①工程概况：危大工程概况和特点、施工平面布置、施工要求和技术保证条件；

②编制依据：相关法律、法规、规范性文件、标准、规范及施工图设计文件、施工组织设计等；

③施工计划：包括施工进度计划、材料与设备计划；

④施工工艺技术：技术参数、工艺流程、施工方法、操作要求、检查要求等；

⑤施工安全保证措施：组织保障措施、技术措施、监测监控措施等；

⑥施工管理及作业人员配备和分工：施工管理人员、专职安全生产管理人员、特种作业人员、其他作业人员等；

⑦验收要求：验收标准、验收程序、验收内容、验收人员等；

⑧应急处置措施；

⑨计算书及相关施工图纸。

（2）安全专项施工方案的审核

《危险性较大的分部分项工程安全管理规定》第十一条至第十三条规定：

专项施工方案应当由施工单位技术负责人审核签字、加盖单位公章，并由总监理工程师审查签字、加盖执业印章后方可实施。危大工程实行分包并由分包单位编制专项施工方案的，专项施工方案应当由总承包单位技术负责人及分包单位技术负责人共同审核签字并加盖单位公章。

对于超过一定规模的危大工程，施工单位应当组织召开专家论证会对专项施工方案进行论证。实行施工总承包的，由施工总承包单位组织召开专家论证会。专家论证前专项施工方案应当通过施工单位审核和总监理工程师审查。专家应当从地方人民政府住房城乡建设主管部门建立的专家库中选取,符合专业要求且人数不得少于 5 名。与本工程有利害关系的人员不得以专家身份参加专家论证会。

专家论证会后,应当形成论证报告,对专项施工方案提出通过、修改后通过或者不通过的一致意见。专家对论证报告负责并签字确认。专项施工方案经论证需修改后通过的,施工单位应当根据论证报告修改完善后,按照上述程序,重新审核、签字、盖章。专项施工方案经论证不通过的,施工单位修改后应当按照本规定的要求重新组织专家论证。

对于超过一定规模的危大工程专项施工方案专家论证的主要内容,《住房城乡建设部办公厅关于实施〈危险性较大的分部分项工程安全管理规定〉有关问题的通知》第四条指出,应当包括:

①专项施工方案内容是否完整、可行;

②专项施工方案计算书和验算依据、施工图是否符合有关标准规范;

③专项施工方案是否满足现场实际情况,并能够确保施工安全。

(3)安全专项施工方案的实施

《危险性较大的分部分项工程安全管理规定》第十五条至第二十一条继续规定:

专项施工方案实施前,编制人员或者项目技术负责人应当向施工现场管理人员进行方案交底。施工现场管理人员应当向作业人员进行安全技术交底,并由双方和项目专职安全生产管理人员共同签字确认。

施工单位应当严格按照专项施工方案组织施工,不得擅自修改专项施工方案。因规划调整、设计变更等原因确需调整的,修改后的专项施工方案应当按照本规定重新审核和论证。涉及资金或者工期调整的,建设单位应当按照约定予以调整。

施工单位应当对危大工程施工作业人员进行登记,项目负责人应当在施工现场履职。项目专职安全生产管理人员应当对专项施工方案实施情况进行现场监督,对未按照专项施工方案施工的,应当要求立即整改,并及时报告项目负责人,项目负责人应当及时组织限期整改。施工单位应当按照规定对危大工程进行施工监测和安全巡视,发现危及人身安全的紧急情况,应当立即组织作业人员撤离危险区域。

监理单位应当结合危大工程专项施工方案编制监理实施细则,并对危大工程施工实施专项巡视检查。

监理单位发现施工单位未按照专项施工方案施工的,应当要求其进行整改;情节严重的,应当要求其暂停施工,并及时报告建设单位。施工单位拒不整改或者不停止施工的,监理单位应当及时报告建设单位和工程所在地住房城乡建设主管部门。

对于按照规定需要进行第三方监测的危大工程,建设单位应当委托具有相应勘察资质的单位进行监测。监测单位应当编制监测方案。监测方案由监测单位技术负责人审核签字并加盖单位公章,报送监理单位后方可实施。监测单位应当按照监测方案开展监测,及时向建设单位报送监测成果,并对监测成果负责;发现异常时,及时向建设、设计、施工、监理单位报告,建设单位应当立即组织相关单位采取处置措施。

对于按照规定需要验收的危大工程,施工单位、监理单位应当组织相关人员进行验收。验收合格的,经施工单位项目技术负责人及总监理工程师签字确认后,方可进入下一道工序。

3)安全施工技术交底

《建设工程安全生产管理条例》第二十七条规定:"建设工程施工前,施工单位负责项目管理的技术人员应当对有关安全施工的技术要求向施工作业班组、作业人员作出详细说明,并由双方签字确认。"

施工前的详细说明制度,就是我们通常说的交底制度,是指在施工前,施工单位的技术负责人将工程概况、施工方法、安全技术措施等情况向作业班组、作业人员进行详细的讲解和说明。这项制度非常有助于作业班组和作业人员尽快了解需要进行施工的具体情况,掌握操作方法和注意事项,保护作业人员的人身安全,减少因安全事故导致的经济损失。实践证明,安全技术措施的交底制度是安全施工的重要保障,对减少生产安全事故起着重要作用。

安全技术措施的交底,包括施工工种安全技术交底、分部分项工程施工的安全技术交底(如房屋工程包括地基与地基工程、主体结构工程、屋面防水工程、楼地面、装饰及门窗、水、暖、电气安装工程等)、大型特殊工程单项安全技术交底、设备安装工程技术交底、使用新工艺、新技术、新材料施工的安全技术交底。对于安全技术交底,应当做到:

①项目经理部必须实行逐级安全技术交底制度,纵向延伸到班组全体作业人员;

②技术交底必须具体、明确、针对性强;

③技术交底的内容应针对分部分项工程施工中给作业人员带来的潜在隐含危险因素和存在问题;

④应优先采用新的安全技术措施;

⑤应将工程概况、施工方法、施工程序、安全技术措施等向工长、班组长进行详细交底;

⑥保持书面安全技术交底签字记录。具体内容包括:准备施工项目的作业特点和危险点、针对危险点的具体预防措施、应注意的安全事项、相应的安全操作规程和标准、发生事故后应及时采取的避难和急救措施等。

5.4.2 施工现场安全防护、安全费用和特种设备安全管理的规定

1)施工现场安全防护

《建筑法》第三十九条规定:"建筑施工企业应当在施工现场采取维护安全、防范危险、预防火灾等措施;有条件的,应当对施工现场实行封闭管理。施工现场对毗邻的建筑物、构筑物和特殊作业环境可能造成损害的,建筑施工企业应当采取安全防护措施。"

(1)危险部位设置安全警示标志

《建设工程安全生产管理条例》第二十八条规定,施工单位应当在施工现场入口处、施工起重机械、临时用电设施、脚手架、出入通道口、楼梯口、电梯井口、孔洞口、桥梁口、隧道口、基坑边沿、爆破物及有害危险气体和液体存放处等危险部位,设置明显的安全警示标志。安全警示标志必须符合国家标准。

危险部位,是指存在危险因素,容易造成作业人员或者其他人员伤亡的地点。由于各类工程的情况千差万别,不同工程的施工现场的危险部位也是不完全相同的。《建设工程安全生产管理条例》针对施工现场容易出现生产安全事故的地点,列举了一些危险部位,包括:施

工现场入口处、施工起重机械、临时用电设施、脚手架、出入通道口、楼梯口、电梯井口、孔洞口、桥梁口、隧道口、基坑边沿、爆破物及有害危险气体和液体存放处等危险部位。

施工单位应当根据建设工程的实际情况,使用的设施设备和材料的情况,存储物品的情况等,具体确定本施工现场的危险部位,并设置明显的安全警示标志。

《安全标志及其使用导则》

安全警示标志,是指提醒人们注意的各种标牌、文字、符号以及灯光等。如在孔洞口、桥梁口、隧道口、基坑边沿等处,设立红灯警示;在施工起重机械、临时用电设施等处,应当设置警戒标志,并保证充足的照明。安全警示标志应当设置于明显的地点,让作业人员和其他进行施工现场的人员易于看到。安全警示标志如果是文字,应当易于人们读懂;如果是符合,则应当易于人们理解;如果是灯光,则应当明亮显眼。安全警示标志必须符合国家标准,即《安全标志及其使用导则》(GB 2894—2008)。各种安全警示标志设置后,未经施工单位负责人批准,不得擅自移动或者拆除。

应用案例 5-4

8月,某建筑公司按合同约定对其施工并已完工的路面进行维修,路面经铲挖后形成凹凸和小沟,路边堆有砂石料,但在施工路面和路两头均未设置任何提示过往行人及车辆主意安全的警示标志。8月16日,张某骑摩托车经过此路段时,因不明路况,摩托车碰到路面上的施工材料而翻到,造成10级伤残。张某受伤后多次要求该建筑公司赔偿,但建筑公司认为张某受伤与己方无关。张某将建筑公司起诉至人民法院。

【问题】

(1)本案中的建筑公司是否存在违法施工行为?

(2)该建筑公司是否应当承担赔偿的民事法律责任?

【案例分析】

(1)《建设工程安全生产管理条例》第二十八条规定:"施工单位应当在施工现场入口处、施工起重机械、临时用电设施、脚手架、出入通道口、楼梯口、电梯井口、孔洞口、桥梁口、隧道口、基坑边沿、爆破物及有害危险气体和液体存放处等危险部位,设置明显的安全警示标志。安全警示标志必须符合国家标准。"本案中的某建筑公司在施工时未设置任何提示过往行人及车辆注意安全的警示标志,明显违反了上述规定。

(2)法院经审理后认为,某建筑公司在进行路面维修时,致使路面凹凸不平,并未设置明显警示标志和采取安全措施,造成原告伤残,按照《民法典》第一千二百五十八条规定,在公共场所或者道路上挖掘、修缮安装地下设施等造成他人损害,施工人不能证明已经设置明显标志和采取安全措施的,应当承担侵权责任。判决建筑公司作为施工方应当承担民事赔偿责任。

(2)不同施工阶段和暂停施工应采取的安全施工措施

《建设工程安全生产管理条例》第二十八条规定,施工单位应当根据不同施工阶段和周围环境及季节、气候的变化,在施工现场采取相应的安全施工措施。施工现场暂时停止施工的,施工单位应当做好现场防护,所需费用由责任方承担,或者按照合同约定执行。

由于施工有一定的时间,且又是在露天的较多,因此,根据地下施工、高空施工等不同的施工阶段,采取不同的安全措施。同时,还应当根据环境和季节、气候变化,加强季节性劳动保护工作。例如,夏季要防暑降温,在特别高温的天气下,要采取调整施工时间、改变施工方式等措施;冬季要防寒防冻,防止煤气中毒。土壤在冬季受冻变硬,难以挖掘,在冬季施工应专门制定保证工程质量和施工安全的安全技术措施,并对操作人员进行安全技术培训。整个冬季施工应随时掌握气候变化情况,以便预先做好保护措施。开挖冻土,应根据施工方法,制定专门的安全技术措施。夜间施工应有足够的照明,在深坑、陡坡等危险地段应增设红灯标志,以防发生伤亡事故。

雨季、冬季和夜间施工条件较差,容易发生伤亡事故,在施工中更应注意。雨季和冬季施工时应对运输道路采取防滑措施,如加铺炉渣、砂子等,以保证正常运输和安全。如有可能,应避免在雨季、冬季和夜间施工。针对一些有较大危险的工程,在施工时更应注意。如土方工程在雨季施工时,应全面检查原有排水系统,进行疏浚或加固,必要时要增加排水措施,保证水流畅通,傍山沿河地区应制定防汛措施;在开挖基坑(槽)或管沟时,应四周垒填土堰,防止雨水流入,并要特别注意边坡和直立壁的稳定;必要时可放缓边坡或增设支撑,并加强对边坡和支撑的检查;雨季施工不宜靠房屋墙壁和围墙堆土,防止倒塌事故。大风、大雨期间应暂停施工。

施工现场暂时停止施工的,施工单位应当做好现场防护,所需费用由责任方承担,或者按照合同约定执行。暂时停止施工的情况包括因不可抗力因素停止施工和存在安全事故隐患或者发生生产安全事故,被责令停止施工。对于前一种情况,应当按照合同的约定承担相关费用;而后一种情况,则要分清责任,谁的责任谁承担费用。不论最后费用是由谁承担,施工单位都必须做好现场防护,防止在暂停施工期间出现施工现场的作业人员或者施工现场以外的其他人员的安全事故;同时,还应当为下一步继续施工创造良好的工作环境。

(3)施工现场临时设施的安全卫生要求

《建设工程安全生产管理条例》第二十九条规定:"施工单位应当将施工现场的办公、生活区与作业区分开设置,并保持安全距离;办公、生活区的选址应当符合安全性要求。职工的膳食、饮水、休息场所等应当符合卫生标准。施工单位不得在尚未竣工的建筑物内设置员工集体宿舍。施工现场临时搭建的建筑物应当符合安全使用要求。施工现场使用的装配式活动房屋应当具有产品合格证。"

施工现场的办公区、生活区应当与作业区分开设置,并保持安全距离。这主要是考虑到办公区、生活区是人们进行办公和日常生活的区域,人员比较多而杂,安全防范措施和意识比较弱,况且一般来说,办公时间与施工时间不完全一致,不同的施工作业人员上岗作业的时间也不完全相同,如果将办公区、生活区与作业区设在一起,势必会造成施工现场的混乱,极易发生生产安全事故,现实中也发生多起因将生活区与作业区设在一起而导致的安全生产事故。其次,对于办公区和生活区的选址,有特别要求,即办公用房、生活用房都必须建在安全地带,保证办公用房、生活用房不会因滑坡、泥石流等地质灾害而受到破坏,造成人员伤亡和财产损失。

为了保障施工单位职工的身体健康,对职工的膳食、饮水、休息场所等,都要求符合卫生标准。2021年4月修订的《食品安全法》第五十七条规定:"学校、托幼机构、养老机构、建筑工地等集中用餐单位的食堂应当严格遵守法律、

《食品安全法》

法规和食品安全标准;从供餐单位订餐的,应当从取得食品生产经营许可的企业订购,并按照要求对订购的食品进行查验。供餐单位应当严格遵守法律、法规和食品安全标准,当餐加工,确保食品安全。学校、托幼机构、养老机构、建筑工地等集中用餐单位的主管部门应当加强对集中用餐单位的食品安全教育和日常管理,降低食品安全风险,及时消除食品安全隐患。"此外,对于施工单位提供的饮水,第三十三条规定,用水应当符合国家规定的生活饮用水卫生标准。

对施工单位设置员工集体宿舍也作了严格限定:凡是未竣工的建筑物内都不得设置员工集体宿舍。所谓未竣工的建筑物,是指未进行竣工验收的建筑物,这类建筑物由于是在施工过程中,条件比较差,如将员工集体宿舍设在其中,则会造成相当大的安全事故隐患。因此,为了保证员工的安全和健康,在未竣工的建筑物内都不得设置员工集体宿舍。

施工现场临时搭建的建筑物应当符合安全使用要求。施工现场使用的装配式活动房屋应当具有产品合格证。由于建设工程的施工阶段要持续一段时间,因此,在施工现场需要搭建一些临时建筑,以供生产和生活的需求。一般来说,临时建筑物包括施工现场的办公用房、宿舍、食堂、仓库、卫生间、淋浴室等。虽然是临时建筑,但也必须符合安全要求。临时建筑物要稳固、安全、整洁,并满足消防要求,禁止使用竹棚、石棉瓦、油毡搭建。

目前,很多施工工地都采用装配式的活动房屋。这种房屋特点是,安装仅需简单工具即可操作,房屋可多次拆装,重复使用。从性能上讲,这种房屋具有密封严密、隔热保温,防水、耐潮、防腐、防火,重量轻,运输十分方便,使用周期长(使用寿命可达 20 年以上)等优点。施工单位在选择这种活动房屋时,应当选择正规的生产厂家的产品,具有产品合格证,才能保证管理人员和作业人员的安全,防止因活动厂房的不合格产品导致生产安全事故的发生。

(4)对施工现场周边的安全防护措施

《建设工程安全生产管理条例》第三十条规定,施工单位对因建设工程施工可能造成损害的毗邻建筑物、构筑物和地下管线等,应当采取专项防护措施。在城市市区内的建设工程,施工单位应当对施工现场实行封闭围挡。

建设工程施工多为露天、高处作业,对周围环境特别是毗邻的建筑物、构筑物和地下管线等可能会造成损害。因此,施工单位有责任、有义务采取相应的安全防护措施,确保毗邻的建筑物、构筑物和地下管线等不受损坏。

施工现场实行封闭管理,主要是解决"扰民"和"民扰"问题。施工现场采用密目式安全网、围墙、围栏等封闭起来,既可以防止施工中的不安全因素扩散到场外,也可以起到保护环境、美化市容、文明施工的作用。还可以防盗、防砸打损害物品等。

城市市区比较繁华,人流、车流密集,在这样的区域里进行施工,不仅对周围的环境产生影响,也给居民的出行和生活造成不便;同时,施工作业人员以外的人进行施工现场,存在极大的不安全因素,既容易伤害到作业人员,也容易伤害到施工现场以外的其他人员。因此,为了解决"扰民"和"民扰"的问题,施工单位对于在城市市区的施工现场,必须采取封闭围挡,将施工工地与周围环境相隔离。

《建设工程施工现场环境与卫生标准》(JGJ 146—2013)第 3.0.8 条规定:"施工现场应实行封闭管理,并应采用硬质围挡。市区主要路段的施工现场围挡高度不应低于 2.5 m,一般路段围挡高度不应低于 1.8 m,围挡应牢固、稳定、

《建筑工程施工现场环境与卫生标准》

整洁。距离交通路口20 m范围内占据道路施工设置的围挡,其0.8 m以上部分应采用通透性围挡,并应采取交通疏导和警示措施。"

（5）危险作业的施工现场安全管理

《安全生产法》第四十三条规定:"生产经营单位进行爆破、吊装、动火、临时用电以及国务院安全生产监督管理部门会同国务院有关部门规定的其他危险作业,应当安排专门人员进行现场安全管理,确保操作规程的遵守和安全措施的落实。"

2013年12月国务院修订的《危险化学品安全管理条例》第十三条还规定:"生产、储存危险化学品的单位,应当对其铺设的危险化学品管道设置明显标志,并对危险化学品管道定期检查、检测。进行可能危及危险化学品管道安全的施工作业,施工单位应当在开工的7日前书面通知管道所属单位,并与管道所属单位共同制定应急预案,采取相应的安全防护措施。管道所属单位应当指派专门人员到现场进行管道安全保护指导。"

《危险化学品安全管理条例》

爆破、吊装作业具有较大的危险性,容易发生事故,而且一旦发生事故,将会对作业人员和有关人员造成较大的伤害。危险化学品,是指具有毒害、腐蚀、爆炸、燃烧、助燃等性质,对人体、设施、环境具有危害的剧毒化学品和其他化学品。因此,施工作业人员必须严格按照操作规程进行操作,施工单位也应当会同有关单位采取必要的防范措施,安排专门人员进行作业现场的安全管理。

（6）安全防护设备、机械设备等的安全管理

《建设工程安全生产管理条例》第三十四条规定:"施工单位采购、租赁的安全防护用具、机械设备、施工机具及配件,应当具有生产（制造）许可证、产品合格证,并在进入施工现场前进行查验。施工现场的安全防护用具、机械设备、施工机具及配件必须由专人管理,定期进行检查、维修和保养,建立相应的资料档案,并按照国家有关规定及时报废。"

安全防护用具、机械设备、施工机具及配件质量的好坏,直接关系到施工作业人员的人身安全。因此,决不能让不合格的产品流入施工现场,并要加强日常的检查、维修和保养,保障这些设备和产品的正常使用和运转。

（7）施工起重机械设备等的安全使用管理

《建设工程安全生产管理条例》第三十五条规定,施工单位在使用施工起重机械和整体提升脚手架、模板等自升式架设设施前,应当组织有关单位进行验收,也可以委托具有相应资质的检验检测机构进行验收;使用承租的机械设备和施工机具及配件的,由施工总承包单位、分包单位、出租单位和安装单位共同进行验收。验收合格的方可使用。

建筑行业本身就是一个危险性较高的行业,施工工地上的一切都是动态的,随时都在变化之中。施工现场由于对使用的起重机械、整体提升脚手架、模板（主要指提升或滑升模板）管理不善、缺乏安全装置或使用不当又是造成重大、特大伤亡事故的主要原因,是重大危险源。因此,加强对这些设备设施的管理监控尤为重要。

2）施工单位安全生产费用的提取和使用管理

施工单位安全生产费用(以下简称"安全费用"),是指施工单位按照规定标准提取在成本中列支,专门用于完善和改进企业或者施工项目安全生产条件的资金。安全费用按照"企业提取、政府监管、确保需要、规范使用"的原则进行管理。

《安全生产法》第二十三条规定,生产经营单位应当具备的安全生产条件所必需的资金投入,由生产经营单位的决策机构、主要负责人或者个人经营的投资人予以保证,并对由于安全生产所必需的资金投入不足导致的后果承担责任。有关生产经营单位应当按照规定提取和使用安全生产费用,专门用于改善安全生产条件。安全生产费用在成本中据实列支。

《建设工程安全生产管理条例》第二十二条进一步规定:"施工单位对列入建设工程概算的安全作业环境及安全施工措施所需费用,应当用于施工安全防护用具及设施的采购和更新、安全施工措施的落实、安全生产条件的改善,不得挪作他用。"

(1)施工单位安全费用的提取管理

财政部、国家安全生产监督管理总局 2012 年 2 月发布的《企业安全生产费用提取和使用管理办法》(财企〔2012〕16 号)第七条规定:"建设工程施工企业以建筑安装工程造价为计提依据。各建设工程类别安全费用提取标准如下:(一)矿山工程为 2.5%;(二)房屋建筑工程、水利水电工程、电力工程、铁路工程、城市轨道交通工程为 2.0%;(三)市政公用工程、冶炼工程、机电安装工程、化工石油工程、港口与航道工程、公路工程、通信工程为 1.5%。建设工程施工企业提取的安全费用列入工程造价,在竞标时,不得删减,列入标外管理。国家对基本建设投资概算另有规定的,从其规定。总包单位应当将安全费用按比例直接支付分包单位并监督使用,分包单位不再重复提取。"

财企
〔2012〕16号

《企业安全生产费用提取和使用管理办法》第十五条继续规定:"企业在上述标准的基础上,根据安全生产实际需要,可适当提高安全费用提取标准。本办法公布前,各省级政府已制定下发企业安全费用提取使用办法的,其提取标准如果低于本办法规定的标准,应当按照本办法进行调整;如果高于本办法规定的标准,按照原标准执行。"

原建设部《建筑工程安全防护、文明施工措施费用及使用管理规定》(建办〔2005〕89 号)第二条和第三条规定:"本规定适用于各类新建、扩建、改建的房屋建筑工程(包括与其配套的线路管道和设备安装工程、装饰工程)、市政基础设施工程和拆除工程。本规定所称安全防护、文明施工措施费用,是指按照国家现行的建筑施工安全、施工现场环境与卫生标准和有关规定,购置和更新施工安全防护用具及设施、改善安全生产条件和作业环境所需要的费用。建设单位对建筑工程安全防护、文明施工措施有其他要求的,所发生费用一并计入安全防护、文明施工措施费。"

建标
〔2013〕44号

2013 年 3 月 21 日住房和城乡建设、财政部经修订并颁布了新的《建筑安装工程费用项目组成》(建标〔2013〕44 号)第一条第一款和第二款规定:"建筑安装工程费用项目按费用构成要素组成划分为人工费、材料费、施工机具使用费、企业管理费、利润、规费和税金。为指导工程造价专业人员计算建筑安装工程造价,将建筑安装工程费用按工程造价形成顺序划分为分部分项工程费、措施项目费、其他项目费、规费和税金。"

《建筑工程安全防护、文明施工措施费用及使用管理规定》第五条至第七条继续规定:

建设单位、设计单位在编制工程概(预)算时,应当依据工程所在地工程造价管理机构测定的相应费率,合理确定工程安全防护、文明施工措施费。

依法进行工程招投标的项目,招标方或具有资质的中介机构编制招标文件时,应当按照有关规定并结合工程实际单独列出安全防护、文明施工措施项目清单。投标方应当根据现行标准规范,结合工程特点、工期进度和作业环境要求,在施工组织设计文件中制定相应的安全防护、文明施工措施,并按照招标文件要求结合自身的施工技术水平、管理水平对工程安全防护、文明施工措施项目单独报价。投标方安全防护、文明施工措施的报价,不得低于依据工程所在地工程造价管理机构测定费率计算所需费用总额的90%。

建设单位与施工单位应当在施工合同中明确安全防护、文明施工措施项目总费用,以及费用预付、支付计划,使用要求、调整方式等条款。建设单位与施工单位在施工合同中对安全防护、文明施工措施费用预付、支付计划未作约定或约定不明的,合同工期在一年以内的,建设单位预付安全防护、文明施工措施项目费用不得低于该费用总额的50%;合同工期在一年以上的(含一年),预付安全防护、文明施工措施费用不得低于该费用总额的30%,其余费用应当按照施工进度支付。

《建筑安装工程费用项目组成》(建标〔2013〕44号)中规定,安全文明施工费包括:

①环境保护费,是指施工现场为达到环保部门要求所需的各项费用。

②文明施工费,是指施工现场文明施工所需要的各项费用。

③安全施工费,是指施工现场安全施工所需要的各项费用。

④临时设施费,是指施工企业为进行建设工程施工所必须搭设的生活和生产用的临时建筑物、构筑物和其他临时设施费用,包括临时设施的搭设、维修、拆除、清理费或摊销费等。

(2)施工单位安全费用的使用管理

《企业安全生产费用提取和使用管理办法》第十九条规定:"建设工程施工企业安全费用应当按照以下范围使用:(一)完善、改造和维护安全防护设施设备(不含'三同时'要求初期投入的安全设施)支出,包括施工现场临时用电系统、洞口、临边、机械设备、高处作业防护、交叉作业防护、防火、防爆、防尘、防毒、防雷、防台风、防地质灾害、地下工程有害气体监测、通风、临时安全防护等设施设备支出;(二)配备、维护、保养应急救援器材、设备支出和应急演练支出;(三)开展重大危险源和事故隐患评估、监控和整改支出;(四)安全生产检查、咨询、评价(不包括新建、改建、扩建项目安全评价)和标准化建设支出;(五)配备和更新现场作业人员安全防护用品支出;(六)安全生产宣传、教育、培训支出;(七)安全生产适用的新技术、新装备、新工艺、新标准的推广应用支出;(八)安全设施及特种设备检测检验支出;(九)其他与安全生产直接相关的支出。"

《企业安全生产费用提取和使用管理办法》第二十六条、第二十七条还规定:"在本办法规定的使用范围内,企业应当将安全费用优先用于满足安全生产监督管理部门、煤矿安全监察机构以及行业主管部门对企业安全生产提出的整改措施或者达到安全生产标准所需的支出。企业提取的安全费用应当专户核算,按规定范围安排使用,不得挤占、挪用。年度结余资金结转下年度使用,当年计提安全费用不足的,超出部分按正常成本费用渠道列支。主要承担安全管理责任的集团公司经过履行内部决策程序,可以对所属企业提取的安全费用按照一定比例集中管理,统筹使用。"

《企业安全生产费用提取和使用管理办法》第三十一条至第三十四条继续规定:"企业应当建立健全内部安全费用管理制度,明确安全费用提取和使用的程序、职责及权限,按规定提取和使用安全费用。企业应当加强安全费用管理,编制年度安全费用提取和使用计划,纳入企业财务预算。企业年度安全费用使用计划和上一年安全费用的提取、使用情况按照管理权限报同级财政部门、安全生产监督管理部门、煤矿安全监察机构和行业主管部门备案。企业安全费用的会计处理,应当符合国家统一的会计制度的规定。企业提取的安全费用属于企业自提自用资金,其他单位和部门不得采取收取、代管等形式对其进行集中管理和使用,国家法律、法规另有规定的除外。"

《建筑工程安全防护、文明施工措施费用及使用管理规定》第七条中也指出,实行工程总承包的,总承包单位依法将建筑工程分包给其他单位的,总承包单位与分包单位应当在分包合同中明确安全防护、文明施工措施费用由总承包单位统一管理。安全防护、文明施工措施由分包单位实施的,由分包单位提出专项安全防护措施及施工方案,经总承包单位批准后及时支付所需费用。

《建筑工程安全防护、文明施工措施费用及使用管理规定》第十条、第十一条规定:

工程监理单位应当对施工单位落实安全防护、文明施工措施情况进行现场监理。对施工单位已经落实的安全防护、文明施工措施,总监理工程师或者造价工程师应当及时审查并签认所发生的费用。监理单位发现施工单位未落实施工组织设计及专项施工方案中安全防护和文明施工措施的,有权责令其立即整改;对施工单位拒不整改或未按期限要求完成整改的,工程监理单位应当及时向建设单位和建设行政主管部门报告,必要时责令其暂停施工。

施工单位应当确保安全防护、文明施工措施费专款专用,在财务管理中单独列出安全防护、文明施工措施项目费用清单备查。施工单位安全生产管理机构和专职安全生产管理人员负责对建筑工程安全防护、文明施工措施的组织实施进行现场监督检查,并有权向建设主管部门反映情况。

工程总承包单位对建筑工程安全防护、文明施工措施费用的使用负总责。总承包单位应当按照本规定及合同约定及时向分包单位支付安全防护、文明施工措施费用。总承包单位不按本规定和合同约定支付费用,造成分包单位不能及时落实安全防护措施导致发生事故的,由总承包单位负主要责任。

3) 特种设备安全管理

特种设备是指对人身和财产安全有较大危险性的锅炉、压力容器(含气瓶)、压力管道、电梯、起重机械、客运索道、大型游乐设施、场(厂)内专用机动车辆等。

《安全生产法》第三十七条规定:"生产经营单位使用的危险物品的容器、运输工具,以及涉及人身安全、危险性较大的海洋石油开采特种设备和矿山井下特种设备,必须按照国家有关规定,由专业生产单位生产,并经具有专业资质的检测、检验机构检测、检验合格,取得安全使用证或者安全标志,方可投入使用。检测、检验机构对检测、检验结果负责。"

2013年6月29日,第十二届全国人大常委会第三次会议通过了《中华人民共和国特种设备安全法》。该法突出了特种设备生产、经营、使用单位的安全主体责任,明确规定:

《特种设备安全法》

①在生产环节,生产企业对特种设备的质量负责;

②在经营环节,销售和出租的特种设备必须符合安全要求,出租人负有对特种设备使用安全管理和维护保养的义务;

③在事故多发的使用环节,使用单位对特种设备使用安全负责,并负有对特种设备的报

废义务,发生事故造成损害的依法承担赔偿责任。

《特种设备安全法》第二条规定,本法所称特种设备,是指对人身和财产安全有较大危险性的锅炉、压力容器(含气瓶)、压力管道、电梯、起重机械、客运索道、大型游乐设施、场(厂)内专用机动车辆,以及法律、行政法规规定适用本法的其他特种设备。

《特种设备安全法》第三条和第十三条明确指出:"特种设备安全工作应当坚持安全第一、预防为主、节能环保、综合治理的原则。特种设备生产、经营、使用单位及其主要负责人对其生产、经营、使用的特种设备安全负责。特种设备生产、经营、使用单位应当按照国家有关规定配备特种设备安全管理人员、检测人员和作业人员,并对其进行必要的安全教育和技能培训。"

(1)特种设备的安装、改造和修理

《特种设备安全法》第二十三条至第二十五条规定:

特种设备安装、改造、修理的施工单位应当在施工前将拟进行的特种设备安装、改造、修理情况书面告知直辖市或者设区的市级人民政府负责特种设备安全监督管理的部门。

特种设备安装、改造、修理竣工后,安装、改造、修理的施工单位应当在验收后三十日内将相关技术资料和文件移交特种设备使用单位。特种设备使用单位应当将其存入该特种设备的安全技术档案。

锅炉、压力容器、压力管道元件等特种设备的制造过程和锅炉、压力容器、压力管道、电梯、起重机械、客运索道、大型游乐设施的安装、改造、重大修理过程,应当经特种设备检验机构按照安全技术规范的要求进行监督检验;未经监督检验或者监督检验不合格的,不得出厂或者交付使用。

(2)特种设备的使用

《特种设备安全法》第三十二条至第三十五条规定:

特种设备使用单位应当使用取得许可生产并经检验合格的特种设备。禁止使用国家明令淘汰和已经报废的特种设备。

特种设备使用单位应当在特种设备投入使用前或者投入使用后三十日内,向负责特种设备安全监督管理的部门办理使用登记,取得使用登记证书。登记标志应当置于该特种设备的显著位置。

特种设备使用单位应当建立岗位责任、隐患治理、应急救援等安全管理制度,制定操作规程,保证特种设备安全运行。

特种设备使用单位应当建立特种设备安全技术档案。安全技术档案应当包括以下内容:

①特种设备的设计文件、产品质量合格证明、安装及使用维护保养说明、监督检验证明等相关技术资料和文件;

②特种设备的定期检验和定期自行检查记录;

③特种设备的日常使用状况记录;

④特种设备及其附属仪器仪表的维护保养记录;

⑤特种设备的运行故障和事故记录。

《特种设备安全法》第三十七条规定,特种设备的使用应当具有规定的安全距离、安全防护措施。与特种设备安全相关的建筑物、附属设施,应当符合有关法律、行政法规的规定。

《特种设备安全法》第三十九条至第四十二条继续规定:

特种设备使用单位应当对其使用的特种设备进行经常性维护保养和定期自行检查,并作出记录。特种设备使用单位应当对其使用的特种设备的安全附件、安全保护装置进行定期校验、检修,并作出记录。

特种设备使用单位应当按照安全技术规范的要求,在检验合格有效期届满前一个月向特种设备检验机构提出定期检验要求。特种设备检验机构接到定期检验要求后,应当按照安全技术规范的要求及时进行安全性能检验。特种设备使用单位应当将定期检验标志置于该特种设备的显著位置。未经定期检验或者检验不合格的特种设备,不得继续使用。

特种设备安全管理人员应当对特种设备使用状况进行经常性检查,发现问题应当立即处理;情况紧急时,可以决定停止使用特种设备并及时报告本单位有关负责人。特种设备作业人员在作业过程中发现事故隐患或者其他不安全因素,应当立即向特种设备安全管理人员和单位有关负责人报告;特种设备运行不正常时,特种设备作业人员应当按照操作规程采取有效措施保证安全。

特种设备出现故障或者发生异常情况,特种设备使用单位应当对其进行全面检查,消除事故隐患,方可继续使用。

《特种设备安全法》第四十七条、第四十八条还规定:

特种设备进行改造、修理,按照规定需要变更使用登记的,应当办理变更登记,方可继续使用。

特种设备存在严重事故隐患,无改造、修理价值,或者达到安全技术规范规定的其他报废条件的,特种设备使用单位应当依法履行报废义务,采取必要措施消除该特种设备的使用功能,并向原登记的负责特种设备安全监督管理的部门办理使用登记证书注销手续。前款规定报废条件以外的特种设备,达到设计使用年限可以继续使用的,应当按照安全技术规范的要求通过检验或者安全评估,并办理使用登记证书变更,方可继续使用。允许继续使用的,应当采取加强检验、检测和维护保养等措施,确保使用安全。

5.4.3 施工现场消防安全职责和应采取的消防安全措施

近年来,施工现场的火灾时有发生,甚至出现了特大恶性火灾事故。因此,施工单位必须建立健全消防安全责任制,加强消防安全教育培训,严格消防安全管理,确保施工现场消防安全。

1) 施工单位消防安全责任人和消防安全职责

为进一步加强和改进消防工作,2011 年 12 月 30 日,国务院以国发〔2011〕46 号印发《国务院关于加强和改进消防工作的意见》。该意见分指导思想、基本原则和主要目标;切实强化火灾预防;着力夯实消防工作基础;全面落实消防安全责任 4 部分 18 条。

《国务院关于加强和改进消防工作的意见》第十五条规定,全面落实消防安全主体责任。机关、团体、企业事业单位法定代表人是本单位消防安全第一责任人。各单位要依法履行职责,保障必要的消防投入,切实提高检查消除火灾隐患、组织扑救初起火灾、组织人员疏散逃生和消防宣传教育培训的能力。

国发〔2011〕46号

《消防法》第十六条规定:"机关、团体、企业、事业等单位应当履行下列消防安全职责:(一)落实消防安全责任制,制定本单位的消防安全制度、消防安全操作规程,制定灭火和应急疏散预案;(二)按照国家标准、行业标准配置消防设施、器材,设置消防安全标志,并定期组织检验、维修,确保完好有效;(三)对建筑消防设施每年至少进行一次全面检测,确保完好有效,检测记录应当完整准确,存档备查;(四)保障疏散通道、安全出口、消防车通道畅通,保证防火防烟分区、防火间距符合消防技术标准;(五)组织防火检查,及时消除火灾隐患;(六)组织进行有针对性的消防演练;(七)法律、法规规定的其他消防安全职责。单位的主要负责人是本单位的消防安全责任人。"

重点工程的施工现场多定为消防安全重点单位,《消防法》第十七条继续规定:"消防安全重点单位除应当履行本法第十六条规定的职责外,还应当履行下列消防安全职责:(一)确定消防安全管理人,组织实施本单位的消防安全管理工作;(二)建立消防档案,确定消防安全重点部位,设置防火标志,实行严格管理;(三)实行每日防火巡查,并建立巡查记录;(四)对职工进行岗前消防安全培训,定期组织消防安全培训和消防演练。"

《建设工程安全生产管理条例》第三十一条规定:"施工单位应当在施工现场建立消防安全责任制度,确定消防安全责任人,制定用火、用电、使用易燃易爆材料等各项消防安全管理制度和操作规程,设置消防通道、消防水源,配备消防设施和灭火器材,并在施工现场入口处设置明显标志。"

消防安全标志应当按照《消防安全标志设置要求》(GB 15630—1995)、《消防安全标志第1部分:标志》(GB 13495.1—2015)设置。

2)施工现场的消防安全要求

《国务院关于加强和改进消防工作的意见》第七条规定:"严格建筑工地、建筑材料消防安全管理。要依法加强对建设工程施工现场的消防安全检查,督促施工单位落实用火用电等消防安全措施,公共建筑在营业、使用期间不得进行外保温材料施工作业,居住建筑进行节能改造作业期间应撤离居住人员,并设消防安全巡逻人员,严格分离用火用焊作业与保温施工作业,严禁在施工建筑内安排人员住宿。新建、改建、扩建工程的外保温材料一律不得使用易燃材料,严格限制使用可燃材料。住房城乡建设部要会同有关部门,抓紧修订相关标准规范,加快研发和推广具有良好防火性能的新型建筑保温材料,采取严格的管理措施和有效的技术措施,提高建筑外保温材料系统的防火性能,减少火灾隐患。建筑室内装饰装修材料必须符合国家、行业标准和消防安全要求。相关部门要尽快研究提高建筑材料性能,建立淘汰机制,将部分易燃、有毒及职业危害严重的建筑材料纳入淘汰范围。"

公安部、住房和城乡建设部《关于进一步加强建设工程施工现场消防安全工作的通知》(公消〔2009〕131号)第一条对保障施工现场应具备的消防安全条件规定如下:

①施工现场要设置消防通道并确保畅通。建筑工地要满足消防车通行、停靠和作业要求。在建建筑内应设置标明楼梯间和出入口的临时醒目标志,视情安装楼梯间和出入口的临时照明,及时清理建筑垃圾和障碍物,规范材料堆放,保证发生火灾时,现场施工人员疏散和消防人员扑救快捷畅通。

②施工现场要按有关规定设置消防水源。应当在建设工程平地阶段按照总平面设计设置室外消火栓系统,并保持充足的管网压力和流量。根据在建工

国发公消
〔2009〕131号

程施工进度,同步安装室内消火栓系统或设置临时消火栓,配备水枪水带,消防干管设置水泵接合器,满足施工现场火灾扑救的消防供水要求。

③施工现场应当配备必要的消防设施和灭火器材。施工现场的重点防火部位和在建高层建筑的各个楼层,应在明显和方便取用的地方配置适当数量的手提式灭火器、消防沙袋等消防器材。

④施工现场的办公、生活区与作业区应当分开设置,并保持安全距离;施工单位不得在尚未竣工的建筑物内设置员工集体宿舍。

《关于进一步加强建设工程施工现场消防安全工作的通知》第二条规定:"制定并落实各项消防安全管理制度和操作规程。施工单位应当在施工组织设计中编制消防安全技术措施和专项施工方案,并由专职安全管理人员进行现场监督。动用明火必须实行严格的消防安全管理,禁止在具有火灾、爆炸危险的场所使用明火;需要进行明火作业的,动火部门和人员应当按照用火管理制度办理审批手续,落实现场监护人,在确认无火灾、爆炸危险后方可动火施工;动火施工人员应当遵守消防安全规定,并落实相应的消防安全措施;易燃易爆危险物品和场所应有具体防火防爆措施;电焊、气焊、电工等特殊工种人员必须持证上岗;将容易发生火灾、一旦发生火灾后果严重的部位确定为重点防火部位,实行严格管理。"

3)施工单位消防安全自我评估和防火检查

《国务院关于加强和改进消防工作的意见》第十五条中指出,要建立消防安全自我评估机制,消防安全重点单位每季度、其他单位每半年自行或委托有资质的机构对本单位进行一次消防安全检查评估,做到安全自查、隐患自除、责任自负。

《关于进一步加强建设工程施工现场消防安全工作的通知》第四条规定:"落实防火检查,消除火灾隐患。施工单位应及时纠正违章操作行为,及时发现火灾隐患并采取防范、整改措施。国家、省级等重点工程的施工现场应当进行每日防火巡查,其他施工现场也应根据需要组织防火巡查。施工单位防火检查的内容应当包括:火灾隐患的整改情况以及防范措施的落实情况,疏散通道、消防车通道、消防水源情况,灭火器材配置及有效情况,用火、用电有无违章情况,重点工种人员及其他施工人员消防知识掌握情况,消防安全重点部位管理情况,易燃易爆危险物品和场所防火防爆措施落实情况,防火巡查落实情况等。"

4)建设工程消防施工的质量和安全责任

公安部 2012 年 7 月修订的《建设工程消防监督管理规定》(公安部令第 119 号)第六条规定:"建设工程的消防设计、施工必须符合国家工程建设消防技术标准。新颁布的国家工程建设消防技术标准实施之前,建设工程的消防设计已经公安机关消防机构审核合格或者备案的,分别按原审核意见或者备案时的标准执行。"

《建设工程消防蓝督管理规定》

《建设工程消防监督管理规定》第十条继续规定,施工单位应当承担下列消防施工的质量和安全责任:

①按照国家工程建设消防技术标准和经消防设计审核合格或者备案的消防设计文件组织施工,不得擅自改变消防设计进行施工,降低消防施工质量;

②查验消防产品和具有防火性能要求的建筑构件、建筑材料及装修材料的质量,使用合

格产品,保证消防施工质量;

③建立施工现场消防安全责任制度,确定消防安全负责人。

加强对施工人员的消防教育培训,落实动火、用电、易燃可燃材料等消防管理制度和操作规程。保证在建工程竣工验收前消防通道、消防水源、消防设施和器材、消防安全标志等完好有效。

5)施工单位的消防安全教育培训和消防演练

《国务院关于加强和改进消防工作的意见》第八条中指出,要加强对单位消防安全责任人,消防安全管理人,消防控制室操作人员和消防设计、施工、监理人员及保安、电(气)焊工、消防技术服务机构从业人员的消防安全培训。

公安部、住房和城乡建设部等 9 部委 2009 年 5 月发布的《社会消防安全教育培训规定》(公安部令第 109 号)第二十四条规定,在建工程的施工单位应当开展下列消防安全教育工作:

《社会消防安全教育培训规定》

①建设工程施工前应当对施工人员进行消防安全教育;

②在建设工地醒目位置、施工人员集中住宿场所设置消防安全宣传栏,悬挂消防安全挂图和消防安全警示标识;

③对明火作业人员进行经常性的消防安全教育;

④组织灭火和应急疏散演练。在建工程的建设单位应当配合施工单位做好上述消防安全教育工作。

《关于进一步加强建设工程施工现场消防安全工作的通知》第三条也规定,加强施工现场人员消防安全教育培训。施工人员上岗前的安全培训应当包括以下消防内容:有关消防法规、消防安全制度和保障消防安全的操作规程,本岗位的火灾危险性和防火措施,有关消防设施的性能、灭火器材的使用方法,报火警、扑救初起火灾以及自救逃生的知识和技能等,保障施工现场人员具有相应的消防常识和逃生自救能力。

《关于进一步加强建设工程施工现场消防安全工作的通知》第五条继续规定,加强初期火灾扑救和疏散演练。施工单位应当根据国家有关消防法规和建设工程安全生产法规的规定,建立施工现场消防组织,制定灭火和应急疏散预案,并至少每半年组织一次演练,提高施工人员及时报警、扑灭初期火灾和自救逃生能力。

5.4.4　工伤保险和意外伤害保险的规定

《建筑法》第四十八条规定:"建筑施工企业应当依法为职工参加工伤保险缴纳工伤保险费。鼓励企业为从事危险作业的职工办理意外伤害保险,支付保险费。"

2014 年 12 月 29 日由人社部、住建部、全总、安监总局共同下发的《关于进一步做好建筑业工伤保险工作的意见》(人社部发〔2014〕103 号)中第一条规定:"完善符合建筑业特点的工伤保险参保政策,大力扩展建筑企业工伤保险参保覆盖面。建筑施工企业应依法参加工伤保险。针对建筑行业的特点,建筑施工企业对相对固定的职工,应按用人单位参加工伤保险;对不能按用人单位参保、建筑项目使用的建筑业职工特别是农民工,按项目参加工伤保险。房屋建筑和市政基础设施工程实行以建设项目为单位参加工伤保险的,可在各项社会保险中优先办理参加工伤保险手续。建设单位在办理施工许可手续时,应当提交建设项目工伤保险参保证明,作为保证工程安全施工的具体措施之一;安全施工措施未落实的项目,各地住房城乡建设主管部门不予核发施工许可证。"

据此,工伤保险是面向施工企业全体员工的强制性保险。意外伤害保险则是针对施工现场从事危险作业特有群体的职工,仍属于一种法定险种,其适用范围是在施工现场从事高处作业、深基坑作业、爆破作业等危险性较大的施工人员,尽管可能已参加了工伤保险,但法律鼓励施工企业再为他们办理意外伤害保险,使这部分人员能够比其他职工依法获得更多的权益保障。

1)工伤保险的规定

《工伤保险条例》第二条规定,中华人民共和国境内的企业、事业单位、社会团体、民办非企业单位、基金会、律师事务所、会计师事务所等组织和有雇工的个体工商户(以下称"用人单位")应当依照本条例规定参加工伤保险,为本单位全部职工或者雇工(以下称"职工")缴纳工伤保险费。

(1)工伤保险基金

《工伤保险条例》第七条至第十三条规定如下:

工伤保险基金由用人单位缴纳的工伤保险费、工伤保险基金的利息和依法纳入工伤保险基金的其他资金构成。

工伤保险费根据以支定收、收支平衡的原则,确定费率。国家根据不同行业的工伤风险程度确定行业的差别费率,并根据工伤保险费使用、工伤发生率等情况在每个行业内确定若干费率档次。行业差别费率及行业内费率档次由国务院社会保险行政部门制定,报国务院批准后公布施行。

国务院社会保险行政部门应当定期了解全国各统筹地区工伤保险基金收支情况,及时提出调整行业差别费率及行业内费率档次的方案,报国务院批准后公布施行。

用人单位应当按时缴纳工伤保险费。职工个人不缴纳工伤保险费。用人单位缴纳工伤保险费的数额为本单位职工工资总额乘以单位缴费费率之积。对难以按照工资总额缴纳工伤保险费的行业,其缴纳工伤保险费的具体方式,由国务院社会保险行政部门规定。

工伤保险基金逐步实行省级统筹。跨地区、生产流动性较大的行业,可以采取相对集中的方式异地参加统筹地区的工伤保险。具体办法由国务院社会保险行政部门会同有关行业的主管部门制定。

工伤保险基金存入社会保障基金财政专户,用于本条例规定的工伤保险待遇,劳动能力鉴定,工伤预防的宣传、培训等费用,以及法律、法规规定的用于工伤保险的其他费用的支付。工伤预防费用的提取比例、使用和管理的具体办法,由国务院社会保险行政部门会同国务院财政、卫生行政、安全生产监督管理等部门规定。任何单位或者个人不得将工伤保险基金用于投资运营、兴建或者改建办公场所、发放奖金,或者挪作其他用途。

工伤保险基金应当留有一定比例的储备金,用于统筹地区重大事故的工伤保险待遇支付;储备金不足支付的,由统筹地区的人民政府垫付。储备金占基金总额的具体比例和储备金的使用办法,由省、自治区、直辖市人民政府规定。

(2)工伤认定

《工伤保险条例》第十四条至第二十条规定如下:

"职工有下列情形之一的,应当认定为工伤:(一)在工作时间和工作场所内,因工作原因受到事故伤害的;(二)工作时间前后在工作场所内,从事与工作有关的预备性或者收尾性工作受到事故伤害的;(三)在工作时间和工作场所内,因履行工作职责受到暴力等意外伤害的;(四)患职业病的;(五)因工外出期间,由于工作原因受到伤害或者发生事故下落不明的;(六)在上下班途中,受到非本人主要责任的交通事故或者城市轨道交通、客运轮渡、火车事故伤害的;(七)法律、行政法规规定应当认定为工伤的其他情形。"

"职工有下列情形之一的,视同工伤:(一)在工作时间和工作岗位,突发疾病死亡或者在48小时之内经抢救无效死亡的;(二)在抢险救灾等维护国家利益、公共利益活动中受到伤害的;(三)职工原在军队服役,因战、因公负伤致残,已取得革命伤残军人证,到用人单位后旧伤复发的。职工有前款第(一)项、第(二)项情形的,按照本条例的有关规定享受工伤保险待遇;职工有前款第(三)项情形的,按照本条例的有关规定享受除一次性伤残补助金以外的工伤保险待遇。"

"职工符合本条例第十四条、第十五条的规定,但是有下列情形之一的,不得认定为工伤或者视同工伤:(一)故意犯罪的;(二)醉酒或者吸毒的;(三)自残或者自杀的。"

"职工发生事故伤害或者按照职业病防治法规定被诊断、鉴定为职业病,所在单位应当自事故伤害发生之日或者被诊断、鉴定为职业病之日起30日内,向统筹地区社会保险行政部门提出工伤认定申请。遇有特殊情况,经报社会保险行政部门同意,申请时限可以适当延长。用人单位未按前款规定提出工伤认定申请的,工伤职工或者其近亲属、工会组织在事故伤害发生之日或者被诊断、鉴定为职业病之日起1年内,可以直接向用人单位所在地统筹地区社会保险行政部门提出工伤认定申请。按照本条第一款规定应当由省级社会保险行政部门进行工伤认定的事项,根据属地原则由用人单位所在地的设区的市级社会保险行政部门办理。用人单位未在本条第一款规定的时限内提交工伤认定申请,在此期间发生符合本条例规定的工伤待遇等有关费用由该用人单位负担。"

"提出工伤认定申请应当提交下列材料:(一)工伤认定申请表;(二)与用人单位存在劳动关系(包括事实劳动关系)的证明材料;(三)医疗诊断证明或者职业病诊断证明书(或者职业病诊断鉴定书)。工伤认定申请表应当包括事故发生的时间、地点、原因以及职工伤害程度等基本情况。工伤认定申请人提供材料不完整的,社会保险行政部门应当一次性书面告知工伤认定申请人需要补正的全部材料。申请人按照书面告知要求补正材料后,社会保险行政部门应当受理。"

"社会保险行政部门受理工伤认定申请后,根据审核需要可以对事故伤害进行调查核实,用人单位、职工、工会组织、医疗机构以及有关部门应当予以协助。职业病诊断和诊断争议的鉴定,依照职业病防治法的有关规定执行。对依法取得职业病诊断证明书或者职业病诊断鉴定书的,社会保险行政部门不再进行调查核实。职工或者其近亲属认为是工伤,用人单位不认为是工伤的,由用人单位承担举证责任。"

"社会保险行政部门应当自受理工伤认定申请之日起60日内作出工伤认定的决定,并书面通知申请工伤认定的职工或者其近亲属和该职工所在单位。社会保险行政部门对受理的事实清楚、权利义务明确的工伤认定申请,应当在15日内作出工伤认定的决定。作出工伤认定决定需要以司法机关或者有关行政主管部门的结论为依据的,在司法机关或者有关行政主管部门尚未作出结论期间,作出工伤认定决定的时限中止。社会保险行政部门工作人员与工伤认定申请人有利害关系的,应当回避。"

（3）监督管理

《工伤保险条例》第五十二条至第五十五条规定如下:

"任何组织和个人对有关工伤保险的违法行为,有权举报。社会保险行政部门对举报应当及时调查,按照规定处理,并为举报人保密。"

"工会组织依法维护工伤职工的合法权益,对用人单位的工伤保险工作实行监督。"

"职工与用人单位发生工伤待遇方面的争议,按照处理劳动争议的有关规定处理。

有下列情形之一的,有关单位或者个人可以依法申请行政复议,也可以依法向人民法院提起行政诉讼:(一)申请工伤认定的职工或者其近亲属、该职工所在单位对工伤认定申请不予受理的决定不服的;(二)申请工伤认定的职工或者其近亲属、该职工所在单位对工伤认定结论不服的;(三)用人单位对经办机构确定的单位缴费费率不服的;(四)签订服务协议的医疗机构、辅助器具配置机构认为经办机构未履行有关协议或者规定的;(五)工伤职工或者其近亲属对经办机构核定的工伤保险待遇有异议的。"

2）建筑意外伤害保险的规定

《建筑法》第四十八条中规定,鼓励企业为从事危险作业的职工办理意外伤害保险,支付保险费。《建设工程安全生产管理条例》第三十八条则规定:"施工单位应当为施工现场从事危险作业的人员办理意外伤害保险。意外伤害保险费由施工单位支付。实行施工总承包的,由总承包单位支付意外伤害保险费。意外伤害保险期限自建设工程开工之日起至竣工验收合格止。"

《国务院安委会关于进一步加强安全培训工作的决定》第二十六条中进一步要求,研究探索由开展安全生产责任险、建筑意外伤害险的保险机构安排一定资金,用于事故预防与安全培训工作。

工伤保险与建筑意外伤害保险有着很大的不同。工伤保险是社会保险的一种,实行实名制,并按工资总额计提保险费,较适用于企业的固定职工。建筑意外伤害保险则是一种法定的商业保险,通常是按照施工合同额或建筑面积计提保险费,针对着施工现场从事危险作业的特殊人群,较适合施工现场作业人员包括从事危险作业人员流动性大的行业特点。

（1）建筑意外伤害保险的范围、保险期限和最低保险金额

原建设部《关于加强建筑意外伤害保险工作的指导意见》(建质〔2003〕107号)第二条中对于建筑意外伤害保险的范围指出:"建筑施工企业应当为施工现场从事施工作业和管理的人员,在施工活动过程中发生的人身意外伤亡事故提供保障,办理建筑意外伤害保险、支付保险费。范围应当覆盖工程项目。已在企业所在地参加工伤保险的人员,从事现场施工时仍可参加建筑意外伤害保

建质〔2003〕107号

险。各地建设行政主管部门可根据本地区实际情况,规定建筑意外伤害保险的附加险要求。"

《关于加强建筑意外伤害保险工作的指导意见》第三条和第四条对于保险期限和保险金额继续指出:

保险期限应涵盖工程项目开工之日到工程竣工验收合格日。提前竣工的,保险责任自

行终止。因延长工期的,应当办理保险顺延手续。

各地建设行政主管部门要结合本地区实际情况,确定合理的最低保险金额。最低保险金额要能够保障施工伤亡人员得到有效的经济补偿。施工企业办理建筑意外伤害保险时,投保的保险金额不得低于此标准。

(2)建筑意外伤害保险的保险费和费率

《关于加强建筑意外伤害保险工作的指导意见》第五条规定:"保险费应当列入建筑安装工程费用。保险费由施工企业支付,施工企业不得向职工摊派。施工企业和保险公司双方应本着平等协商的原则,根据各类风险因素商定建筑意外伤害保险费率,提倡差别费率和浮动费率。差别费率可与工程规模、类型、工程项目风险程度和施工现场环境等因素挂钩。浮动费率可与施工企业安全生产业绩、安全生产管理状况等因素挂钩。对重视安全生产管理、安全业绩好的企业可采用下浮费率;对安全生产业绩差、安全管理不善的企业可采用上浮费率。通过浮动费率机制,激励投保企业安全生产的积极性。"

(3)建筑意外伤害保险的投保

《关于加强建筑意外伤害保险工作的指导意见》第六条规定:"施工企业应在工程项目开工前,办理完投保手续。鉴于工程建设项目施工工艺流程中各工种调动频繁、用工流动性大,投保应实行不记名和不计人数的方式。工程项目中有分包单位的由总承包施工企业统一办理,分包单位合理承担投保费用。业主直接发包的工程项目由承包企业直接办理。各级建设行政主管部门要强化监督管理,把在建工程项目开工前是否投保建筑意外伤害保险情况作为审查企业安全生产条件的重要内容之一;未投保的工程项目,不予发放施工许可证。投保人办理投保手续后,应将投保有关信息以布告形式张贴于施工现场,告之被保险人。"

(4)建筑意外伤害保险的索赔

《关于加强建筑意外伤害保险工作的指导意见》第七条规定:"建筑意外伤害保险应规范和简化索赔程序,搞好索赔服务。各地建设行政主管部门要积极创造条件,引导投保企业在发生意外事故后即向保险公司提出索赔,使施工伤亡人员能够得到及时、足额的赔付。各级建设行政主管部门应设置专门电话接受举报,凡被保险人发生意外伤害事故,企业和工程项目负责人隐瞒不报、不索赔的,要严肃查处。"

(5)建筑意外伤害保险的安全服务

《关于加强建筑意外伤害保险工作的指导意见》第八条规定:"施工企业应当选择能提供建筑安全生产风险管理、事故防范等安全服务和有保险能力的保险公司,以保证事故后能及时补偿与事故前能主动防范。当前还不能提供安全风险管理和事故预防的保险公司,应通过建筑安全服务中介组织向施工企业提供与建筑意外伤害保险相关的安全服务。建筑安全服务中介组织必须拥有一定数量、专业配套、具备建筑安全知识和管理经验的专业技术人员。安全服务内容可包括施工现场风险评估、安全技术咨询、人员培训、防灾防损设备配置、安全技术研究等。施工企业在投保时可与保险机构商定具体服务内容。各地建设行政主管部门应积极支持行业协会或者其他中介组织开展安全咨询服务工作,大力培育建筑安全中介服务市场。"

5.5 施工安全事故的应急救援与调查处理

生产安全事故的应急救援与调查处理制度,是《安全生产法》确立的安全生产基本制度。《安全生产法》对事故发生前应急救援的准备和事故发生后调查处理的组织分别进行了规范,体现了重在预防的指导思想。

《生产安全事故报告和调查处理条例》

为了规范生产安全事故报告和调查处理,落实生产安全事故责任追究,防止和减少生产安全事故,2007 年 4 月国务院发布了《生产安全事故报告和调查处理条例》。

5.5.1 生产安全事故的等级划分标准

《生产安全事故报告和调查处理条例》第三条规定,根据生产安全事故(以下简称事故)造成的人员伤亡或者直接经济损失,事故一般分为以下等级:

①特别重大事故,是指造成 30 人以上死亡,或者 100 人以上重伤(包括急性工业中毒,下同),或者 1 亿元以上直接经济损失的事故;

②重大事故,是指造成 10 人以上 30 人以下死亡,或者 50 人以上 100 人以下重伤,或者 5 000 万元以上 1 亿元以下直接经济损失的事故;

③较大事故,是指造成 3 人以上 10 人以下死亡,或者 10 人以上 50 人以下重伤,或者 1 000万元以上 5 000 万元以下直接经济损失的事故;

④一般事故,是指造成 3 人以下死亡,或者 10 人以下重伤,或者 1 000 万元以下直接经济损失的事故。

国务院安全生产监督管理部门可以会同国务院有关部门,制定事故等级划分的补充性规定。本条第一款所称的"以上"包括本数,所称的"以下"不包括本数。

《生产安全事故报告和调查处理条例》第四十四条还规定:"没有造成人员伤亡,但是社会影响恶劣的事故,国务院或者有关地方人民政府认为需要调查处理的,依照本条例的有关规定执行。国家机关、事业单位、人民团体发生的事故的报告和调查处理,参照本条例的规定执行。"

5.5.2 施工生产安全事故应急救援预案的规定

应急救援预案是指事先制定的关于特大生产安全事故发生时进行紧急救援的组织、程序、措施、责任以及协调等方面的方案和计划。

《建设工程安全生产管理条例》第四十八条规定:"施工单位应当制定本单位生产安全事故应急救援预案,建立应急救援组织或者配备应急救援人员,配备必要的应急救援器材、设备,并定期组织演练。"

《建设工程安全生产管理条例》第四十九条继续规定:"施工单位应当根据建设工程施工的特点、范围,对施工现场易发生重大事故的部位、环节进行监控,制定施工现场生产安全事故应急救援预案。实行施工总承包的,由总承包单位统一组织编制建设工程生产安全事故应急救援预案,工程总承包单位和分包单位按照应急救援预案,各自建立应急救援组织或者配备应急救援人员,配备救援器材、设备,并定期组织演练。"

1) 应急救援预案的编制

2016 年 6 月国家安全生产监督管理总局第 88 号令修订的《生产安全事故应急预案管理办法》第六条和第十二条规定,生产经营单位应当根据有关法律、法规、规章和相关标准,结合本单位组织管理体系、生产规模和可能发生的事故特点,确立本单位的应急预案体系,编制相应的应急预案,并体现自救互救和先期处置等特点。

《生产安全事故应急预案管理办法》

生产经营单位应急预案分为综合应急预案、专项应急预案和现场处置方案。

(1)综合应急预案

综合应急预案是指生产经营单位为应对各种生产安全事故而制定的综合性工作方案,是本单位应对生产安全事故的总体工作程序、措施和应急预案体系的总纲。生产经营单位风险种类多、可能发生多种事故类型的,应当组织编制本单位的综合应急预案。综合应急预案应当包括本单位的应急组织机构及其职责、预案体系及响应程序、事故预防及应急保障、应急培训及预案演练等主要内容。

(2)专项应急预案

专项应急预案是指生产经营单位为应对某一种或者多种类型生产安全事故,或者针对重要生产设施、重大危险源、重大活动防止生产安全事故而制定的专项性工作方案。对于某一种类的风险,生产经营单位应当根据存在的重大危险源和可能发生的事故类型,制定相应的专项应急预案。专项应急预案应当包括危险性分析、可能发生的事故特征、应急组织机构与职责、预防措施、应急处置程序和应急保障等内容。

(3)现场处置方案

现场处置方案是指生产经营单位根据不同生产安全事故类型,针对具体场所、装置或者设施所制定的应急处置措施。对于危险性较大的重点岗位,生产经营单位应当制定重点工作岗位的现场处置方案。现场处置方案应当包括危险性分析、可能发生的事故特征、应急处置程序、应急处置要点和注意事项等内容。

2) 施工单位应急救援预案的评审和备案

对于施工单位应急救援预案的评审,《生产安全事故应急预案管理办法》第二十一条规定:"矿山、金属冶炼、建筑施工企业和易燃易爆物品、危险化学品的生产、经营(带储存设施的)、储存企业,以及使用危险化学品达到国家规定数量的化工企业、烟花爆竹生产、批发经营企业和中型规模以上的其他生产经营单位,应当对本单位编制的应急预案进行评审,并形成书面评审纪要。前款规定以外的其他生产经营单位应当对本单位编制的应急预案进行论证。"

《生产安全事故应急预案管理办法》第二十二条规定:"参加应急预案评审的人员应当包括有关安全生产及应急管理方面的专家。评审人员与所评审应急预案的生产经营单位有利害关系的,应当回避。"

《生产安全事故应急预案管理办法》第二十六条至第二十八条继续规定:

生产经营单位应当在应急预案公布之日起 20 个工作日内,按照分级属地原则,向安全生产监督管理部门和有关部门进行告知性备案。

中央企业总部(上市公司)的应急预案,报国务院主管的负有安全生产监督管理职责的部门备案,并抄送国家安全生产监督管理总局;其所属单位的应急预案报所在地的省、自治区、直辖市或者设区的市级人民政府主管的负有安全生产监督管理职责的部门备案,并抄送同级安全生产监督管理部门。

生产经营单位申报应急预案备案,应当提交下列材料:

①应急预案备案申报表;

②应急预案评审或者论证意见;

③应急预案文本及电子文档;

④风险评估结果和应急资源调查清单。

对于实行安全生产许可的生产经营单位,已经进行应急预案备案的,在申请安全生产许可证时,可以不提供相应的应急预案,仅提供应急预案备案登记表。

5.5.3 施工生产安全事故报告及采取相应措施的规定

1)事故报告要求

《建设工程安全生产管理条例》第五十条规定:"施工单位发生生产安全事故,应当按照国家有关伤亡事故报告和调查处理的规定,及时、如实地向负责安全生产监督管理的部门、建设行政主管部门或者其他有关部门报告;特种设备发生事故的,还应当同时向特种设备安全监督管理部门报告。接到报告的部门应当按照国家有关规定,如实上报。实行施工总承包的建设工程,由总承包单位负责上报事故。"

根据《生产安全事故报告和调查处理条例》第九条至第十一条的规定,事故报告的要求如下:

事故发生后,事故现场有关人员应当立即向本单位负责人报告;单位负责人接到报告后,应当于 1 小时内向事故发生地县级以上人民政府安全生产监督管理部门和负有安全生产监督管理职责的有关部门报告;

情况紧急时,事故现场有关人员可以直接向事故发生地县级以上人民政府安全生产监督管理部门和负有安全生产监督管理职责的有关部门报告。

安全生产监督管理部门和负有安全生产监督管理职责的有关部门接到事故报告后,应当依照下列规定上报事故情况,并通知公安机关、劳动保障行政部门、工会和人民检察院:

①特别重大事故、重大事故逐级上报至国务院安全生产监督管理部门和负有安全生产监督管理职责的有关部门;

②较大事故逐级上报至省、自治区、直辖市人民政府安全生产监督管理部门和负有安全生产监督管理职责的有关部门;

③一般事故上报至设区的市级人民政府安全生产监督管理部门和负有安全生产监督管理职责的有关部门。

安全生产监督管理部门和负有安全生产监督管理职责的有关部门依照上述规定上报事故情况,应当同时报告本级人民政府。国务院安全生产监督管理部门和负有安全生产监督管理职责的有关部门以及省级人民政府接到发生特别重大事故、重大事故的报告后,应当立即报告国务院。

必要时,安全生产监督管理部门和负有安全生产监督管理职责的有关部门可以越级上报事故情况。

安全生产监督管理部门和负有安全生产监督管理职责的有关部门逐级上报事故情况,每级上报的时间不得超过2小时。

对于实行施工总承包的建设工程,根据《建设工程安全生产管理条例》第五十条的规定,由总承包单位负责上报事故。

2) 事故补报要求

《生产安全事故报告和调查处理条例》第十三条规定:"事故报告后出现新情况的,应当及时补报。自事故发生之日起30日内,事故造成的伤亡人数发生变化的,应当及时补报。道路交通事故、火灾事故自发生之日起7日内,事故造成的伤亡人数发生变化的,应当及时补报。"

3) 事故报告的内容

根据《生产安全事故报告和调查处理条例》第十二条的规定,报告事故应当包括下列内容:

①事故发生单位概况;

②事故发生的时间、地点以及事故现场情况;

③事故的简要经过;

④事故已经造成或者可能造成的伤亡人数(包括下落不明的人数)和初步估计的直接经济损失;

⑤已经采取的措施;

⑥其他应当报告的情况。

事故发生单位概况应当包括单位的全称、所处地理位置、所有制形式和隶属关系、生产经营范围和规模、持有各类证照的情况、单位负责人的基本情况以及近期的生产经营状况等。当然,这些只是一般性要求,对于不同行业的企业,报告的内容应该根据实际情况来确定,但是应当以全面、简洁为原则。

报告事故发生的时间应当具体,并尽量精确到分钟。报告事故发生的地点要准确,除事故发生的中心地点外,还应当报告事故所波及的区域。报告事故现场的情况应当全面,不仅应当报告现场的总体情况,还应当报告现场的人员伤亡情况、设备设施的毁损情况;不仅应当报告事故发生后的现场情况,还应当尽量报告事故发生前的现场情况,便于前后比较,分析事故原因。

事故的简要经过是对事故全过程的简要叙述。核心要求在于"全"和"简"。"全"就是要全过程描述,"简"就是要简单明了。需要强调的是,由于事故的发生往往是在一瞬间,对事故经过的描述应当特别注意事故发生前作业场所有关人员和设备设施的一些细节,因为这些细节可能就是引发事故的重要原因。

对于人员伤亡情况的报告,应当遵守实事求是的原则,不作无根据的猜测,更不能隐瞒实际伤亡人数。对直接经济损失的初步估算，主要指事故所导致的建筑物的毁损、生产设备设施和仪器仪表的损坏等。由于人员伤亡情况和经济损失情况直接影响事故等级的划分，并因此决定事故的调查处理等后续重大问题，在报告这方面情况时应当谨慎细致，力求准确。

已经采取的措施主要是指事故现场有关人员、事故单位负责人、已经接到事故报告的安全生产管理部门为减少损失、防止事故扩大和便于事故调查所采取的应急救援和现场保护等具体措施。

这是报告事故应当包括内容的兜底条款。对于其他应当报告的情况，应当根据实际情况具体确定。如较大以上事故还应当报告事故所造成的社会影响、政府有关领导和部门现场指挥等有关情况。

从上述情况来看，应当报告的内容涵盖的范围比较广泛。因此，要求事故现场有关人员、事故单位负责人、县级以上人民政府安全生产监督管理部门和负有安全生产监督管理职责的有关部门三个不同层次的事故报告主体依照同样的标准来报告事故，是不切实际的，也是没有必要的。对于事故现场有关人员，只需要准确报告事故的时间、地点、人员伤亡的大体情况就可以了；对于事故单位负责人则需要进一步报告事故的简要经过、人员伤亡和损失情况以及已经采取的措施等；对于安全生产监督管理部门和负有安全生产监督管理职责的有关部门向上级部门报告事故情况，则需要其严格按照本条规定内容进行报告。

4) 事故发生后应采取的相应处理措施

《安全生产法》第八十三条规定："生产经营单位发生生产安全事故后，事故现场有关人员应当立即报告本单位负责人。单位负责人接到事故报告后，应当迅速采取有效措施，组织抢救，防止事故扩大，减少人员伤亡和财产损失，并按照国家有关规定立即如实报告当地负有安全生产监督管理职责的部门，不得隐瞒不报、谎报或者迟报，不得故意破坏事故现场、毁灭有关证据。"

《建设工程安全生产管理条例》第五十一条规定："发生生产安全事故后，施工单位应当采取措施防止事故扩大，保护事故现场。需要移动现场物品时，应当做出标记和书面记录，妥善保管有关证物。"

（1）组织应急抢救

《生产安全事故报告和调查处理条例》第十四条规定："事故发生单位负责人接到事故报告后，应当立即启动事故相应应急预案，或者采取有效措施，组织抢救，防止事故扩大，减少人员伤亡和财产损失。"例如，对危险化学品泄漏等可能对周边群众和环境产生危害的事故，施工单位应当在向地方政府及有关部门报告的同时，及时向可能受到影响的单位、职工、群众发出预警信息，标明危险区域，组织、协助应急救援队伍救助受害人员，疏散、撤离、安置受到威胁的人员，并采取必要措施防止发生次生、衍生事故。

《安全生产法》第一百一十条规定："生产经营单位的主要负责人在本单位发生生产安全事故时，不立即组织抢救或者在事故调查处理期间擅离职守或者逃匿的，给予降级、撤职的处分，并由应急管理部门处上一年年收入百分之六十至百分之一百的罚款；对逃匿的处十五日以下拘留；构成犯罪的，依照刑法有关规定追究刑事责任。生产经营单位的主要负责人对生产安全事故隐瞒不报、谎报或者迟报的，依照前款规定处罚。"

（2）保护事故现场

《生产安全事故报告和调查处理条例》第十六条规定,有关单位和人员应当妥善保护事故现场以及相关证据,任何单位和个人不得破坏事故现场、毁灭相关证据。因抢救人员、防止事故扩大以及疏通交通等原因,需要移动事故现场物件的,应当做出标志,绘制现场简图并做出书面记录,妥善保存现场重要痕迹、物证。

事故现场是追溯判断发生事故原因和事故责任人责任的客观物质基础。从事故发生到事故调查组赶赴现场,往往需要一段时间。而在这段时间里,许多外界因素,如对伤员的救护、对险情的控制,周围群众的围观等都会给事故现场造成不同程度的破坏,有时甚至还有故意破坏事故现场的情况。间隔时间越长,影响事故现场失真的外界因素就越多,现场遭到破坏的可能性就越大。事故现场保护的好坏,将直接决定和影响事故现场勘查,事故现场保护不好,一些与事故有关的证据就难于找到,不便于查明事故的原因,从而影响事故调查处理进度和质量。总之,保护现场是取得客观准确证据的前提,有利于准确查找事故原因和认定事故责任,保证事故调查工作的顺利进行。

事故现场保护的主要任务就是要在现场勘查之前,维持现场的原始状态,既不使它减少任何痕迹、物品,也不使它增加任何痕迹、物品。本条规定的事故现场保护主体是有关单位和人员,主要是指事故发生单位和接到事故报告并赶赴事故现场的安全生产监督管理部门和负有安全生产监督管理职责的有关部门及其工作人员。此外,任何不特定的主体,即任何单位和个人,都不得破坏事故现场、毁灭相关证据。

保护事故现场,必须根据事故现场的具体情况和周围环境,划定保护区的范围,布置警戒,必要时,将事故现场封锁起来,禁止一切人进入保护区,即使是保护现场的人员,也不要无故进入,更不能擅自进行勘查,禁止随意触摸或者移动事故现场上的任何物品。特殊情况需要移动事故现场物件的,必须同时满足以下条件:

①移动物件的目的是出于抢救人员、防止事故扩大以及疏通交通的需要;

②移动物件必须经过事故单位负责人或者组织事故调查的安全生产监督管理部门和负有安全生产监督管理职责的有关部门的同意;

③移动物件应当做出标志,绘制现场简图,拍摄现场照片,对被移动物件应当贴上标签,并作出书面记录;

④移动物件应当尽量使现场少受破坏。

 应用案例 5-5

2019 年 10 月 25 日,某建筑公司承建的某市电视台演播中心裙楼工地发生一起施工安全事故。大演播厅舞台在浇筑顶部混凝土施工中,因模板支撑系统失稳导致屋盖坍塌,造成在现场施工的民工和电视台工作人员 6 人死亡,35 人受伤(其中重伤 11 人)。直接经济损失 70 余万元。

事故发生后,该建筑公司项目经理部向有关部门紧急报告事故情况。闻讯赶到的有关领导,指挥公安民警、武警战士和现场工人实施了紧急抢险工作,将伤者立即送往医院治疗。

【问题】

（1）本案中的施工安全事故应定为哪种等级的事故?

（2）事故发生后，施工单位应采取哪些措施？

【案例分析】

（1）应定为较大事故。《生产安全事故报告和调查处理条例》第三条规定，"较大事故，是指造成3人以上10人以下死亡，或者10人以上50人以下重伤，或者1 000万元以上5 000万元以下直接经济损失的事故。"

（2）事故发生后，依据《生产安全事故报告和调查处理条例》第九条、第十四条、第十六条的规定，施工单位应采取下列措施：

①报告事故。事故发生后，事故现场有关人员应当立即向本单位负责人报告；单位负责人接到报告后，应当1小时内向事故发生地县级以上人民政府安全生产监督管理部门和负有安全生产监督管理职责的有关部门报告。情况紧急时，事故现场有关人员可以直接事故发生地县级以上人民政府安全生产监督管理部门和负有安全生产监督管理职责的有关部门报告。

②启动事故应急预案，组织抢救。事故发生单位负责人接到事故报告后，应当立即启动事故相应应急预案，或者采取有效措施，组织抢救，防止事故扩大，减少人员伤亡和财产损失。

③事故现场保护。有关单位和人员应当妥善保护事故现场以及相关证据，任何单位和个人不得破坏事故现场、毁灭相关证据。因抢救人员、防止事故扩大以及疏通交通等原因，需要移动事故现场物件的，应当作出标志，绘制现场简图并作出书面记录，妥善保存现场重要痕迹、物证。

5.5.4 施工生产安全事故的调查和处理

1）事故调查的管辖

《生产安全事故报告和调查处理条例》第十九条至第二十一条规定：

特别重大事故由国务院或者国务院授权有关部门组织事故调查组进行调查。

重大事故、较大事故、一般事故分别由事故发生地省级人民政府、设区的市级人民政府、县级人民政府负责调查。省级人民政府、设区的市级人民政府、县级人民政府可以直接组织事故调查组进行调查，也可以授权或者委托有关部门组织事故调查组进行调查。

未造成人员伤亡的一般事故，县级人民政府也可以委托事故发生单位组织事故调查组进行调查。

上级人民政府认为必要时，可以调查由下级人民政府负责调查的事故。自事故发生之日起30日内（道路交通事故、火灾事故自发生之日起7日内），因事故伤亡人数变化导致事故等级发生变化，依照本条例规定应当由上级人民政府负责调查的，上级人民政府可以另行组织事故调查组进行调查。

特别重大事故以下等级事故，事故发生地与事故发生单位不在同一个县级以上行政区域的，由事故发生地人民政府负责调查，事故发生单位所在地人民政府应当派人参加。

2）事故调查组的组成与职责

《生产安全事故报告和调查处理条例》第二十二条至第二十五条继续规定：

事故调查组的组成应当遵循精简、效能的原则。根据事故的具体情况,事故调查组由有关人民政府、安全生产监督管理部门、负有安全生产监督管理职责的有关部门、监察机关、公安机关以及工会派人组成,并应当邀请人民检察院派人参加。事故调查组可以聘请有关专家参与调查。

事故调查组成员应当具有事故调查所需要的知识和专长,并与所调查的事故没有直接利害关系。事故调查组组长由负责事故调查的人民政府指定。事故调查组组长主持事故调查组的工作。

事故调查组履行下列职责:

①查明事故发生的经过、原因、人员伤亡情况及直接经济损失;

②认定事故的性质和事故责任;

③提出对事故责任者的处理建议;

④总结事故教训,提出防范和整改措施;

⑤提交事故调查报告。

3)事故调查报告

《生产安全事故报告和调查处理条例》第二十九条至第三十一条规定:

事故调查组应当自事故发生之日起60日内提交事故调查报告;特殊情况下,经负责事故调查的人民政府批准,提交事故调查报告的期限可以适当延长,但延长的期限最长不超过60日。

事故调查报告应当包括下列内容:

①事故发生单位概况;

②事故发生经过和事故救援情况;

③事故造成的人员伤亡和直接经济损失;

④事故发生的原因和事故性质;

⑤事故责任的认定以及对事故责任者的处理建议;

⑥事故防范和整改措施。

事故调查报告应当附具有关证据材料。事故调查组成员应当在事故调查报告上签名。

事故调查报告报送负责事故调查的人民政府后,事故调查工作即告结束。事故调查的有关资料应当归档保存。

4)事故调查的后期处理

《生产安全事故报告和调查处理条例》第三十二条至第三十四条规定:

重大事故、较大事故、一般事故,负责事故调查的人民政府应当自收到事故调查报告之日起15日内做出批复;特别重大事故,30日内做出批复,特殊情况下,批复时间可以适当延长,但延长的时间最长不超过30日。

有关机关应当按照人民政府的批复,依照法律、行政法规规定的权限和程序,对事故发生单位和有关人员进行行政处罚,对负有事故责任的国家工作人员进行处分。

事故发生单位应当按照负责事故调查的人民政府的批复,对本单位负有事故责任的人员进行处理。负有事故责任的人员涉嫌犯罪的,依法追究刑事责任。

事故发生单位应当认真吸取事故教训,落实防范和整改措施,防止事故再次发生。防范和整改措施的落实情况应当接受工会和职工的监督。

安全生产监督管理部门和负有安全生产监督管理职责的有关部门应当对事故发生单位落实防范和整改措施的情况进行监督检查。

事故处理的情况由负责事故调查的人民政府或者其授权的有关部门、机构向社会公布,依法应当保密的除外。

5.6 建设单位和相关单位的建设工程安全责任制度

工程建设活动的特殊性决定了参与建设活动主体众多,虽然建设工程安全生产的重点是施工现场,主要责任单位是施工单位,但与施工活动密切相关的单位却不少,它们的活动都影响着施工安全。

《建设工程安全生产管理条例》第四条规定:"建设单位、勘察单位、设计单位、施工单位、工程监理单位及其他与建设工程安全生产有关的单位,必须遵守安全生产法律、法规的规定,保证建设工程安全生产,依法承担建设工程安全生产责任。"

5.6.1 建设单位相关的安全责任

建设单位是建设工程的投资主体,在整个建设活动中居于主导地位。作为业主和甲方,建设单位有权选择勘察、设计、施工、工程监理的单位,可以自行选购施工所需的主要建筑材料,检查工程质量、控制进度、监督工程款使用,对施工的各个环节实行综合管理,因此建设单位的市场行为对施工现场的安全起着决定性作用。

建设单位的市场行为不规范所造成的事故居多,主要表现在:人为压低工程造价。在招投标过程中,将工程发包价低于成本价发包,不择手段地追求利润最大化;提出非法要求。为降低成本,向勘察、设计和监理单位提出违法要求,强令改变勘察设计;压缩合同工期。强令施工单位压缩工期,偷工减料,搞豆腐渣工程;降低安全投入。对安全措施费不认可,拒付安全生产合理费用,安全投入低;将工程交给不具备资质和安全条件的单位或者个人施工或者拆除。

针对建设单位的不规范行为,《建设工程安全生产管理条例》从以下几方面做出了严格的规定。

1) 建设单位应当如实向施工单位提供有关施工资料

作为负责建设工程整体工作的一方,提供真实、准确、完整的建设工程各个环节所需的基础资料是建设单位的基本义务。《建设工程安全生产管理条例》第六条规定:"建设单位应当向施工单位提供施工现场及毗邻区域内供水、排水、供电、供气、供热、通信、广播电视等地下管线资料,气象和水文观测资料,相邻建筑物和构筑物、地下工程的有关资料,并保证资料的真实、准确、完整。建设单位因建设工程需要,向有关部门或者单位查询前款规定的资料时,有关部门或者单位应当及时提供。"

这里强调了四个方面的内容:一是施工资料的真实性,不得伪造、篡改。二是施工资料的科学性,必须经过科学论证,数据准确。三是施工资料的完整性,必须齐全,能够满足施工需要。四是有关部门和单位应当协助提供施工资料,不得推诿。

2) 建设单位不得向有关单位提出非法要求,不得压缩合同工期

《建设工程安全生产管理条例》第七条规定:"建设单位不得对勘察、设计、施工、工程监理等单位提出不符合建设工程安全生产法律、法规和强制性标准规定的要求,不得压缩合同约定的工期。"

遵守建设工程安全生产法律、法规和安全标准,是建设单位的法定义务。如果勘察、设计、施工、工程监理等单位违法从事有关活动,必然会给建设工程带来重大结构性的安全隐患和施工中的安全隐患,容易造成事故。

而压缩合同工期,迫使施工单位增加人力、物力,其结果是盲目赶工期、简化工序和违规操作,必然带来事故隐患,必须禁止。建设单位不能为了早日发挥项目的效益,迫使施工单位大量增加人力、物力投入,简化施工程序,赶工期,损害施工单位的利益,甚至造成生产安全事故。这样规定,一是,考虑到合同是双方在平等协商的基础上约定的,对于工期的约定也是大家从各方面因素综合考虑,并为各方接受的期间;二是,合同中对于工期的约定是非常明确的,便于执行;三是,如果由于压缩工期造成安全事故,在追究责任时,有确定的标准,比较容易分清责任。

3) 必须保证必要的安全投入

《建设工程安全生产管理条例》第八条规定:"建设单位在编制工程概算时,应当确定建设工程安全作业环境及安全施工所需要费用。"

工程概算是指在初步设计阶段,根据初步设计的图纸、概算定额或概算指标、费用定额及其他有关文件,概略计算的拟建工程费用。在原建设部颁布的《建筑施工安全检查标准》(JGJ 59—2011)中,规定了保证安全生产、文明施工和作业环境的项目。根据这一标准,安全防护、临时用电、生活设施、办公场所、娱乐场所等的建设标准以及对现场围挡、场地硬化、医疗救助等提出了明确要

《建筑施工安全检查标准》

求。安全作业环境和施工措施所需费用应当符合《建筑施工安全检查标准》的要求,建设单位应当据此承担相应的安全施工措施费用,不得随意降低费用标准。

4) 不得明示或暗示施工单位购买不符合安全要求的设备、设施、器材和用具

《建设工程安全生产管理条例》第九条规定:"建设单位不得明示或者暗示施工单位购买、租赁、使用不符合安全施工要求的安全防护用具、机械设备、施工机具及配件、消防设施和器材。"

在工程建设活动中,由建设单位(甲方)供料是国际上的通行做法,甲方有权选择自己认为合适、合格的材料。《建筑法》对此没有作出限制性规定。但实践中也确实存在着建设单位利用其材料采购权,提供假冒伪劣商品,造成生产安全事故。因此,本条未限制建设单位提供安全防护用具、机械设备、施工机具及配件、消防设施和器材,建设单位与施工单位应当在《建设工程施工合同》中明确约定。

首先,由于工程的建设投资、投资效益的回收以及工程质量后果都是由建设单位承担,建设单位对工程建设的各个环节都是最为关心的,在材料设备的采购上,建设单位或多或少地都要对施工单位产生影响,这就要求建设单位与施工单位在合同中明确约定双方的权利

义务,采取哪种供货方式等,在合同约定之外,建设单位不得再采用明示或者暗示的手段对施工单位施加影响;其次,无论施工单位在购买、租赁还是使用有关安全生产的材料设备时,建设单位都不得提出不符合安全施工条件的要求;再次,本条重点强调了与安全生产有关的材料设备,主要包括安全防护用具、机械设备、施工机具及配件、消防设施和器材。

5)开工前报送有关安全施工措施的资料

《建设工程安全生产管理条例》第十条规定:"建设单位在申请领取施工许可证时,应当提供建设工程有关安全施工措施的资料。依法批准开工报告的建设工程,建设单位应当自开工报告批准之日起 15 日内,将保证安全施工的措施报送建设工程所在地的县级以上人民政府建设行政主管部门或其他有关部门备案。"

《建筑法》第八条对申请领取施工许可证的条件作了明确规定,其中第(六)项规定:有保证工程质量和安全的具体措施。安全施工措施是工程施工中,针对工程的特点、施工现场环境、施工方法、劳动组织、作业方法、使用的机械、动力设备、变配电设施、驾设工具以及各项安全防护设施等制定的确保安全施工的措施,是施工组织设计的一项重要内容。

建设单位在申请领取施工许可证时,应当按照建设行政主管部门要求提供与工程项目有关的安全生产文明施工条件、措施资料。一般包括:工程中标通知书,工程施工合同,施工现场总平面布置图,临时设施规划方案和已搭建情况,施工现场安全防护设施搭设(设置)计划、施工进度计划、安全措施费用计划,专项安全施工组织设计(方案、措施),拟进入施工现场使用的施工起重机械设备(塔式起重机、物料提升机、外用电梯)的型号、数量,工程项目负责人、安全管理人员及特种作业人员持证上岗情况,建设单位安全监督人员名册、工程监理单位人员名册,其他应提交的材料。

6)关于拆除工程的特殊规定

根据《建设工程安全生产管理条例》第十一条的规定,建设单位应当将拆除工程发包给具有相应资质等级的施工单位;建设单位应当在拆除工程施工 15 日前,将下列资料报送建设工程所在地县级以上人民政府建设行政主管部门或其他有关部门备案:

①施工单位资质等级证明;

②拟拆除建筑物、构筑物及可能危及毗邻建筑的说明;

③拆除施工组织方案;

④堆放、清除废弃物的措施。实施爆破作业的,应当遵守国家有关民用爆炸物品管理的规定。

关于拆除工程的安全生产管理,《建筑法》第五十条作了明确规定,房屋拆除应当由具备保证安全条件的施工单位承担,由建筑施工单位负责人对安全生产负责。因此,为了保证拆除活动的安全,建设单位必须选择有相应资质等级的单位承担拆除工程。

由于被拆除的建筑物的情况各异,容易发生危险,在进行拆除工作前,应当做好充分的准备工作:

①对建筑物结构强度进行详细调查,制订拆除施工方案,并对全体作业人员进行详细的安全技术交底,技术负责人要到现场指挥施工。

②拆除工作开始前,应先将电线、自来水管道、燃气管道等通往被拆除建筑物的支线切

断或迁移。

③拆除建筑物前,应在周围设安全围栏,设置警示标志,设置警示标志,禁止其他人员入内。

④拆除建筑物,应遵照拆除方案,自上而下进行,禁止数层同时拆除。拆除作业工人,应站在脚手架或稳固的结构上操作,拆除某部分时要防止其他部分发生坍塌,拆除梁、柱前应先拆除其承重的全部结构后进行。

⑤拆除前应将有倒塌危险的结构物,用支柱、绳索等临时加固。

⑥拆除建筑物时,楼板上不准多人聚集和集中堆放材料,拆除较大或较重的材料,应用起重机械吊下,运走。散碎材料应用溜放槽溜下,拆下材料要及时清理、运走。

⑦采用推倒拆除法和爆破拆除法时,必须经设计计算后,制定和落实专项安全技术措施,统一指挥,防止事故发生。

同时,2014 年 7 月国务院修正的《民用爆炸物品安全管理条例》第三十一条、第三十二条规定:

《民用爆炸物品安全管理条例》

申请从事爆破作业的单位,应当具备下列条件:

①爆破作业属于合法的生产活动;

②有符合国家有关标准和规范的民用爆炸物品专用仓库;

③有具备相应资格的安全管理人员、仓库管理人员和具备国家规定执业资格的爆破作业人员;

④有健全的安全管理制度、岗位安全责任制度;

⑤有符合国家标准、行业标准的爆破作业专用设备;

⑥法律、行政法规规定的其他条件。

申请从事爆破作业的单位,应当按照国务院公安部门的规定,向有关人民政府公安机关提出申请,并提供能够证明其符合本条例第三十一条规定条件的有关材料。受理申请的公安机关应当自受理申请之日起 20 日内进行审查,对符合条件的,核发《爆破作业单位许可证》;对不符合条件的,不予核发《爆破作业单位许可证》,书面向申请人说明理由。营业性爆破作业单位持《爆破作业单位许可证》到工商行政管理部门办理工商登记后,方可从事营业性爆破作业活动。爆破作业单位应当在办理工商登记后 3 日内,向所在地县级人民政府公安机关备案。

 应用案例 5-6

某酒店公司决定对本酒店大楼进行拆除和重新装修。未办理施工备案手续的情况下,将酒店的门窗及内外装饰物拆除工程发包给包工头张某施工。2019 年 4 月 2 日酒店公司与张某签订了拆除合同,约定合同总价 200 万元,当年 4 月 2 日开工至同年 5 月 2 日完工。4 月 10 日下午 5 点左右,张某在现场指挥 4 名工人拆除 4 层户外铝合金玻璃窗扇时,玻璃窗扇不慎掉下,将 1 名正在进行地面清洁的工人砸成重伤。区建委接到事故报案后,立即组织对伤员进行医疗救治,同时展开事故调查。

【问题】

(1)本案中建设单位有何违法行为?

(2)违法者应承担哪些法律责任?

【案例分析】

(1)酒店公司将拆除工程发包给不具有施工资质的自然人是违法行为。《建设工程安全生产管理条例》第十一条第一款规定,建设单位应当将拆除工程发包给具有相应资质等级的施工单位。包工头张某不具备施工资质,酒店公司将拆除工程发包给张某,构成违法发包。根据《建设工程安全生产管理条例》第55条规定,建设单位将拆除工程发包给不具有相应等级的施工单位的,责令期限改正,处20万元以上50万元以下罚款;造成重大安全事故,构成犯罪的,对直接责任人员,依照刑法有关规定追究刑事责任;造成损失的,依法承担赔偿责任。

(2)酒店公司未办理拆除工程施工前的备案手续。《建设工程安全生产管理条例》第十一条第二款规定,"建设单位应当在拆除工程施工 15 日前,将下列资料报送建设工程所在地的县级以上地方人民政府建设行政主管部门或者其他有关部门备案:……"由于酒店公司未办理拆除工程施工前的备案手续,依据《建设工程安全生产管理条例》第五十四条第二款规定,"建设单位未将保证安全施工的措施或者拆除工程的有关资料报送有关部门备案的,责令期限改正,给予警告。"

5.6.2 勘察、设计、工程监理及其他有关单位的安全责任

勘察、设计、工程监理以及为施工提供机械设备、安装拆卸等单位的活动,都是围绕工程建设进行的,都对施工安全产生影响。因此,有必要对它们的安全责任作出明确规定。

1)勘察单位的安全责任

《建设工程安全生产管理条例》第十二条规定:"勘察单位应当按照法律、法规和工程建设强制性标准进行勘察,提供的勘察文件应当真实、准确,满足建设工程安全生产的需要。勘察单位在勘察作业时,应当严格执行操作规程,采取措施保证各类管线、设施和周边建筑物、构筑物的安全。"

工程勘察是工程建设的先行官。工程勘察成果是建设工程项目规划、选址、设计的重要依据,也是保证施工安全的重要因素和前提条件。因此,勘察单位必须按照法律、法规的规定以及工程建设强制性标准的要求进行勘察,并提供真实、准确的勘察文件,不能弄虚作假。

此外,勘察单位在进行勘察作业时,也易发生安全事故。为了保证勘察作业的安全,要求勘察人员必须严格执行操作规程,并应采取措施保证各类管线、设施和周边建筑物、构筑物的安全,为保障施工作业人员和相关人员的安全提供必要条件。

2)设计单位的安全责任

工程设计是工程建设的灵魂。在建设工程项目确定后,工程设计便成为工程建设中最重要、最关键的环节,对安全施工有着重要影响。

(1)按照法律、法规和工程建设强制性标准进行设计

《建设工程安全生产管理条例》第十三条规定,设计单位应当按照法律、法规和工程建设强制性标准进行设计,防止因设计不合理导致生产安全事故的发生。

工程建设强制性标准是工程建设技术和经验的总结、积累,对保证建设工程质量和安全

起着重要作用。因此,本条强调设计单位在设计过程中必须考虑生产安全,强制性标准是设计工作的技术依据,应当严格执行。

(2)对防范生产安全事故提出指导意见

《建设工程安全生产管理条例》第十三条还规定,设计单位应当考虑施工安全操作和防护的需要,对涉及施工安全的重点部位和环节在设计文件中注明,并对防范生产安全事故提出指导意见。采用新结构、新材料、新工艺的建设工程和特殊结构的建设工程,设计单位应当在设计中提出保障施工作业人员安全和预防生产安全事故的措施建议。

下列涉及施工安全的重点部位和环节应当在设计文件中注明,施工单位作业前,设计单位应当就设计意图、设计文件向施工单位做出说明和技术交底,并对防范生产安全事故提出指导意见:

①地下管线的防护:地下管线的种类和具体位置、地下管线的安全保护措施;

②外电防护:外电与建筑物的距离、外电电压、应采用的防护措施、设置防护设施施工时应注意的安全作业事项、施工作业中的安全注意事项等;

③深基坑工程:基坑侧壁选用的安全系数、护壁、支护结构选型、地下水控制方法及验算、承载能力极限状态和正常状态的设计计算和验算、支护结构计算和验算、质量检测及施工监控要求、采取的方式方法、安全防护设施的设置以及安全作业注意事项等;对于特殊结构的混凝土模板支护,设计单位应当提供模板支撑系统结构图及计算书。

(3)提出保障施工作业人员安全和预防生产安全事故的措施建议

采用新结构、新材料、新工艺的工程以及特殊结构的工程,设计单位应当在设计中提出保障施工作业人员安全和预防生产安全事故的措施建议。施工单位对新技术、新工艺和新材料的了解与认识不足,对其安全技术性能掌握不充分,未能及时采取有效的安全防护措施,这些新技术、新工艺和新材料将可能成为导致安全事故发生的重大隐患。因此,当设计单位在工程设计中采用新技术、新工艺和新材料或者设计的结构特殊时,要在设计文件中做出特别说明,并提出安全操作、运用建议,防止施工中发生生产安全事故。

(4)对设计成果承担责任

《建设工程安全生产管理条例》第十三条也规定,设计单位和注册建筑师等注册执业人员应当对其设计负责。

按照"谁设计谁负责"的国际通行做法,确定了单位责任和个人责任相结合的原则,这里就明确了设计单位和注册建筑师等注册执业人员应当对其设计负责。设计单位的责任主要是指由于设计责任造成事故的,设计单位除承担行政责任外,还要对造成的损失进行赔偿;注册执业人员应当在设计文件上签字,对设计文件负责。

3) 工程监理单位的安全责任

工程监理是工程监理单位受建设单位的委托,根据国家批准的工程项目建设文件,依照法律、法规和建设工程监理规范的规定,对工程建设实施的监督管理。《建设工程监理规范》(GB/T 50319—2013)第6.2.2条规定:"项目监理机构发生下列情况之一时,总监理工程师应及时签发工程暂停令:……(五)施工存在重大质量、安全事故隐患或发生质量、安全事故的。"根据上述规定,《建设工程监理规范》已经赋予了工程监理单位在建设工程安全生产中的监督权利,同样,工程监

《建设工程监理规范》

理单位也应当承担与之相适应的义务。

由工程监理单位承担建设工程安全生产责任,是符合国家建立工程监理制度的目的和要求的,同时也有利于控制和减少生产安全事故。

(1)审查施工组织设计中的安全技术措施或者专项施工方案

《建设工程安全生产管理条例》第十四条规定,工程监理单位应当审查施工组织设计中的安全技术措施或者专项施工方案是否符合工程建设强制性标准。

工程监理单位对施工安全的责任主要体现在审查施工组织设计中的安全技术措施或者专项施工方案是否符合工程建设强制性标准。施工组织设计是规划和指导即将建设的工程施工准备到竣工验收全过程的综合性技术经济文件。它既要体现建设工程的设计要求和使用需求,又应当符合建设工程施工的客观规律,对整个施工的全过程起着非常重要的作用。

施工组织设计中必须包含安全技术措施和施工现场临时用电方案,对基坑支护与降水工程、土方开挖工程、模板工程、起重吊装工程、脚手架工程、拆除、爆破工程达到一定规模的危险性较大的分部分项工程应当编制专项施工方案,工程监理单位对这些技术措施和专项施工方案进行审查,审查的重点在是否符合工程建设强制性标准,对于达不到强制性标准的,应当要求施工单位进行补充完善。

(2)对安全事故隐患进行处理

《建设工程安全生产管理条例》第十四条规定,工程监理单位在实施监理过程中,发现存在安全事故隐患的,应当要求施工单位整改;情况严重的,应当要求施工单位暂时停止施工,并及时报告建设单位。施工单位拒不整改或者不停止施工的,工程监理单位应当及时向有关主管部门报告。

工程监理单位在实施监理过程中,发现存在安全事故隐患的,应当要求施工单位整改;情节严重的,应当要求施工单位暂时停止施工,并及时报告建设单位。施工单位拒不整改或者不停止施工的,工程监理单位应当及时向有关主管部门报告。

(3)对建设工程安全生产承担监理责任

《建设工程安全生产管理条例》第十四条规定,工程监理单位和监理工程师应当按照法律、法规和工程建设强制性标准实施监理,并对建设工程安全生产承担监理责任。

工程监理单位受建设单位的委托,作为公正的第三方承担监理责任,不仅要对建设单位负责,同时,也应当承担国家法律、法规和建设工程监理规范所要求的责任。也就是说,工程监理单位应当贯彻落实安全生产方针政策,督促施工单位按照施工安全生产法律、法规和标准组织施工,消除施工中的冒险性、盲目性和随意性,落实各项安全技术措施,有效地杜绝各类不安全隐患,杜绝、控制和减少各类伤亡事故,实现安全生产。

工程监理单位未能按照法律、法规和工程建设强制性标准认真履行安全监理职责,工作不作为而造成的安全事故的,《建设工程安全生产管理条例》第五十七条规定了相应的法律责任。

4)提供机械设备和配件单位的安全责任

《建设工程安全生产管理条例》第十五条规定:"为建设工程提供机械设备和配件的单位,应当按照安全施工的要求配备齐全有效的保险、限位等安全设施和装置。"

施工机械设备是施工现场的重要设备,随着工程规模的扩大和施工工艺的提高,其在建筑施工中的地位将越来越突出。但是,目前施工现场使用的施工机械设备的产品质量不容乐观,有的安全保险和限位装置不齐全、有的保险和限位装置失灵,有的在设计和制造上存在重大质量缺陷和安全隐患,导致安全事故时有发生。为此,为建设工程提供施工机械设备和配件的单位,应当配齐有效的保险、限位等安全设施和装置。

这些安全保护装置是否齐全、是否灵敏可靠,直接影响施工机械设备的安全运行,关系到操作人员和其他作业人员的人身安全。因此,生产单位应当将上述安全保护装置配备齐全,并保证灵敏可靠,以保证施工机械设备安全使用,减少施工机械设备事故的发生。

施工起重机械的安全保护装置应当符合国家和行业有关技术标准和规范的要求。对配件的生产与制造,应当符合设计要求,并保证质量和安全性能可靠。同时,在施工过程中,严禁拆除机械设备上的自动控制机构、力矩限位器等安全装置,不得拆除监测、指示、仪表、警报器等自动报警、信号装置。

为建设工程提供机械设备和配件的单位,应当对其提供的施工机械设备和配件等产品的质量和安全性能负责,对因产品质量造成生产安全事故的,应当承担相应的法律责任。

5)出租机械设备和施工机具及配件单位的安全责任

《建设工程安全生产管理条例》第十六条规定:"出租的机械设备和施工机具及配件,应当具有生产(制造)许可证、产品合格证。出租单位应当对出租的机械设备和施工机具及配件的安全性能进行检测,在签订租赁协议时,应当出具检测合格证明。禁止出租检测不合格的机械设备和施工机具及配件。"

目前,建设工程施工过程中,越来越多的施工单位是通过租赁方式得到机械设备和施工机具及配件,这对于施工单位减少成本、发挥机械设备和施工机具及配件的使用效率等是有着积极作用的。但同时,也存在出租的机械设备和施工机具及配件的安全责任不明确,造成生产安全事故,无法追究有关单位的责任。

2008年1月由原建设部发布的《建筑起重机械安全监督管理规定》第四条至第八条规定:

《建筑起重机械安全监督管理规定》

出租单位出租的建筑起重机械和使用单位购置、租赁、使用的建筑起重机械应当具有特种设备制造许可证、产品合格证、制造监督检验证明。

出租单位在建筑起重机械首次出租前,自购建筑起重机械的使用单位在建筑起重机械首次安装前,应当持建筑起重机械特种设备制造许可证、产品合格证和制造监督检验证明到本单位工商注册所在地县级以上地方人民政府建设主管部门办理备案。

出租单位应当在签订的建筑起重机械租赁合同中,明确租赁双方的安全责任,并出具建筑起重机械特种设备制造许可证、产品合格证、制造监督检验证明、备案证明和自检合格证明,提交安装使用说明书。有下列情形之一的建筑起重机械,不得出租、使用:①属国家明令淘汰或者禁止使用的;②超过安全技术标准或者制造厂家规定的使用年限的;③经检验达不到安全技术标准规定的;④没有完整安全技术档案的;⑤没有齐全有效的安全保护装置的。

建筑起重机械有以上第①、②、③项情形之一的,出租单位或者自购建筑起重机械的使用单位应当予以报废,并向原备案机关办理注销手续。

6）施工起重机械和自升式架设设施安装、拆卸单位的安全责任

施工起重机械是指施工中用于垂直升降或者垂直升降并水平移动重物的机械设备；自升式架设设施，是指通过自有装置可将自身升高的架设设施。如整体提升脚手架、模板等。施工起重机械和自升式架设设施等的安装、拆卸是特殊专业施工，具有高度的危险性，对其他相关分部分项的施工安全具有较大的关系，易造成群死群伤的重大安全事故。

（1）必须具有相应的资质

《建设工程安全生产管理条例》第十七条规定，在施工现场安装、拆卸施工起重机械和整体提升脚手架、模板等自升式架设设施，必须由具有相应资质的单位承担。

根据《建筑业企业资质管理规定》第二条和第三条的规定，从事施工起重机械、自升式架设设施等施工的专业队伍应当按照其拥有的资产、主要人员、已完成的工程业绩和技术装备等条件申请资质，经审查合格，取得相应资质等级的证书后，方可在其资质等级许可的范围内从事安装、拆卸活动。

（2）编制拆装方案、制定安全施工措施和现场监督

《建设工程安全生产管理条例》第十七条还规定，安装、拆卸施工起重机械和整体提升脚手架、模板等自升式架设设施，应当编制拆装方案、制定安全施工措施，并由专业技术人员现场监督。

《建筑起重机械安全监督管理规定》第十一条至第十三条也规定：

建筑起重机械使用单位和安装单位应当在签订的建筑起重机械安装、拆卸合同中明确双方的安全生产责任。实行施工总承包的，施工总承包单位应当与安装单位签订建筑起重机械安装、拆卸工程安全协议书。

安装单位应当履行下列安全职责：

①按照安全技术标准及建筑起重机械性能要求，编制建筑起重机械安装、拆卸工程专项施工方案，并由本单位技术负责人签字；

②按照安全技术标准及安装使用说明书等检查建筑起重机械及现场施工条件；

③组织安全施工技术交底并签字确认；

④制定建筑起重机械安装、拆卸工程生产安全事故应急救援预案；

⑤将建筑起重机械安装、拆卸工程专项施工方案，安装、拆卸人员名单，安装、拆卸时间等材料报施工总承包单位和监理单位审核后，告知工程所在地县级以上地方人民政府建设主管部门。

安装单位应当按照建筑起重机械安装、拆卸工程专项施工方案及安全操作规程组织安装、拆卸作业。安装单位的专业技术人员、专职安全生产管理人员应当进行现场监督，技术负责人应当定期巡查。

（3）出具自检合格证明、进行安全使用说明、办理验收手续并签字

《建设工程安全生产管理条例》第十七条还规定，施工起重机械和整体提升脚手架、模板等自升式架设设施安装完毕后，安装单位应当自检，出具自检合格证明，并向施工单位进行安全使用说明，办理验收手续并签字。

《建筑起重机械安全监督管理规定》第十四条至第十六条也进一步规定：

建筑起重机械安装完毕后，安装单位应当按照安全技术标准及安装使用说明书的有关

要求对建筑起重机械进行自检、调试和试运转。自检合格的,应当出具自检合格证明,并向使用单位进行安全使用说明。

安装单位应当建立建筑起重机械安装、拆卸工程档案。建筑起重机械安装、拆卸工程档案应当包括以下资料:

①安装、拆卸合同及安全协议书;

②安装、拆卸工程专项施工方案;

③安全施工技术交底的有关资料;

④安装工程验收资料;

⑤安装、拆卸工程生产安全事故应急救援预案。

建筑起重机械安装完毕后,使用单位应当组织出租、安装、监理等有关单位进行验收,或者委托具有相应资质的检验检测机构进行验收。建筑起重机械经验收合格后方可投入使用,未经验收或者验收不合格的不得使用。实行施工总承包的,由施工总承包单位组织验收。

建筑起重机械在验收前应当经有相应资质的检验检测机构监督检验合格。检验检测机构和检验检测人员对检验检测结果、鉴定结论依法承担法律责任。

(4)到国家规定的检验检测期限的,必须检测

《建设工程安全生产管理条例》第十八条规定:"施工起重机械和整体提升脚手架、模板等自升式架设设施的使用达到国家规定的检验检测期限的,必须经具有专业资质的检验检测机构检测。经检测不合格的,不得继续使用。"

7)检验检测机构的安全责任

《建设工程安全生产管理条例》第十九条规定:"检验检测机构对检测合格的施工起重机械和整体提升脚手架、模板等自升式架设设施,应当出具安全合格证明文件,并对检测结果负责。"

检验检测机构是第三方,是经过国家认可的中介组织。按照《建设工程安全生产管理条例》第十七条的规定,施工起重机械和整体提升脚手架、模板等自升式架设设施都必须经过检验检测机构的检测。检验检测机构应当认真履行职责,遵循诚信的原则和方便企业的原则,为施工单位提供可靠、便捷的检测服务。检测工作应当符合安全技术规范的要求,不受任何单位的影响和左右,检验检测机构出具的结果必须是公正、客观的;检测人员应当严格按照国家有关法律、法规,根据国家有关的安全技术标准、规范,公正、客观、及时地出具检测结果、鉴定结论,检测结果、鉴定结论应当真实、准确,经检测人员签字后,由检验检测机构负责人签发。检验检测机构应当将检测结果书面通知施工单位,检测合格的,应当出具合格证明文件。

检验检测机构在从事检测工作中,不得将所承担的检测工作转包给其他检验检测机构,应当指派持有检验检测人员证的人员从事相应的检验检测工作。检验检测机构对涉及的受检单位的商业秘密,负有保密义务。此外,检验检测机构还应当建立健全现场检测安全制度,落实安全责任,加强检验检测人员安全教育,督促检验检测人员遵章守纪,严格按照操作规程实施检验检测,保证检验检测人员自身安全与健康。

检验检测机构及其工作人员违反法律、法规的规定,伪造检测结果或者出具虚假的检测

结果,都要承担相应的法律责任,包括行政责任、民事责任和刑事责任。

5.6.3 政府部门安全监督管理的相关规定

1)建设工程安全生产的监督管理体制

《建设工程安全生产管理条例》第三十九条至第四十四条规定:

国务院负责安全生产监督管理的部门依照《中华人民共和国安全生产法》的规定,对全国建设工程安全生产工作实施综合监督管理。县级以上地方人民政府负责安全生产监督管理的部门依照《中华人民共和国安全生产法》的规定,对本行政区域内建设工程安全生产工作实施综合监督管理。

国务院建设行政主管部门对全国的建设工程安全生产实施监督管理。国务院铁路、交通、水利等有关部门按照国务院规定的职责分工,负责有关专业建设工程安全生产的监督管理。县级以上地方人民政府建设行政主管部门对本行政区域内的建设工程安全生产实施监督管理。县级以上地方人民政府交通、水利等有关部门在各自的职责范围内,负责本行政区域内的专业建设工程安全生产的监督管理。

建设行政主管部门和其他有关部门应当将本条例第十条、第十一条规定的有关资料的主要内容抄送同级负责安全生产监督管理的部门。

建设行政主管部门或者其他有关部门可以将施工现场的监督检查委托给建设工程安全监督机构具体实施。

2)政府主管部门对安全施工措施的审查

《建设工程安全生产管理条例》第四十二条规定:"建设行政主管部门在审核发放施工许可证时,应当对建设工程是否有安全施工措施进行审查,对没有安全施工措施的,不得颁发施工许可证。建设行政主管部门或者其他有关部门对建设工程是否有安全施工措施进行审查时,不得收取费用。"

3)政府主管部门履行职责时有权采取的措施

《建设工程安全生产管理条例》第四十三条规定:"县级以上人民政府负有建设工程安全生产监督管理职责的部门在各自的职责范围内履行安全监督检查职责时,有权采取下列措施:(一)要求被检查单位提供有关建设工程安全生产的文件和资料;(二)进入被检查单位施工现场进行检查;(三)纠正施工中违反安全生产要求的行为;(四)对检查中发现的安全事故隐患,责令立即排除;重大安全事故隐患排除前或者排除过程中无法保证安全的,责令从危险区域内撤出作业人员或者暂时停止施工。"

4)组织制定特大事故应急救援预案和重大生产安全事故抢救

《安全生产法》第八十条规定:"县级以上地方各级人民政府应当组织有关部门制定本行政区域内特大生产安全事故应急救援预案,建立应急救援体系。乡镇人民政府和街道办事处,以及开发区、工业园区、港区、风景区等应当制定相应的生产安全事故应急救援预案,协助人民政府有关部门或者按照授权依法履行生产安全事故应急救援工作职责。"

有关地方人民政府和负有安全生产监督管理职责的部门负责人接到重大生产安全事故报告后,应当立即赶到事故现场,组织事故抢救。

5)淘汰严重危及施工安全的工艺设备材料及受理检举、控告和投诉

《建设工程安全生产管理条例》第四十五条规定:"国家对严重危及施工安全的工艺、设

备、材料实行淘汰制度。具体目录由国务院建设行政主管部门会同国务院其他有关部门制定并公布。"

《建设工程安全生产管理条例》第四十六条规定:"县级以上人民政府建设行政主管部门和其他有关部门应当及时受理对建设工程生产安全事故及安全事故隐患的检举、控告和投诉。"

本章小结

建筑施工的特点是高处作业工作量大,作业环境复杂多变,手工操作劳动强度大,多工种交叉作业危险因素多,极易发生事故,因此,建筑业在我国各行业中属危险性较大的行业。安全生产是建筑企业的生命线,发生事故不但给企业造成严重的经济损失,同时又会造成家庭的不幸和悲痛,影响企业的声誉,制约企业的生存和发展,甚至会影响社会的稳定。为此,学习建筑工程安全生产管理法规,提高安全生产意识,为学生将来从业打下良好的职业基础。

建筑安全生产管理是指建设行政主管部门、建筑安全监督管理机构、建筑施工企业及有关单位对建筑生产过程中的安全工作,进行计划、组织、指挥、控制、监督等一系列的管理活动。其目的在于保证建筑工程安全和建筑职工的人身安全。建筑业是全国事故高发行业之一,每年施工的死亡人数仅次于交通运输和矿山井下,在全国各行业中居第三位。建筑安全事故给国家、社会特别是给事故死伤人员的家庭造成了特别重大的损失和影响。建筑安全生产管理直接关系到人身和财产安全,是建筑活动管理的重要内容之一。为此国家对建筑活动实行建筑安全生产管理制度。为此,全国人民代表大会常务委员会、国务院及其建设行政主管部门制定了一系列有关工程建设安全生产法规和规范性文件。通过这些文件,构建了我国全面的建筑安全生产管理制度,主要内容包括:建筑安全生产责任制度、建筑安全生产群防群治制度、建筑安全生产监督与检查制度、建筑安全生产教育制度、建设安全生产的劳动保护制度、建筑安全生产中危险作业职工的强制保险制度、建筑安全生产事故的调查处理制度、建筑安全生产责任追究制度等。

习　题

1. 申领安全生产许可证的条件有哪些?
2. 安全生产许可证的有效期?
3. 未取得安全生产许可证擅自从事施工活动如何处理?
4. 项目负责人(项目经理)的安全生产责任有哪些?
5. 转让安全生产许可证应如何处理?
6. 项目安全生产领导小组的安全职责有哪些?
7. 建筑施工企业安全生产管理机构的安全职责有哪些?

项目 6
建设工程质量法律制度

● **基本要求**：通过对本项目的学习，了解工程建设标准化的意义和实施范围，掌握工程建设标准的种类；了解我国现行的建筑质量管理的基本制度，了解建设工程中参与各方的质量责任和义务；掌握建筑工程竣工验收和质量保修制度，从而培养学生的工程质量意识，提高学生的工程质量管理水平。

建设工程质量是指在国家现行的有关法律、法规、技术标准、设计文件和合同中，对工程的安全、适用、经济、美观等特性的综合要求。影响建设工程质量的因素有很多，如设计、材料、施工机具、地质条件、施工工艺、操作方法、人员素质、管理水平等。应当明确的是，工程质量是由形成工程实体的工作过程中的每一个环节决定的。因此，对于工程质量的控制和管理不能仅仅停留在事后，而是应在工程质量形成的过程中对参建单位的建设活动进行规范化管理。

建设工程的质量优劣直接关系社会公众的生命财产安全，世界各国历来高度重视对工程质量的管理和控制，形成了政府强制严格监督工程质量的国际惯例。我国建设法规对建设工程质量管理也做出了严格的规定。《建筑法》第六章、2019 年 4 月修订的《建设工程质量管理条例》、2021 年 4 月修改的《建设工程勘察质量管理办法》等都是有关建设工程质量管理的法规。除此之外还有大量技术性法规、地方性法规对工程质量进行严格控制。

对于建设工程的质量，有关法规不仅仅规定了工程建设各参与者的责任，还规定了政府对建设工程质量所应承担的职责。

6.1　工程建设标准

工程建设标准是指为在工程建设领域内获得最佳秩序,对建设工程的勘察、设计、施工、安装、验收、运营维护及管理等活动和结果需要协调统一的事项所制定的共同的、重复使用的技术依据和准则。

工程建设标准通过行之有效的标准规范,特别是工程建设强制性标准,为建设工程实施安全防范措施、消除安全隐患提供统一的技术要求,以确保在现有的技术、管理条件下尽可能地保障建设工程质量安全,从而最大限度地保障建设工程的建造者、使用者和所有者的生命财产安全以及人身健康安全。

国发〔2015〕13号

工程建设标准是从事各类工程建设活动的技术要求和准则,是政府运用技术手段规范建筑市场、确保工程质量、保护生态环境、维护人民生命财产安全和人身健康权益、推动科技进步和提高建设水平的重要措施。

6.1.1　工程建设标准的分类

根据《国务院关于印发深化标准化工作改革方案的通知》(国发〔2015〕13号),改革措施中指出,政府主导制定的标准由6类整合精简为4类,分别是强制性国家标准和推荐性国家标准、推荐性行业标准、推荐性地方标准;市场自主制定的标准分为团体标准和企业标准。政府主导制定的标准侧重于保基本,市场自主制定的标准侧重于提高竞争力。

根据2017年11月修订的《标准化法》第二条规定,我国工程建设标准分为国家标准、行业标准、地方标准和团体标准、企业标准。国家标准分为强制性标准、推荐性标准,行业标准、地方标准是推荐性标准。强制性标准必须执行。国家鼓励采用推荐性标准。

新修订的《标准化法》第二十一条还规定:"推荐性国家标准、行业标准、地方标准、团体标准、企业标准的技术要求不得低于强制性国家标准的相关技术要求。国家鼓励社会团体、企业制定高于推荐性标准相关技术要求的团体标准、企业标准。"

《标准化法》

国家标准为最低标准,也可看作市场准入标准。

《标准化法》第二十四条规定:"标准应当按照编号规则进行编号。标准的编号规则由国务院标准化行政主管部门制定并公布。"

6.1.2　工程建设标准的制定和实施

1)国家标准

国家标准是对需要在全国范围内统一的技术要求制定的标准。

《标准化法》第十条规定,推荐性国家标准、行业标准、地方标准、团体标准、企业标准的技术要求不得低于强制性国家标准对保障人身健康和生命财产安全、国家安全、生态环境安全以及满足经济社会管理基本需要的技术要求,应当制定强制性国家标准。强制性国家标准由国务院批准发布或者授权批准发布。法律、行政法规和国务院决定对强制性标准的制定另有规定的,从其规定。

《标准化法》第十一条规定:"对满足基础通用、与强制性国家标准配套、对各有关行业起引领作用等需要的技术要求,可以制定推荐性国家标准。推荐性国家标准由国务院标准化行政主管部门制定。"

《工程建设国家标准管理办法》(1992年12月30日建设部令第24号实施)第二十八条规定:"国家标准由国务院工程建设行政主管部门审查批准,由国务院标准化行政主管部门统一编号,由国务院标准化行政主管部门和国务院工程建设行政主管部门联合发布。"

《工程建设国家标准管理办法》

《工程建设国家标准管理办法》第二十九条还规定,国家标准的编号由国家标准代号、发布标准的顺序号和发布标准的年号组成,并应当符合统一格式。

强制性国家标准的编号为"GB 50×××—××",推荐性国家标准编号为"GB/T 50×××—××"。如《混凝土结构工程施工质量验收规范》(GB 50204—2015),其中GB表示为强制性国家标准,50204表示标准发布顺序号,2015表示是2015年批准发布的;《房屋建筑制图统一标准》(GB/T 50001—2017),其中GB/T表示为推荐性国家标准,50001表示标准发布顺序号,2017表示是2017年批准发布的。

2) 行业标准

《标准化法》第十二条规定:"对没有推荐性国家标准、需要在全国某个行业范围内统一的技术要求,可以制定行业标准。行业标准由国务院有关行政主管部门制定,报国务院标准化行政主管部门备案。"

《工程建设行业标准管理办法》

《工程建设行业标准管理办法》(1992年12月30日建设部令第25号发布)第五条规定:"行业标准的计划根据国务院工程建设行政主管部门的统一部署由国务院有关行政主管部门组织编制和下达,并报国务院工程建设行政主管部门备案。与两个以上国务院行政主管部门有关的行业标准,其主编部门由相关的行政主管部门协商确定或由国务院工程建设行政主管部门协调确定,其计划由被确定的主编部门下达。"

《工程建设行业标准管理办法》第六条规定:"行业标准不得与国家标准相抵触。有关行业标准之间应当协调、统一、避免重复。"

《工程建设行业标准管理办法》第九条规定:"行业标准由国务院有关行政主管部门审批、编号和发布。其中,两个以上部门共同制订的行业标准,由有关的行政主管部门联合审批、发布,并由其主编部门负责编号。"

行业标准的编号随行业的不同而不同。对于建筑工业行业标准,编号为"JG/T ×××—××";属于工程建设标准的,在行业标准编号后加字母J,即"JGJ/T ×××—××"。城镇建设行业标准编号为"CJ/T ×××—××";建材行业标准编号为"JC/T ×××—××"。如《建筑幕墙用硅酮结构密封胶》(JG/T 475—2015)、《建筑工程大模板技术规程》(JGJ/T 74—2017)、《城市供水水质标准》(CJ/T 206—2005)、《建筑用找平砂浆》(JC/T 2326—2015)等。

3) 地方标准

《标准化法》第十三条规定:"为满足地方自然条件、风俗习惯等特殊技术要求,可以制定地方标准。地方标准由省、自治区、直辖市人民政府标准化行政主管部门制定;设区的市级人民政府标准化行政主管部门根据本行政区域的特殊需要,经所在地省、自治区、直辖市人民政府标准化行政主管部门批准,可以制定本行政区域的地方标准。地方标准由省、自治区、直辖市人民政府标准化行政主管部门报国务院标准化行政主管部门备案,由国务院标准化行政主管部门通报国务院有关行政主管部门。"

工程建设地方标准不得与国家标准和行业标准相抵触。对与国家标准或行业标准相抵触的工程建设地方标准的规定,应当自行废止。当确有充分依据,且需要对国家标准或行业标准的条文进行修改的,必须经相应标准的批准部门审批。

地方标准的编号随发布标准的省、市、自治区而不相同。编号由四部分组成:"DB(地方标准代号)"+"省、自治区、直辖市行政区代码前两位"+"/T"+"顺序号"+"年号"。例如:北京市《钢筋套筒灌浆连接技术规程》(DB11/T 1470—2017),湖北省《装配式建筑施工现场安全技术规程》(DB42/T 1233—2016)等。

4)团体标准

《国务院关于印发深化标准化工作改革方案的通知》中所提到的团体标准就是目前存在的协会标准,也是当前世界上工业发达国家主要采用的标准形式。

《标准化法》第十八条规定,国家鼓励学会、协会、商会、联合会、产业技术联盟等社会团体协调相关市场主体共同制定满足市场和创新需要的团体标准,由本团体成员约定采用或者按照本团体的规定供社会自愿采用。

《团体标准管理规定(试行)》

依据新修订的《标准化法》,2017年12月质检总局、国家标准委、民政部印发了《团体标准管理规定(试行)》(国质检标联〔2017〕536号)。

对于团体标准的制定,《团体标准管理规定(试行)》规定:团体标准应当符合相关法律法规的要求,不得与国家有关产业政策相抵触。团体标准的技术要求不得低于强制性标准的相关技术要求。国家鼓励社会团体制定高于推荐性标准相关技术要求的团体标准;鼓励制定具有国际领先水平的团体标准。

对于团体标准的实施,《团体标准管理规定(试行)》规定:团体标准由本团体成员约定采用或者按照本团体的规定供社会自愿采用。社会团体自行负责其团体标准的推广与应用。社会团体可以通过自律公约的方式推动团体标准的实施。团体标准实施效果良好,且符合国家标准、行业标准或地方标准制定要求的,团体标准发布机构可以申请转化为国家标准、行业标准或地方标准。

建办标〔2016〕57号

鼓励各部门、各地方在产业政策制定、行政管理、政府采购、社会管理、检验检测、认证认可、招投标等工作中应用团体标准。

2016年11月住建部《住房城乡建设部办公厅关于培育和发展工程建设团体标准的意见》(建办标〔2016〕57号)中指出,团体标准在内容上应体现先进性。结合国家重大政策贯彻落实和科技专项推广应用,鼓励将具有应用前景和成熟先进的新技术、新材料、新设备、新工艺制定为团体标准,支持专利融入团体标准。对技术水平高、有竞争力的企业标准,在协商一致的前提下,鼓励将其制定为团体标准。鼓励团体标准制定主体借鉴国际先进经验,制定高水平团体标准,积极开展与主要贸易国的标准互认。

团体标准可以分国家行业协会和地方行业协会两个层面,分别编制行业团体标准和地方团体标准。

团体标准编号依次由团体标准代号、社会团体代号、团体标准顺序号和年代号组成。其中,团体标准代号是固定的,为"T/";团体代号由各团体自主拟定,宜全部使用大写拉丁字母或大写拉丁字母与阿拉伯数字的组合,不宜以阿拉伯数字结尾。例如:中国建筑业协会《装配式混凝土建筑施工规程》(T/CCIAT 0001—2017),中国工程建设标准化协会《绿色建筑工程竣工验收标准》(T/CECS 494—2017)等。

5)企业标准

企业标准是在企业范围内需要协调、统一的技术要求、管理要求和工作要求所制定的标准,是企业组织生产、经营活动的依据。企业标准由企业制定,由企业法人代表或法人代表授权的主管领导批准、发布。企业标准一般以"Q"标准的开头。

《标准化法》第十九条至第二十一条规定,企业可以根据需要自行制定企业标准,或者与其他企业联合制定企业标准。国家支持在重要行业、战略性新兴产业、关键共性技术等领域利用自主创新技术制定企业标准。企业标准的技术要求不得低于强制性国家标准的相关技术要求。国家鼓励企业制定高于推荐性标准相关技术要求的企业标准。

企业标准化是企业管理的一项不可缺少的综合性基础工作,是衡量企业生产技术和经营管理水平高低的一个重要尺度,可以说企业标准在整个工程建设标准化工作中发挥着非常重要的作用,是整个工程建设标准体系中确定技术指标依据的顶层。之所以这么说,是因为强制性国家标准是整个标准体系中的底层,是任何标准都不能抵触和逾越的界限,强制性行业标准、地方标准仅次之。好的企业标准要想上升为整个行业使用的行业标准甚至是国家标准,最好的解决办法必将是上升为团体标准供企业自愿采用,进而积累实践经验获得更广阔的发展空间。因此,团体标准的制定离不开大量基础的企业标准,在政府标准和企业标准之间发挥着重要的桥梁纽带作用。

《中共中央国务院关于开展质量提升行动的指导意见》

2017年9月5日,由中共中央国务院发布的《中共中央国务院关于开展质量提升行动的指导意见》(中发〔2017〕24号)中指出,建立健全技术、专利、标准协同机制,开展对标达标活动,鼓励、引领企业主动制定和实施先进标准。全面实施企业标准自我声明公开和监督制度,实施企业标准领跑者制度。

6.1.3 工程建设标准的表达形式

我国工程建设标准主要有标准、规范、规程三种表达形式,习惯上统称为标准。

①标准。当针对产品、方法、符号、概念等基础标准时,一般采用"标准",如《道路工程标准》《建筑抗震鉴定标准》等。

②规范。当针对工程勘察、规划、设计、施工等通用的技术事项作出规定时一般采用"规范",如《混凝土结构设计规范》《住宅建筑设计规范》《建筑设计防火规范》等。

③规程。当针对操作、工艺、管理等专用技术要求时,一般采用"规程",如《建筑安装工程工艺及操作规程》《建筑机械使用安全操作规程》等。此外,在实践中还有推荐性的工程建设协会标准。

应用案例 6-1

2019 年 5 月 15 日,施工方某建筑工程有限责任公司(以下简称"施工方")承包了某开发公司(以下简称"建设方")的商务楼工程施工,同年 5 月 21 日双方签订了建设工程施工合同。2020 年 5 月该工程封顶时,建设方发现该商务楼的顶层 17 层和 15 层、16 层的混凝土凝固较慢。于是,建设方认为施工方使用的混凝土强度不够,要求施工方采取措施,对该三层重新施工。施工方则认为,混凝土强度符合相关的技术规范,不同意重新施工或者采取其他措施。双方协商未果,建设方将施工方起诉至某区法院,要求施工方对混凝土强度不够的三层重新施工或采取其他措施,并赔偿建设方的相应损失。

根据双方的请求,受诉法院委托某建筑工程质量检测中心按照两种建设规范对该工程结构混凝土实体强度进行检测,检测结果如下:根据原告即建设方的要求,检测中心按照行业协会推荐性标准《钻芯法检测混凝土强度技术规程》CECS 03—2007 的检测结果是:第 15 层、16 层、17 层的结构混凝土实体强度达不到该技术规范的要求,其他各层的结构混凝土实体均达到该技术规范的要求。

根据被告即施工方的请求,检测中心按照地方推荐性标准《结构混凝土实体检测技术规程》DB/T 29—148—2005 的检测结果是:第 15 层、第 16 层、第 17 层及其他各层结构混凝土实体强度均达到该规范的要求。

【问题】

(1)本案中的检测中心按照两个推荐性标准分别进行了检测,法院应以哪个标准作为判案的依据?

(2)当事人若在合同中约定了推荐性标准,对国家强制性标准是否仍须执行?

【案例分析】

(1)本案中的协会标准、地方标准均为推荐性标准,且建设方、施工方未在合同中约定采用哪个标准。《标准化法》中规定,"推荐性标准,国家鼓励企业自愿采用。"在没有国家强制性标准的情况下,施工方有权自主选择采用地方标准。

(2)依据《标准化法》的规定,"强制性标准必须执行。"因此,如果有国家强制性标准,即使双方当事人在合同中约定了采用某项推荐性标准,也必须执行国家强制性标准。

据此,受诉法院经过庭审作出如下判决:

①驳回原告即建设方的诉讼请求;

②案件受理费和检测费由原告建设方承担。

法院判决的主要理由是:目前尚无此方面的国家强制性标准,只有协会标准、地方标准,双方应当通过合同来约定施工过程中所要适用的技术规范。本案中的双方并没有在施工合同中具体约定适用哪个规范,因此施工方有权选择适用地方标准《结构混凝土实体检测技术规程》DB/T 29—148—2005。

6.2 施工单位的质量责任和义务

施工单位是工程建设的重要责任主体之一。施工阶段是建设工程实物质量形成的阶段,勘察、设计工作质量均要在这一阶段得以实现。由于施工阶段影响质量稳定的因素和涉及的责任主体均较多,协调管理的难度较大,施工阶段的质量责任制度尤为重要。

6.2.1 对施工质量负责和总分包单位的质量责任

1)施工单位对施工质量负责

《建筑法》第五十八条规定,建筑施工企业对工程的施工质量负责。2019年10月修订的《建设工程质量管理条例》第二十六条进一步规定,施工单位对建设工程的施工质量负责。施工单位应当建立质量责任制,确定工程项目的项目经理、技术负责人和施工管理负责人。

《建设工程质量管理条例》

对施工质量负责是施工单位法定的质量责任。施工单位是建设工程质量的重要责任主体,但不是唯一的责任主体。建设工程质量要受到多方面因素的制约,在勘察、设计质量没有问题的前提下,整个建设工程的质量状况,最终将取决于施工质量。因此,从法律上确立施工质量责任制,要求施工单位对建设工程的施工质量负责,也就是要对自己的施工行为负责,既可避免让施工单位承担过多的工程质量责任而开脱建设单位及其他主体的责任,又可避免让建设单位及其他主体承担过多的工程质量责任而忽略施工单位应承担的施工质量责任。建设工程各方主体依法各司其职、各负其责,以使建设工程质量责任真正落到实处。

施工单位的质量责任制,是其质量保证体系的一个重要组成部分,也是施工质量目标得以实现的重要保证。建立质量责任制,主要包括制订质量目标计划,建立考核标准,并层层分解落实到具体的责任单位和责任人,特别是工程项目的项目经理、技术负责人和施工管理负责人。落实质量责任制,不仅是为了在出现质量问题时可以追究责任,更重要的是通过层层落实质量责任制,做到事事有人管、人人有职责,加强对施工过程的全面质量控制,保证建设工程的施工质量。

《建筑工程五方责任主体项目负责人质量终身责任追究暂行办法》(建质〔2014〕124号)第五条规定,施工单位项目经理应当按照经审查合格的施工图设计文件和施工技术标准进行施工,对因施工导致的工程质量事故或质量问题承担责任。

建质〔2014〕124号

2)总分包单位的质量负责

《建筑法》第五十五条规定:"建筑工程实行总承包的,工程质量由工程总承包单位负责,总承包单位将建筑工程分包给其他单位的,应当对分包工程的质量与分包单位承担连带责任。分包单位应当接受总承包单位的质量管理。"

《建设工程质量管理条例》第二十六条、第二十七条进一步规定,建设工程实行总承包的,总承包单位应当对全部建设工程质量负责;建设工程勘察、设计、施工、设备采购的一项或者多项实行总承包的,总承包单位应当对其承包的建设工程或者采购的设备的质量负责。总承包单位依法将建设工程分包给其他单位的,分包单位应当按照分包合同的约定对其分包工程的质量向总承包单位负责,总承包单位与分包单位对分包工程的质量承担连带责任。

据此,无论是实行建设工程总承包还是对建设工程勘察、设计、施工、设备采购的一项或者多项实行总承包,总承包单位都应当对其所承包的工程或工作承担总体的质量责任。这是因为,在总分包的情况下存在着总包、分包两个合同,所以就有两种合同法律关系:

①总承包单位要按照总包合同向建设单位负总体质量责任,这种责任的承担不论是总承包单位造成的还是分包单位造成的;

②在总承包单位承担责任后,可以依据分包合同的约定,追究分包单位的质量责任包括追偿经济损失。

同时,分包单位应当接受总承包单位的质量管理。总承包单位与分包单位对分包工程的质量还要依法承担连带责任。当分包工程发生质量问题时,建设单位或其他受害人既可以向分包单位请求赔偿,也可以向总承包单位请求赔偿;进行赔偿的一方,有权依据分包合同的约定,对不属于自己责任的那部分赔偿向对方追偿。

6.2.2 按照工程设计图纸和施工技术标准施工的规定

《建筑法》第五十八条规定,建筑施工企业必须按照工程设计图纸和施工技术标准施工,不得偷工减料。工程设计的修改由原设计单位负责,建筑施工企业不得擅自修改工程设计。

《建设工程质量管理条例》第二十八条进一步规定:"施工单位必须按照工程设计图纸和施工技术标准施工,不得擅自修改工程设计,不得偷工减料。施工单位在施工过程中发现设计文件和图纸有差错的,应当及时提出意见和建议。"

《建设工程消防监督管理规定》第十条也要求,施工单位必须"按照国家工程建设消防技术标准和经消防设计审核合格或者备案的消防设计文件组织施工,不得擅自改变消防设计进行施工,降低消防施工质量"。

这是对施工单位的施工依据以及有义务对设计文件和图纸及时提出意见和建议的规定。

1)按图施工,遵守标准

施工单位必须按照设计图纸施工,按工程设计图纸施工,是保证工程实现设计意图的前提,也是明确划分设计、施工单位质量责任的前提。施工技术标准则是工程建设过程中规范施工行为的技术依据。施工单位只有按照施工技术标准,特别是强制性标准的要求施工,才能保证工程的施工质量。如果施工单位不按图施工,或者不经原设计单位同意,就擅自修改工程设计,其直接的后果,往往违反了原设计的意图,影响工程的质量;间接后果是在原设计有缺陷或出现工程质量事故的情况下,混淆了设计、施工单位各自应负的质量责任。所以按图施工,不擅自修改工程设计,是施工单位保证工程质量的最基本要求。

此外,从法律的角度来看,工程设计图纸和施工技术标准都属于合同文件的组成部分,如果施工单位不按照工程设计图纸和施工技术标准施工,则属于违约行为,应该对建设单位承担违约责任。

2)防止设计文件和图纸出现差错

工程项目的设计涉及多个专业,需要同有关方面进行协调,设计文件和图纸也有可能会出现差错。施工人员特别是施工管理负责人、技术负责人以及项目经理等,都是有着丰富实践经验的专业人员。如果施工单位在施工过程中发现设计文件和图纸中确实存在差错,应当及时向建设单位提出意见和建议,以避免造成不必要的损失和质量问题。这也是施工单位履行合同应尽的基本义务。

6.2.3 对建筑材料、设备等进行检验检测的规定

《建筑法》第五十九条规定:"建筑施工企业必须按照工程设计要求、施工技术标准和合同的约定,对建筑材料、建筑构配件和设备进行检验,不合格的不得使用。"

《建设工程质量管理条例》第二十九进一步规定:"施工单位必须按照工程设计要求、施工技术标准和合同约定,对建筑材料、建筑构配件、设备和商品混凝土进行检验,检验应当有书面记录和专人签字,未经检验或者检验不合格的,不得使用。"

由于建设工程属于特殊产品,其质量隐蔽性强、终检局限性大,在施工全过程质量控制中,必须严格执行法定的检验、检测制度。否则,将给建设工程造成难以逆转的先天性质量隐患,甚至导致质量安全事故。依法对建筑材料、设备等进行检验检测,是施工单位的一项重要法定义务。

1) 建筑材料、建筑构配件、设备和商品混凝土的检验制度

施工单位对进入施工现场的建筑材料、建筑构配件、设备和商品混凝土实行检验制度,是施工单位质量保证体系的重要组成部分,也是保证施工质量的重要前提。施工单位应当严把两道关:一是谨慎选择生产供应厂商;二是实行进场二次检验。

施工单位的检验要依据工程设计要求、施工技术标准和合同约定。检验对象是将在工程施工中使用的建筑材料、建筑构配件、设备和商品混凝土。合同若有其他约定的,检验工作还应满足合同相应条款的要求。检验工作要按规定的范围和要求进行,按现行标准规定的数量、频率、取样方法进行检验。检验的结果要按规定的格式形成书面记录,并由有关专业人员签字。这是为了促使检验工作严谨认真,以及未来必要时有据可查,方便管理,明确责任。

对于未经检验或检验不合格的,不得使用在工程上。否则,将是一种违法行为,要追究擅自使用或批准使用人的责任。

2) 施工检测的见证取样和送检制度

《建设工程质量管理条例》第三十一条规定:"施工人员对涉及结构安全的试块、试件以及有关材料,应当在建设单位或者工程监理单位监督下现场取样,并送具有相应资质等级的质量检测单位进行检测。"

在工程施工过程中,为了控制工程总体或相应部位的施工质量,一般要在依据有关技术标准,用特定的方法对用于工程的材料或构件抽取一定数量的样品,进行检测或试验,并根据其结果来判断其代表部位的质量。这是控制和判断工程质量所采取的重要技术措施。试块和试件的真实性和代表性,是保证这一措施有效的前提条件。为此,建设工程施工检测,应实行见证取样和送检制度,即施工单位在建设单位或监理单位见证下取样,送至具有相应资质的质量检测单位进行检测。见证取样可以保证取样的方法、数量、频率、规格等符合标准的要求,防止假试、假试件和假试验报告的出现。

（1）见证取样和送检

所谓见证取样和送检，是指在承包单位按规定自检的基础上，在建设单位或工程监理单位人员的见证下，由施工单位的现场试验人员对工程中涉及结构安全的试块、试件和材料在现场取样，并送至具有法定资格的质量检测单位进行检测的活动。

原建设部《房屋建筑工程和市政基础设施工程实行见证取样和送检的规定》（建建〔2000〕211号）第五条至第八条规定，涉及结构安全的试块、试件和材料见证取样和送检的比例不得低于有关技术标准中规定应取样数量的30%。下列试块、试件和材料必须实施见证取样和送检：

建建〔2000〕211号

①用于承重结构的混凝土试块；

②用于承重墙体的砌筑砂浆试块；

③用于承重结构的钢筋及连接接头试件；

④用于承重墙的砖和混凝土小型砌块；

⑤用于拌制混凝土和砌筑砂浆的水泥；

⑥用于承重结构的混凝土中使用的掺加剂；

⑦地下、屋面、厕浴间使用的防水材料；

⑧国家规定必须实行见证取样和送检的其他试块、试件和材料。

见证人员应由建设单位或该工程的监理单位具备建筑施工试验知识的专业技术人员担任，并应由建设单位或该工程的监理单位书面通知施工单位、检测单位和负责该项工程的质量监督机构。

在施工过程中，见证人员应按照见证取样和送检计划，对施工现场的取样和送检进行见证，取样人员应在试样或其包装上作出标识、封志。标识和封志应标明工程名称、取样部位、取样日期、样品名称和样品数量，并由见证人员和取样人员签字。见证人员应制作见证记录，并将见证记录归入施工技术档案。见证人员和取样人员应对试样的代表性和真实性负责。

（2）工程质量检测单位的资质和检测规定

2018年3月住建部发布的《房屋建筑和市政基础设施工程质量检测管理办法修订草案（征求意见稿）》第二条指出，工程质量检测是指工程质量检测机构（以下简称"检测机构"），依据国家有关法律、法规和工程建设标准，对建筑材料、建筑构配件、设备以及工程实体质量、使用功能等进行测试以确定其质量特性的活动。

《房屋建筑和市政基础设施工程质量检测管理办法修订草案（征求意见稿）》

《房屋建筑和市政基础设施工程质量检测管理办法修订草案（征求意见稿）》第四条至第十二条规定：

检测机构应当依据本办法取得资质证书，并在其资质许可的范围内从事相应的检测活动。

检测机构应当遵守国家法律、法规并执行工程建设标准，确保检测工作质量。检测机构应当对检测数据和检测报告的合法性、真实性和准确性负责。

建设单位应当委托具有相应资质的检测机构从事工程质量检测业务。同一单位工程中同一类别的检测项目不得委托给两家或两家以上检测机构。

建设单位应当将检测费用单独列入工程概预算,专项用于工程质量检测活动,不得挪作他用,并按照有关规定和合同约定直接支付给检测机构。

工程质量检测试样的取样、标识、送检及现场检测应当严格执行国家有关技术标准和管理规定。见证、取样人员应当由具备相应的工程质量检测知识和专业能力的人员担任。

建设单位或者工程监理单位应当对工程质量检测活动实施旁站见证,并对检测试样的取样、制样、标识、送检以及现场检测等情况进行记录。

检测机构接收试样时,应对试样状况、信息、唯一性标识等情况进行检查。发现试样真实性存疑的,检测机构应当拒绝接收检测试样。

检测机构不得与所检测工程项目相关的建设、施工、监理单位,以及建筑材料、建筑构配件和设备供应单位有隶属关系或者其他利害关系。检测机构和检测人员不得推荐或者监制建筑材料、建筑构配件和设备。

检测报告经检测人员、审核人员、授权签字人签署,并加盖检测专用章后方可生效。检测报告中应当注明检验检测依据,检验检测数据、结果,见证人员及其单位的等相关信息。

6.2.4 施工质量检验和返修的规定

1) 施工质量检验制度

《建设工程质量管理条例》第三十条规定:"施工单位必须建立、健全施工质量的检验制度,严格工序管理,作好隐蔽工程的质量检查和记录。隐蔽工程在隐蔽前,施工单位应当通知建设单位和建设工程质量监督机构。"

施工质量检验,通常是指工程施工过程中工序质量检验,或称为过程检验。有预检及隐蔽工程检验和自检、交接检、专职检、分部工程中间检验等。

(1)严格工序质量检验和管理

施工工序也可以称为过程。各个过程之间横向和纵向的联系形成了过程(工序)网络。一项工程的施工,是通过一个庞大的、由许多过程组成的过程网络来实现的,网络上的关键过程(或工序)都有可能对工程最终的施工质量产生决定性的影响。有的过程(工序)不按规定操作,达不到设计文件或标准的要求,就有可能给工程留下隐患,甚至引起整个工程结构失效。如焊接节点的破坏,就可能引起桁架破坏,从而导致屋面坍塌;框架结构核心区箍筋不按规定加密,就会影响结构物的抗震能力等。所以施工单位要加强对施工过程(工序)的质量控制,特别是要加强影响结构安全的地基和结构等关键施工过程的质量控制。完善的检验制度和严格的工序管理是保证工序过程质量的前提,只有过程网络上的所有过程的质量都受到严格的控制,整个工程的质量才能得以保证。

完善的检验制度和严格的工序管理是保证工序或过程质量的前提。只有工序或过程网络上的所有工序或过程的质量都受到严格控制,整个工程的质量才能得到保证。所谓严格工序管理,不仅仅是对单一的工序加强管理,而是要对整个过程(工序)网络进行全面管理。用前一道或横向相关的工序保证后续工序的质量,从而使整个工程施工质量达到预期目标。

(2)强化隐蔽工程质量检查

在施工过程中,某一道工序所完成的工程实物,被后一工序形成的工程实物所隐蔽,而且不可以逆向作业,前者就称为隐蔽工程。例如,钢筋混凝土工程施工中,钢筋为混凝土所覆盖,前者即是隐蔽工程。

建设工程施工,在大多数情况下,具有不可逆性。隐蔽工程被后续工序隐蔽后,其施工质量就很难检验及认定。如果不认真做好隐蔽工程的质量检查工作,就容易给工程留下隐患。所以隐蔽工程在隐蔽前,施工单位除了要做好检查、检验并做好记录之外,还要及时通知建设单位(实施监理的工程为监理单位)和建设工程质量监督机构,以接受政府监督和向建设单位提供质量保证。

根据《建设工程施工合同(示范文本)》(GF-2017-0201)中"5.3 隐蔽工程检查"对隐蔽工程验收所做的规定,承包人应当对工程隐蔽部位进行自检,并经自检确认是否具备覆盖条件。除专用合同条款另有约定外,工程隐蔽部位经承包人自检确认具备覆盖条件的,承包人应在共同检查前48小时书面通知监理人检查,通知中应载明隐蔽检查的内容、时间和地点,并应附有自检记录和必要的检查资料。

监理人应按时到场并对隐蔽工程及其施工工艺、材料和工程设备进行检查。经监理人检查确认质量符合隐蔽要求,并在验收记录上签字后,承包人才能进行覆盖。经监理人检查质量不合格的,承包人应在监理人指示的时间内完成修复,并由监理人重新检查,由此增加的费用和(或)延误的工期由承包人承担。除专用合同条款另有约定外,监理人不能按时进行检查的,应在检查前24小时向承包人提交书面延期要求,但延期不能超过48小时,由此导致工期延误的,工期应予以顺延。监理人未按时进行检查,也未提出延期要求的,视为隐蔽工程检查合格,承包人可自行完成覆盖工作,并作相应记录报送监理人,监理人应签字确认。监理人事后对检查记录有疑问的,可重新检查。

承包人覆盖工程隐蔽部位后,发包人或监理人对质量有疑问的,可要求承包人对已覆盖的部位进行钻孔探测或揭开重新检查,承包人应遵照执行,并在检查后重新覆盖恢复原状。经检查证明工程质量符合合同要求的,由发包人承担由此增加的费用和(或)延误的工期,并支付承包人合理的利润;经检查证明工程质量不符合合同要求的,由此增加的费用和(或)延误的工期由承包人承担。

承包人未通知监理人到场检查,私自将工程隐蔽部位覆盖的,监理人有权指示承包人钻孔探测或揭开检查,无论工程隐蔽部位质量是否合格,由此增加的费用和(或)延误的工期均由承包人承担。

2) 建设工程的返修

《建筑法》第六十条规定,对已发现的质量缺陷,建筑施工企业应当修复。《建设工程质量管理条例》第三十二条进一步规定:"施工单位对施工中出现质量问题的建设工程或者竣工验收不合格的建设工程,应当负责返修。"

《民法典》第八百零一条规定,因施工人的原因致使建设工程质量不符合约定的,发包人有权要求施工人在合理期限内无偿修理或者返工、改建。

返修作为施工单位的法定义务,其返修包括施工过程中出现质量问题的建设工程和竣工验收不合格的建设工程两种情形。

返修包括返工和修理。所谓返工是工程质量不符合规定的质量标准,而又无法修理的情况下重新进行施工;修理是指工程质量不符合标准,而又有可能修复的情况下,对工程进行修补使其达到质量标准的要求。不论是施工过程中出现质量问题的建设工程,还是竣工验收时发现质量问题的工程,施工单位都要负责返修。

对于非施工单位造成质量问题或竣工验收不合格的工程,施工单位也应当负责返修,但是造成的损失及返修费用由责任方承担。

6.2.5 建立健全职工教育培训制度的规定

《建设工程质量管理条例》第三十三条规定:"施工单位应当建立、健全教育培训制度,加强对职工的教育培训;未经教育培训或者考核不合格的人员,不得上岗作业。"

施工单位建立、健全教育培训制度,加强对职工的教育培训,是企业重要的基础工作之一,只有全员素质的提高,工程质量才能从根本上得到保证,由于施工单位从事施工活动的大多数人员都来自农村,而且增长速度快,施工单位的培训任务十分艰巨。施工单位的教育培训通常包括各类质量教育和岗位技能培训等。

先培训、后上岗。特别是与质量工作有关的人员,如总工程师、项目经理、质量体内审员、质量检查员,施工人员、材料试验及检测人员,关键技术工种如焊工、钢筋工、混凝土工等等。规定培训而未经培训或培训考核不合格的、无相应的岗位资格的人员不得上岗工作或作业。

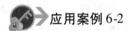
应用案例6-2

某施工单位在南京承建某商业用房工程项目中,发现部分梁拆除模板后,出现较多细裂纹。细裂缝主要沿梁侧面由下至上延伸,大致与梁方向垂直。梁侧细裂缝多的有三十余条,少的也有十余条。

该质量事故发生以后,发包人认为质量事故应当由施工单位负责,并且承担由此引起的损失。施工单位则认为建筑商不应当承担责任,因为设计图纸的一部分主梁与次梁的受力钢筋直径偏小,是设计原因造成了梁裂缝问题。

【问题】

双方争持不下,那么,在本案中施工单位是否应承担质量责任呢?

【案例分析】

之一:建设工程质量责任根据《建筑法》等法律规定,实行的是类似于"有罪推定"的原则。

《建筑法》第五十五条规定:建筑工程实行总承包的,工程质量由工程总承包单位负责,总承包单位将建筑工程分包给其他单位的,应当对分包工程的质量与分包单位承担连带责任。分包单位应当接受总承包单位的质量管理。

《民法典》第八百零一条规定,因施工人的原因致使建设工程质量不符合约定的,发包人有权要求施工人在合理期限内无偿修理或者返工、改建。经过修理或者返工、改建后,造成逾期交付的,施工人应当承担违约责任。

以上法律规定包括明确规定工程质量由建筑商负责,而且我国采用严格责任归责原则,一旦工程质量有缺陷,推定是由于建筑商原因导致工程质量责任。所谓严格责任原则,一般被认为是过错推定原则,在建设工程施工合同质量责任中,就是推定建筑商存在过错,并需要承担责任,除非建筑商能够证明存在法定免责事由。

因此,明确法律规定的免责事由,在合同管理和施工过程中发生免责事件时及时固定证据,对建筑商就显得尤为重要,否则就会背上不该背的"黑锅"。

之二:本案中,建筑商只有证明工程质量缺陷是由设计原因引起的,建筑商才可以免责。

《最高人民法院关于审理建设工程施工合同纠纷案件适用法律问题的解释(一)》(法释〔2020〕25号)(以下简称《解释》)在第十三条规定发包人具有下列情形之一,造成建设工程质量缺陷,应当承担过错责任:提供的设计有缺陷;提供或者指定购买的建筑材料、建筑构配件、设备不符合强制性标准;直接指定分包人分包专业工程。承包人有过错的,也应当承担相应的过错责任。

从该条司法解释看,虽然质量责任由建筑商承担,但是在发包人提供的设计有缺陷时,发包人应当承担过错责任;

《解释》把发包人提供的设计有缺陷列为发包人承担过错责任的原因在于:设计施工图纸是工程施工的重要依据,因为我国的建筑承发包模式不同于国外总承包模式,而是由发包方先委托设计院进行工程设计,再提供给建筑商,故发包人方有义务保证所提供图纸的准确性。

但是,《解释》规定明确发包人提供的设计有缺陷时,发包人承担过错责任,但是,并不意味着建筑商就绝对没有责任。建筑商如有过错,也应当承担责任。而判断建筑商是否有过错的标准在于:设计缺陷是否明显,如果设计缺陷较为明显则建筑商是否曾经提醒发包人注意。

之三:本文前引案例中,在发现设计问题后,即发现有一部分主梁与次梁的受力钢筋直径偏小,律师立即指导建筑商向发包方进行了通报和提醒,要求发包方敦促设计单位重新核查。但发包人回函称,该工程相关梁的受力钢筋经设计单位重新计算无误,没有必要作相应的设计变更。

后经有资质的质量检测部门检验,该裂缝不影响结构安全,但是需要加固处理。其主要原因是设计主梁与次梁的受力钢筋直径偏小。因此,根据《解释》确定的本条免责事由,在发包人提供设计有缺陷情形下,建筑商已经尽提醒义务,发包人仍坚持采用原设计,过错完全属于业主,建筑商无须承担质量责任。

本案例启示,根据司法解释的规定,并从该案例的经验出发,建筑商应当在合同履行过程中注意以下几方面:

第一,配备懂设计的现场施工人员。在我国,做施工的人员不懂设计的现象较为普遍,建筑商应加强其管理人员的建筑工程专业知识,了解一点设计方面的相关知识,使其能发觉施工图纸上的明显错误,这是前提。

第二,认真组织图纸会审。在图纸会审前,建筑商应组织技术力量对发包人提供的图纸进行严格的审查,审查事项包括:设计单位是否具有相应的资质;图纸是否经过了审图公司的审查;图纸设计是否存在明显缺陷或不合理。

第三,图纸上的瑕疵一一列出,形成书面材料向发包人提出。同时在施工过程中,对图纸上的明显缺陷也要向发包人及时报告。因为作为有经验的建筑商而言,应该有能力看出发包人方所提供的设计图纸中明显缺陷,当建筑商明知发包人提供的设计会影响建筑工程质量的,怠于通知或者指出异议的,仍要承担相应的责任。

6.3 建设单位及相关单位的质量责任和义务

建设工程质量责任制涵盖了多方主体的质量责任制,除施工单位外,还有建设单位,勘察、设计单位、工程监理单位的质量责任制。

6.3.1 建设单位相关的质量责任和义务

建设单位作为建设工程的投资人,是建设工程的重要责任主体。建设单位有权选择承包单位,有权对建设过程进行检查、控制,对建设工程进行验收,并要按时支付工程款和费用等,在整个建设活动中居于主导地位。因此,要确保建设工程的质量,首先就要对建设单位的行为进行规范,对其质量责任予以明确。

1)依法对工程进行发包

《建设工程质量管理条例》第七条、第八条规定:"建设单位应当将工程发包给具有相应资质等级的单位。建设单位不得将建设工程肢解发包。建设单位应当依法对工程建设项目的勘察、设计、施工、监理以及与工程建设有关的重要设备、材料等的采购进行招标。"

工程建设活动不同于一般的经济活动,从业单位的素质高低直接影响着建设工程质量。企业资质等级反映了企业从事某项工程建设活动的资格和能力,是国家对建设市场准入管理的重要手段。将工程发包给具有相应资质等级的单位来承担,是保证建设工程质量的基本前提。因此,从事工程建设活动必须符合严格的资质条件。原建设部《工程勘察和工程设计单位资格管理办法》《建筑业企业资质管理规定》《工程勘察设计行业资质分级标准》《建筑业企业资质等级标准》《工程建设监理单位资质管理试行办法》对工程勘察单位、工程设计单位、建筑施工企业和工程监理单位的资质等级、资质标准、业务范围等作出了明确规定。如果建设单位选择不具备相应资质等级的承包人,一方面极易造成工程质量低劣,甚至使工程项目半途而废;另一方面也扰乱了建设市场秩序,助长了不正当竞争。

建设单位发包工程时,应该根据工程特点,以有利于工程的质量、进度、成本控制为原则,合理划分标段,而不能肢解发包工程。如果将应当由一个承包单位完成的工程肢解成若干部分,分别发包给不同的承包单位,将使整个工程建设在管理和技术上缺乏应有的统筹协调,从而造成施工现场秩序的混乱,责任不清,严重影响建设工程质量,一旦出现问题也很难找到责任方。

建设单位还要依照《招标投标法》等有关规定,对必须实行招标的工程项目进行招标,择优选定工程勘察、设计、施工、监理单位以及采购重要设备、材料等。

2)依法向有关单位提供原始资料

《建设工程质量管理条例》第九条规定:"建设单位必须向有关的勘察、设计、施工、工程监理等单位提供与建设工程有关的原始资料。原始资料必须真实,准确、齐全。"

原始资料是工程勘察、设计、施工、监理等单位赖以进行相关工程建设的基础性材料。建设单位作为建设活动的总负责方,向有关单位提供原始资料,并保证这些资料的真实、准确、齐全,是其基本的责任和义务。

3）限制不合理的干预行为

《建筑法》第五十四条规定，建设单位不得以任何理由，要求建筑设计单位或者建筑施工企业在工程设计或者施工作业中，违反法律、行政法规和建筑工程质量、安全标准，降低工程质量。

《建设工程质量管理条例》第十条进一步规定："建设工程发包单位不得迫使承包方以低于成本的价格竞标，不得任意压缩合理工期。建设单位不得明示或者暗示设计单位或者施工单位违反工程建设强制性标准，降低建设工程质量。"

建设单位（发包方）不得迫使承包方以低于成本价格竞标，这里的承包方包括勘察、设计、施工和工程监理单位。成本是构成价格的主要部分，是承包方估算投标价格的依据和最低的经济界限。如果建设单位一味强调降低成本，节约开支，压级压价，最终会导致承包单位以低于其成本的价格中标，而中标的单位在承包工程后，为了减少开支，降低成本，往往采取偷工减料、以次充好、粗制滥造等手段，致使工程出现质量问题，影响工程效益的发挥，最终受损害的仍是建设单位。

建设单位不得任意压缩合理工期。合理工期是指在正常建设条件下，采取科学合理的施工工艺和管理方法，以现行的建设行政主管部门颁布的工期定额为基础，结合项目建设的具体情况，而确定的使投资方，各参加单位均获得满意的经济效益的工期。实际工作中，盲目赶工期，简化工序，不按规程操作，导致建设项目出现问题的情况很多，这是应该制止的。

强制性标准是保证建设工程结构安全可靠的基础性要求，违反了这类标准，必然会给建设工程带来重大质量隐患。在实践中，一些建设单位为了自身的经济利益，明示或暗示承包单位违反强制性标准的要求，降低了工程质量标准，如要求设计单位减少层高，增大容积率；要求施工单位采用建设单位采购的不合格材料设备等，这种行为是法律所不允许的。

4）依法报审施工图设计文件

施工图设计文件是设计文件的重要内容，是编制施工图预算、安排材料、设备订货和非标准设备制作，进行施工、安装和工程验收等工作的依据。施工图设计文件一经完成，建设工程最终所要达到的质量，尤其是地基基础和结构的安全性就有了约束。因此，施工图设计文件的质量直接影响建设工程的质量。

为了加强对房屋建筑工程、市政基础设施工程施工图设计文件审查的管理，提高工程勘察设计质量，根据《建设工程质量管理条例》《建设工程勘察设计管理条例》等行政法规，2018年12月住建部修改的《房屋建筑和市政基础设施工程施工图设计文件审查管理办法》第三条明确规定，国家实施施工图设计文件（含勘察文件）审查制度。施工图未经审查合格的，不得使用。该办法第十条还规定，建设单位应当向审查机构提供下列资料并对所提供资料的真实性负责：

①作为勘察、设计依据的政府有关部门的批准文件及附件；

②全套施工图；

③其他应当提交的材料。

第十一条继续规定，审查机构应当对施工图审查下列内容：

①是否符合工程建设强制性标准；

②地基基础和主体结构的安全性；

③消防安全性；

④人防工程(不含人防指挥工程)防护安全性；

⑤是否符合民用建筑节能强制性标准，对执行绿色建筑标准的项目，还应当审查是否符合绿色建筑标准；

⑥勘察设计企业和注册执业人员以及相关人员是否按规定在施工图上加盖相应的图章和签字；

⑦法律、法规、规章规定必须审查的其他内容。

5)依法实行工程监理

《建设工程质量管理条例》第十二条规定，实行监理的建设工程，建设单位应当委托具有相应资质等级的工程监理单位进行监理，也可以委托具有工程监理相应资质等级并与被监理工程的施工承包单位没有隶属关系或者其他利害关系的该工程的设计单位进行监理。

监理工作要求监理人员有较高的技术水平和较丰富的工程经验，因此国家对开展工程监理工作的单位实行资质许可，工程监理单位的资质反映了该单位从事某项监理式工作的资格和能力，是国家对工程监理市场准入管理的重要手段，只有获得相应资质证书的单位才具备保证工程监理工作质量的能力，因此建设单位必须将需要监理的工程委托给具有相应资质等级的工程监理单位进行监理。

目前，工程监理主要是对工程的施工过程进行监督，因设计人员对设计意图比较了解对设计中各专业如结构、设备等在施工中可能发生的问题也比较清楚，而工程施工的质量保证也是对设计质量的肯定，因此由具有监理资质的设计单位对自己设计的工程进行监理，对保证工程质量十分有利。

上述的隶属关系是指设计单位与施工单位有行政上下级关系，其他利害关系主要是指设计单位和施工单位之间存在的可能直接影响设计单位监理工作公正性的非常明显的经济或其他利益关系。

《建设工程质量管理条例》第十二条还对必须实行监理的五类工程进行了规定，它们是国家重点建设工程，大中型公用事业工程，成片开发建设的住宅小区工程，利用外国政府或者国际组织贷款、援助资金的工程，国家规定必须实行监理的其他工程。

6)依法办理工程质量监督手续

《建设工程质量管理条例条例》第十三条规定，建设单位在领取施工许可证或者开工报告前，应当按照国家有关规定办理工程质量监督手续。

办理工程质量监督手续是法定程序，不办理质量监督手续的，不发施工许可证，工程不得开工。因此，建设单位在领取施工许可证或者开工报告之前，应当按照国家有关规定，到建设行政主管部门或国务院铁路、交通、水利等有关部门，或其委托的建设工程质量监督机构或专业工程质量监督机构，办理工程质量监督手续，接受政府部门的工程质量监督管理。

7)依法保证建筑材料等符合要求

《建设工程质量管理条例》第十四条规定："按照合同约定，由建设单位采购建筑材料、建筑构配件和设备的，建设单位应当保证建筑材料、建筑构配件和设备符合设计文件和合同要求。建设单位不得明示或者暗示施工单位使用不合格的建筑材料、建筑构配件和设备。"

在工程实践中,常由建设单位采购建筑材料、构配件和设备,在合同中应当明确约定采购责任,即谁采购、谁负责。对于建设单位负责供应的材料设备,在使用前施工单位应当按照规定对其进行检验和试验,如果不合格,不得在工程上使用,并应通知建设单位予以退换。

8)依法进行装修工程

《建设工程质量管理条例》第十五条规定:"涉及建筑主体和承重结构变动的装修工程,建设单位应当在施工前委托原设计单位或者具有相应资质等级的设计单位提出设计方案;没有设计方案的,不得施工。房屋建筑使用者在装修过程中,不得擅自变动房屋建筑主体和承重结构。"

随意拆改建筑主体结构和承重结构等,会危及建设工程安全和人民生命财产安全。因此,建设单位应当委托该建筑工程的原设计单位或者具有相应资质条件的设计单位提出装修工程的设计方案。如果没有设计方案就擅自施工,将留下质量隐患甚至造成质量事故,后果严重。至于房屋使用者,在装修过程中也不得擅自变动房屋建筑主体和承重结构,如拆除隔墙、窗洞改门洞等,否则很有可能会酿成房倒屋塌的灾难。

6.3.2 勘察、设计单位相关的质量责任和义务

《建筑法》第五十六条规定,建筑工程的勘察、设计单位必须对其勘察、设计的质量负责。勘察、设计文件应当符合有关法律、行政法规的规定和建筑工程质量、安全标准、建筑工程勘察、设计技术规范以及合同的约定。

《建设工程质量管理条例》第十九条进一步规定:"勘察、设计单位必须按照工程建设强制性标准进行勘察、设计,并对其勘察、设计的质量负责。注册建筑师、注册结构工程师等注册执业人员应当在设计文件上签字,对设计文件负责。"

谁勘察设计谁负责,谁施工谁负责,这是国际上通行的做法。勘察、设计单位和执业注册人员是勘察设计质量的责任主体,也是整个工程质量的责任主体之一。勘察、设计质量实行单位与执业注册人员双重责任,即勘察、设计单位对其勘察、设计的质量负责,注册建筑师、注册结构工程师等专业人士对其签字的设计文件负责。

1)依法承揽工程的勘察、设计业务

《建设工程质量管理条例》第十八条规定:"从事建设工程勘察、设计的单位应当依法取得相应等级的资质证书,并在其资质等级许可的范围内承揽工程。禁止勘察、设计单位超越其资质等级许可的范围或者以其他勘察、设计单位的名义承揽工程。禁止勘察、设计单位允许其他单位或者个人以本单位的名义承揽工程。勘察、设计单位不得转包或者违法分包所承揽的工程。"这是关于勘察、设计单位的市场准入条件和市场行为的规定。

勘察、设计单位必须依法取得勘察、设计资质等级证书,《建筑法》第十三条对此有专门规定:"从事建筑活动的建筑施工企业、勘察单位、设计单位和工程监理单位,按照其拥有的注册资本、专业技术人员、技术装备和已完成的建筑工程业绩等资质条件,划分为不同的资质等级,经资质审查合格,取得相应等级的资质证书后,方可在其资质等级许可的范围内从事建筑活动。"

勘察、设计单位的市场行为规范与否,对勘察设计的质量产生重要的影响。勘察设计行业作为一个特殊的行业有严格的市场准入条件。勘察、设计单位只有具备了相应的资质条件,才有能力保证勘察设计的质量;超越资质等级许可的范围承揽工程,也就超越了其勘察设计的能力,因而无法保证其勘察设计的质量。由于超越资质等级许可的范围承接工程的行为大多是通过借用、有偿使用其他有相应资质单位的资质证书、图签来完成的,因此被借用者、出卖者也负有不可推卸的责任。

此外,与施工一样,勘察、设计也不允许转包和违法分包。

2)勘察、设计必须执行强制性标准

《建设工程质量管理条例》第十九条规定,勘察、设计单位必须按照工程建设强制性标准进行勘察、设计,并对其勘察、设计的质量负责。

工程建设强制性标准是工程建设技术和经验的积累,是勘察、设计工作的技术依据,只有满足工程建设强制性标准才能保证质量,才能满足工程对安全、卫生、环保等多方面的质量要求,因此勘察、设计单位必须严格执行。

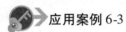 **应用案例6-3**

某企业建设 1 所附属小学。某设计院为其设计了 5 层砖混结构的教学楼、运动场等。教学楼的楼梯井净宽为 0.3 m,为防止学生攀滑,梯井采用工程玻璃隔离防护,楼梯采用垂直杆件做栏杆,杆件净距为 0.15 m;运动场与街道之间采用透景墙,墙体采用垂直杆件做栏杆,杆件净距为 0.15 m。在建设过程中,有人对该设计提出异议。

【问题】

该工程中设计方是否有过错? 违反了什么规定?

【案例分析】

设计方有明显的过错,违反了《建设工程质量管理条例》第十九条的规定,勘察、设计单位必须按照工程建设强制性标准进行勘察、设计,并对其勘察、设计的质量负责。

2013 年 8 月,新一版的《工程建设标准强制性条文》(房屋建筑部分)(2013 年版)第一篇建筑设计基本规定收录的《民用建筑设计通则》(GB 50352—2005)第 6.6.3 条第 4 款规定:"住宅、托儿所、幼儿园、中小学及少年儿童专用活动场所的栏杆必须采用防止少年儿童攀登的构造,当采用垂直杆件做栏杆时,其杆件净距不应大于 0.11 m";以及第 6.7.9 条规定的"托儿所、幼儿园、中小学及少年儿童专用活动场所的楼梯,梯井净宽大于 0.20 m 时,必须采取防止少年儿童攀滑的措施,楼梯栏杆应采取不易攀登的构造,当采用垂直杆件做栏杆时,其栏杆净距不应大于 0.11 m"。

显然,本案中该教学楼设计的楼梯杆件净距、运动场透景墙的栏杆净距都超过了规定的 0.11 m,违反了国家强制性标准的规定,也违反了《建设工程质量管理条例》的规定。该设计院应当依法尽快予以纠正,否则一旦在使用时发生了相关事故,设计院必须承担其质量责任。

3)勘察单位提供的勘察成果必须真实、准确

《建设工程质量管理条例》第二十条规定:"勘察单位提供的地质、测量、水文等勘察成果必须真实、准确。"

工程勘察工作是建设工程的基础工作,工程勘察成果文件是设计和施工的基础资料和重要依据,真实准确的勘察成果对设计和施工的安全性和是否保守浪费有直接的影响,因此工程勘察成果必须真实准确、安全可靠、经济合理。

4) 设计依据和设计深度

《建设工程质量管理条例》第二十一条规定:"设计单位应当根据勘察成果文件进行建设工程设计。设计文件应当符合国家规定的设计深度要求,注明工程合理使用年限。"

勘察成果文件是设计的基础资料,是设计的依据,比如在不知道地基承载力情况下无法进行地基基础设计,而一旦地基承载力情况发生变化,随之而来基础的尺寸、配筋等都要修改,甚至基础选型也要改变,这将给设计工作增添很多工作量,造成工作的反复,继而影响设计的质量。因此先勘察后设计一直是工程建设的基本做法,也是基本建设程序的要求。

工程合理使用年限是指从工程竣工验收合格之日起,工程的地基基础、主体结构能保证在正常情况下安全使用的年限。建设工程的承包人应当在该建设工程合理使用年限内对工程的质量承担责任,工程勘察、设计单位要在此期间对因工程勘察、设计的原因而造成的质量问题负责相应的责任,因此可以说工程合理使用年限也就是勘察、设计单位的责任年限。《建筑法》第六十二条关于建筑工程实行质量保修期制度时有"建筑物合理寿命年限"的提法,《民法典》第八百零二条中称"工程合理使用期限",其他有关规定也有称"工程寿命期限"的,这里的"工程合理使用年限"与上述提法是一致的。

5) 依法规范设计对建筑材料等的选用

《建筑法》第五十六条规定,设计文件选用的建筑材料、建筑构配件和设备,应当注明其规格、型号、性能等技术指标,其质量要求必须符合国家规定的标准。

《建设工程质量管理条例》第二十二条也规定:"设计单位在设计文件中选用的建筑材料、建筑构配件和设备,应当注明其规格、型号、性能等技术指标,其质量要求必须符合国家规定的标准。除有特殊要求的建筑材料、专用设备、工艺生产线等外,设计单位不得指定生产厂、供应商。"

为施工组织和采购的需要,为使工程的建设准确满足设计意图,设计文件中必须注明所选用的建筑材料、建筑构配件和设备的规格、型号、性能等技术指标,审设计文件编制深度的要求。这一方面为施工单位施工能够充分满足设计文件的要求提供了前提条件,同时也防止了施工单位在实际施工中因滥用及错误使用建筑材料、建筑构配件和设备所造成的质量问题。

"特殊要求"通常是指根据设计要求所选产品的性能、规格只有某个厂家能够生产或加工,必须在设计文件中注明方可进行下一步的设计工作或采购,在通用产品能保证工程质量的前提下,设计单位不可故意选用特殊要求的产品,也不得滥用权力限制建设单位或施工单位在材料采购上的自主权。

6) 依法对设计文件进行技术交底

《建设工程质量管理条例》第二十三条规定:"设计单位应当就审查合格的施工图设计文件向施工单位作出详细说明。"

施工图完成并经审查合格后,设计文件的编制工作已经完成,但并不是设计工作的完成,设计单位仍应就设计文件向施工单位作详细的说明,也就是通常所说的设计交底,这对施工正确贯彻设计意图,加深对设计文件难点、疑点的理解,确保工程质量有重要的意义,这是工程建设中的惯例。

设计交底通常的做法是设计文件完成后,设计单位将设计图纸交建设单位,再由建设单位发施工单位后,由设计单位将设计的意图、特殊的工艺要求,以及建筑、结构、设备等各专业在施工中的难点、疑点和容易发生的问题等向施工单位作出说明,并负责解释施工单位对设计图纸的疑问。

7) 依法参与建设工程质量事故分析

《建设工程质量管理条例》第二十四条规定:"设计单位应当参与建设工程质量事故分析,并对因设计造成的质量事故,提出相应的技术处理方案。"

因为建设工程的功能、所要求达到的质量在设计阶段就已确定,也就是说工程质量的好坏在一定程度上就是工程建设是否准确表达了设计的意图。所以在工程出现事故时,该工程的设计单位对事故的分析具有权威性,该工程的设计单位最有可能在短时间内发现存在的问题,这对及时地进行事故处理是有利的。当工程质量事故涉及工程勘察内容时,同样适用于勘察单位。

在正常的施工阶段,《建筑法》第五十八条规定,工程设计的修改由原设计单位负责,建筑施工企业不得擅自修改工程设计。事故发生后,对因设计造成的质量事故原设计单位必须提出相应的技术处理方案,这是设计单位的义务,因为考虑到设计单位对自己设计的工程在事故分析时的权威性,其技术处理方案对日后的加固、修复有重要的意义。但是对于非设计原因造成的质量事故,建设单位应付给提供技术处理方案的原设计单位相应的报酬。

可以认为已建成工程发生事故后的修复为一项新的建设工程,因此,是否采用原设计单位提供的处理方案属于新的委托设计工作。但是在通常情况下,考虑到设计工作的特殊性以及设计单位在工程合理使用年限内所承担的责任,在设计单位具备提出合理技术处理方案的能力时,建设单位原则上应优先委托原设计单位进行加固、修复的设计工作。

6.3.3 工程监理单位相关的质量责任和义务

工程监理单位接受建设单位的委托,代表建设单位,对建设工程进行管理。因此,工程监理单位也是建设工程质量的责任主体之一。

1) 依法承担工程监理业务

《建筑法》第三十四条规定:"工程监理单位应当在其资质等级许可的监理范围内,承担工程监理业务。……工程监理单位不得转让工程监理业务。"

《建设工程质量管理条例》第三十四条进一步规定:"工程监理单位应当依法取得相应等级的资质证书,并在其资质等级许可的范围内承担工程监理业务。禁止工程监理单位超越本单位资质等级许可的范围或者以其他工程监理单位的名义承担工程监理业务。禁止工程监理单位允许其他单位或者个人以本单位的名义承担工程监理业务。工程监理单位不得转让工程监理业务。"

监理单位必须在其资质等级许可的范围内,承担监理业务。工程监理单位的资质等级反映了该监理单位从事某项监理业务的资格和能力,是国家对工程监理市场准入管理的重要手段。监理单位的市场行为必须规范,监理单位只能在资质等级许可的范围承担监理业务,是保证监理工作质量的前提。越级监理、允许其他单位或者个人以本单位的名义承担监理业务等违法行为,将使工程监理变得有名无实,或形成实质上的无证监理,最终会对工程质量造成危害。

工程监理单位接受委托后,应当自行完成工程监理任务,不得将工程监理业务转手委托给其他工程监理单位。如果由于业务太多或其他原因,工程监理单位无法完成该工程监理业务时,工程监理单位应当自动解除委托关系,由建设单位将该工程的监理业务委托给其他具有相应资质条件的工程监理单位。工程监理单位转让监理业务与施工单位转包有着同样的危害性。

2) 对有隶属关系或其他利害关系的回避

《建筑法》第三十四条、《建设工程质量管理条例》第三十五条都规定,工程监理单位与被监理工程的施工承包单位以及建筑材料、建筑构配件和设备供应单位有隶属关系或者其他利害关系的,不得承担该项建设工程的监理业务。

由于工程监理单位与被监理工程的承包单位以及建筑材料、建筑构配件和设备供应单位之间是一种监督与被监督的关系,为了保证工程监理单位能客观、公正地执行监理任务,工程监理单位不得与被监理工程的承包单位以及建筑材料、建筑构配件和设备供应单位有隶属关系或者其他利害关系。这里的隶属关系是指工程监理单位与被监理工程的承包单位以及建筑材料、建筑构配件和设备供应单位有行政上下级关系等。其他利害关系,是指监理单位与施工单位或材料供应单位之间存在的可能直接影响监理单位工作公正性的非常明显的经济或其他利益关系,如参股、联营等关系。当出现工程监理单位与被监理工程的承包单位以及建筑材料、建筑构配件和设备供应单位有隶属关系或者其他利害关系的情况时,工程监理单位在接受建设单位委托前,应当自行回避;在接受委托后,发现这一情况时,应当依法解除委托关系。

3) 监理工作的依据和监理责任

《建设工程质量管理条例》第三十六规定:"工程监理单位应当依照法律、法规以及有关技术标准、设计文件和建设工程承包合同,代表建设单位对施工质量实施监理,并对施工质量承担监理责任。"

(1)工程监理的依据

①法律、法规。监理单位应当依照法律、法规的规定,对承包单位实施监督。对建设单位违反法律、法规的要求,监理单位应当予以拒绝。

②有关的技术标准。技术标准分为强制性标准和推荐性标准。强制性标准是必须执行的标准。推荐性标准是自愿采用的标准,双方可以合同中确定是否采用。经合同确认的推荐性标准也必须严格执行。

③设计文件。设计文件是施工的依据,同时也是监理依据。施工单位应该按设计文件进行施工。监理单位应按照设计文件对施工活动进行监督管理。

④工程承包合同。工程承包合同是建设单位和施工单位依法签订的,为完成商定的某

项建筑工程,明确相互权利和义务关系的协议。工程承包合同依法订立,任何一方不得擅自变更或解除合同。监理单位应当依据工程承包合同的约定,监督施工单位是否全面履行合同规定的义务。

(2) 工程监理单位的质量责任

监理单位对施工质量承担监理责任,主要有违法责任和违约责任两个方面。如果监理单位故意弄虚作假,降低工程质量标准,造成质量事故的,要按照《建筑法》及《建设工程质量管理条例》的规定,承担相应的法律责任。根据《建设工程质量管理条例》第六十七、第六十八条对监理单位的违法责任的规定,工程监理单位与承包单位串通,谋取非法利益,给建设单位造成损失的,应当与承包单位承担连带赔偿责任。

如果监理单位在责任期内,不按照监理合同约定履行监理职责,给建设单位或其他单位造成损失的,属违约责任,应当向建设单位赔偿。

4) 工程监理的职责和权限

《建设工程质量管理条例》第三十七条规定:"工程监理单位应当选派具备相应资格的总监理工程师和监理工程师进驻施工现场。未经监理工程师签字,建筑材料、建筑构配件和设备不得在工程上使用或者安装,施工单位不得进行下一道工序的施工。未经总监理工程师签字,建设单位不拨付工程款,不进行竣工验收。"

监理单位应根据所承担的监理任务,组建驻工地监理机构。监理机构一般由总监理工程师、监理工程师和其他监理人员组成。

监理工程师拥有对建筑材料、建筑构配件和设备以及每道施工工序的检查权。在施工过程中,监理工程师对工序、建筑材料、构配件和设备进行检查、检验,根据检查、检验的结果来确定是否允许建筑材料、构配件、设备在工程上使用;对每道施工工序的作业成果进行检查,并根据检查结构决定是否允许进行下一道工序的施工,对于不符合规范和质量标准的工序、分部分项工程,有权要求施工单位停工整改、返工。

工程监理实行总监理工程师负责制。总监理工程师享有合同赋予监理单位的全部权利,全面负责受委托的监理工作。总监理工程师在授权范围内发布有关指令,签认所监理的工程项目有关款项的支付凭证。没有总监理工程师签字,建设单位不向施工单位拨付工程款,没有总监理工程师签字,建设单位也不组织进行竣工验收。总监理工程师有权建议撤销不合格的工程建设分包单位和项目负责人及有关人员。

5) 工程监理的形式

《建设工程质量管理条例》第三十八条规定:"监理工程师应当按照工程监理规范的要求,采取旁站、巡视和平行检验等形式,对建设工程实施监理。"

首先,由于工程施工的不可逆性,监理要对整个工程的施工过程网络实施全面控制,以各个工序的过程质量来保证整个工程的总体质量,旁站、巡视、平行检验等形式,充分体现了抓工序质量来保证总体质量的概念。其次,监理不能仅仅是事后把关,而要对施工过程实施预控,上述形式,对本道工序是过程控制,而对后续工序则又是预控手段。再次,上述形式不能理解为监理单位控制措施可以代替施工单位质量体系的作用,而应强制监理单位通过上述形式,及时、有效地监督施工单位发挥自身质量体系的作用,以达到"双管齐下"的效果。

所谓"旁站"是指对工程施工中有关地基和结构安全的关键工序和关键施工过程,进行连续不断地监督检查或检验的监理活动,有时甚至要连续跟班监理。"巡视"主要是强调除了关键点的质量控制外,监理工程师还应对施工现场进行面上的巡查监理。"平行检验"主要是强调监理单位对施工单位已经检验的工程应及时进行检验。对于关键性、较大体量的工程实物,采取分段后平行检验的方式,有利于及时发现质量问题,及时采取措施予以纠正。

应用案例 6-4

某建筑公司承建某一住宅楼工程的施工。在装修阶段,施工单位将工程分包给了某工程劳务公司,并签订了分包合同。在施工过程中,由于该分包单位在另一工地人员紧张,于是将此工地的油工调到另一工地,造成了此工地油工活进度缓慢。施工单位要求分包方调派充足人手以确保进度。此种情况下,总包项目部生产副经理向分包方推荐了一支油工队伍,于是分包方雇用了该队伍,将剩余的油工活交与该队伍完成,包工包料。

在工程交付使用之后,发现墙体面层泥子开裂、掉皮严重,经判断,系属油工活所用材料质量不合格。由于问题普遍,造成了业主大范围向建设单位索赔,给建设单位造成了一定的经济损失。

为此,建设单位向施工单位、监理单位提出索赔,要求:

(1)施工方负责将存在质量问题的墙面返工;

(2)监理单位无偿对返工阶段的工程进行监理;

(3)要求施工、监理双方负担赔偿责任。

监理方认为:分包方又雇佣一支队伍进行施工的行为属于转包,而且是在总包的授意下进行的,属于违法行为,与监理方无关。

施工方认为:此问题是分包方监管不力所致,与总包方无关;当然自己作为总包方也不能在需要维修时袖手旁观,但要求支付维修费用3万元。

分包方的说法是:此油工队伍是总包方领导推荐的,而且是包工包料,自己没法管,因此责任是总包方的。

各方就责任归属争执不下。

【问题】

施工方、监理方、分包方各自的说法是否正确? 三方应各负什么责任?

【案例分析】

三方的说法均错误。

监理方在施工阶段并没有对转包的行为有任何异议,也并未发现在工程中所用的材料不合格,未能及时发现质量隐患,属于监管不到位,应负监理失职责任。

施工单位作为总包方,对项目的质量和质量保修工作应向发包方负责;分包方应就分包工程的质量向总包方负责;总包方对分包方的工程质量向发包方承担连带责任。总包方与分包方是承包合同的共同债务人,共同对发包人负责。因此,应当由总包方、分包方共同对建设方承担连带责任。

6.3.4 政府部门工程质量监督管理的相关规定

为了确保建设工程质量,保障公共安全,保护人民群众生命和财产安全,政府必须加强建设工程质量的监督管理。因此,在《建设工程质量管理条例》中用了专门一章来规定政府有关部门对建设工程质量的监督管理,主要内容包括建设工程质量监督管理职责、范围的划分,质量监督管理工作的实施机构和有权采取的强制性措施,建设工程竣工验收备案制度,建设工程质量事故报告制度等规定。

1)我国的建设工程质量监督管理体制

《建设工程质量管理条例》第四十三条规定:"国家实行建设工程质量监督管理制度。国务院建设行政主管部门对全国的建设工程质量实施统一监督管理。国务院铁路、交通、水利等有关部门按照国务院规定的职责分工,负责对全国的有关专业建设工程质量的监督管理。县级以上地方人民政府建设行政主管部门对本行政区域内的建设工程质量实施监督管理。县级以上地方人民政府交通、水利等有关部门在各自的职责范围内,负责对本行政区域内的专业建设工程质量的监督管理。"这一条款明确了国家实行建设工程质量监督管理制度,并规定了建设工程质量监督管理体制。

国家对工程质量的监督管理主要是以保证建筑工程使用安全和环境质量为主要目的,以法律、法规和强制性标准为依据,以地基、主体结构、环境质量和与此相关的工程建设各方主体的质量行为为主要内容,以施工许可制度和竣工验收备案制度为主要手段。这种监督管理并不局限于某一个阶段或某一个方面,而是贯穿于建设活动的全过程,并适用于建设单位、勘察单位、设计单位、建筑施工单位、工程建设监理单位。

此条款规定的国家建设工程质量监督管理体制,是实行国务院建设行政主管部门统一监督管理,各专业部门按照国务院确定的职责分别对其管理范围内的专业工程进行监督管理。这种管理体制明确了政府各部门的职责,职权划分清晰,权力与职责一致,谁管理谁负责,有利于对建设工程质量实施监督管理。

同时,《建设工程质量管理条例》第四十六条规定:"建设工程质量监督管理,可以由建设行政主管部门或者其他有关部门委托的建设工程质量监督机构具体实施。从事房屋建筑工程和市政基础设施工程质量监督的机构,必须按照国家有关规定经国务院建设行政主管部门或者省、自治区、直辖市人民政府建设行政主管部门考核;从事专业建设工程质量监督的机构,必须按照国家有关规定经国务院有关部门或者省、自治区、直辖市人民政府有关部门考核。经考核合格后,方可实施质量监督。"

建设工程质量监督机构是指经建设行政主管部门或其他有关部门考核,具有独立法人资格的单位。它受政府建设行政主管部门或有关专业部门的委托,对建设工程质量具体实施监督管理,并对委托的政府有关部门负责。

在政府加强监督的同时,还要发挥社会监督的巨大作用,《建设工程质量管理条例》第五十三条规定:"任何单位和个人对建设工程的质量事故、质量缺陷都有权检举、控告、投诉。"

2)政府监督检查的内容和有权采取的措施

《建设工程质量管理条例》第四十四条、第四十七条规定,国务院建设行政主管部门和国务院铁路、交通、水利等有关部门以及县级以上地方人民政府建设行政主管部门和其他有关部门,应当加强对有关建设工程质量的法律、法规和强制性标准执行情况的监督检查。

同时,《建设工程质量管理条例》第四十八条规定,县级以上人民政府建设行政主管部门和其他有关部门履行监督检查职责时,有权采取下列措施:

（1）要求被检查的单位提供有关工程质量的文件和资料；

（2）进入被检查单位的施工现场进行检查；

（3）发现有影响工程质量的问题时，责令改正。

有关单位和个人对县级以上人民政府建设行政主管部门和其他有关部门进行的监督检查应当支持与配合，不得拒绝或者阻碍建设工程质量监督检查人员依法执行职务。

3）禁止滥用权力的行为

《建设工程质量管理条例》第五十一条规定："供水、供电、供气、公安消防等部门或者单位不得明示或者暗示建设单位、施工单位购买其指定的生产供应单位的建筑材料、建筑构配件和设备。"

目前，有关部门和单位指定生产厂家或产品的现象很多，如建设单位或施工单位不采用，就在竣工验收时故意刁难或不予验收，不准投入使用。政府有关部门这种滥用职权的行为，是法律所不允许的。

4）建设工程质量事故报告制度

为了做到建设工程质量事故发生后，能及时上报并认真组织调查和处理，以有利于维护国家财产和人民生命安全，《建设工程质量管理条例》对质量事故的报告作出了规定。

《建设工程质量管理条例》第五十二条规定："建设工程发生质量事故，有关单位应当在24小时内向当地建设行政主管部门和其他有关部门报告。对重大质量事故，事故发生地的建设行政主管部门和其他有关部门应按照事故类别和等级向当地人民政府和上级建设行政主管部门和其他有关部门报告。特别重大质量事故的调查程序按照国务院有关规定办理。"

根据国务院《生产安全事故报告和调查处理条例》第九条至第十三条的规定，事故发生后，事故现场有关人员应当立即向本单位负责人报告；单位负责人接到报告后，应当于1小时内向事故发生地县级以上人民政府安全生产监督管理部门和负有安全生产监督管理职责的有关部门报告。情况紧急时，事故现场有关人员可以直接向事故发生地县级以上人民政府安全生产监督管理部门和负有安全生产监督管理职责的有关部门报告。

安全生产监督管理部门和负有安全生产监督管理职责的有关部门依照规定上报事故情况，应当同时报告本级人民政府。国务院安全生产监督管理部门和负有安全生产监督管理职责的有关部门以及省级人民政府接到发生特别重大事故、重大事故的报告后，应当立即报告国务院。必要时，安全生产监督管理部门和负有安全生产监督管理职责的有关部门可以越级上报事故情况。

安全生产监督管理部门和负有安全生产监督管理职责的有关部门逐级上报事故情况，每级上报的时间不得超过2小时。

事故报告后出现新情况的，应当及时补报。自事故发生之日起30日内，事故造成的伤亡人数发生变化的，应当及时补报。道路交通事故、火灾事故自发生之日起7日内，事故造成的伤亡人数发生变化的，应当及时补报。

6.4 建设工程竣工验收制度

工程项目的竣工验收是施工全过程的最后一道程序，也是工程项目管理的最后一项工作。它是建设投资成果转入生产或者使用的标志,也是全面考核投资效益、检验设计和施工质量的重要环节。《建筑法》第六十一条规定,建筑工程竣工经验收合格后,方可交付使用;未经验收或者验收不合格的,不得交付使用。

6.4.1 竣工验收的主体和法定条件

1)建设工程竣工验收的主体

《建设工程质量管理条例》第十六条规定,建设单位收到建设工程竣工报告后,应当组织设计、施工、工程监理等有关单位进行竣工验收。

对工程进行竣工检查和验收,是建设单位法定的权利和义务。建设工程完工后,承包单位应当按照国家竣工验收有关规定,向建设单位提供完整的竣工资料和竣工验收报告,提请建设单位组织竣工验收。建设单位收到竣工验收报告后,应及时组织有设计、施工、工程监理单位参加的竣工验收,检查整个建设项目是早已按设计要求和合同约定全部建设完成,并符合竣工验收条件。

2)竣工验收应当具备的法定条件

《建筑法》第六十一条规定:"交付竣工验收的建筑工程,必须符合规定的建筑工程质量标准,有完整的工程技术经济资料和经签署的工程保修书,并具备国家规定的其他竣工条件。"

《建设工程质量管理条例》第十六条进一步规定:"建设工程竣工验收应当具备下列条件:(一)完成建设工程设计和合同约定的各项内容;(二)有完整的技术档案和施工管理资料;(三)有工程使用的主要建筑材料、建筑构配件和设备的进场试验报告;(四)有勘察、设计、施工、工程监理等单位分别签署的质量合格文件;(五)有施工单位签署的工程保修书。建设工程经验收合格的,方可交付使用。"

没有经过竣工验收或者经过竣工验收确定为不合格的建设工程,不得交付使用。如果建设单位为提前获得投资效益,在工程未经验收即前投产使用是违法的,由此所发生的质量问题,建设单位要承担责任。

为贯彻《建设工程质量管理条例》,规范房屋建筑和市政基础设施工程的竣工验收,保证工程质量,2013 年 12 月住建部印发的《房屋建筑和市政基础设施工程竣工验收规定》(建质〔2013〕171 号)第五条也明确规定,工程符合下列要求方可进行竣工验收:

建质〔2013〕171号

①完成工程设计和合同约定的各项内容。

②施工单位在工程完工后对工程质量进行了检查,确认工程质量符合有关法律、法规和工程建设强制性标准,符合设计文件及合同要求,并提出工程竣工报告。工程竣工报告应经项目经理和施工单位有关负责人审核签字。

③对于委托监理的工程项目,监理单位对工程进行了质量评估,具有完整的监理资料,并提出工程质量评估报告。工程质量评估报告应经总监理工程师和监理单位有关负责人审核签字。

④勘察、设计单位对勘察、设计文件及施工过程中由设计单位签署的设计变更通知书进

行了检查,并提出质量检查报告。质量检查报告应经该项目勘察、设计负责人和勘察、设计单位有关负责人审核签字。

⑤有完整的技术档案和施工管理资料。

⑥有工程使用的主要建筑材料、建筑构配件和设备的进场试验报告,以及工程质量检测和功能性试验资料。

⑦建设单位已按合同约定支付工程款。

⑧有施工单位签署的工程质量保修书。

⑨对于住宅工程,进行分户验收并验收合格,建设单位按户出具《住宅工程质量分户验收表》。

⑩建设主管部门及工程质量监督机构责令整改的问题全部整改完毕。

⑪法律、法规规定的其他条件。

工程验收通过后,承包单位应当按照国家有关规定和合同约定的时间、方式向建设单位提出结算报告,建设单位在审查结算报告后,应当在合同约定的时间内将拨款通知送经办银行,承包单位收到工程款后将竣工的工程交付建设单位,建设单位接收该工程。至此,完成竣工交付工作。

6.4.2　竣工验收的程序

1)工程竣工验收的程序

《房屋建筑和市政基础设施工程竣工验收规定》第六条规定,工程竣工验收应当按以下程序进行:

①工程完工后,施工单位向建设单位提交工程竣工报告,申请工程竣工验收。实行监理的工程,工程竣工报告须经总监理工程师签署意见。

②建设单位收到工程竣工报告后,对符合竣工验收要求的工程,组织勘察、设计、施工、监理等单位组成验收组,制定验收方案。对于重大工程和技术复杂工程,根据需要可邀请有关专家参加验收组。

③建设单位应当在工程竣工验收7个工作日前将验收的时间、地点及验收组名单书面通知负责监督该工程的工程质量监督机构。

④建设单位组织工程竣工验收。

a.建设、勘察、设计、施工、监理单位分别汇报工程合同履约情况和在工程建设各个环节执行法律、法规和工程建设强制性标准的情况;

b.审阅建设、勘察、设计、施工、监理单位的工程档案资料;

c.实地查验工程质量;

d.对工程勘察、设计、施工、设备安装质量和各管理环节等方面作出全面评价,形成经验收组人员签署的工程竣工验收意见。

参与工程竣工验收的建设、勘察、设计、施工、监理等各方不能形成一致意见时,应当协商提出解决的方法,待意见一致后,重新组织工程竣工验收。

2)工程竣工验收报告的内容

同时,《房屋建筑和市政基础设施工程竣工验收规定》第七条和第八条继续规定,工程竣工验收合格后,建设单位应当及时提出工程竣工验收报告。工程竣工验收报告主要包括工程概况,建设单位执行基本建设程序情况,对工程勘察、设计、施工、监理等方面的评价,工程竣工验收时间、程序、内容和组织形式,工程竣工验收意见等内容。

工程竣工验收报告还应附有下列文件:

①施工许可证。

②施工图设计文件审查意见。

③工程竣工报告、工程质量评估报告、质量检查报告、工程质量保修书。

④验收组人员签署的工程竣工验收意见。

⑤法规、规章规定的其他有关文件。

负责监督该工程的工程质量监督机构应当对工程竣工验收的组织形式、验收程序、执行验收标准等情况进行现场监督,发现有违反建设工程质量管理规定行为的,责令改正,并将对工程竣工验收的监督情况作为工程质量监督报告的重要内容。

6.4.3 规划、消防、节能、环保等验收的规定

《建设工程质量管理条例》第四十九条规定,建设单位应当自建设工程竣工验收合格之日起 15 日内,将建设工程竣工验收报告和规划、公安消防、环保等部门出具的认可文件或者准许使用文件报建设行政主管部门或者其他有关部门备案。

1)建设工程竣工规划验收

《城乡规划法》第四十五条规定:"县级以上地方人民政府城乡规划主管部门按照国务院规定对建设工程是否符合规划条件予以核实。未经核实或者经核实不符合规划条件的,建设单位不得组织竣工验收。建设单位应当在竣工验收后六个月内向城乡规划主管部门报送有关竣工验收资料。"

建设工程竣工后,建设单位应当依法向城乡规划行政主管部门提出竣工规划验收申请,由城乡规划行政主管部门按照选址意见书、建设用地规划许可证、建设工程规划许可证、乡村建设规划许可证及其有关规划的要求,对建设工程进行规划验收,包括对建设用地范围内的各项工程建设情况、建筑物的使用性质、位置、间距、层数、标高、平面、立面、外墙装饰材料和色彩、各类配套服务设施、临时施工用房、施工场地等进行全面核查,并作出验收记录。对于验收合格的,由城乡规划行政主管部门出具规划认可文件或核发建设工程竣工规划验收合格证。

《城乡规划法》第六十七条还规定:"建设单位未在建设工程竣工验收后六个月内向城乡规划主管部门报送有关竣工验收资料的,由所在地城市、县人民政府城乡规划主管部门责令限期补报;逾期不补报的,处一万元以上五万元以下的罚款。"

2)建设工程竣工消防验收

根据《消防法》第十三条规定,按照国家工程建设消防技术标准需要进行消防设计的建设工程竣工,依照下列规定进行消防验收、备案:

①国务院公安部门规定的大型的人员密集场所和其他特殊建设工程,建设单位应当向公安机关消防机构申请消防验收;

②其他建设工程,建设单位在验收后应当报公安机关消防机构备案,公安机关消防机构应当进行抽查。

依法应当进行消防验收的建设工程,未经消防验收或者消防验收不合格的,禁止投入使用;其他建设工程经依法抽查不合格的,应当停止使用。

公安部《建设工程消防监督管理规定》第二十一条进一步规定:"建设单位申请消防验收应当提供下列材料:(一)建设工程消防验收申报表;(二)工程竣工验收报告和有关消防设施的工程竣工图纸;(三)消防产品质量合格证明文件;(四)具有防火性能要求的建筑构件、建筑材料、装修材料符合国家标准或者行业标准的证明文件、出厂合格证;(五)消防设施检测合格证明文件;(六)施工、工程监理、检测单位的合法身份证明和资质等级证明文件;(七)建设单位的工商营业执照等合法身份证明文件;(八)法律、行政法规规定的其他材料。"

《建设工程消防监督管理规定》第二十二条和第二十三条继续规定:"公安机关消防机构应当自受理消防验收申请之日起20日内组织消防验收,并出具消防验收意见。公安机关消防机构对申报消防验收的建设工程,应当依照建设工程消防验收评定标准对已经消防设计审核合格的内容组织消防验收。对综合评定结论为合格的建设工程,公安机关消防机构应当出具消防验收合格意见;对综合评定结论为不合格的,应当出具消防验收不合格意见,并说明理由。"

3) 建设工程竣工环保验收

2017年7月国务院修订的《建设项目环境保护管理条例》第十五条规定:"建设项目需要配套建设的环境保护设施,必须与主体工程同时设计、同时施工、同时投产使用。"

《建设项目环境保护管理条例》

《建设项目环境保护管理条例》第十七条至第十九条规定:"编制环境影响报告书、环境影响报告表的建设项目竣工后,建设单位应当按照国务院生态环境主管部门规定的标准和程序,对配套建设的环境保护设施进行验收,编制验收报告。建设单位在环境保护设施验收过程中,应当如实查验、监测、记载建设项目环境保护设施的建设和调试情况,不得弄虚作假。除按照国家规定需要保密的情形外,建设单位应当依法向社会公开验收报告。

分期建设、分期投入生产或者使用的建设项目,其相应的环境保护设施应当分期验收。

《节约能源法》

编制环境影响报告书、环境影响报告表的建设项目,其配套建设的环境保护设施经验收合格,方可投入生产或者使用;未经验收或者验收不合格的,不得投入生产或者使用。前款规定的建设项目投入生产或者使用后,应当按照国务院生态环境主管部门的规定开展环境影响后评价。"

4) 建筑工程节能验收

2018年10月修改的《节约能源法》第三十五条规定:"建筑工程的建设、设计、施工和监理单位应当遵守建筑节能标准。不符合建筑节能标准的建筑工程,建设主管部门不得批准开工建设;已经开工建设的,应当责令停止施工、限期改正;已经建成的,不得销售或者使用。

建设主管部门应当加强对在建建筑工程执行建筑节能标准情况的监督检查。"

2008 年 8 月国务院发布的《民用建筑节能条例》第十七条进一步规定:"建设单位组织竣工验收,应当对民用建筑是否符合民用建筑节能强制性标准进行查验;对不符合民用建筑节能强制性标准的,不得出具竣工验收合格报告。"

《民用建筑节能条例》

建筑节能工程施工质量的验收,主要应按照国家标准《建筑节能工程施工质量验收规范》(GB 50411—2007)以及《建筑工程施工质量验收统一标准》(GB 50300—2013)、各专业工程施工质量验收规范等执行。单位工程竣工验收应在建筑节能分部工程验收合格后进行。

建筑节能工程为单位建筑工程的一个分部工程,并按规定划分为分项工程和检验批。建筑节能工程应按照分项工程进行验收,如墙体节能工程、幕墙节能工程、门窗节能工程、屋面节能工程、地面节能工程、采暖节能工程、通风与空气调节节能工程、配电与照明节能工程等。当建筑节能分项工程的工程量较大时,可以将分项工程划分为若干个检验批进行验收。当建筑节能工程验收无法按照要求划分分项工程或检验批时,可由建设、施工、监理等各方协商进行划分。但验收项目、验收内容、验收标准和验收记录均应遵守《建筑节能工程施工质量验收规范》(GB 50411—2007)的规定。

(1)建筑节能分部工程进行质量验收的条件

建筑节能分部工程的质量验收,应在检验批、分项工程全部合格的基础上,进行建筑围护结构的外墙节能构造实体检验,严寒、寒冷和夏热冬冷地区的外窗气密性现场检测,以及系统节能性能检测和系统联合试运转与调试,确认建筑节能工程质量达到验收的条件后方可进行。

(2)建筑节能分部工程验收的组织

建筑节能工程验收的程序和组织应遵守《建筑工程施工质量验收统一标准》(GB 50300—2013)的要求,并符合下列规定:

①节能工程的检验批验收和隐蔽工程验收应由监理工程师主持,施工单位相关专业的质量检查员与施工员参加;

②节能分项工程验收应由监理工程师主持,施工单位项目技术负责人和相关专业的质量检查员、施工员参加,必要时可邀请设计单位相关专业的人员参加;

③节能分部工程验收应由总监理工程师(建设单位项目负责人)主持,施工单位项目经理、项目技术负责人和相关专业的质量检查员、施工员参加,施工单位的质量或技术负责人应参加,设计单位节能设计人员应参加。

(3)建筑节能工程专项验收应注意事项

①建筑节能工程验收重点是检查建筑节能工程效果是否满足设计及规范要求,监理和施工单位应加强和重视节能验收工作,对验收中发现的工程实物质量问题及时解决。

②工程项目存在以下问题之一的,监理单位不得组织节能工程验收:a.未完成建筑节能工程设计内容的;b.隐蔽验收记录等技术档案和施工管理资料不完整的;c.工程使用的主要建筑材料、建筑构配件和设备未提供进场检验报告的,未提供相关的节能性检测报告的;d.工程存在违反强制性条文的质量问题而未整改完毕的;e.对监督机构发出的责令整改内容未整改完毕的;f.存在其他违反法律、法规行为而未处理完毕的。

③工程项目验收存在以下问题之一的,应重新组织建筑节能工程验收:a.验收组织机构不符合法规及规范要求的;b.参加验收人员不具备相应资格的;c.参加验收各方主体验收意见不一致的;d.验收程序和执行标准不符合要求的;e.各方提出的问题未整改完毕的。

④单位工程在办理竣工备案时应提交建筑节能相关资料,不符合要求的不予备案。

6.4.4 竣工结算、质量争议的规定

竣工验收是工程建设活动的最后阶段。在此阶段,建设单位与施工单位容易就合同价款结算、质量缺陷等引起纠纷,导致建设工程不能及时办理竣工验收或完成竣工验收。

1)工程竣工结算

《民法典》第七百九十九条规定:"建设工程竣工后,发包人应当根据施工图纸及说明书、国家颁发的施工验收规范和质量检验标准及时进行验收。验收合格的,发包人应当按照约定支付价款,并接收该建设工程。"《建筑法》第十八条也规定,发包单位应当按照合同的约定,及时拨付工程款项。

(1)工程竣工结算方式与编审

《建设工程价款结算暂行办法》(财建〔2004〕369号)第十四条规定:"工程完工后,双方应按照约定的合同价款及合同价款调整内容以及索赔事项,进行工程竣工结算。工程竣工结算分为单位工程竣工结算、单项工程竣工结算和建设项目竣工总结算。"

《建设工程价款结算暂行办法》第十四条继续规定:

单位工程竣工结算由承包人编制,发包人审查;实行总承包的工程,由具体承包人编制,在总包人审查的基础上,发包人审查。

单项工程竣工结算或建设项目竣工总结算由总(承)包人编制,发包人可直接进行审查,也可以委托具有相应资质的工程造价咨询机构进行审查。政府投资项目,由同级财政部门审查。单项工程竣工结算或建设项目竣工总结算经发、承包人签字盖章后有效。

承包人应在合同约定期限内完成项目竣工结算编制工作,未在规定期限内完成的并且提不出正当理由延期的,责任自负。

(2)工程竣工结算审查期限

《建设工程价款结算暂行办法》第十四条还规定,单项工程竣工后,承包人应在提交竣工验收报告的同时,向发包人递交竣工结算报告及完整的结算资料,发包人应按以下规定时限进行核对(审查)并提出审查意见:

①500万元以下,从接到竣工结算报告和完整的竣工结算资料之日起20天;

②500万元~2000万元,从接到竣工结算报告和完整的竣工结算资料之日起30天;

③2000万元~5000万元,从接到竣工结算报告和完整的竣工结算资料之日起45天;

④5000万元以上,从接到竣工结算报告和完整的竣工结算资料之日起60天。

建设项目竣工总结算在最后一个单项工程竣工结算审查确认后15天内汇总,送发包人后30天内审查完成。

(3)工程竣工价款结算

《建设工程价款结算暂行办法》第十四条继续规定,发包人收到承包人递交的竣工结算报告及完整的结算资料后,应按本办法规定的期限(合同约定有期限的,从其约定)进行核

实,给予确认或者提出修改意见。发包人根据确认的竣工结算报告向承包人支付工程竣工结算价款,保留 5% 左右的质量保证(保修)金,待工程交付使用一年质保期到期后清算(合同另有约定的,从其约定),质保期内如有返修,发生费用应在质量保证(保修)金内扣除。

《建设工程价款结算暂行办法》第十七条规定:"工程竣工结算以合同工期为准,实际施工工期比合同工期提前或延后,发、承包双方应按合同约定的奖惩办法执行。"

(4)索赔及合同以外零星项目工程价款结算

《建设工程价款结算暂行办法》第十四条继续规定:

发承包人未能按合同约定履行自己的各项义务或发生错误,给另一方造成经济损失的,由受损方按合同约定提出索赔,索赔金额按合同约定支付。

发包人要求承包人完成合同以外零星项目,承包人应在接受发包人要求的 7 天内就用工数量和单价、机械台班数量和单价、使用材料和金额等向发包人提出施工签证,发包人签证后施工,如发包人未签证,承包人施工后发生争议的,责任由承包人自负。

《建设工程价款结算暂行办法》第十五条规定:"发包人和承包人要加强施工现场的造价控制,及时对工程合同外的事项如实纪录并履行书面手续。凡由发、承包双方授权的现场代表签字的现场签证以及发、承包双方协商确定的索赔等费用,应在工程竣工结算中如实办理,不得因发、承包双方现场代表的中途变更改变其有效性。"

(5)未按规定时限办理事项的处理

《建设工程价款结算暂行办法》第十六条规定:

发包人收到竣工结算报告及完整的结算资料后,在本办法规定或合同约定期限内,对结算报告及资料没有提出意见,则视同认可。

承包人如未在规定时间内提供完整的工程竣工结算资料,经发包人催促后 14 天内仍未提供或没有明确答复,发包人有权根据已有资料进行审查,责任由承包人自负。

根据确认的竣工结算报告,承包人向发包人申请支付工程竣工结算款。发包人应在收到申请后 15 天内支付结算款,到期没有支付的应承担违约责任。承包人可以催告发包人支付结算价款,如达成延期支付协议,承包人应按同期银行贷款利率支付拖欠工程价款的利息。如未达成延期支付协议,承包人可以与发包人协商将该工程折价,或申请人民法院将该工程依法拍卖,承包人就该工程折价或者拍卖的价款优先受偿。

(6)工程价款结算争议处理

《建设工程价款结算暂行办法》第十八条规定:"工程造价咨询机构接受发包人或承包人委托,编审工程竣工结算,应按合同约定和实际履约事项认真办理,出具的竣工结算报告经发、承包双方签字后生效。当事人一方对报告有异议的,可对工程结算中有异议部分,向有关部门申请咨询后协商处理,若不能达成一致的,双方可按合同约定的争议或纠纷解决程序办理。"

《建设工程价款结算暂行办法》第十九条规定:"发包人对工程质量有异议,已竣工验收或已竣工未验收但实际投入使用的工程,其质量争议按该工程保修合同执行;已竣工未验收且未实际投入使用的工程以及停工、停建工程的质量争议,应当就有争议部分的竣工结算暂缓办理,双方可就有争议的工程委托有资质的检测鉴定机构进行检测,根据检测结果确定解决方案,或按工程质量监督机构的处理决定执行,其余部分的竣工结算依照约定办理。"

《建设工程价款结算暂行办法》第二十条规定:"当事人对工程造价发生合同纠纷时,可通过下列办法解决:(一)双方协商确定;(二)按合同条款约定的办法提请调解;(三)向有关仲裁机构申请仲裁或向人民法院起诉。"

《最高人民法院关于审理建设工程施工合同纠纷案件适用法律问题的解释(一)》(法释〔2020〕25号)第十九条规定,当事人对建设工程的计价标准或者计价方法有约定的,按照约定结算工程价款。因设计变更导致建设工程的工程量或质量标准发生变化,当事人对该部分工程价款不能协商一致的,可以参照签订建设工程施工合同时当地建设行政主管部门发布的计价方法或者计价标准结算工程价款。

(7)工程价款结算管理

《建设工程价款结算暂行办法》第二十一条规定:"工程竣工后,发、承包双方应及时办清工程竣工结算。否则,工程不得交付使用,有关部门不予办理权属登记。"

2)竣工工程质量争议的处理

《建筑法》第六十条规定,建筑工程竣工时,屋顶、墙面不得留有渗漏、开裂等质量缺陷;对已发现的质量缺陷,建筑施工企业应当修复。《建设工程质量管理条例》第三十二条也规定:"施工单位对施工中出现质量问题的建设工程或者竣工验收不合格的建设工程,应当负责返修。"

据此,建设工程竣工时发现的质量问题或者质量缺陷,无论是建设单位的责任还是施工单位的责任,施工单位都有义务进行修复或返修。但是,对于非施工单位原因出现的质量问题或质量缺陷,其返修的费用和造成的损失是应由责任方承担的。

(1)承包方责任的处理

《民法典》第八百零一条规定,因施工人的原因致使建筑工程质量不符合约定的,发包人有权要求施工人在合理期限内无偿修理或者返工、改建。

《民法典》第七百八十一条规定:"承揽人交付的工作成果不符合质量要求的,定作人可以要求承揽人承担修理、重作、减少报酬、赔偿损失等违约责任"。

因此,由于承包人原因造成的工程质量不符合约定,承包人首先应当承担修复义务,具体体现为修理、返工或者改建,以达到约定的质量要求和标准。

如果承包人拒绝修理、返工或改建的,《最高人民法院关于审理建设工程施工合同纠纷案件适用法律问题的解释(一)》(法释〔2020〕25号)第十二条规定:"因承包人的原因造成建设工程质量不符合约定,承包人拒绝修理、返工或者改建,发包人请求减少支付工程价款的,人民法院应予支持。"

(2)发包方责任的处理

《建筑法》第五十四条规定,建设单位不得以任何理由,要求建筑设计单位或者建筑施工企业在工程设计或者施工作业中,违反法律、行政法规和建筑质量、安全标准,降低工程质量。

《最高人民法院关于审理建设工程施工合同纠纷案件适用法律问题的解释(一)》(法释〔2020〕25号)第十三条规定,发包人具有下列情形之一,造成建设工程质量缺陷,应当承担过错责任:

①提供的设计有缺陷。

②提供或者指定购买的建筑材料、建筑构配件、设备不符合强制性标准。

③直接指定分包人分包专业工程。

（3）未经竣工验收擅自使用的处理

《建筑法》第六十一条、《民法典》第七百九十九条、《建设工程质量管理条例》第十六条均规定，建设工程竣工经验收合格后，方可交付使用；未经验收或验收不合格的，不得交付使用。

在实践中，一些建设单位出于各种原因，往往未经验收就擅自提前占有使用建设工程。为此，《最高人民法院关于审理建设工程施工合同纠纷案件适用法律问题的解释（一）》（法释〔2020〕25号）第十四条规定："建设工程未经竣工验收，发包人擅自使用后，又以使用部分质量不符合约定为由主张权利的，人民法院不予支持；但是承包人应当在建设工程的合理使用寿命内对地基基础工程和主体结构质量承担民事责任。"

根据本条规定，在建设工程未经过竣工验收或者验收未通过的情况下，发包人违反法律规定，擅自或强行使用，即可视为发包人对建筑工程质量是认可的，或者虽然工程质量不合格其自愿承担质量责任。因为发包人使用未经验收的工程，其应当预见工程质量可能会存在质量问题，而且使用验收不合格的建筑工程就更直接说明发包人对不合格工程予以认可。随着发包人的提前使用，其工程质量责任风险也由施工单位随之转移给发包人，而且工程交付的时间，亦可认定为发包人提前使用的时间。但发包人仅对其擅自使用部分承担工程质量风险责任，就是说对未使用部分，其质量责任仍然由施工单位承担。

根据《建筑法》第六十条第一款的规定："建筑物在合理使用寿命内，必须确保地基基础工程和主体结构的质量。"无论建筑工程是否经进验收、发包人是否擅自使用，如果建筑工程在合理使用寿命内地基基础工程和主体结构质量出现问题，承包人仍然要承担责任。该规定是法律强制性规定，其要求承包人必须确保地基基础工程和主体结构质量在建筑物合理使用寿命内不能出现问题，这是承包人依照法律规定必须履行的工程质量保证义务，如果出现问题承包人就必须承担民事责任。

应用案例 6-5

某年2月，某外国语学院与某建筑公司签订了一项建设工程承包合同，由建筑公司为外语学院建设图书馆。合同约定：建筑面积7 600平方米，高9层，总造价1 080万元；由外语学院提供建设材料指标，建筑公司包工包料；次年8月10日竣工验收，验收合格后交付使用；交付使用后，如果在一年之内发生较大质量问题，由施工方负责修复；工程费的结算，开工前付工程材料费50%，主体工程完工后付30%，余额于验收合格后全部结清；如延期竣工，建筑公司偿付延期交付的违约金。

第二年该工程如期竣工。验收时，外语学院发现该图书馆的阅览室隔音效果不符合约定，楼顶也不符合要求，地板、墙壁等多处没能达到国家规定的建筑质量标准。为此，外语学院要求建筑公司返工修理后再验收，建筑公司拒绝返工修理，认为不影响使用。双方协商不成，外语学院以建设工程质量不符合约定为由诉至法院。法院判决建筑公司对不合格工程进行返工、修理。

【问题】

法院认定建筑公司承担修理、返工的责任是否正确？为什么？

【案例分析】

正确。在该案中,外语学院与建筑公司签订的建设工程承包合同意志表示真实,合法有效。建筑公司应当履行合同约定的义务,保证建设工程的质量,向发包人外语学院交付验收合格的工程。既然建筑公司承建的图书馆经验收查明质量不符合合同的约定,发包人外语学院又要求建筑公司对质量不合格的该工程进行返工、修理,那么建筑公司理应承担返工、修理的责任。根据《民法典》第八百零一条规定"因施工人的原因致使建设工程质量不符合约定的,发包人有权要求施工人在合理期限内无偿修理或者返工、改建。经过修理或者返工、改建后,造成逾期交付的,施工人应当承担违约责任。"建筑公司无理拒绝外语学院的正当要求,显然既违反了双方订立的合同,又违反了法律的规定。因此,法院认定建筑公司承担修理、返工的责任,是完全正确的。如果本法生效后遇到同类案件,建筑公司还应承担修理、返工后逾期交付的违约责任。

6.4.5 竣工验收报告备案的规定

《建设工程质量管理条例》第四十九条规定:"建设单位应当自建设工程竣工验收合格之日起 15 日内,将建设工程竣工验收报告和规划、公安消防、环保等部门出具的认可文件或者准许使用文件报建设行政主管部门或者其他有关部门备案。建设行政主管部门或者其他有关部门发现建设单位在竣工验收过程中有违反国家有关建设工程质量管理规定行为的,责令停止使用,重新组织竣工验收。"

在工程竣工验收阶段,建设单位组织设计、施工、监理等有关单位对施工阶段的质量进行最终检验,以考核质量目标是否符合设计阶段的质量要求。这一阶段是工程建设向交付使用转移的必要环节,体现了工程质量水平的最终结果。《建设工程质量管理条例》确立了竣工验收备案制度,这是政府加强工程质量管理,防止不合格工程流向社会的一个重要手段。

为了加强房屋建筑和市政基础设施工程质量的管理,根据《建设工程质量管理条例》,2009 年 10 月住建部发布了修改后的《房屋建筑和市政基础设施工程竣工验收备案管理办法》。其适用对象是在中华人民共和国境内新建、扩建、改建各类房屋建筑和市政基础设施工程的竣工验收备案。规定国务院住房和城乡建设主管部门负责全国房屋建筑和市政基础设施工程的竣工验收备案管理工作。县级以上地方人民政府建设主管部门负责本行政区域内工程的竣工验收备案管理工作。

《房屋建筑和市政基础设施工程竣工验收备案管理办法》

1)竣工验收备案的时间和需提交的文件

《房屋建筑和市政基础设施工程竣工验收备案管理办法》第四条规定,建设单位应当自工程竣工验收合格之日起 15 日内,依照本办法规定,向工程所在地的县级以上地方人民政府建设主管部门备案。

同时,该办法第五条继续规定,建设单位办理工程竣工验收备案应当提交下列文件:

①工程竣工验收备案表;

②工程竣工验收报告。竣工验收报告应当包括工程报建日期,施工许可证号,施工图设计文件审查意见,勘察、设计、施工、工程监理等单位分别签署的质量合格文件及验收人员签署的竣工验收原始文件,市政基础设施的有关质量检测和功能性试验资料以及备案机关认为需要提供的有关资料;

③法律、行政法规规定应当由规划、环保等部门出具的认可文件或者准许使用文件;

《城市地下管线工程档案管理办法》

④法律规定应当由公安消防部门出具的对大型的人员密集场所和其他特殊建设工程验收合格的证明文件;

⑤施工单位签署的工程质量保修书;

⑥法规、规章规定必须提供的其他文件。

住宅工程还应当提交《住宅质量保证书》和《住宅使用说明书》。

对于地下管线工程的竣工验收备案,2019 年 3 月住建部修改的《城市地下管线工程档案管理办法》第十条和第十一条规定,建设单位在地下管线工程竣工验收备案前,应当向城建档案管理机构移交下列档案资料:

①地下管线工程项目准备阶段文件、监理文件、施工文件、竣工验收文件和竣工图;

②地下管线竣工测量成果;

③其他应当归档的文件资料(电子文件、工程照片、录像等)。

城市供水、排水、燃气、热力、电力、通信等地下管线专业管理单位应当及时向城建档案管理机构移交地下专业管线图。

建设单位向城建档案管理机构移交的档案资料应当符合《建设工程文件归档规范》(GB/T 50328—2014)的要求。

2)竣工验收备案文件的签收和处理

《房屋建筑和市政基础设施工程竣工验收备案管理办法》第六条至第八条继续规定:

备案机关收到建设单位报送的竣工验收备案文件,验证文件齐全后,应当在工程竣工验收备案表上签署文件收讫。工程竣工验收备案表一式两份,一份由建设单位保存,一份留备案机关存档。

工程质量监督机构应当在工程竣工验收之日起 5 日内,向备案机关提交工程质量监督报告。

备案机关发现建设单位在竣工验收过程中有违反国家有关建设工程质量管理规定行为的,应当在收讫竣工验收备案文件 15 日内,责令停止使用,重新组织竣工验收。

6.4.6 建设单位竣工验收归档资料的规定

《建设工程质量管理条例》第十七条规定:"建设单位应当严格按照国家有关档案管理的规定,及时收集、整理建设项目各环节的文件资料,建立健全建设项目档案,并在建设工程竣工验收后,及时向建设行政主管部门或者其他有关部门移交建设项目档案。"

建设工程是百年大计,一般的建筑物设计年限都在 50~70 年,重要的建筑物达 100 年。在建筑物使用期间,会遇到对建筑物的改建(包括装修)、扩建或拆除活动,以及在其周边进行建设活动,评估对该建筑物可能的不利影响等,都要参考原始的勘察、设计、施工资料,因此,所有的建筑活动都应建立完整的建设项目档案。建设单位作为建设工程的投资人和业主,是建设全过程的总负责方,应在合同中明确要求勘察单位、设计单位、施工单位分别提供有关勘察、设计、施工的档案资料,如勘察报告、设计图纸和计算书、竣工图等,及时收集整理,在工程竣工后及时向有关部门移交建设项目档案。

2019年3月住建部修订的《城市建设档案管理规定》第六条、第七条也规定:"建设单位应当在工程竣工验收后三个月内,向城建档案馆报送一套符合规定的建设工程档案。凡建设工程档案不齐全的,应当限期补充。停建、缓建工程的档案,暂由建设单位保管。撤销单位的建设工程档案,应当向上级主管机关或者城建档案馆移交。对改建、扩建和重要部位维修的工程,建设单位应当组织设计、施工单位据实修改、补充和完善原建设工程档案。凡结构和平面布置等改变的,应当重新编制建设工程档案,并在工程竣工后三个月内向城建档案馆报送。"

《城市建设档案管理规定》

施工单位应当按照归档要求制定统一目录,有专业分包工程的,分包单位要按照总承包单位的总体安排做好各项资料整理工作,最后再由总承包单位进行审核、汇总。施工单位一般应当提交的档案资料是:工程技术档案资料、工程质量保证资料、工程检验评定资料、竣工图等。

建设、勘察、设计、施工、监理等单位应将工程文件的形成和积累纳入工程建设管理的各个环节和有关人员的职责范围。勘察、设计、施工、监理等单位应将本单位形成的工程文件立卷后向建设单位移交。

建设工程项目实行总承包的,总包单位负责收集、汇总各分包单位形成的工程档案,并应及时向建设单位移交;各分包单位应将本单位形成的工程文件整理、立卷后及时移交总包单位。建设工程项目由几个单位承包的,各承包单位负责收集、整理立卷其承包项目的工程文件,并应及时向建设单位移交。

城建档案管理机构应对工程文件的立卷归档工作进行监督、检查、指导。在工程竣工验收前,应对工程档案进行预验收,验收合格后,须出具工程档案认可文件。

6.5 建设工程质量保修制度

建设工程质量保修制度,是《建筑法》和《建设工程质量管理条例》确定的一项重要质量管理制度,也是落实建设工程质量责任和维护建设工程使用者合法权益的一项重要措施。

建设工程质量保修制度,是指建设工程在办理竣工验收手续后,在规定的保修期限内,因勘察、设计、施工、材料等原因造成的质量缺陷,应当由施工承包单位负责维修、返工或更换,由责任单位负责赔偿损失的法律制度。质量缺陷是指工程不符合国家或行业现行的有关技术标准、设计文件以及合同中对质量的要求等。

6.5.1 质量保修书和最低保修期限的规定

《建设工程质量管理条例》第三十九条规定:"建设工程实行质量保修制度。建设工程承包单位在向建设单位提交工程竣工验收报告时,应当向建设单位出具质量保修书。质量保修书中应当明确建设工程的保修范围、保修期限和保修责任等。"

1) 建设工程质量保修书

建设工程质量保修书是一项保修合同,是承包合同所约定双方权利义务的延续,是施工企业对竣工验收的建设工程承担保修责任的法律文本。建设工程质量保修书的实施是建设工程质量责任完善的体现。建设工程承包单位在竣工验收时,向建设单位出具工程质量保修书,是落实竣工后质量责任的有效措施。

(1)工程质量保修书的交付时间

建设工程承包单位应在向建设单位提交工程竣工验收报告资料时,向建设单位出具工程质量保修书。

(2)工程质量保修书的主要内容

• 保修范围

《建筑法》第六十二条规定,建筑工程的保修范围应当包括地基基础工程、主体结构工程、屋面防水工程和其他土建工程,以及电气管线、上下水管线的安装工程,供热、供冷系统工程等项目。

• 保修期限

《建筑法》第六十二条规定,保修的期限应当按照保证建筑物合理寿命年限内正常使用,维护使用者合法权益的原则确定。具体的保修范围和最低保修期限由国务院规定。遵照《建筑法》的规定,对具体的保修范围和最低保修期限,《建设工程质量管理条例》在第四十条中作了具体规定。

• 承诺保修责任

建设工程承包单位向建设单位承诺保修范围,保修期限和有关具体实施保修的有关规定和措施,如保修的方法、人员和联络办法,答复和处理的时限,不履行保修责任的罚则等。

施工单位在《建设工程质量保修书》中对建设单位合理使用工程应有提示。因建设单位或用户使用不当或擅自改动结构、设备位置或不当装修和使用等造成的质量问题,施工单位不承担保修责任;因此而造成的房屋质量受损或其他用户损失,由责任人承担相应责任。

2) 建设工程质量的最低保修期限

根据《建设工程质量管理条例》第四十条的规定,在正常使用条件下,建设工程的最低保修期限为:

①基础设施工程、房屋建筑的地基基础工程和主体结构工程,为设计文件规定的该工程的合理使用年限;

②屋面防水工程、有防水要求的卫生间、房间和外墙面的防渗漏,为5年;

③供热与供冷系统,为2个采暖期、供冷期;

④电气管线、给排水管道、设备安装和装修工程,为2年。

其他项目的保修期限由发包方与承包方约定。建设工程的保修期,自竣工验收合格之日起计算。

这里必须指出,基础设施工程、房屋建筑的地基基础工程和主体结构工程的质量,直接关系到基础设施工程和房屋建筑的整体安全可靠,必须在该工程的合理使用年限内予以保修,即实行终身负责制。因此,工程合理使用年限就是该工程勘察、设计、施工等单位的质量责任年限。

对于除上述第①项以外的其他保修规定,如果建设单位与施工单位经平等协商另行签订保修合同的,其保修期限可以高于法定的最低保修期限,但不能低于最低保修期限,否则视作无效。

3)建设工程超过合理使用年限后继续使用的规定

《建设工程质量管理条例》第四十二条规定:"建设工程在超过合理使用年限后需要继续使用的,产权所有人应当委托具有相应资质等级的勘察、设计单位鉴定,并根据鉴定结果采取加固、维修等措施,重新界定使用期。"

确定建设工程的合理使用年限,并不意味着超过合理使用年限后,建设工程就一定要报废、拆除。经过具有相应资质等级的勘察、设计单位鉴定,制订技术加固措施,在设计文件中重新界定使用期,并经有相应资质等级的施工单位进行加固、维修和补强,该建设工程能达到继续使用条件的就可以继续使用。但是,如果不经鉴定、加固等而违法继续使用的,所产生的后果由产权所有人自负。

应用案例6-6

2019年4月,某大学为建设学生公寓,与某建筑公司签订了一份建设工程合同。合同约定:工程采用固定总价合同形式,主体工程和内外承重砖一律使用国家标准砌块,每层加水泥圈梁;某大学可预付工程款(合同价款的10%);工程的全部费用于验收合格后一次付清;交付使用后,如果在6个月内发生严重质量问题,由承包人负责修复等。1年后,学生公寓如期完工,在某大学和某建筑公司共同进行竣工验收时,某大学发现工程3~5层的内承重墙体裂缝较多,要求某建筑公司修复后再验收,某建筑公司认为不影响使用而拒绝修复。

因为很多新生急待入住,某大学接收了宿舍楼。在使用了8个月之后,公寓楼5层的内承重墙倒塌,致使1人死亡,3人受伤,其中1人致残。受害者与某大学要求某建筑公司赔偿损失,并修复倒塌工程。某建筑公司以使用不当且已过保修期为由拒绝赔偿。无奈之下,受害者与某大学诉至法院,请法院主持公道。法院在审理期间对工程事故原因进行了鉴定,鉴定结论为某建筑公司偷工减料致宿舍楼内承重墙倒塌。

法院对某建筑公司以保修期已过为由拒绝赔偿的主张不予支持,判决某建筑公司应当向受害者承担损害赔偿责任,并负责修复倒塌的部分工程。

【问题】

法院对某建筑公司的判决正确吗?为什么?

【案例分析】

法院对某建筑公司的判决正确。

《建设工程质量管理条例》第四十条规定:在正常使用条件下,建设工程最低保修期限为:

(1)基础设施工程、房屋建筑的地基基础工程、主体结构工程,为设计文件规定的该工程的合理使用年限。

(2)屋面防水工程、有防水要求的卫生间、房间和外墙面的防渗漏,为5年。

(3)供热与供冷系统,为2个采暖期、供冷期。

(4)电器管线、给排水管道、设备安装和装修工程,为2年。

其他项目的保修期限由发包方与承包方约定。

在本案中,某大学与某建筑公司虽然在合同中双方约定保修期限为6个月,但这一期限远远低于国家规定的最低期限,尤其是承重墙属主体结构,其最低保修期限依法应终身保修。双方的质量期限条款违反了国家强制性法律规定,因此是无效的。

此外,某建筑公司在施工中偷工减料,造成质量事故,有关主管部门应当依照《建筑法》第七十四条的有关规定对其进行法律制裁。

6.5.2　质量保修的责任

1)保修义务的责任落实与损失赔偿责任

《建设工程质量管理条例》第四十一条规定:"建设工程在保修范围和保修期限内发生质量问题的,施工单位应当履行保修义务,并对造成的损失承担赔偿责任。"

这一条款对建设工程保修责任制的实施作出了具体的规定:一是建设工程保修的质量问题是指保修范围和保修期限内发生的质量问题;二是施工单位必须履行保修义务,明确了保修的责任者;三是施工单位对造成的损失承担赔偿责任。

《最高人民法院关于审理建设工程施工合同纠纷案件适用法律问题的解释(一)》(法释〔2020〕25号)第二十八条也规定:"因保修人未及时履行保修义务,导致建筑物毁损或者造成人身损害、财产损失的,保修人应当承担赔偿责任。保修人与建筑物所有人或者发包人对建筑物毁损均有过错的,各自承担相应的责任。"

保修义务的承担及维修的经济责任的承担一般按下述原则处理:

①施工单位未按国家有关规范、标准和设计要求施工,造成的质量缺陷,由施工单位负责返修并承担经济责任。

②由于设计方面的原因造成的质量缺陷,先由施工单位负责维修,其经济责任按有关规定通过建设单位向设计单位索赔。

③因建筑材料、构配件和设备质量不合格引起的质量缺陷,先由施工单位负责维修,其经济责任属于施工单位采购的或经其验收同意的,由施工单位承担经济责任;属于建设单位采购的,由建设单位承担经济责任。

④因建设单位(含监理单位)错误管理造成的质量缺陷,先由施工单位负责维修,其经济责任由建设单位承担,如属监理单位责任,则由建设单位向监理单位索赔。

⑤因使用单位使用不当造成的损坏问题,先由施工单位负责维修,其经济责任由使用单位自行负责。

⑥因地震、洪水、台风等不可抗拒原因造成的损坏问题,先由施工单位负责维修,建设参与各方根据国家具体政策分担经济责任。

对在保修期限和保修范围内发生质量问题的,一般应先由建设单位组织勘察、设计、施工等单位分析质量问题的原因,确定保修方案,由施工单位负责保修。但当问题严重时和紧急时,不管是什么原因造成的,均先由施工单位履行保修义务,不得推诿和扯皮。对引起质量问题的原因则实事求是,科学分析,分清责任,按责任大小由责任承担不同比例的经济赔偿。这里的损失,既包括因工程质量问题造成的直接损失,即用于返修的费用,也包括间接损失。如给使用人或第三人造成的财产或非财产损失等。

在保修期后的建筑物合理使用寿命内,因建设工程使用功能的质量缺陷造成的工程使用损害,由建设单位负责维修,并承担责任方的赔偿责任。

2）建设工程质量保证金

住建部、财政部《建设工程质量保证金管理办法》（建质〔2017〕138号）第二条规定，建设工程质量保证金（以下简称"保证金"）是指发包人与承包人在建设工程承包合同中约定，从应付的工程款中预留，用以保证承包人在缺陷责任期内对建设工程出现的缺陷进行维修的资金。

（1）缺陷责任期的确定

《建设工程质量保证金管理办法》第二条还说明，缺陷是指建设工程质量不符合工程建设强制性标准、设计文件，以及承包合同的约定。缺陷责任期一般为1年，最长不超过2年，由发、承包双方在合同中约定。

建质〔2017〕138号

《建设工程质量保证金管理办法》第八条继续规定："缺陷责任期从工程通过竣工验收之日起计。由于承包人原因导致工程无法按规定期限进行竣工验收的，缺陷责任期从实际通过竣工验收之日起计。由于发包人原因导致工程无法按规定期限进行竣工验收的，在承包人提交竣工验收报告90天后，工程自动进入缺陷责任期。"

（2）预留保证金的比例

对于预留保证金，《建设工程质量保证金管理办法》第六条、第七条和第九条规定如下：

在工程项目竣工前，已经缴纳履约保证金的，发包人不得同时预留工程质量保证金。采用工程质量保证担保、工程质量保险等其他保证方式的，发包人不得再预留保证金。

发包人应按照合同约定方式预留保证金，保证金总预留比例不得高于工程价款结算总额的3%。合同约定由承包人以银行保函替代预留保证金的，保函金额不得高于工程价款结算总额的3%。

缺陷责任期内，由承包人原因造成的缺陷，承包人应负责维修，并承担鉴定及维修费用。如承包人不维修也不承担费用，发包人可按合同约定从保证金或银行保函中扣除，费用超出保证金额的，发包人可按合同约定向承包人进行索赔。承包人维修并承担相应费用后，不免除对工程的损失赔偿责任。由他人原因造成的缺陷，发包人负责组织维修，承包人不承担费用，且发包人不得从保证金中扣除费用。

（3）质量保证金的返还

《建设工程质量保证金管理办法》第十条至第十二条规定如下：

缺陷责任期内，承包人认真履行合同约定的责任，到期后，承包人向发包人申请返还保证金。

发包人在接到承包人返还保证金申请后，应于14天内会同承包人按照合同约定的内容进行核实。如无异议，发包人应当按照约定将保证金返还给承包人。对返还期限没有约定或者约定不明确的，发包人应当在核实后14天内将保证金返还承包人，逾期未返还的，依法承担违约责任。发包人在接到承包人返还保证金申请后14天内不予答复，经催告后14天内仍不予答复，视同认可承包人的返还保证金申请。

发包人和承包人对保证金预留、返还以及工程维修质量、费用有争议的，按承包合同约定的争议和纠纷解决程序处理。

为此，《最高人民法院关于审理建设工程施工合同纠纷案件适用法律问题的解释（一）》（法释〔2020〕25号）第十七条规定：有下列情形之一，承包人请求发包人返还工程质量保证金的，人民法院应予支持：

①当事人约定的工程质量保证金返还期限届满。

②当事人未约定工程质量保证金返还期限的,自建设工程通过竣工验收之日起满二年。

③因发包人原因建设工程未按约定期限进行竣工验收的,自承包人提交工程竣工验收报告 90 日后起当事人约定的工程质量保证金返还期限届满;当事人未约定工程质量保证金返还期限的,自承包人提交工程竣工验收报告 90 日后起满 2 年。

发包人返还工程质量保证金后,不影响承包人根据合同约定或者法律规定履行工程保修义务。

本章小结

工程建设标准是建设工程设计、施工方法和安全保护的统一的技术要求及有关工程建设的技术术语、符号、代号、制图方法的一般原则。我国的标准分级有国家标准、行业标准、地方标准、企业标准等。

施工单位是工程建设的重要责任主体之一。施工阶段是建设工程实物质量形成的阶段,勘察、设计工作质量均要在这一阶段得以实现。由于施工阶段影响质量稳定的因素和涉及的责任主体均较多,协调管理的难度较大,施工阶段的质量责任制度尤为重要。

建设工程质量责任制涵盖了多方主体的质量责任制,除施工单位外,还有建设单位,勘察、设计单位、工程监理单位的质量责任制。

工程项目的竣工验收是施工全过程的最后一道程序,也是工程项目管理的最后一项工作。它是建设投资成果转入生产或者使用的标志,也是全面考核投资效益、检验设计和施工质量的重要环节。

建设工程质量保修制度,是《建筑法》和《建设工程质量管理条例》确定的一项重要质量管理制度,也是落实建设工程质量责任和维护建设工程使用者合法权益的一项重要措施。建设工程质量保修制度,是指建设工程在办理竣工验收手续后,在规定的保修期限内,因勘察、设计、施工、材料等原因造成的质量缺陷,应当由施工承包单位负责维修、返工或更换,由责任单位负责赔偿损失的法律制度。质量缺陷是指工程不符合国家或行业现行的有关技术标准、设计文件以及合同中对质量的要求等。

习 题

1. 工程建设国家标准的范围是什么?

2. 如何区别国际标准与行业标准?

3. 国家标准的制订分为哪几个阶段?

4. 如何区别强制性标准与推荐性标准?

5. 工程建设强制性标准的监督检查内容是什么?

6. 哪些需要见证取样?

7. 何种情况下可追究五方责任主体项目负责人的质量责任?

8. 对施工单位项目经理(五方项目负责人)的追责方式有哪些?

项目 7
解决建设工程纠纷法律制度

● **基本要求：** 通过对本项目的学习，了解建筑工程纠纷的基本处理方式；掌握仲裁机构、仲裁协议的法律规定，掌握民事诉讼中案件管辖原则、诉讼参加人的含义、证据的种类，掌握行政复议和行政诉讼的主要法律规定；熟悉仲裁、民事诉讼、行政复议和行政诉讼的程序。

所谓法律纠纷，是指公民、法人、其他组织之间因人身、财产或其他法律关系所发生的争议或者对抗、冲突。法律纠纷主要包括民事纠纷、行政纠纷和刑事纠纷。建设工程项目因其具有投资大、建造周期长、技术要求高、协作关系复杂和政府监管严格等特点，因而在建设工程领域里常见的纠纷为民事纠纷和行政纠纷。

纠纷处理的法律、法规，主要有《人民调解法》《仲裁法》《民事诉讼法》《行政复议法》《行政复议法实施条例》《行政诉讼法》等。

7.1　建设工程纠纷的种类与处理方式

7.1.1　建设工程纠纷的主要种类

1)建设工程民事纠纷

建设工程民事纠纷，是在建设工程活动中平等主体之间发生的以民事权利义务法律关系为内容的纠纷。民事纠纷可分为两大类：一类是财产关系方面的民事纠纷，如合同纠纷、损害赔偿纠纷等；另一类是人身关系的民事纠纷，如名誉权纠纷、继承权纠纷等。在建设工程领域,较为普遍和重要的民事纠纷主要是合同纠纷、侵权纠纷。

（1）合同纠纷

合同纠纷是指因合同的成立、生效、履行、变更、终止等行为而引起的合同当事人之间的所有争议。合同纠纷的范围涵盖了一项合同从成立到终止的整个过程。在建设工程领域,合同纠纷主要有工程总承包合同纠纷、工程勘察合同纠纷、工程设计合同纠纷、工程施工合同纠纷、工程监理合同纠纷、工程分包合同纠纷、材料设备采购合同纠纷以及劳动合同纠纷等。

发包人和承包人就有关工期、质量、造价等产生的建设工程合同争议,是建设工程领域最常见的民事纠纷。

（2）侵权纠纷

侵权纠纷是指一方当事人对另一方侵权而产生的纠纷。在建设工程领域也易发生侵权纠纷,如施工单位在施工中未采取相应防范措施造成对他方损害而产生的侵权纠纷,未经许可使用他方的专利、工法等而造成的知识产权侵权纠纷等。

2）建设工程行政纠纷

建设工程行政纠纷,是在建设工程活动中行政机关之间或行政机关同公民、法人和其他组织之间由于行政行为而引起的纠纷。在各种行政纠纷中,既有因行政机关超越职权、滥用职权、行政不作为、违反法定程序、事实认定错误、适用法律错误等所引起的纠纷,也有公民、法人或其他组织逃避监督管理、非法抗拒监督管理或误解法律规定等而产生的纠纷。在建设工程领域,易于引发行政纠纷的具体行政行为主要有行政许可、行政处罚、行政奖励和行政裁决。

（1）行政许可

行政许可是指行政机关根据公民、法人或者其他组织的申请,经依法审查,准予其从事特定活动的行政管理行为,如施工许可、专业人员执业资格注册、企业资质等级核准、安全生产许可等。行政许可易引发的行政纠纷通常是行政机关的行政不作为、违反法定程序等。

（2）行政处罚

行政处罚是指行政机关或其他行政主体依照法定职权、程序对于违法但尚未构成犯罪的相对人给予行政制裁的具体行政行为。常见的行政处罚为警告、罚款、没收违法所得、取消投标资格、责令停止施工、责令停业整顿、降低资质等级、吊销资质证书等。行政处罚易导致的行政纠纷,通常是行政处罚超越职权、滥用职权、违反法定程序、事实认定错误、适用法律错误等。

（3）行政奖励

行政奖励是指行政机关依照条件和程序,对为国家、社会和建设事业作出重大贡献的单位和个人,给予物质或精神鼓励的具体行政行为,如表彰建设系统先进集体、劳动模范和先进工作者等。行政奖励易引发的行政纠纷,通常是违反程序、滥用职权、行政不作为等。

（4）行政裁决

行政裁决是指行政机关或法定授权的组织,依照法律授权,对平等主体之间发生的与行政管理活动密切相关的、特定的民事纠纷（争议）进行审查,并作出裁决的具体行政行为,如对特定的侵权纠纷、损害赔偿纠纷、权属纠纷、国有资产产权纠纷以及劳动工资、经济补偿纠纷等的裁决。行政裁决易引发的行政纠纷,通常是行政裁决违反法定程序、事实认定错误、适用法律错误等。

7.1.2　民事纠纷的处理方式

我国民事纠纷的处理方式主要有和解、调解、仲裁、诉讼。

1)和解

和解是指民事纠纷的当事人在自愿互谅的基础上,就已经发生的争议进行协商、妥协与让步并达成协议,自行解决纠纷的一种方式。通常它不仅从形式上消除当事人之间的对抗,还从心理上消除对抗。建设工程发生纠纷时,当事人应首先考虑通过和解解决纠纷。

和解具有以下特征:

①简便易行,能经济、及时地解决纠纷;

②纠纷的解决依靠当事人的妥协与让步,没有第三方的介入,有利于维护合同双方的友好合作关系,使合同能更好地得到履行;

③和解协议不具有强制执行的效力,和解协议的执行依靠当事人的自觉履行。

需要注意的是,和解达成的协议不具有强制执行力,在性质上仍属于当事人之间的约定。如果一方当事人不按照和解协议执行,另一方当事人不可以请求法院强制执行,但可要求对方就不执行该和解协议承担违约责任。

2)调解

调解是指双方当事人以外的第三方应纠纷当事人的请求,以法律、法规、政策或合同约定以及社会公德为依据,对纠纷双方进行疏导、劝说,促使他们相互谅解,进行协商,自愿达成协议的一种纠纷解决方式。

在我国,调解的方式主要分为诉讼外调解和人民法院调解。诉讼外调解包括人民调解、行政调解、仲裁调解、专业机构调解等。

在我国,调解的主要方式有人民调解、行政调解、仲裁调解、司法调解、行业调解以及专业机构调解。

(1)诉讼外调解的特征

①诉讼外的调解发生在诉讼之外,当事人的行为无诉讼上的意义;

②主持者可以是人民调解委员会、行政机关、仲裁机关以及双方当事人所信赖的个人;

③有利于消除当事人的对立情绪,维护双方的长期合作关系;

④除仲裁机构制作的调解书具有法律效力外,其他机构或个人主持下达成的调解协议均无法律效力,调解协议的执行依靠当事人的自觉履行。当事人反悔的,可向人民法院起诉。

(2)人民法院调解的特征

①人民法院调解是诉讼内调解。法院调解发生在诉讼过程中,当事人在此过程人所进行的行为,属诉讼行为,对当事人产生诉讼上的约束力;

②人民法院调解是法院行使审判权与当事人行使处分权的结合。一方面,法院调解是法院审理民事案件的一种方式;另一方面,法院调解还必须以当事人行使处分权为前提和

基础。

③人民法院调解是人民法院审结民事案件的一种方式。通过法院调解，当事人双方自愿达成协议后，经法院审查认可，调解书送达双方当事人签收后，即发生法律效力，从而终结诉讼程序；具有给付内容的调解书具有执行力。

3）仲裁

仲裁是当事人根据在纠纷发生前或纠纷发生后达成的协议，自愿将纠纷提交中立第三方作出裁决，纠纷各方都有义务执行该裁决的一种解决纠纷的方式。仲裁与诉讼不同。诉讼是法院行使国家所赋予的审判权，向法院起诉不需要双方当事人在诉讼前达成协议，只要一方当事人向有审判管辖权的法院起诉，经法院受理后，另一方必须应诉。仲裁具有民间性质，其受理案件的管辖权来自双方协议。有效的仲裁协议可以排除法院的管辖权；纠纷发生后，一方当事人提起仲裁的，另一方必须仲裁。但是，没有仲裁协议，就不能启动仲裁程序。

根据 2017 年 9 月经修订后公布的《中华人民共和国仲裁法》（以下简称《仲裁法》）的规定，该法的调整范围仅限于民商事仲裁，即"平等主体的公民、法人和其他组织之间发生的合同纠纷和其他财产权纠纷"；对于婚姻、收养、监护、扶养、继承纠纷以及依法应当由行政机关处理的行政争一议等不能仲裁。另外，劳动争议仲裁和农业集体经济组织内部的农业承包合同纠纷不受《仲裁法》的调整。

《仲裁法》

仲裁具有以下基本特点：

①自愿性。当事人的自愿性是仲裁最突出的特点。仲裁是最能充分体现当事人意思自治原则的争议解决方式。仲裁以当事人的自愿为前提，即是否将纠纷提交仲裁，向哪个仲裁委员会申请仲裁，仲裁庭如何组成，仲裁员的选择，以及仲裁的审理方式、开庭形式等，都是在当事人自愿的基础上，由当事人协商确定的。

②专业性。专家裁案，是民商事仲裁的重要特点之一。民商事仲裁往往涉及不同行业的专业知识，如建设工程纠纷的处理不仅涉及与工程建设有关的法律法规，还常常需要运用大量的工程造价、工程质量方面的专业知识以及建筑业自身特有的交易习惯和行业惯例。仲裁机构的仲裁员是各行业具有一定专业水平的专家，精通专业知识、熟悉行业规则，对确保仲裁结果的公正发挥着关键作用。

③独立性。《仲裁法》规定，仲裁委员会独立于行政机关，与行政机关没有隶属关系。仲裁委员会之间也没有隶属关系。在仲裁过程中，仲裁庭独立进行仲裁，不受任何行政机关、社会团体和个人的干涉，也不受其他仲裁机构的干涉，具有独立性。

④保密性。仲裁以不公开审理为原则。同时，当事人及其代理人、证人、翻译、仲裁员、仲裁庭咨询的专家和指定的鉴定人、仲裁委员会有关工作人员也要遵守保密义务，不得对外界透露案件实体和程序的有关情况。因此，可以有效地保护当事人的商业秘密和商业信誉。

⑤快捷性。仲裁实行一裁终局制度，仲裁裁决一经作出即发生法律效力。仲裁裁决不能上诉，这使得当事人之间的纠纷能够迅速得以解决。

⑥执行的强制性和广泛性。对于生效的仲裁裁决书和调解书，当事人有权向人民法院申请强制执行。中国是《承认和执行外国仲裁裁决公约》（简称《纽约公约》）的缔约国。根据该公约，中国仲裁机构作出的涉外仲裁裁决书和调解书，可在所有缔约国之间得到承认和

执行。

4）民事诉讼

民事诉讼是指人民法院在当事人和其他诉讼参与人的参加下，以审理、裁判、执行等方式解决民事纠纷的活动，以及由此产生的各种诉讼关系的总和。诉讼参与人包括原告、被告、第三人、证人、鉴定人、勘验人等。

在我国，2017年6月经修订后公布的《中华人民共和国民事诉讼法》（以下简称《民事诉讼法》）是调整和规范法院及诉讼参与人的各种民事诉讼活动的基本法律。民事诉讼具有以下基本特点：

《民事诉讼法》

（1）公权性

民事诉讼是由人民法院代表国家意志行使司法审判权，通过司法手段解决平等民事主体之间的纠纷。在法院主导下，诉讼参与人围绕民事纠纷的解决，进行着能产生法律后果的活动。它既不同于群众自治组织性质的人民调解委员会以调解方式解决纠纷，也不同于由民间性质的仲裁委员会以仲裁方式解决纠纷。民事诉讼主要是法院与纠纷当事人之间的关系，但也涉及其他诉讼参与人，包括证人、鉴定人、翻译人员、专家辅助人员、协助执行人等；在诉讼和解时还表现为纠纷当事人之间的关系。

（2）程序性

民事诉讼是依照法定程序进行的诉讼活动，无论是法院还是当事人或者其他诉讼参与人，都应当严格按照法律规定的程序和方式实施诉讼行为，违反诉讼程序常常会引起一定的法律后果或者达不到诉讼目的，如法院的裁判被上级法院撤销，当事人失去为某种诉讼行为的权利等。民事诉讼分为一审程序、二审程序和执行程序三大诉讼阶段。并非每个案件都要经过这三个阶段，有的案件一审就终结，有的经过二审终结，有的不需要启动执行程序。但如果案件要经历诉讼全过程，就要按照上述顺序依次进行。

（3）强制性

强制性是公权力的重要属性。民事诉讼的强制性既表现在案件的受理上，又反映在裁判的执行上。调解、仲裁均建立在当事人自愿的基础上，只要有一方当事人不愿意进行调解、仲裁，则调解和仲裁将不会发生。但民事诉讼不同，只要原告的起诉符合法定条件，无论被告是否愿意，诉讼都会发生。此外，和解、调解协议的履行依靠当事人的自觉，不具有强制执行的效力，但法院的裁判则具有强制执行的效力，一方当事人不履行生效判决或裁定，另一方当事人可以申请法院强制执行。

除上述4种民事纠纷解决方式外，由于建设工程活动及其纠纷的专业性、复杂性，我国在建设工程法律实践中还在探索其他解决纠纷的新方式，如争议评审机制。

建设工程争议评审，是指当事人根据事前签订的合同或者争议发生后达成的协议，选择独立于任何一方当事人的争议评审专家（通常是3人，小型工程可以是1人）组成评审小组，就当事人发生的争议及时提出解决问题的建议或者作出决定的一种争议解决方式。当事人通过协议，授权评审组调查、听证、建议或者裁决。一个评审组在工程进程中可能会持续解决很多的争议。如果当事人不接受评审组的建议或者裁决，仍可通过仲裁或者诉讼的方式解决争议。采用争议评审的方式，有利于及时化解工程建设过程中的争议，防止争议扩大与拖延而造成不必要的损失或浪费，保障建设工程的顺利进行。

7.1.3　行政纠纷的处理方式

行政纠纷的处理方式主要有行政复议和行政诉讼。除法律、法规规定必须先申请行政复议的以外,行政纠纷当事人可以自主选择申请行政复议还是提起行政诉讼。行政纠纷当事人对行政复议决定不服的,除法律规定行政复议决定为最终裁决的以外,可以依照《行政诉讼法》的规定向人民法院提起行政诉讼。

1) 行政复议

行政复议是指公民、法人或者其他组织认为具体行政行为侵犯其合法权益,依法向法定的行政机关提出行政复议申请,行政复议机关依法对该具体行政行为进行合法性、适当性审查,并作出行政复议决定的行政行为。它是公民、法人或其他组织通过行政救济途径解决行政争议的一种方式。有关行政复议的法律、法规主要有《行政复议法》和《行政复议法实施条例》。

行政复议具有以下特征:

①提出行政复议的,必须是认为行政机关行使职权的行为侵犯其合法权益的公民、法人和其他组织。

②当事人提出行政复议,必须是在行政机关已经作出行政决定之后,如果行政机关尚未作出决定,则不存在复议问题。复议的任务是解决行政争议,而不是解决民事或其他争议。

③当事人对行政机关的行政决定不服,只能按照法律规定向有行政复议权的行政机关申请复议。

④行政复议以书面审查为主,以不调解为原则。行政复议的结论作出后,即具有法律效力。只要法律未规定复议决定为终局裁决的,当事人对复议决定不服的,仍可以按《行政诉讼法》的规定,向人民法院提请诉讼。

2) 行政诉讼

行政诉讼是指公民、法人或其他组织认为具体行政行为侵犯其合法权益时,依法向人民法院提起诉讼,并由人民法院对该具体行政行为是否合法进行审查并作出裁判的一种司法活动。它是解决行政争议的一项重要法律制度。在我国,行政诉讼与民事诉讼、刑事诉讼并称为三大诉讼,是国家诉讼制度的基本形式之一。《行政诉讼法》是调整和规范行政诉讼活动的基本法律。

行政诉讼具有以下特征:

①行政诉讼是法院解决行政机关实施具体行政行为时与公民、法人或其他组织发生的争议。

②行政诉讼为公民、法人或其他组织提供法律救济的同时,具有监督行政机关依法行政的功能。

③行政诉讼的被告与原告是恒定的,即被告只能是行政机关,原告则是作为行政行为相对人的公民、法人或其他组织,原告和被告之间不可能互易诉讼身份。

除法律、法规规定必须先申请行政复议的以外,行政纠纷当事人可以自主选择申请行政复议还是提起行政诉讼。行政纠纷当事人对行政复议决定不服的,除法律规定行政复议决定为最终裁决的以外,可以依照《行政诉讼法》的规定向人民法院提起行政诉讼。

7.2 和解与调解制度

7.2.1 和解制度

和解达成协议,在形式上既可以是口头的,也可以是书面的。和解的应用也很灵活,可以在各个阶段达成和解协议,无论是否已经进入仲裁或诉讼程序,当事人均可自行和解。

1)和解的类型

(1)诉讼前的和解

诉讼前的和解是指发生诉讼以前,双方当事人互相协商达成协议,自行解决争执。这是当事人依法处分自己民事实体权利的民事法律行为。

和解成立后,当事人所争执的权利即归确定,所抛弃的权利随即消失,当事人不得任意反悔要求撤销。但是,如果事后发现和解所依据的文件是伪造或涂改的,或者当事人在和解时不知道该和解事件已为法院判决所确定,或者当事人对重要的争执有重大误解而达成和解协议的,当事人都可以要求撤销和解协议。

(2)诉讼中的和解

诉讼中的和解是当事人在诉讼进行中互相协商,达成协议,解决双方的争执。《民事诉讼法》第五十条规定:"双方当事人可以自行和解。"这种和解在法院作出判决前,当事人都可以进行。当事人可以就全部诉讼请求达成和解协议,也可以就个别诉讼请求达成和解协议。

当事人达成和解协议后,原告既可以撤诉,双方也可以请求人民法院对和解事项制作调解书,经当事人签名盖章产生法律效力。

(3)执行中的和解

执行中的和解,是人民法院在执行已发生法律效力的民事判决、裁定过程中,当事人自行达成协议,自动履行生效和解协议的行为。

《民事诉讼法》第二百三十条规定:"在执行中,双方当事人自行和解达成协议的,执行员应当将协议内容记入笔录,由双方当事人签名或者盖章。申请执行人因受欺诈、胁迫与被执行人达成和解协议,或者当事人不履行和解协议的,人民法院可以根据当事人的申请,恢复对原生效法律文书的执行。"

(4)仲裁中的和解

《仲裁法》第四十九条规定,当事人申请仲裁后,可以自行和解。

和解是双方当事人的自愿行为,不需要仲裁庭的参与。达成和解协议的,可以请求仲裁庭根据和解协议作出裁决书,也可以撤回仲裁申请。当事人达成和解协议,撤回仲裁申请后又反悔的,可以根据原仲裁协议申请仲裁。

2)和解的效力

和解达成的协议不具有强制执行效力,如果一方当事人不按照和解协议履行,另一方当事人不可以请求人民法院强制履行,但可以向法院提起诉讼,也可以根据约定申请仲裁。

法院或仲裁庭通过对和解协议的审查,对于意思真实而又不违反法律强制性或禁止性规定的和解协议予以支持,也可以支持遵守协议方要求违反协议方就不执行该和解协议承担违约责任的请求。但是,对于一方非自愿作出的或者违反法律强制性或禁止性规定的和解协议,不予支持。

7.2.2 调解制度

和解与调解的区别在于:和解是当事人之间自愿协商,达成协议,没有第三人参加,而调解是在第三人主持下进行疏导、劝说,使之相互谅解,自愿达成协议。

调解包括人民调解、行政调解、仲裁调解、专业机构调解和人民法院调解等。

1) 人民调解

人民调解是指人民调解委员会通过说服、疏导等方法,促使当事人在平等协商基础上自愿达成调解协议,解决民事纠纷的一种方式。人民调解制度作为一种司法辅助制度,是人民群众自己解决纠纷的法律制度,也是一种具有中国特色的司法制度。

(1)人民调解的原则和人员机构

《人民调解法》第三条规定,人民调解委员会调解民间纠纷,应当遵循下列原则:

《人民调解法》

①在当事人自愿、平等的基础上进行调解;

②不违背法律、法规和国家政策;

③尊重当事人的权利,不得因调解而阻止当事人依法通过仲裁、行政、司法等途径维护自己的权利。

人民调解的组织形式是人民调解委员会。人民调解委员会是依法设立的调解民间纠纷的群众性组织。《人民调解法》第八条规定:"村民委员会、居民委员会设立人民调解委员会。企业事业单位根据需要设立人民调解委员会。人民调解委员会由委员三至九人组成,设主任一人,必要时,可以设副主任若干人。人民调解委员会应当有妇女成员,多民族居住的地区应当有人数较少民族的成员。"

(2)人民调解程序

人民调解应当遵循的调解程序是:

①当事人向人民调解委员会申请调解或人民调解委员会主动调解。当事人一方明确拒绝调解的,不得调解。

②人民调解委员会根据调解纠纷的需要,指定一名或者数名人民调解员进行调解,也可以由当事人选择一名或者数名人民调解员进行调解。

③人民调解员调解纠纷,调解不成的,应当终止调解,并依据有关法律、法规的规定,告知当事人可以依法通过仲裁、行政、司法等途径维护自己的权利。

(3)人民调解协议

经人民调解委员会调解达成调解协议的,可以制作调解协议书。当事人认为无须制作调解协议书的,可以采取口头协议方式,人民调解员应当记录协议内容。调解协议书自各方当事人签名、盖章或者按指印,人民调解员签名并加盖人民调解委员会印章之日起生效。调解协议书由当事人各执一份,人民调解委员会留存一份。口头调解协议自各方当事人达成协议之日起生效。

《人民调解法》第三十一条规定:"经人民调解委员会调解达成的调解协议,具有法律约束力,当事人应当按照约定履行。人民调解委员会应当对调解协议的履行情况进行监督,督促当事人履行约定的义务。"《人民调解法》第三十二条规定,当事人之间就调解协议的履行或者调解协议的内容发生争议的,一方当事人可以向人民法院提起诉讼。

《人民调解法》第三十三条规定:"经人民调解委员会调解达成调解协议后,双方当事人认为有必要的,可以自调解协议生效之日起三十日内共同向人民法院申请司法确认,人民法院应当及时对调解协议进行审查,依法确认调解协议的效力。人民法院依法确认调解协议有效,一方当事人拒绝履行或者未全部履行的,对方当事人可以向人民法院申请强制执行。人民法院依法确认调解协议无效的,当事人可以通过人民调解方式变更原调解协议或者达成新的调解协议,也可以向人民法院提起诉讼。"

2) 行政调解

行政调解是指国家行政机关依照法律规定,在其行使行政管理的职权范围内,对特定的民事纠纷及轻微刑事案件进行的调解。行政调解同人民调解一样,属于诉讼外调解,所达成的协议均不具有法律上的强制执行的效力,但对当事人均应具有约束力。

目前,我国行政机关依法可以调解的种类很多。可以说,行政机关在行使行政管理职能过程中,所遇到的纠纷,基本上都可以进行调解。但主要的行政调解种类有:

①基层人民政府的调解。调解民事纠纷和轻微刑事案件一直是我国基层人民政府的一项职责,这项工作主要是由乡镇人民政府和街道办事处的司法助理员负责进行。司法助理员是基层人民政府的组成人员,也是司法行政工作人员。

《治安管理处罚法》

②国家合同管理机关的调解。我国《民法典》规定,当事人对合同发生争议时,可以约定仲裁,也可以向人民法院起诉。国家规定的合同管理机关,是国家工商行政管理局和地方各级工商行政管理局。法人之间、公民和法人之间的经济纠纷,都可以向工商行政管理机关申请调解。

③公安机关的调解。我国 2012 年 10 月修订的《治安管理处罚法》第九条规定,对于因民间纠纷引起的打架斗殴或者损毁他人财物等违反治安管理的行为,情节轻微的,公安机关可以调解处理。经公安机关调解、当事人达成协议的,不予处罚。我国 2021 年 4 月修订的《道路交通安全法》第七十四条规定,对交通事故损害赔偿的争议,当事人可以请求公安机关交通管理部门调解。经公安机关交通管理部门调解,当事人未达成协议或者调解书生效后不履行的,当事人可以向人民法院提起民事诉讼。公安机关的调解是法律法规授予公安机关的权利,有利于妥善解决纠纷,增进当事人之间的团结。

《道路交通安全法》

3) 仲裁调解

仲裁调解是指在仲裁庭的主持下,仲裁当事人在自愿协商、互谅互让基础上达成调解协议,从而解决民事纠纷的一种方式。仲裁调解书具有法律效力。

《仲裁法》第五十一条规定:"仲裁庭在作出裁决前,可以先行调解。当事人自愿调解的,仲裁庭应当调解。调解不成的,应当及时作出裁决。调解达成协议的,仲裁庭应当制作调解书或者根据协议的结果制作裁决书。调解书与裁决书具有同等法律效力。"

《仲裁法》第五十二条规定:"调解书应当写明仲裁请求和当事人协议的结果。调解书由仲裁员签名,加盖仲裁委员会印章,送达双方当事人。调解书经双方当事人签收后,即发生法律效力。在调解书签收前当事人反悔的,仲裁庭应当及时作出裁决。"

4) 专业机构调解

专业机构调解是当事人在发生争议前或争议后,协议约定由指定的具有独立调解规则的机构按照其调解规则进行调解。所谓调解规则,是指调解机构、调解员以及调解当事人之间在调解过程中所应遵守的程序性规范。

5) 人民法院调解

人民法院调解是指在法院的主持下,根据当事人自愿的原则,在事实清楚的基础上,分清是非、达成协议,从而解决民事纠纷的一种方式。人民法院调解书具有法律效力。

(1) 调解方法

《民事诉讼法》第九十四条和第九十五条规定:"人民法院进行调解,可以由审判员一人主持,也可以由合议庭主持,并尽可能就地进行。人民法院进行调解,可以用简便方式通知当事人、证人到庭。人民法院进行调解,可以邀请有关单位和个人协助。被邀请的单位和个人,应当协助人民法院进行调解。"

(2) 调解协议

调解达成协议,必须双方自愿,不得强迫。调解协议的内容不得违反法律规定。《民事诉讼法》第九十七条规定:"调解达成协议,人民法院应当制作调解书。调解书应当写明诉讼请求、案件的事实和调解结果。调解书由审判人员、书记员署名,加盖人民法院印章,送达双方当事人。调解书经双方当事人签收后,即具有法律效力。"

对不需要制作调解书的协议,应当记入笔录,由双方当事人、审判人员、书记员签名或者盖章后,即具有法律效力。《民事诉讼法》第九十八条规定,下列案件调解达成协议,人民法院可以不制作调解书:

① 调解和好的离婚案件;

② 调解维持收养关系的案件;

③ 能够即时履行的案件;

④ 其他不需要制作调解书的案件。

《民事诉讼法》第九十九条规定:"调解未达成协议或者调解书送达前一方反悔的,人民法院应当及时判决。"

应用案例 7-1

A市某化工厂排放的废水污染了A县三汇镇清溪乡村民甲、乙、丙共同承包的鱼塘,受损达数万元。甲、乙、丙共同向法院起诉索赔。经法院调解,化工厂同意赔偿金额的45%,甲、乙表示同意,遂与化工厂达成调解协议,调解书送达给丙时,丙拒绝签收,声明在与化工厂调解时,丙不在场。

【问题】

(1)甲、乙与化工厂达成的调解协议是否有效？简述理由。

(2)对于丙拒绝签收调解书,法院应当如何处理？

【案例分析】

(1)甲、乙与化工厂的调解协议不发生法律效力。理由是,甲、乙、丙在该案中是必要共同诉讼的共同原告。在该案中,丙拒绝签收甲、乙与被告化工厂达成的调解协议,属于调解达不成协议。

(2)对于丙拒绝签收调解书,人民法院应对该案及时判决结案。

7.3　仲裁制度

7.3.1　仲裁协议

1)仲裁协议的形式和内容

仲裁协议是指当事人自愿将已经发生或者可能发生的争议通过仲裁解决的书面协议。

《仲裁法》第十六条规定,仲裁协议包括合同中订立的仲裁条款和以其他书面方式在纠纷发生前或者纠纷发生后达成的请求仲裁的协议。据此,仲裁协议应当采用书面形式,口头方式达成的仲裁意思表示无效。仲裁协议既可以表现为合同中的仲裁条款,也可以表现为独立于合同而存在的仲裁协议书。在实践中,合同中的仲裁条款是最常见的仲裁协议形式。

《仲裁法》第十六条同时规定,仲裁协议应当具有下列内容:

①请求仲裁的意思表示;

②仲裁事项;

③选定的仲裁委员会。

这三项内容必须同时具备,仲裁协议才能有效。

2)仲裁协议的效力

(1)对当事人的法律效力

仲裁协议一经有效成立,即对当事人产生法律效力。发生纠纷后,当事人只能向仲裁协议中所约定的仲裁机构申请仲裁,而不能就该纠纷向法院提起诉讼。

(2)对法院的约束力

有效的仲裁协议排除法院的司法管辖权。《仲裁法》第五条规定:"当事人达成仲裁协议,一方向人民法院起诉的,人民法院不予受理,但仲裁协议无效的除外。"《仲裁法》第二十六条规定:"当事人达成仲裁协议,一方向人民法院起诉未声明有仲裁协议,人民法院受理后,另一方在首次开庭前提交仲裁协议的,人民法院应当驳回起诉,但仲裁协议无效的除外;另一方在首次开庭前未对人民法院受理该案提出异议的,视为放弃仲裁协议,人民法院应当继续审理。"

(3)对仲裁机构的法律效力

仲裁协议是仲裁委员会受理仲裁案件的基础,是仲裁庭审理和裁决案件的依据。没有有效的仲裁协议,仲裁委员会就不能获得仲裁案件的管辖权。《仲裁法》第四条规定:"当事人采用仲裁方式解决纠纷,应当双方自愿,达成仲裁协议。没有仲裁协议,一方申请仲裁的,仲裁委员会不予受理。"同时,仲裁委员会只能对当事人在仲裁协议中约定的争议事项进行仲裁,对超出仲裁协议约定范围的其他争议无权仲裁。

(4)仲裁协议的独立性

《仲裁法》第十九条规定:"仲裁协议独立存在,合同的变更、解除、终止或者无效,不影响仲裁协议的效力。仲裁庭有权确认合同的效力。"

(5)仲裁协议效力的确认

《仲裁法》第二十条规定:"当事人对仲裁协议的效力有异议的,可以请求仲裁委员会作出决定或者请求人民法院作出裁定。一方请求仲裁委员会作出决定,另一方请求人民法院作出裁定的,由人民法院裁定。当事人对仲裁协议的效力有异议,应当在仲裁庭首次开庭前提出。"

《最高人民法院关于适用〈中华人民共和国仲裁法〉若干问题的解释》(法释〔2006〕7号)第十二条规定,当事人向人民法院申请确认仲裁协议效力的案件,由仲裁协议约定的仲裁机构所在地的中级人民法院管辖;仲裁协议约定的仲裁机构不明确的,由仲裁协议签订地或者被申请人住所地的中级人民法院管辖。

法释〔2006〕7号

7.3.2 仲裁的申请和受理

1)申请仲裁的条件

当事人申请仲裁,应当符合下列条件:

①有仲裁协议;

②有具体的仲裁请求和事实、理由;

③属于仲裁委员会的受理范围。

2)申请仲裁的方式

当事人申请仲裁,应当向仲裁委员会递交仲裁协议、仲裁申请书及副本。仲裁申请书应当载明下列事项:

①当事人的姓名、性别、年龄、职业、工作单位和住所,法人或者其他组织的名称、住所和法定代表人或者主要负责人的姓名、职务;

②仲裁请求和所根据的事实、理由;

③证据和证据来源、证人姓名和住所。

3)审查与受理

仲裁委员会收到仲裁申请书之日起5日内,认为符合受理条件的应当受理,并通知当事人;认为不符合受理条件的,应当书面通知当事人不予受理,并说明理由。

仲裁委员会受理仲裁申请后,应当在仲裁规则规定的期限内将仲裁规则和仲裁员名册送达申请人,并将仲裁申请书副本和仲裁规则、仲裁员名册送达被申请人。被申请人收到仲裁申请书副本后,应当在仲裁规则规定的期限内向仲裁委员会提交答辩书。仲裁委员会收到答辩书后,应当在仲裁规则规定的期限内将答辩书副本送达申请人。被申请人未提交答辩书的,不影响仲裁程序的进行。被申请人可以承认或者反驳仲裁请求,有权提出反请求。

4)财产保全和证据保全

为保证仲裁程序顺利进行、仲裁案件公正审理以及仲裁裁决有效执行,当事人有权申请财产保全和证据保全。有关财产保全和证据保全的规定,参见本项目7.4.3、7.4.4的相关内容。

7.3.3 仲裁的开庭和裁决

1)仲裁庭的组成

仲裁庭的组成形式包括合议仲裁庭和独任仲裁庭,即仲裁庭可以由3名仲裁员或者1名仲裁员组成。由3名仲裁员组成的,设首席仲裁员。

(1)合议仲裁庭

当事人约定由3名仲裁员组成仲裁庭的,应当各自选定或者各自委托仲裁委员会主任指定1名仲裁员,第3名仲裁员由当事人共同选定或者共同委托仲裁委员会主任指定。第3名仲裁员是首席仲裁员。

(2)独任仲裁庭

当事人约定1名仲裁员成立仲裁庭的,应当由当事人共同选定或者共同委托仲裁委员会主任指定仲裁员。但是,当事人没有在仲裁规定的期限内约定仲裁庭的组成方式或者选定仲裁员的,由仲裁委员会主任指定。

仲裁员有下列情形之一的,必须回避,当事人也有权提出回避申请:

①是本案当事人或者当事人、代理人的近亲属;

②与本案有利害关系;

③与本案当事人、代理人有其他关系,可能影响公正仲裁的;

④私自会见当事人、代理人,或者接受当事人、代理人的请客送礼的。

2)开庭和审理

仲裁应当开庭进行。当事人协议不开庭的,仲裁庭可以根据仲裁申请书、答辩书以及其他材料作出裁决。当事人应当对自己的主张提供证据。仲裁庭认为有必要收集的证据,可以自行收集。证据应当在开庭时出示,当事人可以质证。当事人在仲裁过程中有权进行辩论。

仲裁庭可以作出缺席裁决。申请人无正当理由开庭时不到庭的,或在开庭审理时未经仲裁庭许可中途退庭的,视为撤回仲裁申请;如果被申请人提出了反请求,不影响仲裁庭就反请求进行审理,并作出裁决。被申请人无正当理由开庭时不到庭的,或在开庭审理时未经仲裁庭许可中途退庭的,仲裁庭可以进行缺席审理,并作出裁决;如果被申请人提出了反请求,视为撤回反请求。

3)仲裁中的和解与调解

当事人申请仲裁后,可以自行和解;仲裁庭在作出裁决前,可以先行调解(具体规定参见7.2节内容)。

4)仲裁裁决

仲裁裁决应当按照多数仲裁员的意见作出,少数仲裁员的不同意见可以记入笔录。仲裁庭不能形成多数意见时,裁决应当按照首席仲裁员的意见作出。《仲裁法》第五十七条规定:"裁决书自作出之日起发生法律效力。"

《仲裁法》第五十六条规定:"对裁决书中的文字、计算错误或者仲裁庭已经裁决但在裁决书中遗漏的事项,仲裁庭应当补正;当事人自收到裁决书之日起三十日内,可以请求仲裁庭补正。"

裁决书的效力是:

①裁决书一裁终局,当事人不得就已经裁决的事项再申请仲裁,也不得就此提起诉讼;

②仲裁裁决具有强制执行力,一方当事人不履行的,对方当事人可以到法院申请强制执行;

③仲裁裁决在所有《承认和执行外国仲裁裁决公约》缔约国(或地区)可以得到承认和执行。

7.3.4 申请撤销裁决

当事人提出证据证明裁决有下列情形之一的,可以向仲裁委员会所在地的中级人民法院申请撤销裁决:

①没有仲裁协议的;

②裁决的事项不属于仲裁协议的范围或者仲裁委员会无权仲裁的;

③仲裁庭的组成或者仲裁的程序违反法定程序的;

④裁决所依据的证据是伪造的;

⑤对方当事人隐瞒了足以影响公正裁决的证据的;

⑥仲裁员在仲裁该案时有索贿受贿,徇私舞弊,枉法裁决行为的。

《仲裁法》第五十九条规定,当事人申请撤销裁决的,应当自收到裁决书之日起6个月内向仲裁机构所在地的中级人民法院提出。

《仲裁法》第九条规定,裁决被人民法院依法裁定撤销或者不予执行的,当事人就该纠纷可以根据双方重新达成的仲裁协议申请仲裁,也可以向人民法院起诉。

7.3.5 仲裁裁决的执行

1)仲裁裁决的强制执行力

《仲裁法》第六十二条规定:"当事人应当履行裁决。一方当事人不履行的,另一方当事人可以依照民事诉讼法的有关规定向人民法院申请执行。受申请的人民法院应当执行。"

仲裁裁决的强制执行应当向有管辖权的法院提出申请。被执行人在中国境内的,国内仲裁裁决由被执行人住所地或被执行人财产所在地的人民法院执行;涉外仲裁裁决,由被执行人住所地或被执行人财产所在地的中级人民法院执行。

申请仲裁裁决强制执行必须在法律规定的期限内提出。根据《民事诉讼法》第二百三十九条的规定,申请执行的期间为2年。申请执行时效的中止、中断,适用法律有关诉讼时效中止、中断的规定。申请仲裁裁决强制执行的期限,自仲裁裁决书规定履行期限或仲裁机构的仲裁规则规定履行期间的最后一日起计算;仲裁裁决书规定分期履行的,依规定的每次履行期间的最后一日起计算;未规定履行期间的,从仲裁裁决书生效之日起计算。

2)仲裁裁决的不予执行

根据《民事诉讼法》第二百三十七条的规定,被申请人提出证据证明仲裁裁决有下列情形之一的,经人民法院组成合议庭审查核实,裁定不予执行:

①当事人在合同中没有订有仲裁条款或者事后没有达成书面仲裁协议的;

②裁决的事项不属于仲裁协议的范围或者仲裁机构无权仲裁的;

③仲裁庭的组成或者仲裁的程序违反法定程序的;

④裁决所根据的证据是伪造的;

⑤对方当事人向仲裁机构隐瞒了足以影响公正裁决的证据的;

⑥仲裁员在仲裁该案时有贪污受贿,徇私舞弊,枉法裁决行为的。

人民法院认定执行该裁决违背社会公共利益的,裁定不予执行。

仲裁裁决被人民法院裁定不予执行的,当事人可以根据双方达成的书面仲裁协议重新申请仲裁,也可以向人民法院起诉。

应用案例 7-2

太阳公司经营房地产开发,在有偿取得某幅土地的使用权之后,由于资金困难,与月亮公司签订了合作开发合同,约定由双方共同投资并分享该开发项目的利润。但双方未实际履行。此后,环球公司就同一幅土地以更优惠的条件与太阳公司签订了一份合作开发合同并开始实际履行。三方之间由此发生纠纷。环球公司根据其与太阳公司签订的合同中的仲裁条款申请仲裁,请求裁决确认其与太阳公司签订的合同有效,并裁决太阳公司继续履行。双方在仲裁委员会受理后自行达成了继续履行合同的和解协议,请求仲裁委员会根据和解协议制作裁决书。仲裁庭三名仲裁员中一名认为应当否定和解协议,一名认为应当制作调解书,首席仲裁员认为应当制作裁决书,最后按仲裁庭首席仲裁员的意见,根据和解协议的内容作出了裁决书并送达给了双方当事人。此后月亮公司向法院起诉,请求确认本公司与太阳公司签订的合同有效并履行该合同。

【问题】

(1)月亮公司在得知环球公司申请仲裁后,能否申请参加太阳公司与环球公司正在进行的仲裁程序?为什么?

(2)环球公司在仲裁裁决书生效后,能否在太阳公司与月亮公司的诉讼中成为当事人?为什么?

(3)仲裁委员会制作裁决书在程序上是否合法,为什么?

(4)在仲裁裁决已确认太阳公司与环球公司的合同有效的情况下,法院能否判决太阳公司与月亮公司之间的合同有效?为什么?

(5)月亮公司是否有权以仲裁的程序违反法定程序为由申请法院撤销仲裁裁决?为什么?

(6)对仲裁裁决中已经认定的事实,太阳公司在诉讼中能否免除举证责任?为什么?

【案例分析】

(1)不能。因为太阳公司分别与月亮公司和环球公司签订了合作开发合同,太阳公司与环球公司签订的合同其仲裁条款对月亮公司无效,月亮公司不是该仲裁协议的主体。仲裁协议属于束己合同,也就是说,合同只约束双方当事人,对合同外的第三人没有约束力。所以太阳公司与环球公司签订的合同中的仲裁条款不能约束月亮公司。月亮公司不是该仲裁协议的主体。

(2)不能。因为本案虽然存在两个有联系的合同关系,在仲裁裁决书生效后环球公司与诉讼案件的处理已无法律上的利害关系,它与太阳公司之间的法律关系已经由生效的仲裁裁决所确定。本案不能形成有独立请求权的第三人,也不能形成无独立请求权的第三人。

解析:根据《仲裁法》第九条规定,仲裁实行一裁终局制度。裁决作出后,当事人就同一纠纷再申请仲裁或者向人民法院起诉的,仲裁委员会或者人民法院不予受理。本案中,在仲裁裁决书生效后环球公司与太阳公司之间的法律关系已经由生效的仲裁裁决书所确定,换言之,环球公司与该案件的处理已无法律上的利害关系。根据第三人的概念,有独立请求权的第三人是指对当事人双方的诉讼标的认为有独立请求权的,以自己的名义提起诉讼的人。无独立请求权的第三人是指对当事人双方的诉讼标的虽然没有独立请求权,但案件处理结果同他有法律上的利害关系,以自己的名义申请参加诉讼,或者由人民法院通知他参加诉讼的人。本题中环球公司与诉讼案件的处理既然已无法律上的利害关系,自然就不能成为有独立请求权的第三人,或成为无独立请求权的第三人,所以其不能在诉讼中成为当事人。

(3)合法。因为仲裁法规定当事人达成和解协议的,可以请求仲裁庭根据和解协议作出裁决书,也可以撤回仲裁申请;仲裁庭不能形成多数意见时,裁决应当按照首席仲裁员的意见作出。《仲裁法》第49条规定,当事人申请仲裁后,可以自行和解。达成和解协议的,可以请求仲裁庭根据和解协议作出裁决书,也可以撤回仲裁申请。第53条规定,裁决应当按照多数仲裁员的意见作出,少数仲裁员的不同意见可以记入笔录。仲裁庭不能形成多数意见时,裁决应当按照首席仲裁员的意见作出。

(4)能。因为合同是否有效取决于该合同是否具备法定的有效要件,关于同一项目的两份合同只要都具备有效要件,可以同时有效,但只能履行其中一份合同。合同之债的债权效力不具有排他性,即在同一客体上可以成立两个以上不相容的债权,所以,对于同一标的的两份合同只要都具备了合同成立的有效要件,就可以同时有效,然而在实际履行时只能履行其中一份合同,因为根据"一物一权"的原则,一个客体上只能存在一个物权。

(5)无权。因为只有仲裁案件的当事人才有权申请撤销仲裁裁决,月亮公司不是仲裁案件的当事人。《仲裁法》第58条,仲裁裁决撤销申请的主体是仲裁协议的当事人。所以只有仲裁案件的当事人才有权申请撤销仲裁裁决。

(6)能免除。已为仲裁机构的生效裁决所确认的事实,当事人无须举证证明。根据《最高人民法院关于民事诉讼证据的若干规定》第十条规定:"下列事实,当事人无须举证证明:

(一)自然规律以及定理、定律;

(二)众所周知的事实;

(三)根据法律规定推定的事实;

(四)根据已知的事实和日常生活经验法则推定出的另一事实;

(五)已为仲裁机构的生效裁决所确认的事实;

(六)已为人民法院发生法律效力的裁判所确认的基本事实;

(七)已为有效公证文书所证明的事实。

前款第二项至第五项事实,当事人有相反证据足以反驳的除外;第六项、第七项事实,当事人有相反证据足以推翻的除外。"

所以本题中,根据《证据规定》第十条第(五)项规定,对仲裁裁决已经认定的事实,太阳公司在诉讼中能够免除举证责任。

7.4 民事诉讼制度

7.4.1 民事诉讼的管辖

民事诉讼中的管辖,是指各级法院之间和同级法院之间受理第一审民事案件的分工和权限。

《民事诉讼法》规定的民事案件的管辖,包括级别管辖、地域管辖、移送管辖、指定管辖和管辖权转移。人民法院受理案件后,被告有权针对人民法院对案件是否有管辖权提出管辖权异议,这是当事人的一项诉讼权利。

1)级别管辖

级别管辖,是指按照一定的标准,划分上下级法院之间受理第一审民事案件的分工和权限。我国法院有四级,分别是:基层人民法院、中级人民法院、高级人民法院和最高人民法院,每一级均受理第一审民事案件。

根据《民事诉讼法》第十七条至第二十条的规定,各级人民法院管辖第一审民事案件的分工和权限如下:

①基层人民法院管辖第一审民事案件,但《民事诉讼法》另有规定的除外。

②中级人民法院管辖下列第一审民事案件:

a. 重大涉外案件;

b. 在本辖区有重大影响的案件;

c. 最高人民法院确定由中级人民法院管辖的案件。

③高级人民法院管辖在本辖区有重大影响的第一审民事案件。

④最高人民法院管辖下列第一审民事案件:

a. 在全国有重大影响的案件;

b. 认为应当由本院审理的案件。

在实践中,争议标的金额的大小,往往是确定级别管辖的重要依据,但各地人民法院确定的级别管辖争议标的数额标准不尽相同,参见 2015 年 4 月发布的《最高人民法院关于调整高级人民法院和中级人民法院管辖第一审民商事案件标准的通知》(法发〔2015〕7 号)。

法发〔2015〕
7号

2)地域管辖

地域管辖,是指按照各法院的辖区和民事案件的隶属关系,划分同级法院受理第一审民事案件的分工和权限。地域管辖实际上是着重于法院与当事人、诉讼标的以及法律事实之间的隶属关系和关联关系来确定的,主要包括如下几种情况:

(1)一般地域管辖

一般地域管辖又称普通管辖,是以当事人与法院的隶属关系来确定诉讼管辖的,通常实行"原告就被告"原则,即以被告住所地作为确定管辖的标准。《民事诉讼法》第二十一条规定：

①对公民提起的民事诉讼，由被告住所地人民法院管辖；被告住所地与经常居住地不一致的，由经常居住地人民法院管辖。

②对法人或者其他组织提起的民事诉讼，由被告住所地人民法院管辖。

③同一诉讼的几个被告住所地、经常居住地在两个以上人民法院辖区的，各该人民法院都有管辖权，原告可以向任何一个被告住所地或经常居住地人民法院起诉。

其中，公民住所地是指该公民的户籍所在地；经常居住地是指公民离开住所至起诉时已连续居住满1年的地方，但公民住院就医的地方除外；被告住所地是指法人或者其他组织的主要办事机构所在地或者主要营业地；主要办事机构所在地不能确定的，其注册地或者登记地为住所地。

（2）特殊地域管辖

特殊地域管辖，是指以被告住所地、诉讼标的所在地或法律事实所在地为标准确定的管辖。我国《民事诉讼法》规定了11种特殊地域管辖的诉讼，其中与建设工程关系最为密切的是因合同纠纷提起的诉讼。

《民事诉讼法》第二十三条规定："因合同纠纷提起的诉讼，由被告住所地或者合同履行地人民法院管辖。"第三十四条规定："合同或者其他财产权益纠纷的当事人可以书面协议选择被告住所地、合同履行地、合同签订地、原告住所地、标的物所在地等与争议有实际联系的地点的人民法院管辖，但不得违反本法对级别管辖和专属管辖的规定。"

（3）专属管辖

专属管辖，是指法律规定某些特殊类型的案件专门由特定的法院管辖。专属管辖是排他性管辖，排除了诉讼当事人协议选择管辖法院的权利。专属管辖与一般地域管辖和特殊地域的关系是：凡法律规定为专属管辖的诉讼，均适用专属管辖。

《民事诉讼法》第三十三条规定了三种适用专属管辖的案件，其中因不动产纠纷提起的诉讼，由不动产所在地人民法院管辖，如房屋买卖纠纷、土地使用权转让纠纷等。

（4）协议管辖

发生合同纠纷或者其他财产权益纠纷的，《民事诉讼法》还规定了协议管辖制度。所谓协议管辖，是指合同当事人在纠纷发生前后，在法律允许的范围内，以书面形式约定案件的管辖法院。协议管辖适用于合同纠纷或者其他财产权益纠纷，其他财产权益纠纷包括因物权、知识产权中的财产权而产生的民事纠纷管辖。

《民事诉讼法》第三十四条规定："合同或者其他财产权益纠纷的当事人可以书面协议选择被告住所地、合同履行地、合同签订地、原告住所地、标的物所在地等与争议有实际联系的地点的人民法院管辖，但不得违反本法对级别管辖和专属管辖的规定。""与争议有实际联系的地点"还包括侵犯物权或者知识产权等财产权益的行为发生地等。

3）移送管辖和指定管辖

（1）移送管辖

人民法院发现受理的案件不属于本院管辖的，应当移送有管辖权的人民法院，受移送的人民法院应当受理。受移送的人民法院认为受移送的案件依照规定不属于本院管辖的，应当报请上级人民法院指定管辖，不得再自行移送。

（2）指定管辖

有管辖权的人民法院由于特殊原因，不能行使管辖权的，由上级人民法院指定管辖。人民法院之间因管辖权发生争议的，由争议双方协商解决；协商解决不了的，报请其共同上级人民法院指定管辖。

4）管辖权转移

所谓管辖权转移，是指上级人民法院有权审理下级人民法院管辖的第一审民事案件；确有必要将本院管辖的第一审民事案件交下级人民法院审理的，应当报请其上级人民法院批准。

下级人民法院对它所管辖的第一审民事案件，认为需要由上级人民法院审理的，可以报请上级人民法院审理。

管辖权转移不同于移送管辖：

①移送管辖是没有管辖权的法院把案件移送给有管辖权的法院审理，而管辖权转移是有管辖权的法院把案件转移给原来没有管辖权的法院审理；

②移送管辖可能在上下级法院之间或者在同级法院间发生，而管辖权转移仅限于上下级法院之间；

③二者在程序上不完全相同。

5）管辖权异议

管辖权异议是指当事人向受诉法院提出的该法院对案件无管辖权的主张。《民事诉讼法》第一百二十七条规定："人民法院受理案件后，当事人对管辖权有异议的，应当在提交答辩状期间提出。人民法院对当事人提出的异议，应当审查。异议成立的，裁定将案件移送有管辖权的人民法院；异议不成立的，裁定驳回。当事人未提出管辖异议，并应诉答辩的，视为受诉人民法院有管辖权，但违反级别管辖和专属管辖规定的除外。"

法释〔2009〕17号

根据 2009 年 11 月发布的《最高人民法院关于审理民事级别管辖异议案件若干问题的规定》（法释〔2009〕17 号），受诉人民法院应当在受理异议之日起 15 日内作出裁定；对人民法院就级别管辖异议作出的裁定，当事人不服提起上诉的，第二审人民法院应当依法审理并作出裁定。

应用案例 7-3

甲市某高校 8 名学生利用假日乘坐甲市运输公司的长途汽车去乙市某风景点旅游，汽车行至丁市，司机称汽车刹车故障，请 8 名学生下车另搭汽车到目的地，并退还剩余车费，学生认为剩余车费不够他们到达目的地，认为司机应该赔偿耽误他们的时间造成的经济损失，司机不同意，因此产生了分歧，8 名学生约定去法院起诉该运输公司。

【问题】

（1）哪些法院有管辖权？为什么？

（2）如果 8 名学生向有管辖权的法院都提出诉讼，应如何确定案件的管辖法院？

（3）若有管辖权的法院之间就本案管辖权问题发生了争议，应如何确定管辖法院？

【案例分析】

首先明确,本案属于运输合同纠纷(司机的行为属于违反运输合同的违约行为而非侵权),不是运输事故所导致的侵权纠纷。

(1)根据《民事诉讼法》第二十七条:"因铁路、公路、水上、航空运输和联合运输合同纠纷提起的诉讼,由运输始发地、目的地或者被告住所地人民法院管辖。"据此,甲市、乙市的法院有管辖权。

(2)根据《民事诉讼法》第三十五条:"两个以上人民法院都有管辖权的诉讼,原告可以向其中一个人民法院起诉;原告向两个以上有管辖权的人民法院起诉的,由最先立案的人民法院管辖。"最先立案的法院管辖后,其他收到起诉的法院没有立案的,不得再立案,已经立案的,应裁定移送最先立案的法院。

(3)《民事诉讼法》第三十七条:"有管辖权的人民法院由于特殊原因,不能行使管辖权的,由上级人民法院指定管辖。人民法院之间因管辖权发生争议,由争议双方协商解决;协商解决不了的,报请它们的共同上级人民法院指定管辖。"据此,法院先协商,协商不成,报共同上级法院指定管辖。

7.4.2 民事诉讼当事人和代理人的规定

1)诉讼当事人

民事诉讼中的当事人,是指因民事权利和义务发生争议,以自己的名义进行诉讼,请求人民法院进行裁判的公民、法人或其他组织。狭义的民事诉讼当事人包括原告和被告。广义的民事诉讼当事人包括原告、被告、共同诉讼人和第三人。外国人、无国籍人、外国企业和组织在人民法院起诉、应诉,同中华人民共和国公民、法人和其他组织有同等的诉讼权利义务。

外国法院对中华人民共和国公民、法人和其他组织的民事诉讼权利加以限制的,中华人民共和国人民法院对该国公民、企业和组织的民事诉讼权利,实行对等原则。

2)诉讼代理人

诉讼代理人,是指根据法律规定或当事人的委托,代理当事人进行民事诉讼活动的人。与代理分为法定代理、委托代理和指定代理相一致,诉讼代理人通常也可分为法定诉讼代理人、委托诉讼代理人和指定诉讼代理人。在建设工程领域,最常见的是委托诉讼代理人。

法释〔2015〕5号

《民事诉讼法》第五十八条规定:"当事人、法定代理人可以委托一至二人作为诉讼代理人。下列人员可以被委托为诉讼代理人:(一)律师、基层法律服务工作者;(二)当事人的近亲属或者工作人员;(三)当事人所在社区、单位以及有关社会团体推荐的公民。"

《民事诉讼法》第五十九条继续规定:"委托他人代为诉讼,必须向人民法院提交由委托人签名或者盖章的授权委托书。授权委托书必须记明委托事项和权限。诉讼代理人代为承认、放弃、变更诉讼请求,进行和解,提起反诉或者上诉,必须有委托人的特别授权。"针对实践中经常出现的授权委托书仅写"全权代理"而无具体授权的情形,2015年1月发布的《最高人民法院关于适用〈中华人民共和国民事诉讼法〉的解释》（法释〔2015〕5 号）第八十九条特别规定："当事人向人民法院提交的授权委托书，应当在开庭审理前送交人民法院。授权委托书仅写'全权代理'而无具体授权的，诉讼代理人无权代为承认、放弃、变更诉讼请求，进行和解，提出反诉或者提起上诉。"

7.4.3 财产保全和先予执行

1）财产保全

财产保全，是指人民法院在利害关系人起诉前或者当事人起诉后，为保障将来的生效判决能够得到执行或者避免财产遭受损失，对当事人的财产或者争议的标的物，采取限制当事人处分的强制措施。财产保全分为诉讼中财产保全和诉前财产保全。

（1）诉讼中财产保全

诉讼中财产保全，是指人民法院在受理案件之后、作出判决之前，对当事人的财产或者争执标的物采取限制当事人处分的强制措施。

根据《民事诉讼法》第一百条的规定，人民法院对于可能因当事人一方的行为或者其他原因，使判决难以执行或者造成当事人其他损害的案件，根据对方当事人的申请，可以裁定对其财产进行保全、责令其作出一定行为或者禁止其作出一定行为；当事人没有提出申请的，人民法院在必要时也可以裁定采取保全措施。

人民法院采取保全措施，可以责令申请人提供担保，申请人不提供担保的，裁定驳回申请。

人民法院接受申请后，对情况紧急的，必须在 48 小时内作出裁定；裁定采取保全措施的，应当立即开始执行。

（2）诉前财产保全

诉前财产保全，是指在紧急情况下，法院不立即采取财产保全措施，利害关系人的合法权利会受到难以弥补的损害，因此法律赋予利害关系人在起诉前有权申请人民法院采取财产保全措施。

根据《民事诉讼法》第一百零一条的规定，利害关系人因情况紧急，不立即申请保全将会使其合法权益受到难以弥补的损害的，可以在提起诉讼或者申请仲裁前向被保全财产所在地、被申请人住所地或者对案件有管辖权的人民法院申请采取保全措施。申请人应当提供担保，不提供担保的，裁定驳回申请。

人民法院接受申请后，必须在 48 小时内作出裁定；裁定采取保全措施的，应当立即开始执行。

申请人在人民法院采取保全措施后 30 日内不依法提起诉讼或者申请仲裁的，人民法院应当解除保全。

（3）保全范围与保全措施

《民事诉讼法》第一百零二条规定，保全限于请求的范围，或者与本案有关的财物。

《民事诉讼法》第一百零三条规定，财产保全采取查封、扣押、冻结或者法律规定的其他方法。人民法院保全财产后，应当立即通知被保全财产的人。

2)先予执行

先予执行,是指人民法院在终局判决之前,为解决权利人生活或生产经营的急需,裁定义务人预先履行将来生效判决中所确定之义务的一种措施。

（1）先予执行的适用范围

根据《民事诉讼法》第一百零六条的规定,人民法院对下列案件,根据当事人的申请,可以裁定先予执行:

①追索赡养费、扶养费、抚育费、抚恤金、医疗费用的;

②追索劳动报酬的;

③因情况紧急需要先予执行的。

（2）先予执行的适用条件

根据《民事诉讼法》第一百零七条的规定,人民法院裁定先予执行的,应当符合下列条件:

①当事人之间权利义务关系明确,不先予执行将严重影响申请人的生活或者生产经营的;

②被申请人有履行能力。人民法院可以责令申请人提供担保,申请人不提供担保的,驳回申请。

申请人败诉的,应当赔偿被申请人因先予执行遭受的财产损失。

7.4.4 民事诉讼证据

证据是指在诉讼中能够证明案件真实情况的各种资料。当事人只有通过证据才能证明自己主张的观点是正确的。因此,证据在民事纠纷的处理过程中具有非常重要的地位。

1)证据的种类

根据《民事诉讼法》第六十三条的规定,证据包括当事人的陈述、书证、物证、视听资料、电子数据、证人证言、鉴定意见、勘验笔录等8种。证据必须查证属实,才能作为认定事实的根据。

（1）当事人陈述

当事人陈述是指当事人在诉讼中就本案的事实向法院所作的说明。作为证据的当事人陈述是指那些能够证明案件事实的陈述。

法释〔2019〕19号

《民事诉讼法》第七十五条规定:"人民法院对当事人的陈述,应当结合本案的其他证据,审查确定能否作为认定事实的根据"。2019 年 10 月修订的《最高人民法院关于民事诉讼证据的若干规定》(法释〔2019〕19 号)(以下简称《证据规定》)第六十三条进一步规定:"当事人应当就案件事实作真实、完整的陈述。当事人的陈述与此前陈述不一致的,人民法院应当责令其说明理由,并结合当事人的诉讼能力、证据和案件具体情况进行审查认定。当事人故意作虚假陈述妨碍人民法院审理的,人民法院应当根据情节,依照民事诉讼法第一百一十一条的规定进行处罚。"

（2）书证

书证是指以文字、符号、图形等形式所记载的内容或表达的思想来证明案件事实的证据。如合同文本、信函、电报,传真、图纸、图表等各种书面文件或纸面文字材料,但书证的物质载体并不限于纸质材料,非纸类的物质也可成为载体,如木、竹、金属等。书证的真实性较强,不易伪造。

（3）物证

物证是指能够证明案件事实的物品及其痕迹。凡是以其存在的外形、重量、规格、损坏程度等物体的内部、外部特征和属性来证明待证事实的一部或者全部的物品及痕迹,均属于物证范畴。物证与其他证据比较,具有较强的可靠性和稳定性,难以伪造。

（4）视听资料

视听资料是指利用录音、摄像、拍照等技术手段反映的声音、图像证明案件事实的证据。常见的视听资料如录音带、录像带、胶卷等。

《民事诉讼法》第七十一条的规定:"人民法院对视听资料,应当辨别真伪,并结合本案的其他证据,审查确定能否作为认定事实的根据。"根据《证据规定》第九十条的规定,存有疑点的视听资料,不能单独作为认定案件事实的依据。

（5）电子数据

电子数据是指以电子数据的形式存在于计算机存储器或磁盘、光盘、存储卡、手机等外部存储介质中,能够证明案件真实情况的电子数据证明材料或与案件有关的其他电子数据材料。如电子商务中的电子合同、电子提单、电子保险单、电子发票等,以及电子文档、电子邮件、手机短信等。

电子数据与视听资料的区别,在于电子数据更强调以电子方式记录数据。

（6）证人证言

证人是指了解案件事实情况并向法院或当事人提供证词的人。证言是指证人将其了解的案件事实向法院所作的陈述或证词。在我国证人包括单位证人和自然人证人两大类。单位作为证人要出庭作证时,应当由单位的法定代表人、负责人或经其授权的人代表单位作证。

（7）鉴定意见

鉴定意见是指鉴定人运用自己的专门知识,对案件中的专门性问题进行鉴定后所作出的书面结论。当事人申请鉴定,应当注意在举证期限内提出。

《民事诉讼法》第七十六条规定:"当事人可以就查明事实的专门性问题向人民法院申请鉴定。当事人申请鉴定的,由双方当事人协商确定具备资格的鉴定人;协商不成的,由人民法院指定。当事人未申请鉴定,人民法院对专门性问题认为需要鉴定的,应当委托具备资格的鉴定人进行鉴定。"

根据《证据规定》第四十条的规定:"当事人申请重新鉴定,存在下列情形之一的,人民法院应当准许:

（一）鉴定人不具备相应资格的;

（二）鉴定程序严重违法的;

（三）鉴定意见明显依据不足的;

（四）鉴定意见不能作为证据使用的其他情形。

存在前款第一项至第三项情形的,鉴定人已经收取的鉴定费用应当退还。拒不退还的,依照本规定第八十一条第二款的规定处理。

对鉴定意见的瑕疵,可以通过补正、补充鉴定或者补充质证、重新质证等方法解决的,人民法院不予准许重新鉴定的申请。

重新鉴定的,原鉴定意见不得作为认定案件事实的根据。"

(8)勘验笔录

勘验笔录,是指人民法院审判人员或者行政机关工作人员对能够证明案件事实的现场或者对不能、不便拿到人民法院的物证,就地进行分析、检验、测量、勘察后所作的记录。包括文字记录、绘图、照相、录像、模型等材料。

2) 证据保全

证据保全是指在证据可能灭失或以后难以取得的情况下,人民法院根据申请人的申请或依职权,对证据加以固定和保护的制度。

(1)证据保全的申请

根据《民事诉讼法》第八十一条的规定,在证据可能灭失或者以后难以取得的情况下,当事人可以在诉讼过程中向人民法院申请保全证据,人民法院也可以主动采取保全措施。

因情况紧急,在证据可能灭失或者以后难以取得的情况下,利害关系人可以在提起诉讼或者申请仲裁前向证据所在地、被申请人住所地或者对案件有管辖权的人民法院申请保全证据。

《证据规定》第二十五条规定:"当事人或者利害关系人根据民事诉讼法第八十一条的规定申请证据保全的,申请书应当载明需要保全的证据的基本情况、申请保全的理由以及采取何种保全措施等内容。当事人根据民事诉讼法第八十一条第一款的规定申请证据保全的,应当在举证期限届满前向人民法院提出。法律、司法解释对诉前证据保全有规定的,依照其规定办理。"

(2)证据保全的实施

《证据规定》第二十七条规定:"人民法院进行证据保全,可以要求当事人或者诉讼代理人到场。根据当事人的申请和具体情况,人民法院可以采取查封、扣押、录音、录像、复制、鉴定、勘验等方法进行证据保全,并制作笔录。在符合证据保全目的的情况下,人民法院应当选择对证据持有人利益影响最小的保全措施。"

3) 民事诉讼中的举证、质证和认证

举证、质证和认证就是在诉讼过程中围绕证据展开的各个环节。举证是客观事实再现的过程;质证是对客观事实审验、质疑、辩驳的过程;认证是对客观事实固定的过程。

(1)举证

举证是指当事人对自己提出的诉讼请求所依据的事实或者反驳对方诉讼请求所依据的事实提供证据加以证明。没有证据或者证据不足以证明当事人的事实主张的,由负有举证责任的当事人承担不利后果。

所谓举证责任,是指当事人对自己提出的主张有收集或提供证据的义务,并有运用该证据证明主张的事实成立或有利于自己的主张的责任,否则将承担其主张不能成立的后果。

• 举证责任分配的一般原则

《民事诉讼法》第六十四条规定,当事人对自己提出的主张,有责任提供证据。这一规定确立了"谁主张,谁举证"的原则。确立、强调当事人举证责任,调动了当事人参加诉讼的积

极性,减轻了法院的负担,缩短了办案周期,提高办案效率,收到了事半功倍的效果。

• 举证责任的倒置

举证责任倒置,是为了弥补一般原则的不足,针对一些特殊的案件,将按照一般原则本应由己方承担的某些证明责任,改为由对方当事人承担的证明方法。举证责任倒置必须有法律的规定,法官不可以在诉讼中任意将证明责任分配加以倒置。

根据《证据规定》第十条的规定,下列事实,当事人无须举证证明:

①自然规律以及定理、定律;

②众所周知的事实;

③根据法律规定推定的事实;

④根据已知事实和日常生活经验法则能推定出的另一事实;

⑤已为仲裁机构的生效裁决所确认的事实;

⑥已为人民法院发生法律效力的裁判所确认的基本事实;

⑦已为有效公证文书所证明的事实。

以上②至⑤项,当事人有相反证据足以反驳的除外;⑥、⑦项事实,当事人有相反证据足以推翻的除外。

(2)举证期限

举证期限是指法律规定或法院、仲裁机构指定的当事人能够有效举证的期限。举证期限是一种限制当事人诉讼行为的制度,其主要目的在于促使当事人积极举证,提高诉讼效率,防止当事人违背诚实信用原则,在证据上搞"突然袭击"或拖延诉讼。

《民事诉讼法》第六十五条规定:"当事人对自己提出的主张应当及时提供证据。人民法院根据当事人的主张和案件审理情况,确定当事人应当提供的证据及其期限。当事人在该期限内提供证据确有困难的,可以向人民法院申请延长期限,人民法院根据当事人的申请适当延长。当事人逾期提供证据的,人民法院应当责令其说明理由;拒不说明理由或者理由不成立的,人民法院根据不同情形可以不予采纳该证据,或者采纳该证据但予以训诫、罚款。"

《最高人民法院关于适用〈中华人民共和国民事诉讼法〉的解释》第九十九条、第一百零一条和第一百零二条规定:

人民法院应当在审理前的准备阶段确定当事人的举证期限。举证期限可以由当事人协商,并经人民法院准许。人民法院确定举证期限,第一审普通程序案件不得少于十五日,当事人提供新的证据的第二审案件不得少于十日。举证期限届满后,当事人对已经提供的证据,申请提供反驳证据或者对证据来源、形式等方面的瑕疵进行补正的,人民法院可以酌情再次确定举证期限,该期限不受前款规定的限制。

当事人逾期提供证据的,人民法院应当责令其说明理由,必要时可以要求其提供相应的证据。当事人因客观原因逾期提供证据,或者对方当事人对逾期提供证据未提出异议的,视为未逾期。

当事人因故意或者重大过失逾期提供的证据,人民法院不予采纳。但该证据与案件基本事实有关的,人民法院应当采纳,并依照民事诉讼法第六十五条、第一百一十五条第一款的规定予以训诫、罚款。当事人非因故意或者重大过失逾期提供的证据,人民法院应当采纳,并对当事人予以训诫。

（3）证据交换

证据交换，是指在诉讼答辩期届满后、开庭审理前，当事人之间相互明示其持有证据的过程。证据交换制度的设立，有利于当事人之间明确争议焦点，集中辩论；有利于法院尽快了解案件争议焦点，集中审理；有利于当事人尽快了解对方的事实依据，促进当事人进行和解和调解。

《证据规定》第五十六条规定："人民法院依照民事诉讼法第一百三十三条第四项的规定，通过组织证据交换进行审理前准备的，证据交换之日举证期限届满。证据交换的时间可以由当事人协商一致并经人民法院认可，也可以由人民法院指定。当事人申请延期举证经人民法院准许的，证据交换日相应顺延。"

《证据规定》第五十七条继续规定："证据交换应当在审判人员的主持下进行。在证据交换的过程中，审判人员对当事人无异议的事实、证据应当记录在卷；对有异议的证据，按照需要证明的事实分类记录在卷，并记载异议的理由。通过证据交换，确定双方当事人争议的主要问题。"

（4）质证

质证，是指当事人在法庭的主持下，围绕证据的真实性、合法性、关联性，针对证据证明力有无以及证明力大小，进行质疑、说明与辩驳的过程。质证既是法庭审查核实证据的一种手段，也是当事人的一种诉讼权利。《证据规定》第六十条规定："当事人在审理前的准备阶段或者人民法院调查、询问过程中发表过质证意见的证据，视为质证过的证据。当事人要求以书面方式发表质证意见，人民法院在听取对方当事人意见后认为有必要的，可以准许。人民法院应当及时将书面质证意见送交对方当事人。"

● 书证、物证、视听资料的质证

《证据规定》第六十一条规定："对书证、物证、视听资料进行质证时，当事人应当出示证据的原件或者原物。但有下列情形之一的除外：（一）出示原件或者原物确有困难并经人民法院准许出示复制件或者复制品的；（二）原件或者原物已不存在，但有证据证明复制件、复制品与原件或者原物一致的。"

● 证人、鉴定人和勘验人的质证

《证据规定》第六十八条、第七十四条、第八十条和、第八十二条规定：

人民法院应当要求证人出庭作证，接受审判人员和当事人的询问。证人在审理前的准备阶段或者人民法院调查、询问等双方当事人在场时陈述证言的，视为出庭作证。双方当事人同意证人以其他方式作证并经人民法院准许的，证人可以不出庭作证。无正当理由未出庭的证人以书面等方式提供的证言，不得作为认定案件事实的根据。

审判人员可以对证人进行询问。当事人及其诉讼代理人经审判人员许可后可以询问证人。询问证人时其他证人不得在场。人民法院认为有必要的，可以要求证人之间进行对质。

鉴定人应当就鉴定事项如实答复当事人的异议和审判人员的询问。当庭答复确有困难的，经人民法院准许，可以在庭审结束后书面答复。人民法院应当及时将书面答复送交当事人，并听取当事人的意见。必要时，可以再次组织质证。

经法庭许可，当事人可以询问鉴定人、勘验人。询问鉴定人、勘验人不得使用威胁、侮辱等不适当的言语和方式。

（5）认证

认证，即证据的审核认定，是指法院对经过质证或当事人在证据交换中认可的各种证据材料作出审查判断，确认其能否作为认定案件事实的根据。认证是正确认定案件事实的前提和基础，只有经过法庭的认证，才能使举证和质证具有最终的法律意义。

《证据规定》第八十五条定："人民法院应当以证据能够证明的案件事实为根据依法作出裁判。审判人员应当依照法定程序，全面、客观地审核证据，依据法律的规定，遵循法官职业道德，运用逻辑推理和日常生活经验，对证据有无证明力和证明力大小独立进行判断，并公开判断的理由和结果。"

根据《证据规定》第八十七条、第九十条、第九十三、第九十四条的规定，法院及审判人员对证据的审核认定遵循如下规则：

• 审判人员对单一证据可以从下列方面进行审核认定：

①证据是否为原件、原物，复制件、复制品与原件、原物是否相符；

②证据与本案事实是否相关；

③证据的形式、来源是否符合法律规定；

④证据的内容是否真实；

⑤证人或者提供证据的人与当事人有无利害关系。

• 下列证据不能单独作为认定案件事实的根据：

①当事人的陈述；

②无民事行为能力人或者限制民事行为能力人所作的与其年龄、智力状况或者精神健康状况不相当的证言；

③与一方当事人或者其代理人有利害关系的证人陈述的证言；

④存有疑点的视听资料、电子数据；

⑤无法与原件、原物核对的复制件、复制品。

• 人民法院对于电子数据的真实性，应当结合下列因素综合判断：

①电子数据的生成、存储、传输所依赖的计算机系统的硬件、软件环境是否完整、可靠；

②电子数据的生成、存储、传输所依赖的计算机系统的硬件、软件环境是否处于正常运行状态，或者不处于正常运行状态时对电子数据的生成、存储、传输是否有影响；

③电子数据的生成、存储、传输所依赖的计算机系统的硬件、软件环境是否具备有效的防止出错的监测、核查手段；

④电子数据是否被完整地保存、传输、提取，保存、传输、提取的方法是否可靠；

⑤电子数据是否在正常的往来活动中形成和存储；

⑥保存、传输、提取电子数据的主体是否适当；

⑦影响电子数据完整性和可靠性的其他因素。

人民法院认为有必要的，可以通过鉴定或者勘验等方法，审查判断电子数据的真实性。

• 电子数据存在下列情形的，人民法院可以确认其真实性，但有足以反驳的相反证据的除外：

①由当事人提交或者保管的于己不利的电子数据；

②由记录和保存电子数据的中立第三方平台提供或者确认的；

③在正常业务活动中形成的;

④以档案管理方式保管的;

⑤以当事人约定的方式保存、传输、提取的。

电子数据的内容经公证机关公证的,人民法院应当确认其真实性,但有相反证据足以推翻的除外。

7.4.5 民事诉讼时效的规定

1)诉讼时效的概念

所谓诉讼时效,是指权利人在法定期间内不行使权利的事实持续至法定期间届满,便丧失请求人民法院予以保护其权利的有效期间。

超过诉讼时效期间,在法律上发生的效力便是权利人胜诉权的消灭,亦即权利人丧失了请求人民法院依照民事诉讼程序强制义务人履行义务的权利。但是,权利人丧失的仅仅是胜诉权,其实体权利本身并没有消灭。当权利人请求法院裁判时,法院仍应立案受理。因而,《民法典》第一百九十二条规定,诉讼时效期间届满后,义务人同意履行的,不得以诉讼时效期间届满为由抗辩;义务人已经自愿履行的,不得请求返还。

为正确适用法律关于诉讼时效制度的规定,保护当事人的合法权益,2008年出台的《最高人民法院关于审理民事案件适用诉讼时效制度若干问题的规定》(法释〔2008〕11号)第二条和第三条规定:"当事人违反法律规定,约定延长或者缩短诉讼时效期间、预先放弃诉讼时效利益的,人民法院不予认可。当事人未提出诉讼时效抗辩的,人民法院不应对诉讼时效问题进行释明及主动适用诉讼时效的规定进行裁判。"

法释〔2008〕11号

2)不适用于诉讼时效的情形

《最高人民法院关于审理民事案件适用诉讼时效制度若干问题的规定》第一条规定:"当事人可以对债权请求权提出诉讼时效抗辩,但对下列债权请求权提出诉讼时效抗辩的,法院不予支持:

①支付存款本金及利息请求权;

②兑付国债、金融债券以及向不特定对象发行的企业债券本息请求权;

③基于投资关系产生的缴付出资请求权;

④其他依法不适用诉讼时效规定的债权请求权。"

3)诉讼时效期间的种类

根据我国《民法典》及有关法律的规定,诉讼时效期间通常可划分为普通诉讼时效和特殊诉讼时效两类:

(1)普通诉讼时效

普通诉讼时效,即向人民法院请求保护民事权利的期间。这指在一般情况下普遍适用的时效,这类时效不是针对某一特殊情况规定的,而是普遍适用的。《民法典》第一百八十八条规定,向人民法院请求保护民事权利的诉讼时效期间为三年。据此,我国普通诉讼时效期间应为三年。

（2）特殊诉讼时效

特殊时效优于普通时效，也就是说，凡有特殊时效规定的，适用特殊时效。《民法典》第一百八十八条也规定："法律另有规定的，依照其规定。"

①长期诉讼时效。长期诉讼时效是指诉讼时效在三年以上二十年以下的诉讼时效。长期诉讼时效不是由民法规定的，而是由特别法规定的诉讼时效。例如，《民法典》第五百九十四条规定："因国际货物买卖合同和技术进出口合同争议提起诉讼或者申请仲裁的时效期间为4年"。

②最长诉讼时效。最长诉讼时效为二十年。《民法典》第一百八十八条规定，自权利受到损害之日起超过二十年的，人民法院不予保护，有特殊情况的，人民法院可以根据权利人的申请决定延长。根据这一规定，最长的诉讼时效的期间是从权利被侵害之日起计算，权利享有人不知道自己的权利被侵害，时效最长也是二十年，超过二十年，人民法院不予保护。

4）诉讼时效期间的起算

《民法典》第一百八十八条还规定，诉讼时效期间自权利人知道或者应当知道权利受到损害以及义务人之日起计算。

《最高人民法院关于审理民事案件适用诉讼时效制度若干问题的规定》第五条至第九条中规定，在下列情况下，诉讼时效期间的计算方法是：

①人身损害赔偿的诉讼时效期间，伤害明显的，从受伤害之日起算；伤害当时未曾发现，后经检查确诊并能证明是由侵害引起的，从伤势确诊之日起算。

②当事人约定同一债务分期履行的，诉讼时效期间从最后一期履行期限届满之日起计算。

③未约定履行期限的合同，依照《民法典》第五百一十条、第五百一十一条的规定，可以确定履行期限的，诉讼时效期间从履行期限届满之日起计算；不能确定履行期限的，诉讼时效期间从债权人要求债务人履行义务的宽限期届满之日起计算，但债务人在债权人第一次向其主张权利之时明确表示不履行义务的，诉讼时效期间从债务人明确表示不履行义务之日起计算。

④合同被撤销，返还财产、赔偿损失请求权的，诉讼时效期间从合同被撤销之日起计算。

⑤返还不当得利请求权的诉讼时效期间，从当事人一方知道或者应当知道不当得利事实及对方当事人之日起计算。

⑥管理人因无因管理行为产生的给付必要管理费用、赔偿损失请求权的诉讼时效期间，从无因管理行为结束并且管理人知道或者应当知道本人之日起计算。

本人因不当无因管理行为产生的赔偿损失请求权的诉讼时效期间，从其知道或者应当知道管理人及损害事实之日起计算。

5）诉讼时效中止和中断

（1）诉讼时效中止

《民法典》第一百九十四条规定，在诉讼时效期间的最后6个月内，因下列障碍，不能行使请求权的，诉讼时效中止：

①不可抗力；

②无民事行为能力人或者限制民事行为能力人没有法定代理人,或者法定代理人死亡、丧失民事行为能力、丧失代理权;

③继承开始后未确定继承人或者遗产管理人;

④权利人被义务人或者其他人控制;

⑤其他导致权利人不能行使请求权的障碍。自中止时效的原因消除之日起满6个月,诉讼时效期间届满。

根据上述规定,诉讼时效中止,应当同时满足两个条件:权利人由于不可抗力或者其他障碍,不能行使请求权;导致权利人不能行使请求权的事由发生在诉讼时效期间的最后6个月内。

诉讼时效中止,即诉讼时效期间暂时停止计算。在导致诉讼时效中止的原因消除后,也就是权利人开始可以行使请求权时起,诉讼时效期间继续计算。《最高人民法院关于审理民事案件适用诉讼时效制度若干问题的规定》第二十条规定了诉讼时效中止的特殊情形:

①权利被侵害的无民事行为能力人、限制民事行为能力人没有法定代理人,或者法定代理人死亡、丧失代理权、丧失行为能力;

②继承开始后未确定继承人或者遗产管理人;

③权利人被义务人或者其他人控制无法主张权利;

④其他导致权利人不能主张权利的客观情形。

(2)诉讼时效中断

《民法典》第一百九十五条规定,有下列情形之一的,诉讼时效中断,从中断、有关程序终结时起,诉讼时效期间重新计算:

①权利人向义务人提出履行请求;

②义务人同意履行义务;

③权利人提起诉讼或者申请仲裁;

④与提起诉讼或者申请仲裁具有同等效力的其他情形。

《最高人民法院关于审理民事案件适用诉讼时效制度若干问题的规定》第十条至第十九条中规定了诉讼时效中断的特殊情形:

①具有下列情形之一的,应当认定产生诉讼时效中断的效力:

a. 当事人一方直接向对方当事人送交主张权利文书,对方当事人在文书上签字、盖章或者虽未签字、盖章但能够以其他方式证明该文书到达对方当事人的;

b. 当事人一方以发送信件或者数据电文方式主张权利,信件或者数据电文到达或者应当到达对方当事人的;

c. 当事人一方为金融机构,依照法律规定或者当事人约定从对方当事人账户中扣收欠款本息的;

d. 当事人一方下落不明,对方当事人在国家级或者下落不明的当事人一方住所地的省级有影响的媒体上刊登具有主张权利内容的公告的,但法律和司法解释另有特别规定的,适用其规定。

②权利人对同一债权中的部分债权主张权利,诉讼时效中断的效力及于剩余债权,但权利人明确表示放弃剩余债权的情形除外。

③当事人一方向法院提交起诉状或者口头起诉的,诉讼时效从提交起诉状或者口头起诉之日起中断。

④下列事项之一,法院应当认定与提起诉讼具有同等诉讼时效中断的效力:

a. 申请仲裁;

b. 申请支付令;

c. 申请破产、申报破产债权;

d. 为主张权利而申请宣告义务人失踪或死亡;

e. 申请诉前财产保全、诉前临时禁令等诉前措施;

f. 申请强制执行;

g. 申请追加当事人或者被通知参加诉讼;

h. 在诉讼中主张抵消;

i. 其他与提起诉讼具有同等诉讼时效中断效力的事项。

⑤权利人向人民调解委员会以及其他依法有权解决相关民事纠纷的国家机关、事业单位、社会团体等社会组织提出保护相应民事权利的请求,诉讼时效从提出请求之日起中断。

⑥权利人向公安机关、人民检察院、人民法院报案或者控告,请求保护其民事权利的,诉讼时效从其报案或者控告之日起中断。上述机关决定不立案、撤销案件、不起诉的,诉讼时效期间从权利人知道或者应当知道不立案、撤销案件或者不起诉之日起重新计算;刑事案件进入审理阶段,诉讼时效期间从刑事裁判文书生效之日起重新计算。

⑦义务人作出分期履行、部分履行、提供担保、请求延期履行、制定清偿债务计划等承诺或者行为的,应当认定为《民法典》第一百九十五条规定的当事人一方"同意履行义务"。

⑧对于连带债权人中的一人发生诉讼时效中断效力的事由,应当认定对其他连带债权人也发生诉讼时效中断的效力。

⑨债权人提起代位权诉讼的,应当认定对债权人的债权和债务人的债权均发生诉讼时效中断的效力。

⑩债权转让的,应当认定诉讼时效从债权转让通知到达债务人之日起中断。债务承担情形下,构成原债务人对债务承认的,应当认定诉讼时效从债务承担意思表示到达债权人之日起中断。

7.4.6 民事诉讼的审判程序

审判程序是人民法院审理案件适用的程序,可以分为一审程序、二审程序和审判监督程序。

1) 一审程序

一审程序包括普通程序和简易程序。普通程序是《民事诉讼法》规定的民事诉讼当事人进行第一审民事诉讼和人民法院审理第一审民事案件所通常适用的诉讼程序,具有独立性和广泛性,是整个民事审判程序的基础。简易程序是基层人民法院和它派出的法庭审理事实清楚、权利义务关系明确、争议不大的简单的民事案件的程序。

《民事诉讼法》第一百四十九条规定,人民法院适用普通程序审理的案件,应当在立案之日起六个月内审结。有特殊情况需要延长的,由本院院长批准,可以延长六个月;还需要延长的,报请上级人民法院批准。

(1)起诉

起诉,是指公民、法人和其他组织在其民事权益受到侵害或者发生争议时,请求人民法院通过审判给予司法保护的诉讼行为。起诉是当事人获得司法保护的手段,也是人民法院对民事案件行使审判权的前提。

根据《民事诉讼法》第一百一十九条规定,起诉必须符合下列条件:

①原告是与本案有直接利害关系的公民、法人和其他组织;

②有明确的被告;

③有具体的诉讼请求、事实和理由;

④属于人民法院受理民事诉讼的范围和受诉人民法院管辖。

起诉方式,应当以书面起诉为原则,口头起诉为例外。起诉应当向人民法院递交起诉状,并按照被告人数提出副本。

起诉状应当记明下列事项:

①当事人的姓名、性别、年龄、民族、职业、工作单位和住所,法人或者其他组织的名称、住所和法定代表人或者主要负责人的姓名、职务;

②诉讼请求和所根据的事实和理由;

③证据和证据来源,证人姓名和住所。

(2)受理

根据《民事诉讼法》第一百二十三条的规定,人民法院收到起诉状,经审查,认为符合起诉条件的,应当在 7 日内立案,并通知当事人;不符合起诉条件的,应当在 7 日内作出裁定书,不予受理;原告对裁定不服的,可以提起上诉。

(3)审理前的准备

审理前的准备,是指人民法院接受原告起诉并决定立案受理后,在开庭审理之前,由承办案件的审判人员依法所做的各种准备工作。主要工作包括:送达起诉状副本和提出答辩状;告知当事人诉讼权利义务;组成合议庭。

普通程序的审判组织应当采用合议制。合议庭组成人员确定后,应当在 3 日内告知当事人。

(4)开庭审理

开庭审理是指人民法院在当事人和其他诉讼参与人参加下,对案件进行实体审理的诉讼活动。人民法院审理民事案件,应当在开庭 3 日前通知当事人和其他诉讼参与人。公开审理的,应当公告当事人姓名、案由和开庭的时间、地点。开庭审理主要有以下几个步骤:

● 宣布开庭

开庭审理前,由书记员查明当事人和其他诉讼参与人是否到庭,宣布法庭纪律。

开庭审理时,由审判长核对当事人,宣布案由,宣布审判人员、书记员名单,告知当事人有关的诉讼权利义务,询问当事人是否提出回避申请。

● 法庭调查

法庭调查,是在法庭上出示与案件有关的全部证据,对案件事实进行全面调查并由当事人进行质证的程序。

法庭调查按照下列顺序进行：

①当事人陈述；

②告知证人的权利义务，证人作证，宣读未到庭的证人证言；

③出示书证、物证、视听资料和电子数据；

④宣读鉴定意见；

⑤宣读勘验笔录。

经过庭审质证的证据，能够当即认定的应当当庭认定。未经庭审质证的证据资料不能作为定案的依据。审判员如果认为案情已经查清，即可宣布终结法庭调查，转入法庭辩论阶段。

- 法庭辩论

法庭辩论，是当事人及其诉讼代理人在法庭上行使辩论权，针对有争议的事实和法律问题进行辩论的程序。法庭辩论的目的，是通过当事人及其诉讼代理人的辩论，对有争议的问题逐一进行审查和核实，借此查明案件的真实情况和正确适用法律。

法庭辩论按照下列顺序进行：

①原告及其诉讼代理人发言；

②被告及其诉讼代理人答辩；

③第三人及其诉讼代理人发言或者答辩；

④互相辩论。

法庭辩论终结，由审判长按照原告、被告、第三人的先后顺序征询各方最后意见。

- 宣判

法庭辩论终结，应当依法作出判决。判决前能够调解的，还可以进行调解，调解不成的，应当及时判决。宣告判决时，必须告知当事人上诉权利、上诉期限和上诉的法院。

《民事诉讼法》第一百四十三条规定："原告经传票传唤，无正当理由拒不到庭的，或者未经法庭许可中途退庭的，可以按撤诉处理；被告反诉的，可以缺席判决。"

《民事诉讼法》第一百四十四条规定："被告经传票传唤，无正当理由拒不到庭的，或者未经法庭许可中途退庭的，可以缺席判决。"

- 法庭笔录

法庭笔录是在法庭审理过程中，由书记员制作的反映法庭全部审理活动的真实情况的记录。法庭笔录应当由全体审判人员、书记员签名，以表明法庭笔录的真实性和严肃性。

法庭笔录应当当庭宣读，也可以告知当事人和其他诉讼参与人当庭或者在五日内阅读。当事人和其他诉讼参与人认为对自己的陈述记录有遗漏或者差错的，有权申请补正。如果不予补正，应当将申请记录在案。法庭笔录由当事人和其他诉讼参与人签名或者盖章。拒绝签名盖章的，记明情况附卷。

（5）民事判决和裁定

- 民事判决

民事判决是指人民法院对审理结束的民事诉讼案件所作出的判决。判决书应当写明判决结果和作出该判决的理由，主要包括：

①案由、诉讼请求、争议的事实和理由；

②判决认定的事实和理由、适用的法律和理由；

③判决结果和诉讼费用的负担；

④上诉期间和上诉的法院。

判决书由审判人员、书记员署名，加盖人民法院印章。

● 民事裁定

民事裁定是指人民法院在审理民事案件时，为解决诉讼程序上的问题所作的裁定。根据《民事诉讼法》第一百五十四条的规定，裁定适用于下列范围：

①不予受理；

②对管辖权有异议的；

③驳回起诉；

④保全和先予执行；

⑤准许或者不准许撤诉；

⑥中止或者终结诉讼；

⑦补正判决书中的笔误；

⑧中止或者终结执行；

⑨撤销或者不予执行仲裁裁决；

⑩不予执行公证机关赋予强制执行效力的债权文书等。

对上述第①项至第③项裁定，可以上诉。

裁定书应当写明裁定结果和作出该裁定的理由。裁定书由审判人员、书记员署名，加盖人民法院印章。口头裁定的，记入笔录。

2) 二审程序

二审程序又称上诉程序或终审程序，是指由于民事诉讼当事人不服地方各级人民法院尚未生效的第一审判决或裁定，在法定上诉期间内，向上一级人民法院提起上诉而引起的诉讼程序。由于我国实行两审终审制，上诉案件经二审法院审理后作出的判决、裁定为终审的判决、裁定，诉讼程序即告终结。

《民事诉讼法》第一百七十六条规定："人民法院审理对判决的上诉案件，应当在第二审立案之日起三个月内审结。有特殊情况需要延长的，由本院院长批准。人民法院审理对裁定的上诉案件，应当在第二审立案之日起三十日内作出终审裁定。"

第二审人民法院审理上诉案件，除依照第二审程序规定外，适用第一审普通程序。

（1）上诉期间

《民事诉讼法》第一百六十四条规定："当事人不服地方人民法院第一审判决的，有权在判决书送达之日起十五日内向上一级人民法院提起上诉。当事人不服地方人民法院第一审裁定的，有权在裁定书送达之日起十日内向上一级人民法院提起上诉。"

（2）上诉状与答辩状

当事人提起上诉，应当递交上诉状。上诉状应当通过原审法院提出，并按照对方当事人的人数提出副本。当事人直接向第二审人民法院上诉的，第二审人民法院应当在 5 日内将上诉状移交原审人民法院。

原审人民法院收到上诉状,应当在 5 日内将上诉状副本送达对方当事人,对方当事人在收到之日起 15 日内提出答辩状。人民法院应当在收到答辩状之日起 5 日内将副本送达上诉人。

原审人民法院收到上诉状、答辩状,应当在 5 日内连同全部案卷和证据,报送第二审人民法院。

(3)二审法院对上诉案件的处理

第二审人民法院对上诉案件,经过审理,按照下列情形分别处理:

①原判决认定事实清楚,适用法律正确的,判决驳回上诉,维持原判决;

②原判决适用法律错误的,依法改判;

③原判决认定事实错误,或者原判决认定事实不清,证据不足,裁定撤销原判决,发回原审人民法院重审,或者查清事实后改判;

④原判决违反法定程序,可能影响案件正确判决的,裁定撤销原判决,发回原审人民法院重审。

第二审人民法院对不服第一审人民法院裁定的上诉案件的处理,一律使用裁定。

3)审判监督程序

审判监督程序即再审程序,是指由有审判监督权的法定机关和人员提起,或由当事人申请,由人民法院对发生法律效力的判决、裁定、调解书再次审理的程序。审判监督程序作为司法补救程序,是一种特别的审判程序。

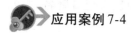 应用案例 7-4

某甲于 4 月 16 日收到人民法院的一审民事判决书,未表示上诉,后于 5 月 2 日将上诉状通过邮局寄往原审人民法院,该法院于 5 月 4 日收到,认为某甲已越过上诉的期限,不予受理。

【问题】

该人民法院对此案的处理是否正确? 为什么?

【案例分析】

人民法院的处理是不正确的。因为依《民事诉讼法》规定:当事人对民事判决不服,可于收到判决书后 15 日内向人民法院提起上诉。该上诉期应从收到判决书后的第二天开始计算。本案应从 4 月 17 日起算,故第 15 天则是 5 月 1 日,而 5 月 1 日是法定假日,依《民事诉讼法》规定,期间届满的最后是节假日时以节假日后的第一日为期间届满的日期。同时法律又规定,期间不包括在途期间,诉讼文书届满前交邮的,不能算过期。为此,该案上诉期间的届满日期应为 5 月 2 日。当事人于 5 月 2 日通过邮局发出上诉状不能算过期。故人民法院应予受理。

7.4.7 民事诉讼的执行程序

民事诉讼的执行程序,是指人民法院的执行机构依照法定的程序,对发生法律效力并具有给付内容的法律文书,以国家强制力为后盾,依法采取强制措施,迫使具有给付义务的当事人履行其给付义务的行为。

1) 执行根据

执行根据也称执行文书,是申请人据以申请执行和执行人员据以执行的凭证,即法律规定由人民法院执行的法律文书。

根据法律文书制作者的不同,执行根据可以分为两种类型:一是人民法院制作的法律文书,包括民事判决书、裁定书、调解书、支付令以及刑事判决、裁定中的财产部分等;二是法律规定由人民法院执行的其他法律文书,包括仲裁裁决书和公证债权文书等。

法释〔2008〕13号

2) 执行案件的管辖

《民事诉讼法》第二百二十四条规定:"发生法律效力的民事判决、裁定,以及刑事判决、裁定中的财产部分,由第一审人民法院或者与第一审人民法院同级的被执行的财产所在地人民法院执行。法律规定由人民法院执行的其他法律文书,由被执行人住所地或者被执行的财产所在地人民法院执行。"

《最高人民法院关于适用〈中华人民共和国民事诉讼法〉执行程序若干问题的解释》(法释〔2008〕13号)第一条规定:"申请执行人向被执行的财产所在地人民法院申请执行的,应当提供该人民法院辖区有可供执行财产的证明材料。"第三条继续规定,人民法院受理执行申请后,当事人对管辖权有异议的,应当自收到执行通知书之日起10日内提出。

3) 申请执行

申请执行,是指根据生效法律文书,享有权利的一方当事人在对方拒绝履行义务的情况下,向人民法院提出申请,请求人民法院强制执行。

(1) 申请执行的条件

①申请的法律文书已经生效;

②申请执行人是生效法律文书确定的权利人或其继承人、权利承受人;

③申请执行人在法定期限内提出申请;

④申请执行的法律文书有给付内容,且执行标的和被执行人明确;

⑤义务人在生效法律文书确定的期限内未履行义务;

⑥属于受申请执行的人民法院管辖。

(2) 申请执行的期间

《民事诉讼法》第二百三十九条规定,申请执行的期间为2年。申请执行时效的中止、中断,适用法律有关诉讼时效中止、中断的规定。

上述规定的期间,从法律文书规定履行期间的最后1日起计算;法律文书规定分期履行的,从规定的每次履行期间的最后1日起计算;法律文书未规定履行期间的,从法律文书生效之日起计算。

4) 向上一级人民法院申请执行

《民事诉讼法》第二百二十六条规定:"人民法院自收到申请执行书之日起超过六个月未执行的,申请执行人可以向上一级人民法院申请执行。上一级人民法院经审查,可以责令原人民法院在一定期限内执行,也可以决定由本院执行或者指令其他人民法院执行。"

《最高人民法院关于适用〈中华人民共和国民事诉讼法〉执行程序若干问题的解释》第十一条规定，有下列情形之一的，上一级人民法院可以根据申请执行人的申请，责令执行法院限期执行或者变更执行法院：

①债权人申请执行时被执行人有可供执行的财产，执行法院自收到申请执行书之日起超过6个月对该财产未执行完结的；

②执行过程中发现被执行人可供执行的财产，执行法院自发现财产之日起超过6个月对该财产未执行完结的；

③对法律文书确定的行为义务的执行，执行法院自收到申请执行书之日起超过6个月未依法采取相应执行措施的；

④其他有条件执行超过6个月未执行的。

5）执行中的其他问题

（1）执行异议

• 当事人、利害关系人提出的异议

根据《民事诉讼法》第二百二十五条的规定："当事人、利害关系人认为执行行为违反法律规定的，可以向负责执行的人民法院提出书面异议。当事人、利害关系人提出书面异议的，人民法院应当自收到书面异议之日起15日内审查，理由成立的，裁定撤销或者改正；理由不成立的，裁定驳回。当事人、利害关系人对裁定不服的，可以自裁定送达之日起10日内向上一级人民法院申请复议。"

《最高人民法院关于适用〈中华人民共和国民事诉讼法〉执行程序若干问题的解释》第七条和第九条规定，当事人、利害关系人申请复议的书面材料，可以通过执行法院转交，也可以直接向执行法院的上一级人民法院提交。上一级人民法院应当自收到复议申请之日起30日内审查完毕，并作出裁定。有特殊情况需要延长的，经本院院长批准，可以延长，延长的期限不得超过30日。

第十条继续规定："执行异议审查和复议期间，不停止执行。被执行人、利害关系人提供充分、有效的担保请求停止相应处分措施的，人民法院可以准许；申请执行人提供充分、有效的担保请求继续执行的，应当继续执行。"

• 案外人提出的异议

根据《民事诉讼法》第二百二十七条的规定："执行过程中，案外人对执行标的提出书面异议的，人民法院应当自收到书面异议之日起十五日内审查，理由成立的，裁定中止对该标的的执行；理由不成立的，裁定驳回。案外人、当事人对裁定不服，认为原判决、裁定错误的，依照审判监督程序办理；与原判决、裁定无关的，可以自裁定送达之日起十五日内向人民法院提起诉讼。"

（2）委托执行

根据《民事诉讼法》第二百二十九条的规定，被执行人或被执行的财产在外地的，可以委托当地人民法院代为执行。受委托人民法院收到委托函件后，必须在15日内开始执行，不得拒绝。

（3）执行和解

《民事诉讼法》第二百三十条规定："在执行中，双方当事人自行和解达成协议的，执行员应当将协议内容记入笔录，由双方当事人签名或者盖章。申请执行人因受欺诈、胁迫与被执行人达成和解协议，或者当事人不履行和解协议的，人民法院可以根据当事人的申请，恢复对原生效法律文书的执行。"

法释〔2013〕
20号

（4）执行担保

《民事诉讼法》第二百三十一条规定："在执行中，被执行人向人民法院提供担保，并经申请执行人同意的，人民法院可以决定暂缓执行及暂缓执行的期限。被执行人逾期仍不履行的，人民法院有权执行被执行人的担保财产或者担保人的财产。"

6）执行措施

执行措施是指人民法院依照法定程序强制执行生效法律文书的方法和手段。

人民法院执行措施主要包括：

①查询被执行人的存款情况，冻结、划拨被执行人的存款；

②扣留、提取被执行人应当履行义务部分的收入；

③查封、扣押、冻结、拍卖、变卖被执行人应当履行义务部分的财产；

法释〔2015〕
17号

④发出搜查令，对被执行人及其住所或财产隐匿地进行搜查；

⑤强制被执行人和有关单位、公民交付法律文书指定的财物或票证；

⑥强制被执行人迁出房屋或退出土地；

⑦强制被执行人履行法律文书指定的行为；

法释〔2017〕
7号

⑧办理财产权证照转移手续；

⑨强制被执行人支付迟延履行期间的债务利息或迟延履行金；

⑩依申请执行人申请，通知对被执行人负有到期债务的第三人向申请执行人履行债务。

《最高人民法院关于适用〈中华人民共和国民事诉讼法〉执行程序若干问题的解释》、2013年8月发布的《最高人民法院关于网络查询、冻结被执行人存款的规定》（法释〔2013〕20号）、2015年7月经修正后发布的《最高人民法院关于限制被执行人高消费及有关消费的若干规定》（法释〔2015〕17号）以及2017年2月经修订后发布的《最高人民法院关于公布失信被执行人名单信息的若干规定》（法释〔2017〕7号）等，对于执行措施增加了如下内容：

被执行人未按执行通知履行法律文书确定的义务，应当书面报告当前以及收到执行通知之日前1年的财产情况，具体包括：

①收入、银行存款、现金、有价证券；

②土地使用权、房屋等不动产；

③交通运输工具、机器设备、产品、原材料等动产；

④债权、股权、投资权益、基金、知识产权等财产性权利；

⑤其他应当报告的财产。

被执行人不履行法律文书确定的义务的，人民法院可以对其采取或者通知有关单位协助采取限制出境,在征信系统记录、通过媒体公布不履行义务信息以及法律规定的其他措施。对被执行人限制出境的,应当由申请执行人向执行法院提出书面申请;必要时,执行法院可以依职权决定。

被执行人具有履行能力而不履行生效法律文书确定的义务,并具有下列情形之一的,人民法院应当将其纳入失信被执行人名单,依法对其进行信用惩戒:

①以伪造证据、暴力、威胁等方法妨碍、抗拒执行的;

②以虚假诉讼、虚假仲裁或者以隐匿、转移财产等方法规避执行的;

③违反财产报告制度的;

④违反限制高消费令的;

⑤被执行人无正当理由拒不履行执行和解协议的;

⑥其他有履行能力而拒不履行生效法律文书确定义务的。

人民法院应当将失信被执行人名单信息,向政府相关部门、金融监管机构、金融机构、承担行政职能的事业单位及行业协会等通报,供相关单位依照法律、法规和有关规定,在政府采购、招标投标、行政审批、政府扶持、融资信贷、市场准入、资质认定等方面,对失信被执行人予以信用惩戒。

人民法院应当将失信被执行人名单信息向征信机构通报,并由征信机构在其征信系统中记录。失信被执行人是国家工作人员的,人民法院应当将其失信情况通报其所在单位。失信被执行人是国家机关、国有企业的,人民法院应当将其失信情况通报其上级单位或者主管部门。

被执行人未按执行通知书指定的期间履行生效法律文书确定的给付义务的,人民法院可以限制其高消费。

被执行人为自然人的,被限制高消费后,不得有以下以其财产支付费用的行为:

①乘坐交通工具时,选择飞机、列车软卧、轮船二等以上舱位;

②在星级以上宾馆、酒店、夜总会、高尔夫球场等场所进行高消费;

③购买不动产或者新建、扩建、高档装修房屋;

④租赁高档写字楼、宾馆、公寓等场所办公;

⑤购买非经营必需车辆;

⑥旅游、度假;

⑦子女就读高收费私立学校;

⑧支付高额保费购买保险理财产品;

⑨其他非生活和工作必需的高消费行为。

被执行人为单位的,被限制高消费后,禁止被执行人及其法定代表人、主要负责人、影响债务履行的直接责任人员以单位财产实施上述规定的行为。

限制高消费一般由申请执行人提出书面申请,经人民法院审查决定;必要时人民法院可以依职权决定。被执行人违反限制高消费令进行消费的行为属于拒不履行人民法院已经发生法律效力的判决、裁定的行为,经查证属实的,依照《民事诉讼法》第一百一十一条的规定,予以拘留、罚款;情节严重,构成犯罪的,追究其刑事责任。

人民法院与金融机构已建立网络执行查控机制的,可以通过网络实施查询、冻结被执行人存款等措施。

7) 执行中止和终结

(1) 执行中止

执行中止是指在执行过程中,因发生特殊情况,需要暂时停止执行程序。有下列情况之一的,人民法院应裁定中止执行:

①申请人表示可以延期执行的;

②案外人对执行标的提出确有理由异议的;

③作为一方当事人的公民死亡,需要等待继承人继承权利或承担义务的;

④作为一方当事人的法人或其他组织终止,尚未确定权利义务承受人的;

⑤人民法院认为应当中止执行的其他情形,如被执行人确无财产可供执行等。中止的情形消失后,恢复执行。

(2) 执行终结

在执行过程中,由于出现某些特殊情况,执行工作无法继续进行或没有必要继续进行的,结束执行程序。有下列情况之一的,人民法院应当裁定终结执行:

①申请人撤销申请的;

②据以执行的法律文书被撤销的;

③作为被执行人的公民死亡,无遗产可供执行,又无义务承担人的;

④追索赡养费、扶养费、抚育费案件的权利人死亡的;

⑤作为被执行人的公民因生活困难无力偿还借款,无收入来源,又丧失劳动能力的;

⑥人民法院认为应当终结执行的其他情形。

7.5　行政强制、行政复议和行政诉讼制度

7.5.1　行政强制制度

2011 年 6 月颁布的《行政强制法》第二条规定,行政强制包括行政强制措施和行政强制执行。

《行政强制法》

行政强制措施,是指行政机关在行政管理过程中,为制止违法行为、防止证据损毁、避免危害发生、控制危险扩大等情形,依法对公民的人身自由实施暂时性限制,或者对公民、法人或者其他组织的财物实施暂时性控制的行为。

行政强制执行,是指行政机关或者行政机关申请人民法院,对不履行行政决定的公民、法人或者其他组织,依法强制履行义务的行为。

1) 行政强制的种类

行政强制的种类又包括行政强制措施的种类和行政强制执行的种类。

(1) 行政强制措施的种类

《行政强制法》第九条至第十一条规定:

行政强制措施包括:限制公民人身自由;查封场所、设施或者财物;扣押财物;冻结存款、

汇款;其他行政强制措施。

行政强制措施由法律设定;尚未制定法律,且属于国务院行政管理职权事项的,行政法规可以设定除限制公民人身自由、冻结存款、汇款和应当由法律规定的行政强制措施以外的其他行政强制措施;尚未制定法律、行政法规,且属于地方性事务的,地方性法规可以设定查封场所、设施或财物和扣押财物的行政强制措施。法律、法规以外的其他规范性文件不得设定行政强制措施。

法律对行政强制措施的对象、条件、种类作了规定的,行政法规、地方性法规不得作出扩大规定;法律中未设定行政强制措施的,行政法规、地方性法规不得设定行政强制措施。但是,法律规定特定事项由行政法规规定具体管理措施的,行政法规可以设定除限制公民人身自由,冻结存款、汇款和应当由法律规定的行政强制措施以外的其他行政强制措施。

(2)行政强制执行的种类

《行政强制法》第十二条、第十三条规定:

行政强制执行包括:加处罚款或者滞纳金;划拨存款、汇款;拍卖或者依法处理查封、扣押的场所、设施或者财物;排除妨碍、恢复原状;代履行;其他强制执行方式。

行政强制执行由法律设定;法律没有规定行政机关强制执行的,作出行政决定的行政机关应当申请人民法院强制执行。

2)行政强制的法定程序

行政强制的程序包括行政强制措施的实施程序、行政强制执行的实施程序和申请法院强制执行程序。

(1)行政强制措施的实施程序

● 一般规定

《行政强制法》第十六条至第二十条规定:

行政机关履行行政管理职责,依照法律、法规的规定,实施行政强制措施。但违法行为情节显著轻微或者没有明显社会危害的,可以不采取行政强制措施。

行政强制措施由法律、法规规定的行政机关在法定职权范围内实施。行政强制措施权不得委托;依据2017年9月经修改后公布的《行政处罚法》的规定行使相对集中行政处罚权的行政机关,可以实施法律、法规规定的与行政处罚权有关的行政强制措施。此外,行政强制措施应当由行政机关具备资格的行政执法人员实施,其他人员不得实施。

行政机关实施行政强制措施应当遵守下列规定:

①实施前须向行政机关负责人报告并经批准;

②由两名以上行政执法人员实施;

③出示执法身份证件;

④通知当事人到场;

⑤当场告知当事人采取行政强制措施的理由、依据以及当事人依法享有的权利、救济途径;

⑥听取当事人的陈述和申辩;

⑦制作现场笔录;

⑧现场笔录由当事人和行政执法人员签名或者盖章,当事人拒绝的,在笔录中予以

注明;

⑨当事人不到场的,邀请见证人到场,由见证人和行政执法人员在现场笔录上签名或者盖章;

⑩法律、法规规定的其他程序。

此外,依照法律规定实施限制公民人身自由的行政强制措施,还应当当场告知或者实施行政强制措施后立即通知当事人家属实施行政强制措施的行政机关、地点和期限;在紧急情况下当场实施行政强制措施的,在返回行政机关后,立即向行政机关负责人报告并补办批准手续;履行法律规定的其他程序。

• 查封、扣押的实施

《行政强制法》第二十二条至第二十七条规定:

查封、扣押由法律、法规规定的行政机关实施,其他任何行政机关或者组织不得实施。

查封、扣押限于涉案的场所、设施或者财物,不得查封、扣押与违法行为无关的场所、设施或者财物,以及公民个人及其所扶养家属的生活必需品。当事人的场所、设施或者财物已被其他国家机关依法查封的,不得重复查封。

行政机关决定实施查封、扣押的,应当遵守前述有关行政强制措施程序规定,制作并当场交付查封、扣押决定书和清单。

查封、扣押的期限不得超过 30 日;情况复杂的,经行政机关负责人批准,可以延长,但是延长期限不得超过 30 日。法律、行政法规另有规定的除外。

对查封、扣押的场所、设施或者财物,行政机关应当妥善保管,不得使用或者损毁;造成损失的,应当承担赔偿责任;对查封的场所、设施或者财物,行政机关可以委托第三人保管,第三人不得损毁或者擅自转移、处置。因第三人的原因造成的损失,行政机关先行赔付后,有权向第三人追偿。因查封、扣押发生的保管费用由行政机关承担。

行政机关采取查封、扣押措施后,应当及时查清事实,在规定期限内作出处理决定:对违法事实清楚,依法应当没收的非法财物予以没收;法律、行政法规规定应当销毁的,依法销毁;应当解除查封、扣押的,作出解除查封、扣押的决定。

• 冻结的实施

《行政强制法》第二十九条至第三十二条规定:

冻结存款、汇款应当由法律规定的行政机关实施,不得委托给其他行政机关或者组织;其他任何行政机关或者组织不得冻结存款、汇款。

行政机关依照法律规定决定实施冻结存款、汇款的,应当履行下列程序:

①实施前须向行政机关负责人报告并经批准;

②由两名以上行政执法人员实施;

③出示执法身份证件;

④制作现场笔录。此外,还应当向金融机构交付冻结通知书。

金融机构在接到行政机关依法作出的冻结通知书后,应当立即予以冻结,不得拖延,不得在冻结前向当事人泄露信息;法律规定以外的行政机关或者组织要求冻结当事人存款、汇款的,金融机构应当拒绝。

自冻结存款、汇款之日起 30 日内,行政机关应当作出处理决定或者作出解除冻结决定;

情况复杂的,经行政机关负责人批准,可以延长,但是延长期限不得超过30日。法律另有规定的除外。延长冻结的决定应当及时书面告知当事人,并说明理由。

(2)行政强制执行的实施程序

● 一般程序

《行政强制法》第三十四条至第三十七条规定:

行政机关依法作出行政决定后,当事人在行政机关决定的期限内不履行义务的,具有行政强制执行权的行政机关依照《行政强制法》规定强制执行。

行政机关作出强制执行决定前,应当事先催告当事人履行义务。经催告,当事人逾期仍不履行行政决定,且无正当理由的,行政机关可以作出强制执行决定。催告期间,对有证据证明有转移或者隐匿财物迹象的,行政机关可以作出立即强制执行的决定。

● 金钱给付义务的执行

《行政强制法》第四十五条至第四十七条规定:

行政机关依法作出金钱给付义务的行政决定,当事人逾期不履行的,行政机关可以依法加处罚款或者滞纳金,加处罚款或者滞纳金的标准应当告知当事人。依法实施加处罚款或者滞纳金超过30日,经催告当事人仍不履行的,具有行政强制执行权的行政机关可以强制执行。

此外,划拨存款、汇款应当由法律规定的行政机关决定,并书面通知金融机构。金融机构接到行政机关依法作出划拨存款、汇款的决定后,应当立即划拨。

● 代履行的执行

《行政强制法》第五十条、第五十一条规定:

行政机关依法作出要求当事人履行排除妨碍、恢复原状等义务的行政决定,当事人逾期不履行,经催告仍不履行,其后果已经或者将危害交通安全、造成环境污染或者破坏自然资源的,行政机关可以代履行,或者委托没有利害关系的第三人代履行。

代履行应当遵守下列规定:

①代履行前送达决定书,代履行决定书应当载明当事人的姓名或者名称、地址,代履行的理由和依据、方式和时间、标的、费用预算以及代履行人;

②代履行3日前,催告当事人履行,当事人履行的,停止代履行;

③代履行时,作出决定的行政机关应当派员到场监督;

④代履行完毕,行政机关到场监督的工作人员、代履行人和当事人或者见证人应当在执行文书上签名或者盖章。代履行不得采用暴力、胁迫以及其他非法方式。

(3)申请人民法院强制执行程序

《行政强制法》第五十三条、第五十四条、第五十六条、第五十七条、第五十九条规定:

当事人在法定期限内不申请行政复议或者提起行政诉讼,又不履行行政决定的,没有行政强制执行权的行政机关可以自期限届满之日起3个月内,按照《行政强制法》有关规定申请人民法院强制执行。

行政机关申请人民法院强制执行前,应当催告当事人履行义务。催告书送达10日后当事人仍未履行义务的,行政机关可以向所在地有管辖权的人民法院申请强制执行;执行对象是不动产的,向不动产所在地有管辖权的人民法院申请强制执行。

人民法院接到行政机关强制执行的申请,应当在5日内受理。人民法院对行政机关强制执行的申请进行书面审查,对符合强制执行规定,且行政决定具备法定执行效力的,除依法可以听取被执行人和行政机关意见的情形外,应当自受理之日起7日内作出执行裁定。此外,因情况紧急,为保障公共安全,行政机关可以申请人民法院立即执行。

7.5.2　行政复议制度

1)行政复议范围

根据2017年9月修订的《行政复议法》第六条的规定,有11种情形可以申请行政复议,其中与建设工程密切相关的情形是:

《行政复议法》

①对行政机关作出的警告、罚款、没收违法所得、没收非法财物、责令停产停业、暂扣或者吊销许可证、暂扣或者吊销执照、行政拘留等行政处罚决定不服的;

②对行政机关作出的限制人身自由或者查封、扣押、冻结财产等行政强制措施决定不服的;

③对行政机关作出的有关许可证、执照、资质证、资格证等证书变更、中止、撤销的决定不服的;

④认为行政机关侵犯合法的经营自主权的;

⑤认为行政机关违法集资、征收财物、摊派费用或者违法要求履行其他义务的;

⑥认为符合法定条件,申请行政机关颁发许可证、执照、资质证、资格证等证书,或者申请行政机关审批、登记有关事项,行政机关没有依法办理的;

⑦认为行政机关的其他具体行政行为侵犯其合法权益的。

此外,公民、法人或者其他组织认为行政机关的具体行政行为所依据的下列规定不合法,在对具体行政行为申请行政复议时,可以一并向行政复议机关提出对该规定的审查申请:

a.国务院部门的规定;

b.县级以上地方各级人民政府及其工作部门的规定;

c.乡、镇人民政府的规定。上述所列规定不含国务院部、委员会规章和地方人民政府规章。规章的审查依照法律、行政法规办理。

下列事项应按规定的纠纷处理方式解决,不能提起行政复议:

a.不服行政机关作出的行政处分或者其他人事处理决定的,应当依照有关法律、行政法规的规定提起申诉;

b.不服行政机关对民事纠纷作出的调解或者其他处理的,应当依法申请仲裁或者向法院提起诉讼。

 应用案例7-5

县工商局、公安局、质监局、司法局四个单位联合开展"打假"行动。在打假行动中,将小林商铺中价值1 000元的瓶装酒和2 000元的香烟以质量不合格为由,予以没收并处以5 000元的罚款。小林对此处罚不服。

【问题】

小林是否可以提出行政复议？

【案例分析】

《行政复议法》第 6 条规定："有下列情形之一的,公民、法人或者其他组织可以依照本法申请行政复议:(一)对行政机关作出的警告、罚款、没收违法所得、没收非法财物、责令停产停业、暂扣或者吊销许可证、暂扣或者吊销执照、行政拘留等行政处罚决定不服的……"

在本案中,该县工商局、公安局、质监局、司法局四个单位联合开展"打假"行动,对小林的烟酒予以没收并且处以罚款,是属于第六条第一项的情况,该具体行政行为已经对小林产生实质影响,小林对行政机关作出的罚款、没收非法财物的行政处罚决定不服,依法可以申请复议。

2)行政复议申请

《行政复议法》第九条规定,公民、法人或者其他组织认为具体行政行为侵犯其合法权益的,可以自知道该具体行政行为之日起 60 日内提出行政复议申请;但是法律规定的申请期限超过 60 日的除外。因不可抗力或者其他正当理由耽误法定申请期限的,申请期限自障碍消除之日起继续计算。

如果公民认为具体行政行为侵犯了自己的合法权益,应当自知道该具体行政行为之日起 60 日内提出行政复议申请。如果其他法律、法规规定的复议申请期限短于 60 日的,则一律按 60 日执行;如果其他法律规定的申请期限长于 60 日的,则按照该法律执行。

遇到以下特殊情况,申请期限可以延长:一是因不可抗力,如因为地震、洪水等自然灾害的阻碍,耽误法定申请期的;二是因其他正当理由,如当事人患重病或者交通中断等原因,致使当事人无法提出复议申请,耽误法定申请期限的。对以上情况,允许申请人补足所耽误的期限,即自障碍消除之日起继续计算法定申请期限。

依法申请行政复议的公民、法人或者其他组织是申请人;作出具体行政行为的行政机关是被申请人。申请人可以委托代理人代为参加行政复议。申请人申请行政复议,可以书面申请,也可以口头申请。

对于行政复议,应当按照《行政复议法》的规定向有权受理的行政机关申请。如对县级以上地方各级人民政府工作部门的具体行政行为不服的,由申请人选择,可以向该部门的本级人民政府申请行政复议,也可以向上一级主管部门申请行政复议。

申请行政复议,凡行政复议机关已经依法受理的,或者法律、法规规定应当先向行政复议机关申请行政复议、对行政复议决定不服再向人民法院提起行政诉讼的,在法定行政复议期限内不得向人民法院提起行政诉讼。公民、法人或者其他组织向人民法院提起行政诉讼,人民法院已经依法受理的,不得申请行政复议。

3)行政复议受理

行政复议机关收到行政复议申请后,应当在 5 日内进行审查,依法决定是否受理,并书面告知申请人;对符合行政复议申请条件,但不属于本机关受理范围的,应当告知申请人向有关行政复议机关提出。

根据《行政复议法》第二十一条的规定,行政复议期间具体行政行为不停止执行;但是,

有下列情形之一的,可以停止执行:

①被申请人认为需要停止执行的;

②行政复议机关认为需要停止执行的;

③申请人申请停止执行,行政复议机关认为其要求合理,决定停止执行的;

④法律规定停止执行的。

4)行政复议决定

行政复议原则上采取书面审查的办法,但是申请人提出要求或者行政复议机关负责法制工作的机构认为有必要时,可以向有关组织和人员调查情况,听取申请人、被申请人和第三人的意见。行政复议决定作出前,申请人要求撤回行政复议申请的,经说明理由,可以撤回;撤回行政复议申请的,行政复议终止。

《行政复议法》第三十一条规定:"行政复议机关应当自受理申请之日起六十日内作出行政复议决定;但是法律规定的行政复议期限少于六十日的除外。"根据《行政复议法》第二十八条的规定,行政复议决定主要类型有:

①对于具体行政行为认定事实清楚,证据确凿,适用依据正确,程序合法,内容适当的,决定维持。

②对于被申请人不履行法定职责的,决定其在一定期限内履行。

③对于具体行政行为有下列情形之一的,决定撤销、变更或者确认该具体行政行为违法:a. 主要事实不清、证据不足的;b. 适用依据错误的;c. 违反法定程序的;d. 超越或者滥用职权的;e. 具体行政行为明显不当的。

决定撤销或者确认该具体行政行为违法的,可以责令被申请人在一定期限内重新作出具体行政行为。

④被申请人不按照规定提出书面答复、提交当初作出具体行政行为的证据、依据和其他有关材料的,视为该具体行政行为没有证据、依据,决定撤销该具体行政行为。

《行政复议法》第二十九条规定,申请人在申请行政复议时可以一并提出行政赔偿请求,行政复议机关对符合国家赔偿法的有关规定应当给予赔偿的,在决定撤销、变更具体行政行为或者确认具体行政行为违法时,应当同时决定被申请人依法给予赔偿。

7.5.3 行政诉讼制度

1)行政诉讼的范围

根据 2017 年 6 月修订的《行政诉讼法》第十二条的规定,人民法院受理公民、法人或者其他组织提起的下列诉讼:

①对行政拘留、暂扣或者吊销许可证和执照、责令停产停业、没收违法所得、没收非法财物、罚款、警告等行政处罚不服的;

②对限制人身自由或者对财产的查封、扣押、冻结等行政强制措施和行政强制执行不服的;

《行政诉讼法》

③申请行政许可,行政机关拒绝或者在法定期限内不予答复,或者对行政机关作出的有

关行政许可的其他决定不服的;

④对行政机关作出的关于确认土地、矿藏、水流、森林、山岭、草原、荒地、滩涂、海域等自然资源的所有权或者使用权的决定不服的;

⑤对征收、征用决定及其补偿决定不服的;

⑥申请行政机关履行保护人身权、财产权等合法权益的法定职责,行政机关拒绝履行或者不予答复的;

⑦认为行政机关侵犯其经营自主权或者农村土地承包经营权、农村土地经营权的;

⑧认为行政机关滥用行政权力排除或者限制竞争的;

⑨认为行政机关违法集资、摊派费用或者违法要求履行其他义务的;

⑩认为行政机关没有依法支付抚恤金、最低生活保障待遇或者社会保险待遇的;

⑪认为行政机关不依法履行、未按照约定履行或者违法变更、解除政府特许经营协议、土地房屋征收补偿协议等协议的;

⑫认为行政机关侵犯其他人身权、财产权等合法权益的。

除前款规定外,人民法院受理法律、法规规定可以提起诉讼的其他行政案件。

同时,《行政诉讼法》第十三条规定,人民法院不受理公民、法人或者其他组织对下列事项提起的诉讼:

①国防、外交等国家行为;

②行政法规、规章或者行政机关制定、发布的具有普遍约束力的决定、命令;

③行政机关对行政机关工作人员的奖惩、任免等决定;

④法律规定由行政机关最终裁决的行政行为。

应用案例 7-6

小王所在地的镇政府城管队整顿市容市貌时,用推土机将小王的水果摊上一吨多水果全部推损压坏,损失 3 000 多元。小王非常气愤,一纸诉状将城管队告上法院,法院以不符合行政诉讼起诉的条件为由驳回起诉。小王对此处罚不服。

【问题】

哪些案件可以提起行政诉讼?本案小王可以提起行政诉讼吗?

【案例分析】

《行政诉讼法》第十二条规定:"人民法院受理公民、法人或者其他组织提起的下列诉讼:(一)对行政拘留、暂扣或者吊销许可证和执照、责令停产停业、没收违法所得、没收非法财物、罚款、警告等行政处罚不服的;(二)对限制人身自由或者对财产的查封、扣押、冻结等行政强制措施和行政强制执行不服的;(三)申请行政许可,行政机关拒绝或者在法定期限内不予答复,或者对行政机关作出的有关行政许可的其他决定不服的;(四)对行政机关作出的关于确认土地、矿藏、水流、森林、山岭、草原、荒地、滩涂、海域等自然资源的所有权或者使用权的决定不服的;(五)对征收、征用决定及其补偿决定不服的;(六)申请行政机关履行保护人身权、财产权等合法权益的法定职责,行政机关拒绝履行或者不予答复的;(七)认为行政机关侵犯其经营自主权或者农村土地承包经营权、农村土地经营权的;(八)认为行政机关滥用行政权力排除或者限制竞争的;(九)认为行政机关违法集资、摊派费用或者违法要求履行其他义务的;(十)认为行政机关没有依法支付抚恤金、最低生活保障待遇或者社会保险待遇的;(十一)认为行政机关不依法履行、未按照约定履行或者违法变更、解除政府特许经营协议、土地房屋征收补偿协议等协议的;(十二)认为行政机关侵犯其他人身权、财产权等合法权益的。"

根据对《行政诉讼法》第十二条第十二款的理解,镇政府城管队用推土机压坏了小王的水果,涉嫌侵犯小王的财产权,小王可以提起行政诉讼。

2)行政诉讼的管辖

(1)级别管辖

《行政诉讼法》第十四条至第十七条规定,基层人民法院管辖第一审行政案件。中级人民法院管辖下列第一审行政案件:

①对国务院部门或者县级以上地方人民政府所作的行政行为提起诉讼的案件;

②海关处理的案件;

③本辖区内重大、复杂的案件;

④其他法律规定由中级人民法院管辖的案件。高级人民法院管辖本辖区内重大、复杂的第一审行政案件。最高人民法院管辖全国范围内重大、复杂的第一审行政案件。

(2)一般地域管辖

《行政诉讼法》第十八条至第二十条继续规定:"行政案件由最初作出行政行为的行政机关所在地人民法院管辖。经复议的案件,也可以由复议机关所在地人民法院管辖。经最高人民法院批准,高级人民法院可以根据审判工作的实际情况,确定若干人民法院跨行政区域管辖行政案件。对限制人身自由的行政强制措施不服提起的诉讼,由被告所在地或者原告所在地人民法院管辖。因不动产提起的行政诉讼,由不动产所在地人民法院管辖。"

《行政诉讼法》第二十一条规定:"两个以上人民法院都有管辖权的案件,原告可以选择其中一个人民法院提起诉讼。原告向两个以上有管辖权的人民法院提起诉讼的,由最先立案的人民法院管辖。"

(3)指定管辖

《行政诉讼法》第二十二条规定:"人民法院发现受理的案件不属于本院管辖的,应当移送有管辖权的人民法院,受移送的人民法院应当受理。受移送的人民法院认为受移送的案件按照规定不属于本院管辖的,应当报请上级人民法院指定管辖,不得再自行移送。"

《行政诉讼法》第二十三条规定:"有管辖权的人民法院由于特殊原因不能行使管辖权的,由上级人民法院指定管辖。人民法院对管辖权发生争议,由争议双方协商解决。协商不成的,报它们的共同上级人民法院指定管辖。"

《行政诉讼法》第二十四条规定:"上级人民法院有权审理下级人民法院管辖的第一审行政案件。下级人民法院对其管辖的第一审行政案件,认为需要由上级人民法院审理或者指定管辖的,可以报请上级人民法院决定。"

3)行政诉讼的起诉和受理

(1)起诉

关于行政诉讼的起诉,《行政诉讼法》第四十四条至第五十条规定如下:

对属于人民法院受案范围的行政案件,公民、法人或者其他组织可以先向行政机关申请复议,对复议决定不服的,再向人民法院提起诉讼;也可以直接向人民法院提起诉讼。法律、法规规定应当先向行政机关申请复议,对复议决定不服再向人民法院提起诉讼的,依照法律、法规的规定。

公民、法人或者其他组织不服复议决定的,可以在收到复议决定书之日起十五日内向人民法院提起诉讼。复议机关逾期不作决定的,申请人可以在复议期满之日起十五日内向人民法院提起诉讼。法律另有规定的除外。

公民、法人或者其他组织直接向人民法院提起诉讼的,应当自知道或者应当知道作出行政行为之日起六个月内提出。法律另有规定的除外。因不动产提起诉讼的案件自行政行为作出之日起超过二十年,其他案件自行政行为作出之日起超过五年提起诉讼的,人民法院不予受理。

公民、法人或者其他组织申请行政机关履行保护其人身权、财产权等合法权益的法定职责,行政机关在接到申请之日起两个月内不履行的,公民、法人或者其他组织可以向人民法院提起诉讼。法律、法规对行政机关履行职责的期限另有规定的,从其规定。

公民、法人或者其他组织在紧急情况下请求行政机关履行保护其人身权、财产权等合法权益的法定职责,行政机关不履行的,提起诉讼不受前款规定期限的限制。

公民、法人或者其他组织因不可抗力或者其他不属于其自身的原因耽误起诉期限的,被耽误的时间不计算在起诉期限内。

公民、法人或者其他组织因前款规定以外的其他特殊情况耽误起诉期限的,在障碍消除后十日内,可以申请延长期限,是否准许由人民法院决定。

提起诉讼应当符合下列条件:

①原告是符合本法第二十五条规定的公民、法人或者其他组织;

②有明确的被告;

③有具体的诉讼请求和事实根据;

④属于人民法院受案范围和受诉人民法院管辖。

起诉应当向人民法院递交起诉状,并按照被告人数提出副本。书写起诉状确有困难的,可以口头起诉,由人民法院记入笔录,出具注明日期的书面凭证,并告知对方当事人。

(2)受理

关于行政诉讼的受理,《行政诉讼法》第五十一条至第五十三条规定如下:

人民法院在接到起诉状时对符合本法规定的起诉条件的,应当登记立案。对当场不能判定是否符合本法规定的起诉条件的,应当接收起诉状,出具注明收到日期的书面凭证,并在七日内决定是否立案。不符合起诉条件的,作出不予立案的裁定。裁定书应当载明不予立案的理由。原告对裁定不服的,可以提起上诉。

起诉状内容欠缺或者有其他错误的,应当给予指导和释明,并一次性告知当事人需要补正的内容。不得未经指导和释明即以起诉不符合条件为由不接收起诉状。

对于不接收起诉状、接收起诉状后不出具书面凭证,以及不一次性告知当事人需要补正的起诉状内容的,当事人可以向上级人民法院投诉,上级人民法院应当责令改正,并对直接负责的主管人员和其他直接责任人员依法给予处分。

人民法院既不立案,又不作出不予立案裁定的,当事人可以向上一级人民法院起诉。上一级人民法院认为符合起诉条件的,应当立案、审理,也可以指定其他下级人民法院立案、审理。

公民、法人或者其他组织认为行政行为所依据的国务院部门和地方人民政府及其部门制定的规范性文件不合法,在对行政行为提起诉讼时,可以一并请求对该规范性文件进行审查。

4)行政诉讼的审理和判决

(1)审理

行政诉讼期间,除《行政诉讼法》法规定的情形外,不停止具体行政行为的执行。法院审理行政案件,不适用调解。除涉及国家秘密、个人隐私和法律另有规定的以外,人民法院应公开审理行政案件,涉及商业秘密的案件,当事人申请不公开审理的,可不公开审理。

• 审理行政案件的依据

《行政诉讼法》第六十三条规定:"人民法院审理行政案件,以法律和行政法规、地方性法规为依据。地方性法规适用于本行政区域内发生的行政案件。人民法院审理民族自治地方的行政案件,并以该民族自治地方的自治条例和单行条例为依据。人民法院审理行政案件,参照规章。"

• 审理行政案件的程序

《行政诉讼法》第六十七条至第七十四条规定如下:

人民法院应当在立案之日起五日内,将起诉状副本发送被告。被告应当在收到起诉状副本之日起十五日内向人民法院提交作出行政行为的证据和所依据的规范性文件,并提出答辩状。人民法院应当在收到答辩状之日起五日内,将答辩状副本发送原告。被告不提出答辩状的,不影响人民法院审理。

行政行为证据确凿,适用法律、法规正确,符合法定程序的,或者原告申请被告履行法定职责或者给付义务理由不成立的,人民法院判决驳回原告的诉讼请求。

行政行为有下列情形之一的,人民法院判决撤销或者部分撤销,并可以判决被告重新作出行政行为:

①主要证据不足的;

②适用法律、法规错误的;

③违反法定程序的;

④超越职权的;

⑤滥用职权的;

⑥明显不当的。

人民法院判决被告重新作出行政行为的,被告不得以同一的事实和理由作出与原行政行为基本相同的行政行为。

人民法院经过审理,查明被告不履行法定职责的,判决被告在一定期限内履行。人民法院经过审理,查明被告依法负有给付义务的,判决被告履行给付义务。

行政行为有下列情形之一的,人民法院判决确认违法,但不撤销行政行为:

①行政行为依法应当撤销,但撤销会给国家利益、社会公共利益造成重大损害的;

②行政行为程序轻微违法，但对原告权利不产生实际影响的。

行政行为有下列情形之一，不需要撤销或者判决履行的，人民法院判决确认违法：

①行政行为违法，但不具有可撤销内容的；

②被告改变原违法行政行为，原告仍要求确认原行政行为违法的；

③被告不履行或者拖延履行法定职责，判决履行没有意义的。

（2）判决

《行政诉讼法》第八十条规定："人民法院对公开审理和不公开审理的案件，一律公开宣告判决。当庭宣判的，应当在十日内发送判决书；定期宣判的，宣判后立即发给判决书。宣告判决时，必须告知当事人上诉权利、上诉期限和上诉的人民法院。"

《行政诉讼法》第八十一条继续规定："人民法院应当在立案之日起六个月内作出第一审判决。有特殊情况需要延长的，由高级人民法院批准，高级人民法院审理第一审案件需要延长的，由最高人民法院批准。"

当事人不服人民法院第一审判决的，可向上级人民法院提出上述，《行政诉讼法》第八十五条规定："当事人不服人民法院第一审判决的，有权在判决书送达之日起十五日内向上一级人民法院提起上诉。当事人不服人民法院第一审裁定的，有权在裁定书送达之日起十日内向上一级人民法院提起上诉。逾期不提起上诉的，人民法院的第一审判决或者裁定发生法律效力。"

第八十八条规定："人民法院审理上诉案件，应当在收到上诉状之日起三个月内作出终审判决。有特殊情况需要延长的，由高级人民法院批准，高级人民法院审理上诉案件需要延长的，由最高人民法院批准。"

《行政诉讼法》第九十条至第九十三条继续规定如下：

当事人对已经发生法律效力的判决、裁定，认为确有错误的，可以向上一级人民法院申请再审，但判决、裁定不停止执行。

当事人的申请符合下列情形之一的，人民法院应当再审：

①不予立案或者驳回起诉确有错误的；

②有新的证据，足以推翻原判决、裁定的；

③原判决、裁定认定事实的主要证据不足、未经质证或者系伪造的；

④原判决、裁定适用法律、法规确有错误的；

⑤违反法律规定的诉讼程序，可能影响公正审判的；

⑥原判决、裁定遗漏诉讼请求的；

⑦据以作出原判决、裁定的法律文书被撤销或者变更的；

⑧审判人员在审理该案件时有贪污受贿、徇私舞弊、枉法裁判行为的。

各级人民法院院长对本院已经发生法律效力的判决、裁定，发现有本法第九十一条规定情形之一，或者发现调解违反自愿原则或者调解书内容违法，认为需要再审的，应当提交审判委员会讨论决定。最高人民法院对地方各级人民法院已经发生法律效力的判决、裁定，上级人民法院对下级人民法院已经发生法律效力的判决、裁定，发现有本法第九十一条规定情形之一，或者发现调解违反自愿原则或者调解书内容违法的，有权提审或者指令下级人民法院再审。

最高人民检察院对各级人民法院已经发生法律效力的判决、裁定,上级人民检察院对下级人民法院已经发生法律效力的判决、裁定,发现有本法第九十一条规定情形之一,或者发现调解书损害国家利益、社会公共利益的,应当提出抗诉。

地方各级人民检察院对同级人民法院已经发生法律效力的判决、裁定,发现有本法第九十一条规定情形之一,或者发现调解书损害国家利益、社会公共利益的,可以向同级人民法院提出检察建议,并报上级人民检察院备案;也可以提请上级人民检察院向同级人民法院提出抗诉。

各级人民检察院对审判监督程序以外的其他审判程序中审判人员的违法行为,有权向同级人民法院提出检察建议。

5）执行

《行政诉讼法》第九十四条至第九十七条规定如下:

当事人必须履行人民法院发生法律效力的判决、裁定、调解书。公民、法人或者其他组织拒绝履行判决、裁定、调解书的,行政机关或者第三人可以向第一审人民法院申请强制执行,或者由行政机关依法强制执行。

行政机关拒绝履行判决、裁定、调解书的,第一审人民法院可以采取下列措施:

①对应当归还的罚款或者应当给付的款额,通知银行从该行政机关的账户内划拨;

②在规定期限内不履行的,从期满之日起,对该行政机关负责人按日处五十元至一百元的罚款;

③将行政机关拒绝履行的情况予以公告;

④向监察机关或者该行政机关的上一级行政机关提出司法建议。接受司法建议的机关,根据有关规定进行处理,并将处理情况告知人民法院;

⑤拒不履行判决、裁定、调解书,社会影响恶劣的,可以对该行政机关直接负责的主管人员和其他直接责任人员予以拘留;情节严重,构成犯罪的,依法追究刑事责任。

公民、法人或者其他组织对行政行为在法定期间不提起诉讼又不履行的,行政机关可以申请人民法院强制执行,或者依法强制执行。

6）侵权的赔偿责任

《行政诉讼法》第七十六条规定:"人民法院判决确认违法或者无效的,可以同时判决责令被告采取补救措施;给原告造成损失的,依法判决被告承担赔偿责任。"

2012 年 10 月修订的《国家赔偿法》第三条规定,行政机关及其工作人员在行使行政职权时有下列侵犯人身权情形之一的,受害人有取得赔偿的权利:

《国家赔偿法》

①违法拘留或者违法采取限制公民人身自由的行政强制措施的;

②非法拘禁或者以其他方法非法剥夺公民人身自由的;

③以殴打、虐待等行为或者唆使、放纵他人以殴打、虐待等行为造成公民身体伤害或者死亡的;

④违法使用武器、警械造成公民身体伤害或者死亡的;

⑤造成公民身体伤害或者死亡的其他违法行为。

《国家赔偿法》第四条规定,行政机关及其工作人员在行使行政职权时有下列侵犯财产

权情形之一的,受害人有取得赔偿的权利:

①违法实施罚款、吊销许可证和执照、责令停产停业、没收财物等行政处罚的;

②违法对财产采取查封、扣押、冻结等行政强制措施的;

③违法征收、征用财产的;

④造成财产损害的其他违法行为。

同时,《国家赔偿法》第五条也规定,属于下列情形之一的,国家不承担赔偿责任:

①行政机关工作人员与行使职权无关的个人行为;

②因公民、法人和其他组织自己的行为致使损害发生的;

③法律规定的其他情形。

本章小结

建筑工程纠纷包括建筑民事纠纷和建筑行政纠纷。建筑民事纠纷处理的基本方法包括和解、调解、评审、仲裁、诉讼,建筑行政纠纷的处理方式主要是行政复议和行政诉讼。

仲裁是当事人双方发生争议,提请无利害关系的第三者居中调解,按照一定程序作出对双方当事人都有约束力的判断或裁决的活动。仲裁的基本原则包括当事人自愿原则、一裁终局制原则、独立仲裁原则、人民法院监督原则、先行调解原则。我国《仲裁法》规定的仲裁是机构仲裁,设立常设性的仲裁机构仲裁委员会。仲裁委员会应当按照《仲裁法》规定的程序进行仲裁活动。仲裁协议是争议当事人将其争议提交仲裁的依据,也是仲裁机构受理案件的依据,排除了人民法院的管辖权。

建筑民事纠纷通过诉讼方式解决,主要是依照民事诉讼法的有关规定来解决经济权利、经济义务的争议。建筑民事纠纷的审判机构是各级人民法院的经济审判庭,按照诉讼管辖原则受理民事纠纷案件。民事诉讼参加人包括诉讼当事人和诉讼代理人。证据在诉讼中有重要的意义,是支持诉讼请求的证明文件和资料。我国《民事诉讼法》中规定的证据主要有:书证、物证、视听资料、证人证言、当事人陈述、鉴定结论、勘验笔录。建筑民事纠纷中的证据主要来源于工程建设过程中的信息和资料。

当事人对建设行政主管部门和有关部门在建筑活动监督管理过程中做出的具体行政行为有异议发生行政纠纷,解决途径是行政复议和行政诉讼。行政复议是做出具体行政行为的行政机关的上一级行政机关依照法律、法规的规定,解决当事人因不服具体行政行为引起的行政纠纷的活动。行政诉讼是公民、法人或者其他组织认为行政机关和行政机关工作人员的具体行政行为侵犯其合法权益,向人民法院提起的诉讼。行政诉讼的内容是审查行政机关的具体行政行为是否合法。

习 题

1.民事纠纷的特点有哪些?

2.民事诉讼的基本特征有哪些?

3.行政复议的基本特点有哪些?

4. 行政诉讼的主要特征有哪些？

5. 仲裁机构的性质是什么？

6. 行政行为的特征有哪些？

7. 未约定履行期限的合同诉讼时效期间的起算的具体情况有哪些？

项目 8
建设工程相关法律制度

- **基本要求：** 通过对本项目的学习,了解绿色施工的有关规定,环境保护"三同时"制度;熟悉环境噪声污染防治、大气污染防治、水污染防治、固体废物污染防治与工程建设相关的法律规定;了解节约能源的有关制度规定;了解文物保护的有关制度。

8.1 施工现场环境保护制度

《建筑法》第四十一条规定:"建筑施工企业应当遵守有关环境保护和安全生产的法律、法规的规定,采取控制和处理施工现场的各种粉尘、废气、废水、固体废物以及噪声、振动对环境的污染和危害的措施。"

《建设工程安全生产管理条例》第三十条进一步规定,施工单位应当遵守有关环境保护法律、法规的规定,在施工现场采取措施,防止或者减少粉尘、废气、废水、固体废物、噪声、振动和施工照明对人和环境的危害和污染。

2014年4月修订的《环境保护法》第四十一条规定:"建设项目中防治污染的设施,应当与主体工程同时设计、同时施工、同时投产使用。防治污染的设施应当符合经批准的环境影响评价文件的要求,不得擅自拆除或者闲置。"

《环境保护法》第四十二条继续规定,排放污染物的企业事业单位和其他生产经营者,应当采取措施,防治在生产建设或者其他活动中产生的废气、废水、废渣、医疗废物、粉尘、恶臭气体、放射性物质以及噪声、振动、光辐射、电磁辐射等对环境的污染和危害。排放污染物的企业事业单位,应当建立环境保护责任制度,明确单位负责人和相关人员的责任。

《环境噪声污染防治法》

8.1.1 施工现场噪声污染防治的规定

2018 年 12 月修订的《环境噪声污染防治法》第二条明确规定:"本法所称环境噪声,是指在工业生产、建筑施工、交通运输和社会生活中所产生的干扰周围生活环境的声音。本法所称环境噪声污染,是指所产生的环境噪声超过国家规定的环境噪声排放标准,并干扰他人正常生活、工作和学习的现象。"《环境噪声污染防治法》中与工程建设有关的噪声主要是施工现场环境噪声和建设项目环境噪声。

《绿色施工导则》

1)施工现场环境噪声污染的防治

施工噪声是指在建设工程施工过程中产生的干扰周围生活环境的声音。随着城市化进程的不断加快及工程建设的大规模开展,施工噪声污染问题日益突出,尤其是在城市人口稠密地区的建设工程施工中产生的噪声污染,不仅影响周围居民的正常生活,而且损害城市的环境形象。施工单位与周围居民因噪声而引发的纠纷也时有发生,群众投诉日渐增多。因此,应当依法加强施工现场噪声管理,采取有效措施防治施工噪声污染。

根据《环境噪声污染防治法》和《绿色施工导则》(建质〔2007〕223 号)的规定,施工现场环境噪声污染的防治应符合下列要求:

(1)排放建筑施工噪声应当符合建筑施工场界环境噪声排放标准

《环境噪声污染防治法》第二十八条规定:"在城市市区范围内向周围生活环境排放建筑施工噪声的,应当符合国家规定的建筑施工场界环境噪声排放标准。"

"噪声排放"是指噪声源向周围生活环境辐射噪声。根据《建筑施工场界环境噪声排放标准》(GB 12523—2011)规定,建筑施工过程中场界环境噪声排放限值为:昼间 70 dB(A),夜间 55 dB(A)。夜间噪声最大声级超过限值的幅度不得高于 15 dB(A)。所谓"昼间"是指 6:00 至 22:00 之间的时段;"夜间"是指 22:00 至次日 6:00 之间的时段。

《建筑施工场界环境噪声排放标准》

dB 是英文 Decibel 的缩写,是噪声分贝单位。(A)是指频率加权特性为 A,A 计权声级是目前世界上噪声测量中应用最广泛的一种。

(2)使用机械设备可能产生环境噪声污染的必须进行申报

《环境噪声污染防治法》第二十九条规定:"在城市市区范围内,建筑施工过程中使用机械设备,可能产生环境噪声污染的,施工单位必须在工程开工十五日以前向工程所在地县级以上地方人民政府生态环境主管部门申报该工程的项目名称、施工场所和期限、可能产生的环境噪声值以及所采取的环境噪声污染防治措施的情况。"

同时,《环境噪声污染防治法》第十八条规定:"国家对环境噪声污染严重的落后设备实行淘汰制度。国务院经济综合主管部门应当会同国务院有关部门公布限期禁止生产、禁止销售、禁止进口的环境噪声污染严重的设备名录。生产者、销售者或者进口者必须在国务院经济综合主管部门会同国务院有关部门规定的期限内分别停止生产、销售或者进口列入前款规定的名录中的设备。"

(3)在噪声敏感建筑物集中区域内,禁止夜间进行产生环境噪声污染的施工作业

《环境噪声污染防治法》第三十条规定:"在城市市区噪声敏感建筑物集中区域内,禁止夜间进行产生环境噪声污染的建筑施工作业,但抢修、抢险作业和因生产工艺上要求或者特殊需要必须连续作业的除外。因特殊需要必须连续作业的,必须有县级以上人民政府或者其有关主管部门的证明。前款规定的夜间作业,必须公告附近居民。"

所谓噪声敏感建筑物集中区域,是指医疗区、文教科研区和以机关、住宅等为主的区域。所谓噪声敏感建筑物,是指医院、学校、机关、科研单位、住宅等需要保持安静的建筑物。

(4)政府监管部门的现场检查

《环境噪声污染防治法》第二十一条规定:"县级以上人民政府生态环境主管部门和其他环境噪声污染防治工作的监督管理部门、机构,有权依据各自的职责对管辖范围内排放环境噪声的单位进行现场检查。被检查的单位必须如实反映情况,并提供必要的资料。检查部门、机构应当为被检查的单位保守技术秘密和业务秘密。检查人员进行现场检查,应当出示证件。"

2)建设项目环境噪声污染的防治

一些建设项目如城市道桥、铁路(包括轻轨)、工业厂房等,其建成后的使用可能会对周围环境产生噪声污染。因此,建设单位必须在建设前期就规定环境噪声污染的防治措施,并在建设过程中同步建设环境噪声污染防治设施。

《环境噪声污染防治法》第十三条规定:"新建、改建、扩建的建设项目,必须遵守国家有关建设项目环境保护管理的规定。建设项目可能产生环境噪声污染的,建设单位必须提出环境影响报告书,规定环境噪声污染的防治措施,并按照国家规定的程序报生态环境主管部门批准。环境影响报告书中,应当有该建设项目所在地单位和居民的意见。"

《环境噪声污染防治法》第十四条规定:"建设项目的环境噪声污染防治设施必须与主体工程同时设计、同时施工、同时投产使用。建设项目在投入生产或者使用之前,其环境噪声污染防治设施必须按照国家规定的标准和程序进行验收;达不到国家规定要求的,该建设项目不得投入生产或者使用。"

3)交通运输噪声污染的防治

建设工程施工有着大量的运输任务,还会产生交通运输噪声。所称交通运输噪声,《环境噪声污染防治法》第三十一条解释,是指机动车辆、铁路机车、机动船舶、航空器等交通运输工具在运行时所产生的干扰周围生活环境的声音。

《环境噪声污染防治法》第三十三条规定:"在城市市区范围内行使的机动车辆的消声器和喇叭必须符合国家规定的要求。机动车辆必须加强维修和保养,保持技术性能良好,防治环境噪声污染。"

《环境噪声污染防治法》第三十四条规定:"机动车辆在城市市区范围内行驶,机动船舶在城市市区的内河航道航行,铁路机车驶经或者进入城市市区、疗养区时,必须按照规定使用声响装置。警车、消防车、工程抢险车、救护车等机动车辆安装、使用警报器,必须符合国务院公安部门的规定;在执行非紧急任务时,禁止使用警报器。"

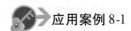 应用案例8-1

某综合大学在离第一教学楼约200米处兴建学生公寓。建筑公司为了节省成本,把建筑公司运土、水泥、河沙以及红砖的业务一并承包给该大学附近集乡的运输队。乡运输队组织十余台手扶拖拉机排队轮番作业。手扶拖拉机的噪声严重干扰了教学活动的正常进行,据老师们反映,每一节课至少被打断近十次,加上建筑公司装在教学楼不远处的起重机也不断"轰鸣",这种建筑工地的机器"合奏"使第一教学楼的正常教学活动无法开展。市环保局对上述噪声进行监测的结果是,当起重机工作时,达到78分贝;当手扶拖拉机经过教学楼边水泥道时,则达到80分贝,超过施工阶段作业噪声限位。校方与建筑公司协商,建筑公司以业务已承包为借口不采取措施。

【问题】

(1)建筑公司的理由有道理吗?为什么?

(2)对于受害者大学应该如何维护自己的权益?

【案例分析】

(1)建筑公司的主张不合理。《建筑法》第四十一条规定:"建筑施工企业应当遵守有关环境保护和安全生产的法律、法规的规定,采取控制和处理施工现场的各种粉尘、废气、废水、固体废弃物以及噪声、振动对环境的污染和危害的措施。"同时,《环境噪声污染防治法》第二十九条规定:"在城市市区范围内,建筑施工过程中使用机械设备,可能产生环境噪声污染的,施工单位必须在工程开工15日以前向工程所在地县级以上地方人民政府生态环境主管部门申报该工程的项目名称、施工场所和期限,可能产生的环境噪声值以及所采取的环境噪声污染防治措施的情况。"所以,建筑公司所提出的理由不成立。该公司在施工之前,未办理任何噪声污染申报登记,未采取任何控制和处理噪声对教学楼的污染和危害的措施;施工开始后,未采取任何控制和处理噪声对教学楼的污染和危害的措施;为了减少成本,还把运输业务一体承包给不具备大容量运运能力的运输队。这才造成建筑工地噪声污染失控。

(2)根据以上分析,大学可以先找建筑公司协商,要求建筑公司和乡建筑队立即停止侵害,并采取有效措施防止建筑噪声污染,也可以请求市环保局出面协调,根据有关法律、法规规定对建筑公司和乡建筑队作出处罚。

8.1.2 施工现场大气污染防治的规定

大气污染通常是指由于人类活动或自然过程引起某些物质进入大气中,呈现出足够的浓度,达到足够的时间,并因此危害了人体的舒适、健康和福利或环境污染的现象。随着我国经济社会的快速发展,城市建筑施工扬尘对大气环境的影响显著增大,以煤炭为主的能源消耗大幅攀升,机动车保有量急剧增加,经济发达地区氮氧化物(NO_x)和挥发性有机物(VOC_s)排放量显著增长,臭氧(O_3)和细颗粒物(PM2.5)污染加剧,在可吸入颗粒物(PM10)和总悬浮颗粒物(TSP)污染还未全面解决的情况下,京津冀、长江三角洲、珠江三角洲等区域PM2.5和O_3污染加重,灰霾现象频繁发生。因此,当前大气污染已成为我国大多数城市面临的共同问题。

PM10是指环境空气中空气动力学当量直径小于等于10 μm的颗粒物,也称可吸入颗粒物或飘尘。PM2.5 是指环境空气中空气动力学当量直径小于等于 2.5 μm 的颗粒物,也称细颗粒物。

气象专家和医学专家认为,由细颗粒物造成的灰霾天气对人体健康的危害甚至要比沙尘暴更大。粒径 10 μm 以上的颗粒物,会被挡在人的鼻子外面;粒径在 2.5 μm 至 10 μm 之间的颗粒物,能够进入上呼吸道,但部分可通过痰液等排至体外,另外也会被鼻腔内部的绒毛阻挡,对人体健康危害相对较小;而粒径在 2.5 μm 以下的细颗粒物,直径不足人类头发丝的 1/20 大小,不易被阻挡。被吸入人体后会直接进入支气管,干扰肺部的气体交换,引发包括哮喘、支气管炎和心血管病等方面的疾病。

长期以来,我国仅对 PM10 进行监测,鉴于近年来我国城市 PM2.5 污染问题较为突出,新修订的《环境空气质量标准》(GB 3095—2012)将 PM2.5 浓度值列入环境空气质量评价。同时,按照环保部分期实施新标准的时间要求,2012年我国开始在京津冀、长三角、珠三角等重点区域以及直辖市和省会城市进行PM2.5 监测;2013 年开始在 113 个环境保护重点城市和国家环保模范城市监测;2016 年 1 月 1 日将在全国实施新标准。根据《环境空气质量标准》(GB 3095—2012)的规定,PM10 与 PM2.5 的浓度限值应符合表 8.1 的要求。

《环境空气质量标准》

表 8.1　PM10 与 PM2.5 浓度限值

污染物项目	平均时间	浓度限值(μg/m^{-3})	
		一级	二级
PM10(小于等于 10 μm 的颗粒物)	年平均	40	70
	24 小时平均	50	150
PM2.5(小于等于 2.5μm 的颗粒物)	年平均	15	35
	24 小时平均	35	75

注:①环境空气功能区分为二类:一类区为自然保护区、风景名胜区和其他需要特殊保护的区域;二类区为居住区、商业交通居民混合区、文化区、工业区和农村地区。
　　②环境空气功能区质量要求:一类区适用一级浓度限值,二类区适用二级浓度限值。

目前,扬尘(包括土壤风沙尘、建筑施工扬尘、道路扬尘等)、煤烟尘、机动车尾气尘和硫酸盐是我国大部分城市大气 PM10 和 PM2.5 的主要排放源类,机动车尾气尘、二次硫酸盐、硝酸盐粒子和二次有机碳对 PM2.5 的分担率明显高于对 PM10 的影响。相对于 PM10 而言,对 PM2.5 有明显贡献的源类呈多源类并重的态势,单一防控某一源类将无法有效控制PM2.5 污染。因此,对 PM2.5 污染的控制将转向多源类、多层次精细化控制。

鉴于上述原因,控制 PM10 与 PM2.5 主要从六个方面着手:一是要控制源头,不能在城市上风向建大气污染重的企业,要淘汰落后的工艺和设备;二是要对大气污染严重的企业进行治理,做到少排废气;三是提倡使用天然气、水电、风能、核能和太阳能等清洁能源,尽量少使用煤炭、重油和废料等污染重的燃料;四是要发展公共交通,减少车流量,提高机动车辆污染排放标准;五是要控制生活污染,餐饮油烟机要定时清洗,干洗机要封闭操作,通过洒水作业等方式防止建筑和道路扬尘;六是要注意农业农村污染,不能露天烧秸秆和垃圾,少用农药和化肥,多种树。

1)施工现场大气污染的防治

2018年10月修订的《大气污染防治法》第七条规定,企业事业单位和其他生产经营者应当采取有效措施,防止、减少大气污染,对所造成的损害依法承担责任。

《大气污染防治法》第二十条规定:"企业事业单位和其他生产经营者向大气排放污染物的,应当依照法律法规和国务院生态环境主管部门的规定设置大气污染物排放口。禁止通过偷排、篡改或者伪造监测数据、以逃避现场检查为目的的临时停产、非紧急情况下开启应急排放通道、不正常运行大气污染防治设施等逃避监管的方式排放大气污染物。"

《大气污染防治法》第六十九条至第七十二条规定:

建设单位应当将防治扬尘污染的费用列入工程造价,并在施工承包合同中明确施工单位扬尘污染防治责任。施工单位应当制定具体的施工扬尘污染防治实施方案。施工单位应当在施工工地设置硬质围挡,并采取覆盖、分段作业、择时施工、洒水抑尘、冲洗地面和车辆等有效防尘降尘措施。建筑土方、工程渣土、建筑垃圾应当及时清运;在场地内堆存的,应当采用密闭式防尘网遮盖。工程渣土、建筑垃圾应当进行资源化处理。施工单位应当在施工工地公示扬尘污染防治措施、负责人、扬尘监督管理主管部门等信息。暂时不能开工的建设用地,建设单位应当对裸露地面进行覆盖;超过三个月的,应当进行绿化、铺装或者遮盖。

运输煤炭、垃圾、渣土、砂石、土方、灰浆等散装、流体物料的车辆应当采取密闭或者其他措施防止物料遗撒造成扬尘污染,并按照规定路线行驶。装卸物料应当采取密闭或者喷淋等方式防治扬尘污染。城市人民政府应当加强道路、广场、停车场和其他公共场所的清扫保洁管理,推行清洁动力机械化清扫等低尘作业方式,防治扬尘污染。

市政河道以及河道沿线、公共用地的裸露地面以及其他城镇裸露地面,有关部门应当按照规划组织实施绿化或者透水铺装。

贮存煤炭、煤矸石、煤渣、煤灰、水泥、石灰、石膏、砂土等易产生扬尘的物料应当密闭;不能密闭的,应当设置不低于堆放物高度的严密围挡,并采取有效覆盖措施防治扬尘污染。码头、矿山、填埋场和消纳场应当实施分区作业,并采取有效措施防治扬尘污染。

《大气污染防治法》第八十二条还规定,禁止在人口集中地区和其他依法需要特殊保护的区域内焚烧沥青、油毡、橡胶、塑料、皮革、垃圾以及其他产生有毒有害烟尘和恶臭气体的物质。

施工现场大气污染的防治,重点是防治扬尘污染。对于施工现场扬尘控制,《绿色施工导则》(建质〔2007〕223号)第4.2.1条规定:

①运送土方、垃圾、设备及建筑材料等,不污损场外道路。运输容易散落、飞扬、流漏的物料的车辆,必须采取措施封闭严密,保证车辆清洁。施工现场出口应设置洗车槽。

②土方作业阶段,采取洒水、覆盖等措施,达到作业区目测扬尘高度小于1.5m,不扩散到场区外。

③结构施工、安装装饰装修阶段,作业区目测扬尘高度小于0.5m。对易产生扬尘的堆放材料应采取覆盖措施;对粉末状材料应封闭存放;场区内可能引起扬尘的材料及建筑垃圾搬运应有降尘措施,如覆盖、洒水等;浇筑混凝土前清理灰尘和垃圾时尽量使用吸尘器,避免

使用吹风器等易产生扬尘的设备;机械剔凿作业时可用局部遮挡、掩盖、水淋等防护措施;高层或多层建筑清理垃圾应搭设封闭性临时专用道或采用容器吊运。

④施工现场非作业区达到目测无扬尘的要求。对现场易飞扬物质采取有效措施,如洒水、地面硬化、围挡、密网覆盖、封闭等,防止扬尘产生。

⑤构筑物机械拆除前,做好扬尘控制计划。可采取清理积尘、拆除体洒水、设置隔挡等措施。

⑥构筑物爆破拆除前,做好扬尘控制计划。可采用清理积尘、淋湿地面、预湿墙体、屋面敷水袋、楼面蓄水、建筑外设高压喷雾状水系统、搭设防尘排栅和直升机投水弹等综合降尘。选择风力小的天气进行爆破作业。

⑦在场界四周隔挡高度位置测得的大气总悬浮颗粒物(TSP)月平均浓度与城市背景值的差值不大于 0.08 mg/m³。

2)大气排放污染物单位监管

《大气污染防治法》第十八条、第三十条、第六十八条和第六十九条规定:

企业事业单位和其他生产经营者建设对大气环境有影响的项目,应当依法进行环境影响评价、公开环境影响评价文件;向大气排放污染物的,应当符合大气污染物排放标准,遵守重点大气污染物排放总量控制要求。

企业事业单位和其他生产经营者违反法律法规规定排放大气污染物,造成或者可能造成严重大气污染,或者有关证据可能灭失或者被隐匿的,县级以上人民政府生态环境主管部门和其他负有大气环境保护监督管理职责的部门,可以对有关设施、设备、物品采取查封、扣押等行政强制措施。

地方各级人民政府应当加强对建设施工和运输的管理,保持道路清洁,控制料堆和渣土堆放,扩大绿地、水面、湿地和地面铺装面积,防治扬尘污染。住房城乡建设、市容环境卫生、交通运输、国土资源等有关部门,应当根据本级人民政府确定的职责,做好扬尘污染防治工作。

从事房屋建筑、市政基础设施建设、河道整治以及建筑物拆除等施工单位,应当向负责监督管理扬尘污染防治的主管部门备案。

8.1.3 施工现场废水污染防治的规定

水污染,是指水体因某种物质的介入,而导致其化学、物理、生物或者放射性等方面特性的改变,从而影响水的有效利用,危害人体健康或者破坏生态环境,造成水质恶化的现象。水污染防治包括江河、湖泊、渠道、水库等地表水体以及地下水体的污染防治。多年来,我国水资源质量不断下降,水环境持续恶化,日趋加剧的水污染,已对人们的生存安全构成重大威胁,成为人类健康、经济和社会可持续发展的重大障碍。

2017 年 6 月修正的《水污染防治法》第三条规定:"水污染防治应当坚持预防为主、防治结合、综合治理的原则,优先保护饮用水水源,严格控制工业污染、城镇生活污染,防治农业面源污染,积极推进生态治理工程建设,预防、控制和减少水环境污染和生态破坏。"

《水污染防治法》

1) 施工现场水污染的防治

《水污染防治法》第十条规定:"排放水污染物,不得超过国家或者地方规定的水污染物排放标准和重点水污染物排放总量控制指标。"

《水污染防治法》第二十一条也规定:"直接或者间接向水体排放工业废水和医疗污水以及其他按照规定应当取得排污许可证方可排放的废水、污水的企业事业单位和其他生产经营者,应当取得排污许可证;城镇污水集中处理设施的运营单位,也应当取得排污许可证。排污许可证应当明确排放水污染物的种类、浓度、总量和排放去向等要求。排污许可的具体办法由国务院规定。禁止企业事业单位和其他生产经营者无排污许可证或者违反排污许可证的规定向水体排放前款规定的废水、污水。"

《水污染防治法》第三十三条至第四十三条继续规定:

禁止向水体排放油类、酸液、碱液或者剧毒废液。禁止在水体清洗装贮过油类或者有毒污染物的车辆和容器。

禁止向水体排放、倾倒放射性固体废物或者含有高放射性和中放射性物质的废水。向水体排放含低放射性物质的废水,应当符合国家有关放射性污染防治的规定和标准。

向水体排放含热废水,应当采取措施,保证水体的水温符合水环境质量标准。

含病原体的污水应当经过消毒处理;符合国家有关标准后,方可排放。

禁止向水体排放、倾倒工业废渣、城镇垃圾和其他废弃物。禁止将含有汞、镉、砷、铬、铅、氰化物、黄磷等的可溶性剧毒废渣向水体排放、倾倒或者直接埋入地下。存放可溶性剧毒废渣的场所,应当采取防水、防渗漏、防流失的措施。

禁止在江河、湖泊、运河、渠道、水库最高水位线以下的滩地和岸坡堆放、存贮固体废弃物和其他污染物。

禁止利用渗井、渗坑、裂隙、溶洞,私设暗管,篡改、伪造监测数据,或者不正常运行水污染防治设施等逃避监管的方式排放水污染物。

化学品生产企业以及工业集聚区、矿山开采区、尾矿库、危险废物处置场、垃圾填埋场等的运营、管理单位,应当采取防渗漏等措施,并建设地下水水质监测井进行监测,防止地下水污染。加油站等的地下油罐应当使用双层罐或者采取建造防渗池等其他有效措施,并进行防渗漏监测,防止地下水污染。禁止利用无防渗漏措施的沟渠、坑塘等输送或者存贮含有毒污染物的废水、含病原体的污水和其他废弃物。

多层地下水的含水层水质差异大的,应当分层开采;对已受污染的潜水和承压水,不得混合开采。

兴建地下工程设施或者进行地下勘探、采矿等活动,应当采取防护性措施,防止地下水污染。报废矿井、钻井或者取水井等,应当实施封井或者回填。

人工回灌补给地下水,不得恶化地下水质。

《水污染防治法》第六十四条至第六十七条也规定:

在饮用水水源保护区内,禁止设置排污口。

禁止在饮用水水源一级保护区内新建、改建、扩建与供水设施和保护水源无关的建设项目;已建成的与供水设施和保护水源无关的建设项目,由县级以上人民政府责令拆除或者关闭。禁止在饮用水水源一级保护区内从事网箱养殖、旅游、游泳、垂钓或者其他可能污染饮用水水体的活动。

禁止在饮用水水源二级保护区内新建、改建、扩建排放污染物的建设项目;已建成的排放污染物的建设项目,由县级以上人民政府责令拆除或者关闭。在饮用水水源二级保护区内从事网箱养殖、旅游等活动的,应当按照规定采取措施,防止污染饮用水水体。

禁止在饮用水水源准保护区内新建、扩建对水体污染严重的建设项目;改建建设项目,不得增加排污量。

《水污染防治法》第七十五条还规定:"在风景名胜区水体、重要渔业水体和其他具有特殊经济文化价值的水体的保护区内,不得新建排污口。在保护区附近新建排污口,应当保证保护区水体不受污染。"

2013 年 10 月颁布的《城镇排水与污水处理条例》第四十一条规定:"城镇排水主管部门应当会同有关部门,按照国家有关规定划定城镇排水与污水处理设施保护范围,并向社会公布。在保护范围内,有关单位从事爆破、钻探、打桩、顶进、挖掘、取土等可能影响城镇排水与污水处理设施安全的活动的,应当与设施维护运营单位等共同制定设施保护方案,并采取相应的安全防护措施。"

《城镇排水与污水处理条例》

《城镇排水与污水处理条例》第四十三条还规定:"新建、改建、扩建建设工程,不得影响城镇排水与污水处理设施安全。建设工程开工前,建设单位应当查明工程建设范围内地下城镇排水与污水处理设施的相关情况。城镇排水主管部门及其他相关部门和单位应当及时提供相关资料。建设工程施工范围内有排水管网等城镇排水与污水处理设施的,建设单位应当与施工单位、设施维护运营单位共同制定设施保护方案,并采取相应的安全保护措施。因工程建设需要拆除、改动城镇排水与污水处理设施的,建设单位应当制定拆除、改动方案,报城镇排水主管部门审核,并承担重建、改建和采取临时措施的费用。"

后来,2015 年 1 月住建部发布的《城镇污水排入排水管网许可管理办法》第四条、第六条、第九条、第十二条、第十三条、第十四条、第十八条、第十九条和第二十三条进一步规定:

《城镇污水排入排水管网许可管理办法》

城镇排水设施覆盖范围内的排水户应当按照国家有关规定,将污水排入城镇排水设施。排水户向城镇排水设施排放污水,应当按照本办法的规定,申请领取排水许可证。未取得排水许可证,排水户不得向城镇排水设施排放污水。在雨水、污水分流排放的地区,不得将污水排入雨水管网。

各类施工作业需要排水的,由建设单位申请领取排水许可证。

排水许可证的有效期为 5 年。因施工作业需要向城镇排水设施排水的,排水许可证的有效期由城镇排水主管部门根据排水状况确定,但不得超过施工期限。

排水户应当按照排水许可证确定的排水类别、总量、时限、排放口位置和数量、排放的污染物项目和浓度等要求排放污水。

排水户不得有下列危及城镇排水设施安全的行为:

①向城镇排水设施排放、倾倒剧毒及易燃易爆物质、腐蚀性废液和废渣、有害气体和烹饪油烟等;

②堵塞城镇排水设施或者向城镇排水设施内排放及倾倒垃圾、渣土、施工泥浆、油脂、污泥等易堵塞物;

③擅自拆卸、移动和穿凿城镇排水设施;

④擅自向城镇排水设施加压排放污水。

排水户因发生事故或者其他突发事件,排放的污水可能危及城镇排水与污水处理设施安全运行的,应当立即停止排放,采取措施消除危害,并按规定及时向城镇排水主管部门等有关部门报告。

城镇排水主管部门应当依照法律法规和本办法的规定,对排水户排放污水的情况实施监督检查。实施监督检查时,有权采取下列措施:

①进入现场开展检查、监测;

②要求被监督检查的排水户出示排水许可证;

③查阅、复制有关文件和材料;

④要求被监督检查的单位和个人就有关问题作出说明;

⑤依法采取禁止排水户向城镇排水设施排放污水等措施,纠正违反有关法律、法规和本办法规定的行为。被监督检查的单位和个人应当予以配合,不得妨碍和阻挠依法进行的监督检查活动。

城镇排水主管部门委托的专门机构,可以开展排水许可审查、档案管理、监督指导排水户排水行为等工作,并协助城镇排水主管部门对排水许可实施监督管理。

城镇排水主管部门实施排水许可不得收费。城镇排水主管部门实施排水许可所需经费,应当列入城镇排水主管部门的预算,由本级财政予以保障,按照批准的预算予以核拨。

对于施工现场水污染控制,《绿色施工导则》(建质〔2007〕223 号)第 4.2.4 条进一步规定:

①施工现场污水排放应达到国家标准《污水综合排放标准》(GB 8978—1996)的要求。

②在施工现场应针对不同的污水,设置相应的处理设施,如沉淀池、隔油池、化粪池等。

③污水排放应委托有资质的单位进行废水水质检测,提供相应的污水检测报告。

④保护地下水环境。采用隔水性能好的边坡支护技术。在缺水地区或地下水位持续下降的地区,基坑降水尽可能少地抽取地下水;当基坑开挖抽水量大于 50 万 m^3 时,应进行地下水回灌,并避免地下水被污染。

⑤对于化学品等有毒材料、油料的储存地,应有严格的隔水层设计,做好渗漏液收集和处理。

2) 建设项目水污染的防治

《水污染防治法》第十九条规定:"新建、改建、扩建直接或者间接向水体排放污染物的建设项目和其他水上设施,应当依法进行环境影响评价。建设单位在江河、湖泊新建、改建、扩建排污口的,应当取得水行政主管部门或者流域管理机构同意;涉及通航、渔业水域的,生态环境主管部门在审批环境影响评价文件时,应当征求交通、渔业主管部门的意见。建设项目的水污染防治设施,应当与主体工程同时设计、同时施工、同时投入使用。水污染防治设施应当符合经批准或者备案的环境影响评价文件的要求。"

《水污染防治法》第六十五条至第六十七条继续规定:

禁止在饮用水水源一级保护区内新建、改建、扩建与供水设施和保护水源无关的建设项目;已建成的与供水设施和保护水源无关的建设项目,由县级以上人民政府责令拆除或者关闭。禁止在饮用水水源一级保护区内从事网箱养殖、旅游、游泳、垂钓或者其他可能污染饮用水水体的活动。

禁止在饮用水水源二级保护区内新建、改建、扩建排放污染物的建设项目;已建成的排放污染物的建设项目,由县级以上人民政府责令拆除或者关闭。在饮用水水源二级保护区内从事网箱养殖、旅游等活动的,应当按照规定采取措施,防止污染饮用水水体。

禁止在饮用水水源准保护区内新建、扩建对水体污染严重的建设项目;改建建设项目,不得增加排污量。

3)发生事故或者其他突发性事件的规定

《水污染防治法》第七十八条规定,企业事业单位发生事故或者其他突发性事件,造成或者可能造成水污染事故的,应当立即启动本单位的应急方案,采取隔离等应急措施,防止水污染物进入水体,并向事故发生地的县级以上地方人民政府或者生态环境主管部门报告。生态环境主管部门接到报告后,应当及时向本级人民政府报告,并抄送有关部门。

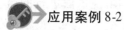

应用案例 8-2

南方某市突降大雨,环保局执法人员巡查发现市区某路段有大面积的积水,便及时上报该局。不久,市政部门派人来疏通管道,从管道中清出大量的泥沙、水泥块,还发现井口内有一个非市政部门设置的排水口,其方向紧靠某工地一侧。经执法人员调查确认,该工地的排水管道于前期打桩时铺设,工地内没有任何污水处理设施,其施工废水直接排放到工地外。工地的排污口通向该路段一侧的雨水井,但未办理任何审批手续。

【问题】

(1)本案中,施工单位向道路雨水井排放施工废水的行为是否构成水污染违法行为?

(2)施工单位向道路雨水井排放施工废水的行为应受到何种处罚?

【案例分析】

(1)施工单位向道路雨水井排放施工废水的行为构成了水污染违法行为。

《水污染防治法》第十九条规定,"新建、改建、扩建直接或者间接向水体排放污染物的建设项目和其他水上设施,应当依法进行环境影响评价。建设单位在江河、湖泊新建、改建、扩建排污口的,应当取得水行政主管部门或者流域管理机构同意;涉及通航、渔业水域的,生态环境主管部门在审批环境影响评价文件时,应当征求交通、渔业主管部门的意见。建设项目的水污染防治设施,应当与主体工程同时设计、同时施工、同时投入使用。"本案中的施工单位私自设置排水口排放水污染物,没有办理相应的审批手续。

《水污染防治法》第二十一条规定:"直接或者间接向水体排放工业废水和医疗污水以及其他按照规定应当取得排污许可证方可排放的废水、污水的企业事业单位和其他生产经营者,应当取得排污许可证;城镇污水集中处理设施的运营单位,也应当取得排污许可证。排污许可证应当明确排放水污染物的种类、浓度、总量和排放去向等要求。排污许可的具体办法由国务院规定。禁止企业事业单位和其他生产经营者无排污许可证或者违反排污许可证的规定向水体排放前款规定的废水、污水。"本案中的施工单位,没有依法取得排污许可证。

《水污染防治法》第三十七条规定,"禁止向水体排放、倾倒工业废渣、城镇垃圾和其他废弃物。"本案中的施工单位向雨水井中排放的施工废水中含有大量的泥沙、水泥块等废弃物。

(2)《水污染防治法》第八十三条规定:"违反本法规定,有下列行为之一的,由县级以上人民政府生态环境主管部门责令改正或者责令限制生产、停产整治,并处十万元以上一百万元以下的罚款;情节严重的,报经有批准权的人民政府批准,责令停业、关闭:(1)未依法取得排污许可证排放水污染物的……(3)利用渗井、渗坑、裂隙、溶洞,私设暗管,篡改、伪造监测数据,或者不正常运行水污染防治设施等逃避监管的方式排放水污染物的……"

《水污染防治法》第八十四条:"……违反法律、行政法规和国务院生态环境主管部门的规定设置排污口的,由县级以上地方人民政府生态环境主管部门责令限期拆除,处二万元以上十万元以下的罚款;逾期不拆除的,强制拆除,所需费用由违法者承担,处十万元以上五十万元以下的罚款;情节严重的,可以责令停产整治……"

8.1.4 施工现场固体废物污染防治的规定

固体废物,是指在生产、生活和其他活动中产生的丧失原有利用价值或者虽未丧失利用价值但被抛弃或者放弃的固态、半固态和置于容器中的气态的物品、物质以及法律、行政法规规定纳入固体废物管理的物品、物质。经无害化加工处理,并且符合强制性国家产品质量标准,不会危害公众健康和生态安全,或者根据固体废物鉴别标准和鉴别程序认定为不属于固体废物的除外。不能排入水体的液态废物和不能排入大气的置于容器中的气态物质,由于多具有较大的危害性,一般归入固体废物管理体系。固体废物污染环境,是指固体废物在产生、收集、贮存、运输、利用、处置的过程中产生的危害环境的现象。

2020年4月修订的《固体废物污染环境防治法》将固体废物分为工业固体废物、生活垃圾、建筑垃圾、农业固体废物和危险废物。工业固体废物,是指在工业生产活动中产生的固体废物;生活垃圾,是指在日常生活中或者为日常生活提供服务的活动中产生的固体废物,以及法律、行政法规规定视为生活垃圾的固体废物;建筑垃圾,是指建设单位、施工单位新建、改建、扩建和拆除各类建筑物、构筑物、管网等,以及居民装饰装修房屋过程中产生的弃土、弃料和其他固体废物;农业固体废物,是指在农业生产活动中产生的固体废物;危险废物,是指列入国家危险废物名录或者根据国家规定的危险废物鉴别标准和鉴别方法认定的具有危险特性的固体废物。

《固体废物污染环境防治法》

《固体废物污染环境防治法》第三条规定:"国家推行绿色发展方式,促进清洁生产和循环经济发展。国家倡导简约适度、绿色低碳的生活方式,引导公众积极参与固体废物污染环境防治。"

《固体废物污染环境防治法》第四条规定:"固体废物污染环境防治坚持减量化、资源化和无害化的原则。任何单位和个人都应当采取措施,减少固体废物的产生量,促进固体废物的综合利用,降低固体废物的危害性。"

1)建设项目固体废物污染环境的防治

《固体废物污染环境防治法》第十七条、第十八条规定:

建设产生、贮存、利用、处置固体废物的项目,应当依法进行环境影响评价,并遵守国家有关建设项目环境保护管理的规定。

建设项目的环境影响评价文件确定需要配套建设的固体废物污染环境防治设施,应当与主体工程同时设计、同时施工、同时投入使用。建设项目的初步设计,应当按照环境保护设计规范的要求,将固体废物污染环境防治内容纳入环境影响评价文件,落实防治固体废物污染环境和破坏生态的措施以及固体废物污染环境防治设施投资概算。建设单位应当依照有关法律法规的规定,对配套建设的固体废物污染环境防治设施进行验收,编制验收报告,并向社会公开。

《固体废物污染环境防治法》第二十一条还规定,在生态保护红线区域、永久基本农田集中区域和其他需要特别保护的区域内,禁止建设工业固体废物、危险废物集中贮存、利用、处置的设施、场所和生活垃圾填埋场。

2)生活垃圾的防治

《固体废物污染环境防治法》第五十三条规定,从事城市新区开发、旧区改建和住宅小区开发建设、村镇建设的单位,以及机场、码头、车站、公园、商场、体育场馆等公共设施、场所的经营管理单位,应当按照国家有关环境卫生的规定,配套建设生活垃圾收集设施。

《固体废物污染环境防治法》第五十五条继续规定,建设生活垃圾处理设施、场所,应当符合国务院生态环境主管部门和国务院住房城乡建设主管部门规定的环境保护和环境卫生标准。鼓励相邻地区统筹生活垃圾处理设施建设,促进生活垃圾处理设施跨行政区域共建共享。禁止擅自关闭、闲置或者拆除生活垃圾处理设施、场所;确有必要关闭、闲置或者拆除的,应当经所在地的市、县级人民政府环境卫生主管部门商所在地生态环境主管部门同意后核准,并采取防止污染环境的措施。

3)建筑垃圾的防治

《固体废物污染环境防治法》第六十条至第六十三条规定:

县级以上地方人民政府应当加强建筑垃圾污染环境的防治,建立建筑垃圾分类处理制度。县级以上地方人民政府应当制定包括源头减量、分类处理、消纳设施和场所布局及建设等在内的建筑垃圾污染环境防治工作规划。

国家鼓励采用先进技术、工艺、设备和管理措施,推进建筑垃圾源头减量,建立建筑垃圾回收利用体系。县级以上地方人民政府应当推动建筑垃圾综合利用产品应用。

县级以上地方人民政府环境卫生主管部门负责建筑垃圾污染环境防治工作,建立建筑垃圾全过程管理制度,规范建筑垃圾产生、收集、贮存、运输、利用、处置行为,推进综合利用,加强建筑垃圾处置设施、场所建设,保障处置安全,防止污染环境。

工程施工单位应当编制建筑垃圾处理方案,采取污染防治措施,并报县级以上地方人民政府环境卫生主管部门备案。工程施工单位应当及时清运工程施工过程中产生的建筑垃圾等固体废物,并按照环境卫生主管部门的规定进行利用或者处置。工程施工单位不得擅自倾倒、抛撒或者堆放工程施工过程中产生的建筑垃圾。

对于施工现场建筑垃圾控制,《绿色施工导则》(建质〔2007〕223号)第4.2.6条规定:

①制定建筑垃圾减量化计划,如住宅建筑,每万平方米的建筑垃圾不宜超过400吨。

②加强建筑垃圾的回收再利用,力争建筑垃圾的再利用和回收率达到30%,建筑物拆除产生的废弃物的再利用和回收率大于40%。对于碎石类、土石方类建筑垃圾,可采用地基填埋、铺路等方式提高再利用率,力争再利用率大于50%。

③施工现场生活区设置封闭式垃圾容器,施工场地生活垃圾实行袋装化,及时清运。对建筑垃圾进行分类,并收集到现场封闭式垃圾站,集中运出。

4)危险废物的防治

《固体废物污染环境防治法》第七十七条规定,对危险废物的容器和包装物以及收集、贮存、运输、利用、处置危险废物的设施、场所,应当按照规定设置危险废物识别标志。

《固体废物污染环境防治法》第七十九至八十一条继续规定:

产生危险废物的单位,应当按照国家有关规定和环境保护标准要求贮存、利用、处置危险废物,不得擅自倾倒、堆放。

从事收集、贮存、利用、处置危险废物经营活动的单位,应当按照国家有关规定申请取得许可证。禁止无许可证或者未按照许可证规定从事危险废物收集、贮存、利用、处置的经营活动。禁止将危险废物提供或者委托给无许可证的单位或者其他生产经营者从事收集、贮存、利用、处置活动。

收集、贮存危险废物,应当按照危险废物特性分类进行。禁止混合收集、贮存、运输、处置性质不相容而未经安全性处置的危险废物。贮存危险废物应当采取符合国家环境保护标准的防护措施。禁止将危险废物混入非危险废物中贮存。从事收集、贮存、利用、处置危险废物经营活动的单位,贮存危险废物不得超过一年;确需延长期限的,应当报经颁发许可证的生态环境主管部门批准;法律、行政法规另有规定的除外。

《固体废物污染环境防治法》第八十五至八十七条还规定:

产生、收集、贮存、运输、利用、处置危险废物的单位,应当依法制定意外事故的防范措施和应急预案,并向所在地生态环境主管部门和其他负有固体废物污染环境防治监督管理职责的部门备案;生态环境主管部门和其他负有固体废物污染环境防治监督管理职责的部门应当进行检查。

因发生事故或者其他突发性事件,造成危险废物严重污染环境的单位,应当立即采取有效措施消除或者减轻对环境的污染危害,及时通报可能受到污染危害的单位和居民,并向所在地生态环境主管部门和有关部门报告,接受调查处理。

在发生或者有证据证明可能发生危险废物严重污染环境、威胁居民生命财产安全时,生态环境主管部门或者其他负有固体废物污染环境防治监督管理职责的部门应当立即向本级人民政府和上一级人民政府有关部门报告,由人民政府采取防止或者减轻危害的有效措施。有关人民政府可以根据需要责令停止导致或者可能导致环境污染事故的作业。

应用案例 8-3

某市的一立交桥下,在路两侧堆起了两三米高的木板、水泥块、砖头等建筑垃圾,附近居民每天回家都得穿过这个巨型的垃圾堆。市环卫处派人清理过10多次,仍不断发现有新的建筑垃圾,无奈之下建议环保执法部门派人查处。经市环保局执法人员调查,这些建筑垃圾均是由附近一在建的某小区工地运出,该工地的施工单位未办理渣土消纳许可证,常在半夜用车偷偷将建筑垃圾运到桥下，倾倒后开车就跑。

【问题】

(1)该施工单位倾倒垃圾的行为违反了哪项法律?

(2)该施工单位的行为应受到何种行政处罚?

【案例分析】

(1)《固体废物污染环境防治法》第二十条第一款规定:"产生、收集、贮存、运输、利用、处置固体废物的单位和其他生产经营者,应当采取防扬散、防流失、防渗漏或者其他防止污染环境的措施,不得擅自倾倒、堆放、丢弃、遗撒固体废物。"

本案中,该施工单位作为建筑垃圾的产生单位,没有依法办理建筑垃圾处置核准文件,并多次擅自将建筑垃圾倾倒于道路两侧,是触犯上述法律规定的违法行为。

(2)《固体废物污染环境防治法》第一百一十一条规定:"违反本法规定,有下列行为之一,由县级以上地方人民政府环境卫生主管部门责令改正,处以罚款,没收违法所得:(一)随意倾倒、抛撒、堆放或者焚烧生活垃圾的……(四)工程施工单位擅自倾倒、抛撒或者堆放工程施工过程中产生的建筑垃圾,或者未按照规定对施工过程中产生的固体废物进行利用或者处置的;……单位有前款第一项……行为之一,处五万元以上五十万元以下的罚款;单位有前款……第四项……行为之一,处十万元以上一百万元以下的罚款……"

据此,该市的环境卫生行政主管部门应当责令该施工单位限期改正,给予警告,处以罚款。

8.2　施工节约能源制度

绿色施工应当符合国家有关节能、节地、节水、节材法律规定。《环境保护法》第三十六条规定:"国家鼓励和引导公民、法人和其他组织使用有利于保护环境的产品和再生产品,减少废弃物的产生。国家机关和使用财政资金的其他组织应当优先采购和使用节能、节水、节材等有利于保护环境的产品、设备和设施。"

2018年10月修订的《循环经济促进法》第二十三条规定,建筑设计、建设、施工等单位应当按照国家有关规定和标准,对其设计、建设、施工的建筑物及构筑物采用节能、节水、节地、节材的技术工艺和小型、轻型、再生产品。有条件的地区,应当充分利用太阳能、地热能、风能等可再生能源。

《循环经济促进法》

《循环经济促进法》第四条规定:"发展循环经济应当在技术可行、经济合理和有利于节约资源、保护环境的前提下,按照减量化优先的原则实施。在废物再利用和资源化过程中,应当保障生产安全,保证产品质量符合国家规定的标准,并防止产生再次污染。"

所谓减量化是指在生产、流通和消费等过程中减少资源消耗和废物产生;所谓再利用是指将废物直接作为产品或者经修复、翻新、再制造后继续作为产品使用,或者将废物的全部或者部分作为其他产品的部件予以使用;所谓资源化是指将废物直接作为原料进行利用或者对废物进行再生利用。

8.2.1 节能与能源利用

节能,是指加强用能管理,采取技术上可行、经济上合理以及环境和社会可以承受的措施,从能源生产到消费的各个环节,降低消耗、减少损失和污染物排放、制止浪费,有效、合理地利用能源。能源利用,是指有效利用太阳能、风能、地热能等绿色环保并可再生的新型能源,以达到减少污染物排放、保护生态环境的目的。

据统计,人类从自然界所获得的物质原材料有50%以上用来建造各类建筑及其附属设施,这些建筑在建造与使用过程中又消耗了全球能源的50%左右。因此,大力推动建筑节能,开发利用新能源,对于解决我国能源短缺问题,改善环境具有重要意义。

2018年10月修改的《节约能源法》第二十四条至第二十七条规定:"用能单位应当按照合理用能的原则,加强节能管理,制定并实施节能计划和节能技术措施,降低能源消耗。用能单位应当建立节能目标责任制,对节能工作取得成绩的集体、个人给予奖励。用能单位应当定期开展节能教育和岗位节能培训。用能单位应当加强能源计量管理,按照规定配备和使用经依法检定合格的能源计量器具。用能单位应当建立能源消费统计和能源利用状况分析制度,对各类能源的消费实行分类计量和统计,并确保能源消费统计数据真实、完整。"

2008年8月1日国务院令第530号发布的《民用建筑节能条例》第十一条规定,建设单位、设计单位、施工单位不得在建筑活动中使用列入禁止使用目录的技术、工艺、材料和设备。

1)建筑节能一般规定

《节约能源法》第十五条规定,国家实行固定资产投资项目节能评估和审查制度。不符合强制性节能标准的项目,建设单位不得开工建设;已经建成的,不得投入生产、使用。政府投资项目不符合强制性节能标准的,依法负责项目审批的机关不得批准建设。

《节约能源法》第三十五条规定,建筑工程的建设、设计、施工和监理单位应当遵守建筑节能标准。不符合建筑节能标准的建筑工程,建设主管部门不得批准开工建设;已经开工建设的,应当责令停止施工、限期改正;已经建成的,不得销售或者使用。

2)施工图审查机构的节能义务

《民用建筑节能条例》第十三条规定:"施工图设计文件审查机构应当按照民用建筑节能强制性标准对施工图设计文件进行审查;经审查不符合民用建筑节能强制性标准的,县级以上地方人民政府建设主管部门不得颁发施工许可证。"

3)建设单位的节能义务

《民用建筑节能条例》第十四条规定:"建设单位不得明示或者暗示设计单位、施工单位违反民用建筑节能强制性标准进行设计、施工,不得明示或者暗示施工单位使用不符合施工图设计文件要求的墙体材料、保温材料、门窗、采暖制冷系统和照明设备。按照合同约定由建设单位采购墙体材料、保温材料、门窗、采暖制冷系统和照明设备的,建设单位应当保证其符合施工图设计文件要求。"

4)设计、施工、工程监理单位的节能义务

《民用建筑节能条例》第十五条规定:"设计单位、施工单位、工程监理单位及其注册执

业人员,应当按照民用建筑节能强制性标准进行设计、施工、监理。"

根据《民用建筑节能条例》第十六条的规定,施工单位应当对进入施工现场的墙体材料、保温材料、门窗、采暖制冷系统和照明设备进行查验;不符合施工图设计文件要求的,不得使用。

工程监理单位发现施工单位不按照民用建筑节能强制性标准施工的,应当要求施工单位改正;施工单位拒不改正的,工程监理单位应当及时报告建设单位,并向有关主管部门报告。

墙体、屋面的保温工程施工时,监理工程师应当按照工程监理规范的要求,采取旁站、巡视和平行检验等形式实施监理。

未经监理工程师签字,墙体材料、保温材料、门窗、采暖制冷系统和照明设备不得在建筑上使用或者安装,施工单位不得进行下一道工序的施工。

5)施工现场节能措施

《绿色施工导则》(建质〔2007〕223号)第4.5条对施工现场节能措施,机械设备与机具节能,生产、生活及办公临时设施节能,施工用电及照明分别作出了规定:

(1)节能措施

①制订合理施工能耗指标,提高施工能源利用率。

②优先使用国家、行业推荐的节能、高效、环保的施工设备和机具,如选用变频技术的节能施工设备等。

③施工现场分别设定生产、生活、办公和施工设备的用电控制指标,定期进行计量、核算、对比分析,并有预防与纠正措施。

④在施工组织设计中,合理安排施工顺序、工作面,以减少作业区域的机具数量,相邻作业区充分利用共有的机具资源。安排施工工艺时,应优先考虑耗用电能的或其他能耗较少的施工工艺。避免设备额定功率远大于使用功率或超负荷使用设备的现象。

⑤根据当地气候和自然资源条件,充分利用太阳能、地热等可再生能源。

(2)机械设备与机具节能

①建立施工机械设备管理制度,开展用电、用油计量,完善设备档案,及时做好维修保养工作,使机械设备保持低耗、高效的状态。

②选择功率与负载相匹配的施工机械设备,避免大功率施工机械设备低负载长时间运行。机电安装可采用节电型机械设备,如逆变式电焊机和能耗低、效率高的手持电动工具等,以利节电。机械设备宜使用节能型油料添加剂,在可能的情况下,考虑回收利用,节约油量。

③合理安排工序,提高各种机械的使用率和满载率,降低各种设备的单位耗能。

(3)生产、生活及办公临时设施节能

①利用场地自然条件,合理设计生产、生活及办公临时设施的体形、朝向、间距和窗墙面积比,使其获得良好的日照、通风和采光。南方地区可根据需要在其外墙窗设遮阳设施。

②临时设施宜采用节能材料,墙体、屋面使用隔热性能好的材料,减少夏天空调、冬天取暖设备的使用时间及耗能量。

③合理配置采暖、空调、风扇数量,规定使用时间,实行分段分时使用,节约用电。

(4)施工用电及照明

①临时用电优先选用节能电线和节能灯具,临电线路合理设计、布置,临电设备宜采用自动控制装置。采用声控、光控等节能照明灯具。

②照明设计以满足最低照度为原则,照度不应超过最低照度的20%。

6)民用建筑工程节能竣工验收

《民用建筑节能条例》第十七条规定:"建设单位组织竣工验收,应当对民用建筑是否符合民用建筑节能强制性标准进行查验;对不符合民用建筑节能强制性标准的,不得出具竣工验收合格报告。"

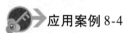 **应用案例8-4**

2018年年底某住宅项目1期工程完成设计,2019年开始施工。按当地规定,自2011年1月1日起所有新建、改建、扩建的住宅建设项目,必须按照《夏热冬冷地区居住建筑节能设计标准》(JGJ 134—2010)的要求进行建筑节能设计、施工。在施工过程中,建设单位按设计图纸规定的规格、数量要求采购了墙体材料、保温材料、采暖制冷系统等,并声称是优质产品;施工单位在以上材料设备进入施工现场后,便直接用于该项目的施工并形成工程实体,导致1期工程验收不合格。经有关部门检验,建设单位购买的墙体材料、保温材料、采暖制冷系统存在严重质量问题,根本不符合该项目设计图纸规定的质量要求。

【问题】

(1)施工单位的行为是否构成违法行为?

(2)施工单位应承担哪些法律责任?

【案例分析】

(1)《民用建筑节能条例》第十六条规定,"施工单位应当对进入施工现场的墙体材料,保温材料、门窗、采暖制冷系统和照明设备进行检验;不符合施工因设计文件要求的,不得使用。"本案中,施工单位未对进入施工现场的墙体材料、保温材料、采暖制冷系统等进行查验,导致不符合施工图设计文件要求的墙体材料等用于该项目的施工,构成了违法行为。

(2)《民用建筑节能条例》第四十一条规定,"施工单位有下列行为之一的,由县级以上地方人民政府建设主管部门责令改正,处10万元以上20万元以下的罚款;情节严重的工由颁发费质证书的部门责令停业整顿,降低资质等级或者吊销资质证书,造成损失的,依法承担赔偿责任:①采时进入施工现场的墙体材料、保温材料、门窗、采暖制冷系统和照明设备进行查验的;②使用不符合施工图设计文件要求的墙体材料、保温材料、门窗、采暖制冷系纯和照明设备的;……"据此,当地建设主管部门应当依法责令该施工单位改正,处10万元以上20万元以下的罚款。

8.2.2　节地与施工用地保护

节地,是指合理规划建设用地,减少耕地占用,提高土地利用效率,实现工程建设的节约集约用地。我国人多地少,耕地资源稀缺,当前又处于工业化、城镇化快速发展时期,建设用地矛盾十分突出。如何大力推进节约集约用地,加强施工用地保护,是目前工程建设中亟待解决的问题。

《绿色施工导则》(建质〔2007〕223号)第4.6条对施工现场临时用地指标、临时用地保护、施工总平面布置,作出了具体规定:

1)临时用地指标

①根据施工规模及现场条件等因素合理确定临时设施,如临时加工厂、现场作业棚及材料堆场、办公生活设施等的占地指标。临时设施的占地面积应按用地指标所需的最低面积设计。

②要求平面布置合理、紧凑,在满足环境、职业健康与安全及文明施工要求的前提下尽可能减少废弃地和死角,临时设施占地面积有效利用率大于90%。

2)临时用地保护

①应对深基坑施工方案进行优化,减少土方开挖和回填量,最大限度地减少对土地的扰动,保护周边自然生态环境。

②红线外临时占地应尽量使用荒地、废地,少占用农田和耕地。工程完工后,及时对红线外占地恢复原地形、地貌,使施工活动对周边环境的影响降至最低。

③利用和保护施工用地范围内原有绿色植被。对于施工周期较长的现场,可按建筑永久绿化的要求,安排场地新建绿化。

3)施工总平面布置

①施工总平面布置应做到科学、合理,充分利用原有建筑物、构筑物、道路、管线为施工服务。

②施工现场搅拌站、仓库、加工厂、作业棚、材料堆场等布置应尽量靠近已有交通线路或即将修建的正式或临时交通线路,缩短运输距离。

③临时办公和生活用房应采用经济、美观、占地面积小、对周边地貌环境影响较小,且适合于施工平面布置动态调整的多层轻钢活动板房、钢骨架水泥活动板房等标准化装配式结构。生活区与生产区应分开布置,并设置标准的分隔设施。

④施工现场围墙可采用连续封闭的轻钢结构预制装配式活动围挡,减少建筑垃圾,保护土地。

⑤施工现场道路按照永久道路和临时道路相结合的原则布置。施工现场内形成环形通路,减少道路占用土地。

⑥临时设施布置应注意远近结合(本期工程与下期工程),努力减少和避免大量临时建筑拆迁和场地搬迁。

8.2.3 节水与水资源利用

节水,是指通过行政、技术、经济等手段加强用水管理,调整用水结构,改进用水方式,提高用水效率,避免水资源的浪费。当前,随着我国城市化进程的加快,城镇规模不断扩大,水资源短缺问题日益尖锐。为了缓解水资源危机,作为用水大户的建筑业,应该采取积极措施,节约用水,加强对雨水、废水等非传统水源的回收利用。

2016年7月修订的《中华人民共和国水法》第八条规定:"国家厉行节约用水,大力推行节约用水措施,推广节约用水新技术、新工艺,发展节水型工业、农业和服务业,建立节水型社会。各级人民政府应当采取措施,加强对节约用水的管理,建立节约用水技术开发推广体系,培育和发展节约用水产业。单位和个人有节约用水的义务。"

《循环经济促进法》第二十七条规定:"国家鼓励和支持使用再生水。在有条件使用再生水的地区,限制或者禁止将自来水作为城市道路清扫、城市绿化和景观用水使用。"《循环经济促进法》第三十一条规定:"企业应当发展串联用水系统和循环用水系统,提高水的重复利用率。企业应当采用先进技术、工艺和设备,对生产过程中产生的废水进行再生利用。"

《中华人民共和国水法》

《绿色施工导则》(建质〔2007〕223号)第4.4条对施工现场提高用水效率、非传统水源利用及安全用水,作了具体规定。

1)提高用水效率

①施工中采用先进的节水施工工艺。

②施工现场喷洒路面、绿化浇灌不宜使用市政自来水。现场搅拌用水、养护用水应采取有效的节水措施,严禁无措施浇水养护混凝土。

③施工现场供水管网应根据用水量设计布置,管径合理、管路简捷,采取有效措施减少管网和用水器具的漏损。

④现场机具、设备、车辆冲洗用水必须设立循环用水装置。施工现场办公区、生活区的生活用水采用节水系统和节水器具,提高节水器具配置比率。项目临时用水应使用节水型产品,安装计量装置,采取针对性的节水措施。

⑤施工现场建立可再利用水的收集处理系统,使水资源得到梯级循环利用。

⑥施工现场分别对生活用水与工程用水确定用水定额指标,并分别计量管理。

⑦大型工程的不同单项工程、不同标段、不同分包生活区,凡具备条件的应分别计量用水量。在签订不同标段分包或劳务合同时,将节水定额指标纳入合同条款,进行计量考核。

⑧对混凝土搅拌站点等用水集中的区域和工艺点进行专项计量考核。施工现场建立雨水、中水或可再利用水的搜集利用系统。

2)非传统水源利用

①优先采用中水搅拌、中水养护,有条件的地区和工程应收集雨水养护。

②处于基坑降水阶段的工地,宜优先采用地下水作为混凝土搅拌用水、养护用水、冲洗用水和部分生活用水。

③现场机具、设备、车辆冲洗、喷洒路面、绿化浇灌等用水,优先采用非传统水源,尽量不使用市政自来水。

④大型施工现场,尤其是雨量充沛地区的大型施工现场建立雨水收集利用系统,充分收集自然降水用于施工和生活中适宜的部位。

⑤力争施工中非传统水源和循环水的再利用量大于30%。

3)用水安全

在非传统水源和现场循环再利用水的使用过程中,应制定有效的水质检测与卫生保障措施,确保避免对人体健康、工程质量以及周围环境产生不良影响。

8.2.4 节材与材料资源利用

节材,是指推广应用高性能、低材(能)耗、可再生循环利用的建筑材料,提高材料利用率,降低施工消耗,减少环境污染。建筑材料是所有材料中产量最大、使用最多,与人们的生活、工作最为密切,资源环境负荷最重的材料。如何提高材料的利用率,降低材料消耗,减少建材生产和使用过程中对环境造成的危害,已成为当今建设领域关注的重大课题。

《循环经济促进法》第二十三条规定:"建筑设计、建设、施工等单位应当按照国家有关规定和标准,对其设计、建设、施工的建筑物及构筑物采用节能、节水、节地、节材的技术工艺和小型、轻型、再生产品。有条件的地区,应当充分利用太阳能、地热能、风能等可再生能源。国家鼓励利用无毒无害的固体废物生产建筑材料,鼓励使用散装水泥,推广使用预拌混凝土和预拌砂浆。禁止损毁耕地烧砖。在国务院或者省、自治区、直辖市人民政府规定的期限和区域内,禁止生产、销售和使用黏土砖。"

《绿色施工导则》(建质〔2007〕223 号)第4.3条对施工现场的节材措施及结构材料、围护材料、装饰装修材料、周转材料的利用,作了具体规定。

1)节材措施

①图纸会审时,应审核节材与材料资源利用的相关内容,达到材料损耗率比定额损耗率降低30%。

②根据施工进度、库存情况等合理安排材料的采购、进场时间和批次,减少库存。

③现场材料堆放有序。储存环境适宜,措施得当。保管制度健全,责任落实。

④材料运输工具适宜,装卸方法得当,防止损坏和遗撒。根据现场平面布置情况就近卸载,避免和减少二次搬运。

⑤采取技术和管理措施提高模板、脚手架等的周转次数。

⑥优化安装工程的预留、预埋、管线路径等方案。

⑦应就地取材,施工现场500公里以内生产的建筑材料用量占建筑材料总重量的70%以上。

2)结构材料

①推广使用预拌混凝土和商品砂浆。准确计算采购数量、供应频率、施工速度等,在施工过程中动态控制。结构工程使用散装水泥。

②推广使用高强钢筋和高性能混凝土,减少资源消耗。

③推广钢筋专业化加工和配送。

④优化钢筋配料和钢构件下料方案。钢筋及钢结构制作前应对下料单及样品进行复核,无误后方可批量下料。

⑤优化钢结构制作和安装方法。大型钢结构宜采用工厂制作,现场拼装;宜采用分段吊装、整体提升、滑移、顶升等安装方法,减少方案的措施用材量。

⑥采取数字化技术,对大体积混凝土、大跨度结构等专项施工方案进行优化。

3)围护材料

①门窗、屋面、外墙等围护结构选用耐候性及耐久性良好的材料,施工确保密封性、防水

性和保温隔热性。

②门窗采用密封性、保温隔热性能、隔音性能良好的型材和玻璃等材料。

③屋面材料、外墙材料具有良好的防水性能和保温隔热性能。

④当屋面或墙体等部位采用基层加设保温隔热系统的方式施工时,应选择高效节能、耐久性好的保温隔热材料,以减小保温隔热层的厚度及材料用量。

⑤屋面或墙体等部位的保温隔热系统采用专用的配套材料,以加强各层次之间的黏结或连接强度,确保系统的安全性和耐久性。

⑥根据建筑物的实际特点,优选屋面或外墙的保温隔热材料系统和施工方式,例如保温板粘贴、保温板干挂、聚氨酯硬泡喷涂、保温浆料涂抹等,以保证保温隔热效果,并减少材料浪费。

⑦加强保温隔热系统与围护结构的节点处理,尽量降低热桥效应。针对建筑物的不同部位保温隔热特点,选用不同的保温隔热材料及系统,以做到经济适用。

4)装饰装修材料

①贴面类材料在施工前,应进行总体排版策划,减少非整块材的数量。

②采用非木质的新材料或人造板材代替木质板材。

③防水卷材、壁纸、油漆及各类涂料基层必须符合要求,避免起皮、脱落。各类油漆及黏结剂应随用随开启,不用时及时封闭。

④幕墙及各类预留预埋应与结构施工同步。

⑤木制品及木装饰用料、玻璃等各类板材等宜在工厂采购或定制。

⑥采用自粘类片材,减少现场液态黏结剂的使用量。

5)周转材料

①应选用耐用、维护与拆卸方便的周转材料和机具。

②优先选用制作、安装、拆除一体化的专业队伍进行模板工程施工。

③模板应以节约自然资源为原则,推广使用定型钢模、钢框竹模、竹胶板。

④施工前应对模板工程的方案进行优化。多层、高层建筑使用可重复利用的模板体系,模板支撑宜采用工具式支撑。

⑤优化高层建筑的外脚手架方案,采用整体提升、分段悬挑等方案。

⑥推广采用外墙保温板替代混凝土施工模板的技术。

⑦现场办公和生活用房采用周转式活动房。现场围挡应最大限度地利用已有围墙,或采用装配式可重复使用围挡封闭。力争工地临房、临时围挡材料的可重复使用率达到70%。

8.3 施工文物保护制度

文物是指人类社会活动中遗留下来的具有历史、艺术、科学价值的遗物或遗迹。文物是国家的宝贵财富,是不可再生的文化资源。近十几年来,我国城市化进程的加快使工程建设与文物保护之间的矛盾日渐突出,如何将工程建设与文物保护有机地结合起来,做好工程建设中的文物保护工作具有重要的现实意义。

8.3.1　受国家保护的文物范围

1)国家保护文物的范围

根据《文物保护法》(2017年11月修订)第二条的规定,在中华人民共和国境内,下列文物受国家保护:

《文物保护法》

①具有历史、艺术、科学价值的古文化遗址、古墓葬、古建筑、石窟寺和石刻、壁画;

②与重大历史事件、革命运动或者著名人物有关的以及具有重要纪念意义、教育意义或者史料价值的近代现代重要史迹、实物、代表性建筑;

③历史上各时代珍贵的艺术品、工艺美术品;

④历史上各时代重要的文献资料以及具有历史、艺术、科学价值的手稿和图书资料等;

⑤反映历史上各时代、各民族社会制度、社会生产、社会生活的代表性实物。

具有科学价值的古脊椎动物化石和古人类化石同文物一样受国家保护。

2)文物保护单位和文物的分级

根据《文物保护法》第三条的规定,古文化遗址、古墓葬、古建筑、石窟寺、石刻、壁画、近代现代重要史迹和代表性建筑等不可移动文物,根据它们的历史、艺术、科学价值,可以分别确定为全国重点文物保护单位,省级文物保护单位,市、县级文物保护单位。

历史上各时代重要实物、艺术品、文献、手稿、图书资料、代表性实物等可移动文物,分为珍贵文物和一般文物;珍贵文物分为一级文物、二级文物、三级文物。

3)国有文物的范围

《文物保护法》第五条规定,中华人民共和国境内地下、内水和领海中遗存的一切文物,属于国家所有。

(1)国有不可移动文物范围

古文化遗址、古墓葬、石窟寺属于国家所有。国家指定保护的纪念建筑物、古建筑、石刻、壁画、近代现代代表性建筑等不可移动文物,除国家另有规定的以外,属于国家所有。

国有不可移动文物的所有权不因其所依附的土地所有权或者使用权的改变而改变。

(2)国有可移动文物范围

①中国境内出土的文物,国家另有规定的除外;

②国有文物收藏单位以及其他国家机关、部队和国有企业、事业组织等收藏、保管的文物;

③国家征集、购买的文物;

④公民、法人和其他组织捐赠给国家的文物;

⑤法律规定属于国家所有的其他文物。

属于国家所有的可移动文物的所有权不因其保管、收藏单位的终止或者变更而改变。

(3)国有水下文物范围

根据2011年1月国务院修订的《水下文物保护管理条例》第二条规定,水下文物是指遗存于下列水域的具有历史、艺术和科学价值的人类文化遗产:

①遗存于中国内水、领海内的一切起源于中国的、起源国不明的和起源于外国的文物；

②遗存于中国领海以外依照中国法律由中国管辖的其他海域内的起源于中国的和起源国不明的文物；

《水下文物保护管理条例》

③遗存于外国领海以外的其他管辖海域以及公海区域内的起源于中国的文物。

以上规定内容不包括 1911 年以后的与重大历史事件、革命运动以及著名人物无关的水下遗存。

《水下文物保护管理条例》第三条规定，上述第①、②项所规定的水下文物属于国家所有，国家对其行使管辖权；第③项所规定的水下文物，国家享有辨认器物物主的权利。

4）属于集体所有和私人所有的文物范围

《文物保护法》第六条规定："属于集体所有和私人所有的纪念建筑物、古建筑和祖传文物以及依法取得的其他文物，其所有权受法律保护。文物的所有者必须遵守国家有关文物保护的法律、法规的规定。"

5）历史文化名城名镇名村界定

《文物保护法》第十四条规定，保存文物特别丰富并且具有重大历史价值或者革命纪念意义的城市，由国务院核定公布为历史文化名城。保存文物特别丰富并且具有重大历史价值或者革命纪念意义的城镇、街道、村庄，由省、自治区、直辖市人民政府核定公布为历史文化街区、村镇，并报国务院备案。

《历史文化名城名镇名村保护条例》第七条进一步规定，具备下列条件的城市、镇、村庄，可以申报历史文化名城、名镇、名村：

①保存文物特别丰富；

②历史建筑集中成片；

③保留着传统格局和历史风貌；

《历史文化名城名镇名村保护条例》

④历史上曾经作为政治、经济、文化、交通中心或者军事要地，或者发生过重要历史事件，或者其传统产业、历史上建设的重大工程对本地区的发展产生过重要影响，或者能够集中反映本地区建筑的文化特色、民族特色。

8.3.2 在文物保护单位保护范围和建设控制地带施工的规定

《文物保护法》第七条规定："一切机关、组织和个人都有依法保护文物的义务。"

1）在文物保护单位保护范围从事建设活动的相关规定

《文物保护法实施条例》（2017 年 3 月修订）第九条规定，文物保护单位的保护范围，是指对文物保护单位本体及周围一定范围实施重点保护的区域。文物保护单位的保护范围，应当根据文物保护单位的类别、规模、内容以及周围环境的历史和现实情况合理划定，并在文物保护单位本体之外保持一定的安全距离，确保文物保护单位的真实性和完整性。

《文物保护法实施条例》

《文物保护法实施条例》第八条规定，全国重点文物保护单位和省级文物保护单位自核定公布之日起1年内,由省、自治区、直辖市人民政府划定必要的保护范围,作出标志说明,建立记录档案,设置专门机构或者指定专人负责管理。设区的市、自治州级和县级文物保护单位自核定公布之日起1年内,由核定公布该文物保护单位的人民政府划定保护范围,作出标志说明,建立记录档案,设置专门机构或者指定专人负责管理。

《文物保护法》第十七条规定,文物保护单位的保护范围内不得进行其他建设工程或者爆破、钻探、挖掘等作业。但是,因特殊情况需要在文物保护单位的保护范围内进行其他建设工程或者爆破、钻探、挖掘等作业的,必须保证文物保护单位的安全,并经核定公布该文物保护单位的人民政府批准,在批准前应当征得上一级人民政府文物行政部门同意;在全国重点文物保护单位的保护范围内进行其他建设工程或者爆破、钻探、挖掘等作业的,必须经省、自治区、直辖市人民政府批准,在批准前应当征得国务院文物行政部门同意。

2) 在文物保护单位建设控制地带从事建设活动的相关规定

《文物保护法实施条例》第十三条规定,文物保护单位的建设控制地带,是指在文物保护单位的保护范围外,为保护文物保护单位的安全、环境、历史风貌对建设项目加以限制的区域。文物保护单位的建设控制地带,应当根据文物保护单位的类别、规模、内容以及周围环境的历史和现实情况合理划定。

《文物保护法实施条例》第十四条规定,全国重点文物保护单位的建设控制地带,经省、自治区、直辖市人民政府批准,由省、自治区、直辖市人民政府的文物行政主管部门会同城乡规划行政主管部门划定并公布。省级、设区的市、自治州级和县级文物保护单位的建设控制地带,经省、自治区、直辖市人民政府批准,由核定公布该文物保护单位的人民政府的文物行政主管部门会同城乡规划行政主管部门划定并公布。

《文物保护法》第十八条规定,根据保护文物的实际需要,经省、自治区、直辖市人民政府批准,可以在文物保护单位的周围划出一定的建设控制地带,并予以公布。在文物保护单位的建设控制地带内进行建设工程,不得破坏文物保护单位的历史风貌;工程设计方案应当根据文物保护单位的级别,经相应的文物行政部门同意后,报城乡建设规划部门批准。

《文物保护法》第十九条规定,在文物保护单位的保护范围和建设控制地带内,不得建设污染文物保护单位及其环境的设施,不得进行可能影响文物保护单位安全及其环境的活动。对已有的污染文物保护单位及其环境的设施,应当限期治理。

3) 在历史文化名城名镇名村保护范围内从事建设活动的相关规定

根据《历史文化名城名镇名村保护条例》第二十四条的规定,在历史文化名城、名镇、名村保护范围内禁止进行下列活动:

①开山、采石、开矿等破坏传统格局和历史风貌的活动;
②占用保护规划确定保留的园林绿地、河湖水系、道路等;
③修建生产、储存爆炸性、易燃性、放射性、毒害性、腐蚀性物品的工厂、仓库等;
④在历史建筑上刻画、涂污。

《历史文化名城名镇名村保护条例》第二十八条继续规定,在历史文化街区、名镇、名村核心保护范围内,不得进行新建、扩建活动。但是,新建、扩建必要的基础设施和公共服务设施除外。在历史文化街区、名镇、名村核心保护范围内,新建、扩建必要的基础设施和公共服务设施的,城市、县人民政府城乡规划主管部门核发建设工程规划许可证、乡村建设规划许可证前,应当征求同级文物主管部门的意见。在历史文化街区、名镇、名村核心保护范围内,拆除历史建筑以外的建筑物、构筑物或者其他设施的,应当经城市、县人民政府城乡规划主管部门会同同级文物主管部门批准。

4)文物修缮保护工程的管理

根据《文物保护法》第二十一条的规定,国有不可移动文物由使用人负责修缮、保养;非国有不可移动文物由所有人负责修缮、保养。非国有不可移动文物有损毁危险,所有人不具备修缮能力的,当地人民政府应当给予帮助;所有人具备修缮能力而拒不依法履行修缮义务的,县级以上人民政府可以给予抢救修缮,所需费用由所有人负担。

对文物保护单位进行修缮,应当根据文物保护单位的级别报相应的文物行政部门批准;对未核定为文物保护单位的不可移动文物进行修缮,应当报登记的县级人民政府文物行政部门批准。

文物保护单位的修缮、迁移、重建,由取得文物保护工程资质证书的单位承担。

对不可移动文物进行修缮、保养、迁移,必须遵守不改变文物原状的原则。

《文物保护法实施条例》第十五条规定,承担文物保护单位的修缮、迁移、重建工程的单位,应当同时取得文物行政主管部门发给的相应等级的文物保护工程资质证书和建设行政主管部门发给的相应等级的资质证书。其中,不涉及建筑活动的文物保护单位的修缮、迁移、重建,应当由取得文物行政主管部门发给的相应等级的文物保护工程资质证书的单位承担。

 **应用案例 8-5**

某开发公司在某地级市进行危房改造工作,为平衡资金,该公司向该市城市规划行政主管部门申请:

①在某国家级文物保护单位东侧的保护范围内占用 5 000 m^2 的用地建设高层住宅楼,同时,将该文物保护单位北侧 2 hm^2 的建设用地改为绿地;

②拆除该文物保护南侧建设控制地带内的 4 栋 6 层住宅楼,建设当地传统民居形式的平房。

该市城市规划行政主管部门经过方案比较、专家论证、群众意见征集等多种途径进行了研究,认为该开发公司的申请有利于文物保护单位周边环境的改善,有利于形成良好的城市景观,经报请市政府同意,核发了建设工程规划许可证。

【问题】

该市城市规划行政主管部门的做法正确吗?为什么?

【案例分析】

该市城市规划行政主管部门的做法不正确。

《文物保护法》第五条规定,国有不可移动文物的所有权不因其所依附的土地所有权或者使用权的改变而改变。

《文物保护法》第十三条规定,国务院文物行政部门在省级、市、县级文物保护单位中,选择具有重大历史、艺术、科学价值的确定为全国重点文物保护单位,或者直接确定为全国重点文物保护单位,报国务院核定公布。

《文物保护法》第十八条规定:"根据保护文物的实际需要,经省、自治区、直辖市人民政府批准,可以在文物保护单位的周围划出一定的建设控制地带,并予以公布。在文物保护单位的建设控制地带内进行建设工程,不得破坏文物保护单位的历史风貌;工程设计方案应当根据文物保护单位的级别,经相应的文物行政部门同意后,报城乡建设规划部门批准。"

8.3.3 施工发现文物报告和保护的规定

《文物保护法》第二十七条规定,地下埋藏的文物,任何单位或者个人都不得私自发掘。《文物保护法》第三十四条规定,考古发掘的文物,任何单位或者个人不得侵占。

1)建设工程有关考古发掘的规定

《文物保护法》第二十九条至第三十一条规定:

进行大型基本建设工程,建设单位应当事先报请省、自治区、直辖市人民政府文物行政部门组织从事考古发掘的单位在工程范围内有可能埋藏文物的地方进行考古调查、勘探。

考古调查、勘探中发现文物的,由省、自治区、直辖市人民政府文物行政部门根据文物保护的要求会同建设单位共同商定保护措施;遇有重要发现的,由省、自治区、直辖市人民政府文物行政部门及时报国务院文物行政部门处理。

需要配合建设工程进行的考古发掘工作,应当由省、自治区、直辖市文物行政部门在勘探工作的基础上提出发掘计划,报国务院文物行政部门批准。国务院文物行政部门在批准前,应当征求社会科学研究机构及其他科研机构和有关专家的意见。

确因建设工期紧迫或者有自然破坏危险,对古文化遗址、古墓葬急需进行抢救发掘的,由省、自治区、直辖市人民政府文物行政部门组织发掘,并同时补办审批手续。

凡因进行基本建设和生产建设需要的考古调查、勘探、发掘,所需费用由建设单位列入建设工程预算。

2)工程建设现场发现文物的报告和保护

《文物保护法》第三十二条规定,在进行建设工程或者在农业生产中,任何单位或者个人发现文物,应当保护现场,立即报告当地文物行政部门,文物行政部门接到报告后,如无特殊情况,应当在二十四小时内赶赴现场,并在七日内提出处理意见。文物行政部门可以报请当地人民政府通知公安机关协助保护现场;发现重要文物的,应当立即上报国务院文物行政部门,国务院文物行政部门应当在接到报告后十五日内提出处理意见。

依照上述规定发现的文物属于国家所有,任何单位或者个人不得哄抢、私分、藏匿。

3)水下发现文物的报告和保护

根据《水下文物保护管理条例》第六条的规定,任何单位或者个人以任何方式发现遗存于中国内水、领海内的一切起源于中国的、起源国不明的和起源于外国的文物,以及遗存于中国领海以外依照中国法律由中国管辖的其他海域内的起源于中国的和起源国不明的文物,应当及时报告国家文物局或者地方文物行政管理部门;已打捞出水的,应当及时上缴国家文物局或者地方文物行政管理部门处理。

任何单位或者个人以任何方式发现遗存于外国领海以外的其他管辖海域以及公海区域

内的起源于中国的文物,应当及时报告国家文物局或者地方文物行政管理部门;已打捞出水的,应当及时提供国家文物局或者地方文物行政管理部门辨认、鉴定。

本章小结

我国《环境保护法》中的"三同时"制度是建设项目中环境保护设施必须与主体工程同时设计、同时施工、同时投产使用的制度,其适用范围包括新建、改建、扩建项目和技术改造项目以及可能对环境造成污染和破坏的工程项目。环境影响评价是对规划和建设项目实施后可能造成的环境影响进行分析、预测和评估,提出预防或者减轻不良环境影响的对策和措施,进行跟踪监测的方法与制度。

节约资源是我国的基本国策。国家实施节约与开发并举、把节约放在首位的能源发展战略。节约能源法的颁布执行,明确了我国依法节能的方针政策,也标志着我国节能进入法制体系,对我国实施可持续发展战略具有重要意义。

文物是指人类社会活动中遗留下来的具有历史、艺术、科学价值的遗物或遗迹。文物是国家的宝贵财富,是不可再生的文化资源。近十几年来,我国城市化进程的加快使工程建设与文物保护之间的矛盾日渐突出,如何将工程建设与文物保护有机地结合起来,做好工程建设中的文物保护工作具有重要的现实意义。

习 题

1. 施工现场噪声排放标准是什么?
2. 文物的保护范围?
3. 《大气污染防治法》中对扬尘污染的防治规定有哪些?
4. 水污染防治的一般规定有哪些?
5. 《城镇污水排入排水管网许可管理办法》规定有哪些?
6. 施工现场固体废物污染环境防治的规定有哪些?
7. 施工节材与材料资源利用规定有哪些?

参考文献

［1］全国一级建造师执业资格考试用书编写委员会.建设工程法规及相关知识［M］.2019 年版.北京:中国建筑工业出版社,2019.

［2］全国二级建造师执业资格考试用书编写委员会.建设工程法规及相关知识［M］.2019 年版.北京:中国建筑工业出版社,2019.

［3］马文婷,隋灵灵.建筑法规［M］.2 版.北京:人民交通出版社,2013.

［4］李辉.建设工程法规［M］.2 版.上海:同济大学出版社,2013.

［5］赵海玲.建筑工程法律法规［M］.北京:清华大学出版社,2014.

［6］中国土木工程学会,北京交通大学.建设工程法规及相关知识［M］.北京:中国建筑工业出版社,2005.

［7］马庆华.建设法规［M］.北京:北京邮电大学出版社,2012.

［8］陈万鹏,陈宗丽.建筑工程法规［M］.武汉:华中科技大学出版社,2013.

［9］徐占法.建设法规与案例分析［M］.北京:机械工业出版社,2007.

［10］宋宗宇.建设工程法规［M］.重庆:重庆大学出版社,2012.

［11］刘勇.建筑法规概论［M］.北京:中国水利水电出版社,2008.

［12］陈东佐.建筑法规概论［M］.3 版.北京:中国建筑工业出版社,2008.

［13］曹林同.建筑法规［M］.2 版.哈尔滨:哈尔滨工业大学出版社,2017.